岩波現代文庫

ショック・ドクトリン

惨事便乗型資本主義の正体を暴く

(上)

ナオミ・クライン
Naomi Klein

幾島幸子・村上由見子［訳］

社会 344

岩波書店

THE SHOCK DOCTRINE
The Rise of Disaster Capitalism
by Naomi Klein

Japanese edition first published 2011,
this Japanese paperback edition published 2024
by Iwanami Shoten, Publishers, Tokyo
by arrangement with Creative Artists Agency, London
through Tuttle-Mori Agency, Inc., Tokyo.

目　次（上巻）

〈下巻目次〉

序章　ブランク・イズ・ビューティフル
――三〇年にわたる消去作業と世界の改変

この地は神の前に堕落し、不法に満ちていた。神は地を御覧になった。見よ、それは堕落し、すべて肉なる者はこの地で堕落の道を歩んでいた。神はノアに言われた。「すべて肉なるものを終わらせる時がわたしの前に来ている。彼らのゆえに不法が地に満ちている。見よ、わたしは地もろとも彼らを滅ぼす」

――『旧約聖書』創世記第6章11～13節(新共同訳)

「衝撃と恐怖」とは、一般市民はもとより、危険視されている社会の特定勢力あるいは指導者たちの間に、理解しがたい恐怖、危機感、破滅を引き起こす軍事作戦である。また、竜巻、ハリケーン、地震、洪水、制御不能の大火事といった自然災害や、飢饉や病気蔓延の際にも、「衝撃と恐怖」作戦が適用されることがある。

――対イラク戦におけるアメリカの軍事政策『衝撃と恐怖――迅速な支配を達成するために』(1)

ハリケーン・カトリーナがアメリカ南部を襲った直後の二〇〇五年九月、ルイジアナ州バトンルージュへ赴いた私は、赤十字社が設置した巨大な避難施設でジャマール・ペリーと知り合った。施設内では宗教団体サイエントロジーの若者たちがにこやかに食事を配給しており、その配給の列に並んでいた一人がペリーだった。取材コーディネーターを伴っていない私は取材をするにも四苦八苦していたのだが、こうして南部アフリカ系の群集の中に一人まぎれこんだ以上、カナダ白人の私としてはなんとかその場に溶け込もうと必死だった。配給の列にすべり込み、すぐ前にいた男性に話を聞かせてもらえないかと頼んだところ、気さくに応じてくれたのがペリーだった。

ニューオーリンズに生まれ育ったペリーが、水没した街から避難してすでに一週間が経っていた。私の目には一七歳ぐらいに見えた彼だが、実際には二三歳とのことだった。彼は家族とともに被災者救援のバスが来るのを今か今かと待ち続けたのだが、けっきょく救援バスはやってこなかった。そこで熱い太陽が照りつけるなかを歩き続け、ようやくここ州都バトンルージュの避難施設にたどり着いたという。このだだっ広いコンベンション・センターは、通常ならば製薬見本市とか「州都大虐殺　究極のスチール・ケージ戦」と題したプロレス興行が行なわれている場所だが、今や一大避難所と化し、二〇〇〇人分の簡易ベッドがところ狭しと並んでいた。疲れ果てて怒りに満ちた被災者の間を、イラク戦線から戻ったばかりのぴりぴりと気の立った州兵たちが見回っていた。

その日、避難施設の被災者の間で話題となっていたのは、ニューオーリンズ選出の有名な共和党下院議員リチャード・ベーカーがロビイストたちに向けて語った言葉だった。「これでニューオーリンズの低所得者用公営住宅がきれいさっぱり一掃できた。われわれの力ではとうてい無理だった。これぞ神の御業だ」(2)。ニューオーリンズ屈指の不動産開発業者ジョゼフ・カニザーロも、これとよく似た意見を述べていた。「私が思うに、今なら一から着手できる白紙状態にある。このまっさらな状態は、またとないチャンスをもたらしてくれている(3)」。その週からバトンルージュのルイジアナ州議会には、このビッグ・チャンスを逃すまいと企業ロビイストたちが群がり始めていた。彼らロビイストたちが州議会を通そうとしていたのが、減税、規制緩和、低賃金労働力、そして「より安全でコンパクトな都市」の構想だった。要するに公営住宅の再建計画を潰してマンションを建設しようという案だ。「新たなスタート」やら「白紙の状態」といった言葉を耳にしていると、有毒性の残骸物や化学物質の流出といった問題、そして数キロメートル先にいまだ被災者が取り残されている現実も忘れそうになる。

一方、避難所にいたジャマール・ペリーは死者の無念さに思いを馳せるばかりだった。「一掃だとか言っている場合じゃないだろ。すさまじい数の人間が死んだんだよ。そっちのほうが僕にはよっぽど問題だ。こんな死に方をするなんて浮かばれないよ」

小声で話していたペリーだが、前に並んでいた一人の老人がそれを聞きつけてさっと振り向いた。「バトンルージュに来ているあの連中はいったいどういうつもりだね？　今がチャンスだなぞと抜かしおって。こんなひどい惨状だっていうのに、あいつら、目が見えんのかね？」

子どもを二人連れた母親がすかさず会話に入ってきた。「いや、ちゃんと見えているでしょ。なんせ腹黒いやつらだからね。こりゃしめたもんだって思っているのよ」

自由放任資本主義推進運動の教祖的存在で、過剰な流動性を持つ今日のグローバル経済の教科書を書いた功績で知られる経済学者ミルトン・フリードマンも、ニューオーリンズの水害をまたとないチャンスとみなした一人である。崇拝者たちが呼ぶところの〝ミルティーおじさん〟は、このときすでに九三歳という高齢で健康を害してはいたが、新聞に持論を寄せる覇気はまだあった。ハリケーン災害から三カ月後、フリードマンは『ウォールストリート・ジャーナル』紙の論説にこう書いている。「ハリケーンはニューオーリンズのほとんどの学校、そして通学児童の家々を破壊し、今や児童生徒たちも各地へと散り散りになってしまった。まさに悲劇と言うしかない。だが、これは教育システムを抜本的に改良するには絶好の機会でもある[4]」

フリードマンが提唱した抜本的改革案というのは、政府は現存の公立校システムを再建・改良することに何十億ドルの金を注ぎ込む代わりに、ニューオーリンズ市に教育バウチャー制度を導入すべきだ、というものだ〔「バウチャー制度」とは義務教育の学校運営に市場競争原理を持ち込み、私立校にも公的援助金を支給することで教育の競争を図り、学力の質の低下を防ごうという試みで、一九五五年にフリードマンが提唱〕。子どものいる家庭には政府発行の利用券《バウチャー》が配られ、保護者はこれを使って子どもを私立学校（その多くは営利追求型）に通わせることができる。学校にはこれに応じて公的補助金が支給されるという仕組みである。これを機に、教育改革をその場しのぎの対策にとどめることなく〝恒久的改革〟として取り組むべきだ、とフリード

マンは説いた。(5)

右派シンクタンクの各団体はここぞとばかりにフリードマンの提案に飛びつき、災害後のニューオーリンズに押し寄せた。ブッシュ(息子)政権もまたこのアイディアを支持し、同市の学校システムを、民間団体が公的資金によって学校を設置して自ら定めた方針や規則に従って運営する「チャーター・スクール」に切り替えるべく、何十億ドルという政府資金を提供した。今日、チャーター・スクール制度は全米の教育現場に深い亀裂を生んでいるが、それがもっとも顕著なのがニューオーリンズである。アフリカ系アメリカ人の多くの父母は、かつての公民権運動によって勝ち取った「すべての子どもが平等に義務教育を受ける保証」がこれによってくつがえされてしまうのでは、と危惧する。片やフリードマンは、州政府が運営する学校システムという概念そのものに社会主義の臭いがする、と一蹴する。彼の説によれば、州政府が果たすべき役割はただひとつ、「国外の敵から、そして州外のわが同胞市民から、当州民の自由を守り、治安を維持し、民間の随意契約を強化し、市場競争を促進させること」にあるという。(6) 言い換えれば、州政府は治安維持のための警察と兵力を持つだけでいい、無料公教育を含むそれ以外のすべては自由市場を妨害する不正行為にあたる、というわけだ。

水害の救援作業や電気の復旧が遅々として進まずにいたニューオーリンズだが、そのスローペースとは対照的に、学校システムの売り渡しは軍隊並みのスピードと手際の良さで推し進められていった。災害から一年七カ月後、貧しい市民の多くがまだ避難生活を送っていたにもかかわらず、同市の公教育システムは民間運営のチャーター・スクールへの移行をほぼ完了させていた。ハリケーン・カトリーナに見舞われる以前、同市の学区には一二三の公立校があったが、今やそれが四校にまで激減し、以前は七校しかなかったチャーター・スクールは三一校にまで増えた。(7) 災害前、ニューオーリンズの教員たちは強固な教職員組合を組織していたが、このどさくさで組合の契約規定は破棄され、四七〇〇人の組合員の全員が解雇される結果となった。(8) 若手教員のなかには前より安い給与でチャーター・スクールに職を得た者もいたが、ほとんどの教師は職を失った。

こうして変貌したニューオーリンズを、『ニューヨーク・タイムズ』紙は「今や全米でも注目すべきチャーター・スクール採用拡大の実験場」とし、フリードマン経済学を信奉するシンクタンクのアメリカン・エンタープライズ研究所は「ルイジアナ州の教育改革者が長年やろうとしてできなかったことを(中略)ハリケーン・カトリーナは一日で成し遂げた」と嬉々とした口調で報告した。(9) その一方、本来なら被災者救済に割り当てられるべき金が公教育制度の解体と民間運営への移行に転用されていくのを目撃した公立校教師たちは、フリードマンの改革案を「教育現場の強奪」と呼んではばからなかった。(10)

壊滅的な出来事が発生した直後、災害処理をまたとない市場チャンスと捉え、公共領域にいっせいに群がるこのような襲撃的行為を、私は「惨事便乗型資本主義《ディザスター・キャピタリズム》」と呼ぶことにした。

このときのフリードマンの論説は、けっきょく彼が生涯最後に提言した公共政策となった。

論説掲載から約一年後の二〇〇六年一一月一六日、フリードマンは九四歳でこの世を去った。過去半世紀でもっとも影響力のあった経済学者と言われるフリードマンである。そんな人物にとって、アメリカの中規模都市における学校制度の民営化問題などは、ごく瑣末な関心事だったように思えるかもしれない。なにしろフリードマンの信奉者には、ここ数代のアメリカ大統領からイギリス首相、ロシアの新興財閥《オリガルヒ》、ポーランドの財務大臣、第三世界の独裁者たち、中国共産党総書記、国際通貨基金(IMF)理事、米連邦準備制度理事会(FRB)の過去三人の議長までが連綿と連なっているのだ。だが、原理主義的資本主義を進めるべくニューオーリンズの災難を利用しようという提言は、身長一六〇センチ足らずの小さな体に尽きることのないエネルギーを秘め、そのキャリアの最盛期に「日曜日に説教をする昔気質の牧師」と自称していたこの教授に、妙に似つかわしい最後のメッセージだったと言えよう(11)。

フリードマンはその熱心な追随者たちとともに、過去三〇年以上にわたってこうした戦略を練り上げてきた。つまり、深刻な危機が到来するのを待ち受けては、市民がまだそのショックに動揺している間に公共の管轄事業をこまぎれに分割して民間に売り渡し、「改革」を一気に定着させてしまおうという戦略だ。

フリードマンはきわめて大きな影響力を及ぼした論文のひとつで、今日の資本主義の主流となったいかがわしい手法について、明確に述べている。私はそれを「ショック・ドクトリン」、すなわち衝撃的出来事を巧妙に利用する政策だと理解するに至った。彼の見解はこうである。「現実の、あるいはそう受けとめられた危機のみが、真の変革をもたらす。危機が発生したときに取られる対策は、手近にどんなアイディアがあるかによって決まる。われわれの基本的な役割はここにある。すなわち現存の政策に代わる政策を提案して、政治的に不可能だったことが政治的に不可欠になるまで、それを維持し、生かしておくことである」[12]。大災害に備えて缶詰や飲料水を準備しておく人はいるが、フリードマン一派は大災害に備えて自由市場構想を用意して待っているというわけだ。このシカゴ大学教授の確信するところによれば、いったん危機が発生したら迅速な行動を取ることが何よりも肝心で、事後処理にもたついたあげくに「現状維持の悪政」へと戻ってしまう前に、強引に襲撃をかけて改革を強行することが重要だという。「新たな陣営が大改変を成し遂げるには半年から九カ月かかると予測される。その間にもし断固とした行動を取る機会を逸すれば、変革のチャンスは二度とやってこないであろう」[13]。負傷を負わせるなら〝一気呵成に〟襲いかかれというマキアヴェリ思想のバリエーションであるこの考え方は、フリードマンの提唱した戦略のなかでももっとも長く後世に影響を及ぼす遺産となった。

大規模なショックあるいは危機をいかに利用すべきか。フリードマンが最初にそれを学んだのは、彼がチリの独裁者であるアウグスト・ピノチェト陸軍総司令官〔本来の発音は「ピノチェー」だが、一九七三年の軍事クーデター以来、日本では多くの場合「ピノチェト」と表記されてきたため、本訳ではそれに準ずる〕の経済顧問を務めた一九七〇年代半ばのことだった。ピノチェトによる暴力的な軍事クーデターの直後、チリ国民はショック状態に投げ込まれ、国内も超インフレーションに見舞われて大混乱をきたした。フリードマンはピノチェトに対し、減税、自由貿易、民営化、福祉・医療・教育などの社会支出の削減、規制緩和、といった経済政策の転換を矢継ぎ早に強行するようアドバイスした。その結果、チリ国民は公立学校が政府の補助金を得た民間業者の手に渡っていくのを呆然と見守るしかなかった。チリの経済改革は資本主義の大改革のなかでもいまだかつてないほど激烈なものだった。この手法が「シカゴ学派」の改革と呼ばれるようになるのも、ピノチェト政権下のエコノミストの多くが過去にシカゴ大学のフリードマンのもとで学んでいたからである。フリードマンは、意表を突いた経済転換をスピーディーかつ広範囲に敢行すれば、人々にも「変化への適応」という心理的反応が生じるだろうと予想した。(14) 苦痛に満ちたこの戦術を、フリードマンは経済的「ショック治療」と名づけた。以後数十年にわたり、自由市場政策の徹底化を図る世界各国の政府はどこも、一気呵成に推し進めるこのショック治療、または「ショック療法」を採用してきたのである。

経済的ショック療法に加え、ピノチェトは彼独自のショック療法も採用した。ピノチェト政権が数多く設けた拷問室の中で、資本主義的変革に盾突く恐れがあるとして捕らえられた人々の身体に、すさまじい暴力が加えられるという形のショック療法である。多くのラテンアメリカ人は、何千万もの国民を貧困に追いやる経済的ショック療法と、ピノチェト路線とは違う社会を願ったことへの罰として与えられた数十万の人々への拷問の横行が、表裏一体の関係にあると見た。ウルグアイの作家エドゥアルド・ガレアーノはこう問うている。「電気ショックの拷問なくして、どうしてこんな不平等社会が存続できようか？」[15]

軍事クーデター、経済改革、暴力的弾圧という三つのショックがチリに襲いかかってからちょうど三〇年後、ふたたび同じ手法が、より大規模な暴力を伴ってイラクの地に登場してくる。まず初めに戦争がしかけられた。『衝撃と恐怖』に書かれた軍事戦略によれば、それは「敵の意志、認識、理解力をコントロールし、その軍事行動あるいは反撃を封じるため」だという。[16] それに引き続き、アメリカ政府によって送り込まれたポール・ブレマー連合国暫定当局（CPA）代表によって、まだ戦火のやまぬうちから徹底的な経済的ショック療法が導入された。それが大規模な民営化、完全な自由貿易、一五％の一律課税、政府の大幅縮小、といった政策だった。当時、イラクで暫定通産大臣の役にあったアリ・アブドゥル＝アミール・アラウィは、「われわれイラク人は実験台にされるのにいいかげんウンザリしている。これほどの衝撃が全土を襲ったうえに、今さら経済ショック療法など必要ないではないか」と苦言を呈した。[17] この政策に抵抗したイラク人はたちまち検挙されて収容所へと送り込まれ、さらなるショック療法を与えられた。もはや比喩どころの話ではない、本物の「ショック療法」が心身に施されたのである。

大惨事のショック時に自由市場がいかに便乗するか、私が調査を開始したのは二〇〇三年五月にイラクが占領統治されてから間もない頃だった。二〇〇五年、バグダッドに赴いた私は、アメリカ政府が「衝撃と恐怖」作戦に引き続いて行なったショック療法の失敗に関する記事を書き上げてから、その足ですぐにスリランカへと向かった。二〇〇四年末に大津波がスリランカを襲ってからすでに数カ月経っていたが、私はここでも同じような手口を目撃することになる。災害後、外国投資家と国際金融機関はただちに結託してこのパニック状況を利用し、村を再建しようとした数十万人の漁民を海岸沿いから締め出したうえで、この美しいビーチ一帯に目をつけていた起業家たちの手に引き渡したのだ。彼らはまたたく間に大規模リゾート施設を海岸沿いに建設していった。スリランカ政府は「悲惨な運命のいたずらとはいえ、今回の天災はスリランカにまたとないチャンスをプレゼントしてくれた。この大惨事を乗り越え、わが国は世界でも一流の観光地となるだろう」と発表した。[18] 要するに、ニューオーリンズで共和党政治家とシンクタンクと不動産開発業者が三者一体となり、「白紙の状態」を口にして浮き足立つずっと以前から、これが企業の目標を推進するうえで好ましい手法だという理解はすでに確立していたのだ。つまり、人々が茫然自失としている間に急進的な社会的・経済的変革を進めるという手口である。

大災害から生き延びた大部分の人々が求めるのは、「白紙状態」とは正反対のものだ。被災者たちは回収できるものは極力回収し、残ったものは修理・修復して使おうとする。それは自分を育んでくれた場所との絆を再確認したい、という思いがあってこその行動である。「こうして復興に向けて作業をしていると、自分自身を立て直している気分になるんです」。ニューオーリンズでももっとも被害の大きかったロウワー・ナインス地区の住人、カサンドラ・アンドルースは瓦礫を片づけながらそう言った。[19] 一方、惨事便乗型資本主義者たちは、元どおりに修復することにはまるで興味はない。イラク、スリランカ、ニューオーリンズにおいて「復興」という名で呼ばれた作業とは、つまるところ災害の後片づけと称して公共施設やその地に根づいた地域社会を一掃し、すかさずそこに企業版「新エルサレム」を打ち立てることにほかならなかった。それも戦争や災害の被災者たちが結束して自分たちの所有権を言い立てる前に。

米中央情報局（ＣＩＡ）の元諜報員で、民間セキュリティー会社カスター・バトルズ社を創設した三四歳のマイク・バトルズは、ずばりこう言った。「イラクに広がる恐怖と無秩序は、わが社に有利な将来を約束している」[20]。バトルズは、まだ無名で経験もない自分の会社にとって侵攻後のイラクの混乱状態はじつに好都合であり、連邦政府から約一億ドルの契約を受注するチャンスも夢ではない、と嬉々として語っている[21]。彼の言葉は、現代資本主義のキャッチコピーとしても使えそうだ。「恐怖と無秩序は躍進の新たな一歩を導くきっかけになります」といったところか。

メガ級の大惨事と莫大な利益との関係について調査を始めた当時、私は市場の「自由化」を目指す勢力が世界中で推進する手法に重大な変化が起きているのを実感していた。一九九九年にシアトルで開かれた世界貿易機関（ＷＴＯ）閣僚会議では、大企業支配の肥大化に異議を申し立てる市民の声が、初めて世界の注目を集めた。その反対運動に参加してきた私は、それまでにも似たり寄ったりの企業優遇策がＷＴＯ本会議で強行採決されたり、ＩＭＦの融資条件に盛り込まれたり、ということをさんざん目撃してきた。民営化、規制緩和、社会支出の大幅削減という三点セットの押しつけは、一般市民からはひどく不評を買ったが、それでも当時はまだ、協定締結の際には交渉にあたる政府同士、およびその分野の専門家たちは形式上だけでも合意の手続きを踏むのが一応の道理だと考えられていた。それが今や、同じイデオロギーに基づく政策をもっともひどい強制的手段で、つまり他国に軍事侵略したあとの占領体制下や壊滅的な自然災害の直後に強行するようになってしまったのだ。アメリカ政府にとって9・11は、世界の国々が望むかどうかにお構いなく、「衝撃と恐怖」の軍事力を行使してアメリカ流の「自由貿易と民主主義」を押し進めるゴーサインとなったようだ。

こうした市場モデルがいかに世界を席捲してきたか、その歴史を調べていくうちに見えてきたのは、危機や災害に便乗するという考えはフリードマンが最初から唱えてきた手法だったという事実である。彼の説く原理主義的資本主義は、常に大惨事を必要としてきた。より大規模で衝撃的な惨事が煽られるようになったのはたしかだが、イラクやニューオーリンズで取られた手法は、9・11以降に考案されたものではない。イラクやニューオーリンズでの惨事便乗型の大胆な実験は、過去三〇年間実行されてきたショック・ドクトリンが頂点をきわめた姿なのだ。

ショック・ドクトリンというレンズを通すと、過去三五年間の世界の動きもまるで違って見えてくる。この間に世界各地で起きた数々の忌まわしい人権侵害は、とかく非民主的政権による残虐行為だと片づけられてきたが、じつのところその裏には、自由市場の過激な「改革」を導入する地ならしのために一般大衆を恐怖に陥れようとする巧妙な意図が隠されていた。一九七〇年代、アルゼンチンの軍事政権下では三万人が「行方不明」となったが、そのほとんどが国内のシカゴ学派の経済強行策に反対する主要勢力の左翼活動家だった。チリの経済改革の際にもこれとまったく同様のことが起きた。一九八九年には中国の天安門広場で衝撃的な虐殺事件が起き、その直後から何万人という人々が逮捕されていった。中国共産党政権はそのショックを利用して国土の大部分を広大な輸出区とする改革路線に乗り出すが、そこで働く労働者たちは恐怖ゆえに自分たちの権利要求など口にできなかった。また、一九九三年にはロシアのボリス・エリツィン大統領が最高会議ビルを戦車で砲撃して反対派勢力を封じ込める行動に出るが、ここからロシアは民営化大売出しの道へと突き進み、悪名高いロシア新興財閥《オリガルヒ》を生むことになる。

イギリスのマーガレット・サッチャー首相もまた、同じような目的から一九八二年に起きたフォークランド紛争を利用した。サッチャーは紛争によって生じた混乱と愛国的熱狂に乗じ、強権を行使して炭鉱労働者のストライキを潰すとともに、西側民主主義国家で初めて民営化狂乱の道へと歩み出す。一九九九年、北大西洋条約機構(NATO)軍のベオグラード攻撃(いわゆる「コソボ紛争」)によって旧ユーゴスラビアには民営化即時導入の環境が整ったが、それは軍事行動を起こす以前からの目標だった。これらの戦争や紛争が経済的動機のみで起こされたとは言えないにせよ、いずれのケースでも大規模なショック状態が経済的ショック療法導入に利用されてきたことはたしかである。

こうした「骨抜き」目的に利用されてきた数々のトラウマ的大事件は、必ずしも露骨な暴力を伴ってきたわけではない。一九八〇年代、ラテンアメリカ諸国とアフリカ諸国は累積債務危機を理由に、あるＩＭＦ高官の言葉を借りれば「民営化か、死か」の選択を突きつけられた。(22) 超インフレの危機に見舞われ巨額の債務を抱えていたこの両地域の諸国は、外貨融資と抱き合わせの要求を拒むこともできず、これ以上の惨事を食い止めるためと言い含められて「ショック療法」を受け入れざるをえなかった。一方、アジアでは一九九七年から九八年にかけて大恐慌レベルの壊滅的な金融危機が襲い、「アジアの虎」と呼ばれていた新興諸国もついに自国の市場を開放することになる。この事態を『ニューヨーク・タイムズ』紙は「世界でもっとも大規模な店じまいセール」と表現した。(23) これらの多くは民主主義国家ではあったが、自由市場への急激な移行が民主的に推し進められたとは言えず、実際、民主的とはほど遠い手口が用いられた。フリードマンの予測どおり、大規模な危機に見舞われた状況下では当の国民の要望を無視して、経済「専門家《テクノクラート》」に国家の舵取りを任せるためのお膳立てが整ったのだ。

もちろん、自由化路線を掲げた政治家が選挙で選ばれるという民主的手続きを経て、自由市場政策が導入されたケースもある。その筆頭に挙げられるのは、ロナルド・レーガン政権時代のアメリカだろう。最近ではフランスのニコラ・サルコジ大統領の登場もある。だが、彼ら自由市場推進派も、世論の圧力から急進的政策案の調整や修正を迫られ、けっきょく部分的変革に甘んじるしかなかった。要するに、フリードマンの経済モデルは民主主義政権下でもある程度は強行できるが、そのビジョンを全面展開するには独裁主義的状況が必要なのだ。一九七〇年代のチリ、八〇年代末の中国、九〇年代のロシア、そして二〇〇一年九月一一日以後のアメリカのように、経済的ショック療法を強引に導入するにはなんらかの大きな精神的打撃を国民に与え、それによって民主的手続きを一時的あるいは全面的に停止する必要があった。自由市場イデオロギーによる改革運動《クルセード》は南米諸国の独裁政権下で生まれ、その後新たに征服された広大な領地――ロシアと中国――において、非情な政権との共存をもっとも快適に、もっとも高い収益を上げつつ、今日に至るまで続けている。

ショック療法の里帰り

七〇年代以降、フリードマン率いるシカゴ学派の改革運動は世界各地を席捲してきたが、お膝元のアメリカではつい最近まで、そのビジョンが全面的に実行に移されることはなかった。たしかにレーガンがその先駆けではあったが、それでもアメリカは福祉制度や社会保障、そして父母たちが存続を切望した公立学校制度――フリードマンに言わせれば「社会主義的制度に執着したばかげた態度」――は廃止されることなく維持されてきた(24)。

共和党が議会で多数派となった一九九五年、のちにジョージ・W・ブッシュ大統領のスピーチライターとなるカナダ出身のデイヴィッド・フラムは、いわゆるネオコンと称される新保守主義者の一人として、ショック療法スタイルの経済革命をアメリカにもたらそうと提唱した。「私の考えはこうです。あっちを少し、こっちを少しと政府予算をカットする代わりに、予算一〇億ドル以下の三〇〇件の政策はこの夏のある日を境にいっせいに廃止する、と決めてしまえばいい。それだけ削減してもたいした違いはないかもしれない。でもその意味はとてつもなく大きい。やろうと思えば即実行できることです(25)」

そのときにフラムがショック療法を実現できなかったのは、言うなればショック療法導入の足がかりとなる国内危機がアメリカに見当たらなかったからだ。しかし、二〇〇一年に事情は一変する。9・11事件が起きたとき、ホワイトハウスにはドナルド・ラムズフェルド国防長官をはじめとするフリードマンの門下生がぞろぞろいた。国民一同がショックのめまいに襲われるや、ブッシュ・チームは恐るべきスピードで事を運んだ。一部で言われているように政権自らこの危機を企んだというわけではない。しかし政府内の主要人物、およびラテンアメリカと東欧で惨事便乗型資本主義の手口を熟知してきた連中は、日照りに苦しむ農夫が雨を願って祈るがごとく、ユダヤ・キリスト教の終末論者が「携挙《ラプチャー》」（世の終わりに真のキリスト教徒が空中に引き上げられて天に昇り、破滅から救われるという考え）の到来を祈るがごとく、心ひそかに危機の到来を祈ってきたのである。待ちわびていた惨事が起きるや、彼らはついにその日が来たことを確信する。

それまでの三〇年間、フリードマン一派は外国で起きたショックをうまく利用してきた。9・11にも匹敵するこれらのショックの最初が、一九七三年九月一一日、ピノチェトが起こした軍事クーデターだった。そして二〇〇一年、奇しくも同じ九月一一日に、アメリカの大学で産声を上げワシントンの国際機関によってテコ入れされてきたイデオロギーが、いよいよアメリカ本国へ里帰りするチャンスが訪れたのだ。

ブッシュ政権は、国民を襲った恐怖をただちに利用した。「テロとの戦い」に乗り出しただけではなく、これをチャンスにほぼ全面的に営利を目的とする一大産業を立ち上げ、低迷するアメリカ経済を活性化させたのである。「惨事便乗型資本主義複合体」とでも呼ぶべきこの企ては、かつてドワイト・アイゼンハワー大統領が政権を去る際に懸念を表明した「軍産複合体」より、はるかに遠くまで触手を伸ばす。これは公的な資金の提供を受けた民間企業があらゆるレベルで関与するグローバルな戦いであり、そこには祖国アメリカを永遠に守り、地球上の「悪」を一掃するという終わりなき責務が伴うのだ。こうしてわずか数年のうちに惨事便乗型資本主義複合体は、テロとの戦いから国際平和維持活動、自治体の警備活動、頻発する自然災害の対処までと、次々に市場を広げていった。複合体の中核をなす企業は、営利追求型の政府モデル——非常事態においてきわめて急速に発展する——を、日常的な国家機能にも定着させることを最終目標とする。つまりは政府の民営化である。

惨事便乗型資本主義複合体をスタートさせるべく、ブッシュ政権は国民にその是非を問うことすらなしに、政府の中枢部門や機密レベルの任務のアウトソーシング化を着々と進めた。それは兵士の保健医療サービスから、捕虜の尋問活動、国民の個人情報収集とその「データ解析」にまで及んでいく。この終わりなき戦いにおける政府の役割とは、それら委託企業を管理することではなく、潤沢な資金を持つベンチャー投資家として複合体形成のために資金を提供しつつ、その新規事業の最大の顧客になることである。事態がいかに変化したか、例としてここで三件の統計数字を挙げてみよう。二〇〇三年にアメリカ政府が企業に発注したセキュリティー関連の契約件数は三五一二件だったのに対し、二〇〇六年八月までの一年一〇カ月間に国土安全保障省が発注した契約件数は一一万五〇〇〇件あまりに膨れ上がった。(26) 二〇〇一年以前には取るに足りない規模だった「セキュリティー産業」は今や二〇〇〇億ドル規模の一大産業へと成長した。(27) 二〇〇六年、アメリカ政府が支払った国土安全保障費は、一世帯当たり平均で五四五ドルに上る。(28)

しかもこの数字は、アメリカ国内での「テロとの戦い」に限られる。大金が動くのは国外の戦争においてである。イラク戦争のおかげで大儲けした兵器企業ばかりか、アメリカ軍部の維持そのものが今や世界でもっとも急成長するサービス経済のひとつとなった。(29)「マクドナルドを国内に有する国同士で戦争したことはいまだかつてない」と、『ニューヨーク・タイムズ』紙コラムニストのトーマス・フリードマンが大胆な自説を唱えたのは一九九六年一二月だったが、(30) この説は二年後にくつがえされることになる。それどころか戦争に利益追求のモデルが導入されたおかげで、今や米軍は戦地にバーガーキングとピザハットを引き連れて行き、イラクからグアンタナモ・ベイの〝ミニ・シティー〟に至る各米軍基地内に、兵士向けサービスとしてフランチャイズ店を出店する契約を結んでいる。

そして、次なるアウトソーシング化が人道的救済および復興事業だった。イラクでの事例が先駆けとなり、営利を目的とした救済事業や復興事業は今や世界の新たな規範と化している。しかも救援や復興の対象は、戦争の先制攻撃（たとえば二〇〇六年のイスラエルによるレバノン攻撃)やハリケーン襲撃などの第一次災害による被害だけとは限らない。資源不足や気候変動によって確実に惨事が増加するなか、緊急事態への対応は、もはや非営利団体に任せておけない急成長市場となったのだ。ユニセフ(国連児童基金)が学校を建設する必要などない、全米有数の建設会社ベクテルが請け負えばいいではないか。ミシシッピの被災者は観光用のクルーズ船にでも収容すればいいのであり、なにも市内一等地に建つガラ空きの公営住宅に住まわせることはない。国連平和維持軍をスーダンのダルフールに送り込まなくとも、新規顧客を探しているブラックウォーターのような民間セキュリティー会社に任せればいい――。これぞまさに9・11以降に訪れた変化だった。かつてであれば、戦争や災害がビジネスチャンスと結びついたのはごく一部の企業、たとえば戦闘ジェット機のメーカーや、爆破された橋を再建する建設業者ぐらいだった。ところが、戦争はそれまで参入できなかった市場を開放して戦後の活況へと道を開く、という重大な経済的貢献を果たし、今日では戦争や災害の救済・復興事業は全面的に民営化され、新たな市場を形成している。活況の到来を戦争が終わるまで待つ必要はない。〔マクルーハンの言葉を借りれば〕今やメディア(戦争)そのものがメッセージ(市場)なのだ。

このポストモダン的なビジネス・アプローチには、明確な利点がひとつある。失敗はありえないのだ。二〇〇六年、エネルギー・サービス企業ハリバートンの四半期収益がぐんと伸びたことに関し、ある市場アナリストは「期待した以上にイラク〔侵攻〕は吉と出た」とコメントした。[31] アナリストがこのコメントを口にした二〇〇六年一〇月は戦闘がもっとも激しさを増し、イラク民間人の死者が三七〇九人に上った月である。[32] それでもハリバートンの株主にしてみたら、二〇〇億ドルの収入を同社にもたらしてくれた戦争は万々歳というわけだ[33]〔テキサス州に本社を置く同社は、石油パイプライン整備などイラク復興事業で数百億ドル規模の仕事を米政府から受注。ディック・チェイニー副大統領が同社の元最高経営責任者（CEO）だったことから、受注契約を疑問視する声も上がった〕。

9・11後にブッシュ政権が施したショック療法の結果、武器取引や傭兵派遣、営利目的の復興事業、セキュリティー産業といったビジネスが隆盛をきわめるなかから立ち現れたのは、細部まで完備したニューエコノミーだった。それはブッシュ政権下で確立されたが、今やいかなる政権とも切り離されて存在している。今後も、その基盤にあるのが企業至上主義イデオロギーであることが明確化され、それに対する異議申し立てが行なわれない限り、確固とした形で存在し続けるだろう。この産業複合体の主役はアメリカ企業だが、グローバルな広がりも持つ。イギリスの企業は監視カメラ分野での実績を、イスラエルの企業はハイテク・フェンスや壁の建設技術を、カナダの材木業界は地元で製造するより数倍も高いプレハブ住宅を、それぞれ売り込んでいる。「いまだかつて災害の復興事業を通常の住宅市場と同一視した人などいなかった。これは長期的な多角化戦略だ」と、カナダの林業貿易団体代表のケン・ベーカーは語る。[34]

規模から言えば、この惨事便乗型資本主義複合体は「新興成長市場」と呼ぶにふさわしく、一九九〇年代のITブームにも匹敵する。関係者によれば、取引はドットコム時代よりも活況を呈し、「セキュリティー・バブル」はITバブル崩壊後の低迷を補う勢いだという。右肩上がりを続ける保険産業(アメリカだけでも二〇〇六年の収益は過去最高の六〇〇億ドルと予想)や膨大な収益を上げる石油産業(新たな危機が起きるたびに収益はアップしてきた)も相まって、惨事便乗型経済は9・11以前の深刻な不況から世界市場を救ったと言っていい(35)。

戦争や惨事の急進的な民営化によって頂点を迎えたこの思想的改革運動を歴史的に位置づけようとすると、常に生じる問題がある。このイデオロギーは自己変身術に長け、自らの呼び名や所属先を次々と変えてきたのだ。フリードマンは自らを「リベラル」だと称したが、リベラルという言葉からはせいぜい高い税金とヒッピーぐらいしか連想できないアメリカのフリードマン一門は「保守派」「古典派経済学者」「自由市場派」などと自称し、のちには「レーガノミクス」あるいは「自由放任主義《レッセフェール》」信奉者だと名乗ってきた。世界の大部分の地域では「新自由主義《ネオリベラル》」として認知され、しばしば「自由貿易」あるいは単に「グローバリゼーション」とも呼ばれる。彼らが「新保守主義《ネオコンサーバティブ》」と自称するようになったのは九〇年代半ばになってからのことで、それを率いたのがフリードマンと長く関係があったヘリテージ財団やケイトー研究所、アメリカン・エンタープライズ研究所などの右派シンクタンクである。アメリカの軍事機構を企業の論理に追従させたのが、このネオコンの世界観にほかならない。

名称は数々あれども、すべてに共通するのが、公共領域の縮小、企業活動の完全自由化、社会支出の大幅削減、という三位一体の政策である。となると、いずれの名称も体を表しているとは言いがたい。フリードマンはその経済構想を、市場を国家から解き放つ試みだと説明したが、彼の政策を実行に移したときに現実世界で起きたのは、それとはかけ離れたことだった。過去三〇年以上にわたり、シカゴ学派の政策を実施した国々で例外なく台頭してきたのが、ひと握りの巨大企業と裕福な政治家階級との強力な支配同盟である。この二者を隔てる境界線は曖昧かつ流動的である。ロシアでは政治家と癒着した大富豪は「新興財閥《オリガルヒ》」と呼ばれる。中国では「太子党」(太子は、特権階級の子弟を指す)、チリでは「ピラニア」と呼ばれ、アメリカではブッシュ゠チェイニー陣営が「パイオニア」と呼んだ。彼ら政治エリートと企業エリートは国家から市場を開放するどころか、かつて公共領域にあった貴重な国家資産――ロシアの油田から中国の公有地、イラクにおける入札なしの復興事業契約に至るまで――を私物化するべく、互いに便宜を図ってきたのだ。

「大きな政府」と「大きな企業」の境を取り払おうとするシステムにふさわしい名称は「リベラル」でもなければ「保守」や「資本主義」でもなく、「コーポラティズム」である〔この用語に関しては第3章で説明〕。コーポラティズムは、膨大な公共資産の民間への移転(往々にして莫大な負債を伴う)、とてつもない富裕層と見捨てられた貧困層という二極格差の拡大、そして安全保障への際限ない出費を正当化する好戦的ナショナリズムをおもな特徴とする。このようにして生み出された巨大な富のバブルの内側にいる者にとっては、これほど収益性の高い社会構造はほかにない。だが、バブルの外側にいる大多数の人々は明らかに不利な立場に置かれるため、コーポラティズム国家は露骨な監視活動(ここでもまた政府と大企業が互いに便宜を図り、契約を交わす)、大量の人々の監禁、市民的自由の制限、さらには多くの場合、拷問という特徴を持つことになる。

隠喩としての拷問

チリ、中国、そしてイラクに至るまで、グローバルな自由市場改革運動と手を携えてひそかに行なわれてきたこと、それが拷問であった。拷問は反抗的な人々に彼らの望まない政策を強引に押しつける手段というだけではない。それはショック・ドクトリンの底流を流れる論理のメタファーでもある。

拷問(CIAは「強制尋問」と呼ぶ)とは、拘束者を深い混乱とショック状態に陥れ、本人の意思に反して屈伏させるための一連の手法のことだ。九〇年代末に機密解除されたCIAの二冊のマニュアルには、CIAが指針とした拷問の理論が詳細に述べられている。その説明によれば、「抵抗する情報源」を屈伏させる方法は、周囲の世界を認識できる拘束者の能力をずたずたに引き裂くことだという。(36) まず初めに外部からの感覚情報を遮断し(頭巾をかぶせる、耳栓をする、手かせ足かせをはめる、独房に入れるなど)、その次に過剰な刺激を与えて身体を攻め立てる(ストロボライト、大音響の音楽、殴打、電気ショックなど)。

この「抵抗力を弱める」という段階での目的は、ハリケーンのごとき大混乱を心の中に引き起こすことにある。拘束者は極度の退行と恐怖心のため、理性的に思考することも、自分の利益を守ることもできなくなる。こうしたショック状態に陥ると、ほとんどの拘束者は尋問者の要求するままに情報提供したり、自白したり、信念を放棄したりする。あるＣＩＡのマニュアルは、ごく簡潔にこう説明する。「ほんのわずかな間にせよ、心理的ショックまたは麻痺状態とも言える仮死状態に陥る瞬間が来る。これはトラウマ的体験、またはそれに準ずる体験によって生じたもので、言うなれば当事者の慣れ親しんだ世界、およびその世界に属している自己イメージが崩壊したことを示している。ベテランの尋問者はこの症状が現れたときを見逃さず、この瞬間に情報源はショックを受ける前よりもはるかに暗示にかかりやすく、命令に従いやすいことを承知している(37)」

取調室で一対一で行なわれるこの拷問の手法をそのまま真似て、大規模に展開しようというのがショック・ドクトリンである。いちばんわかりやすい例は９・11の衝撃《ショック》だろう。多くの人々にとっての「慣れ親しんだ世界」が崩壊し、深い混迷と退行の時期が到来した。ブッシュ政権はそれをじつに巧妙に利用した。この日を境に、あたかも違う時代が始まったかのような状況となり、それまでの世界観は「９・11以前の思考法」だとして切り捨てられるようになる。もともと歴史に疎い北米人は、毛沢東が人民を指して言ったところの白紙状態――「もっとも新しくもっとも美しい字句を書き込める真っ白い紙」――になってしまったのだ(38)。結集したエキスパートたちはトラウマ後の人々の意識につけ込み、無防備なキャンバスに新しい美辞麗句を書き込んでいった。いわく「文明の衝突」、あるいは「悪の枢軸」「イスラム・ファシズム」「国土安全保障」といった字句である。こうして人々が文明戦争勃発の恐怖に取りつかれるなか、ブッシュ政権は9・11以前には夢でしかなかったことを実現できるようになった。ひとつは国外で民営化された戦争を展開すること、もうひとつは国内にセキュリティー企業複合体を構築することである。

ショック・ドクトリンはまさにそのように機能する。まず初めに大惨事――軍事クーデター、テロリストの攻撃、市場の暴落、戦争、津波、ハリケーンなど――が起きると、国民は茫然自失の集団ショック状態に陥る。爆弾が落ちたり、突然恐怖が襲ったり、暴風雨に見舞われたりした社会は、独房内で大音響を聞かせたり殴りつけたりされた拘束者と同様、一気に骨抜きになってしまう。恐怖に打ちのめされた拘束者が同志の名前を明かしたり信念を放棄したりするのと同じく、ショックに打ちのめされた社会もまた、本来なら断固として守ったはずの権利を手放してしまうことが往々にしてある。バトンルージュの避難施設にいたジャマール・ペリーら被災者たちは、このような事態になった以上は低所得者向け公営住宅や公教育を断念して当然と思われたし、津波襲来のあと、スリランカの漁民たちが利用価値の高い海岸線をホテル業者に明け渡すのも当然とみなされた。イラクでもまた、当初の計画では、ショックと恐怖にかられた国民は石油の管理権や国営企業、そして国家主権までも放棄し、米軍とＣＰＡに受け渡すはずだと考えられていた。

大いなる虚偽

故ミルトン・フリードマンへの追悼文はどれも賛辞にあふれ返っていたが、彼の世界観を実践するうえでショック療法や危機が果たした役割に関しては、ほとんど言及がなかった。エコノミストたちは、フリードマンの説く急進的資本主義がいかに世界各国政府の基本方針となっていったか、お決まりの解説をくり返しただけだった。フリードマンの改革路線と手に手を携えてきた暴力と弾圧の事実を消し去った解説は、歴史を美化したハッピーエンドのおとぎ話でしかなく、過去三〇年間で唯一にしてもっとも成功したプロパガンダだと言ってもいい。彼に関する表向きの話をまとめると次のようになる。

フリードマンはその一生を、政府には市場の暴走を抑制するために市場介入する責任があると主張する一派との静かな戦いに捧げた。彼は、政治家がニューディール政策と近代福祉国家建設を唱導した経済学者ジョン・メイナード・ケインズの言に耳を傾け始めたときから、歴史は「間違った方向へそれた」と確信する。[39] しかし一九二九年の株式大暴落後、自由放任主義は破綻し、政府は富の再分配と企業活動規制のために経済に介入すべきだというコンセンサスが広く形成された。自由放任主義にとっては暗黒時代だったこの間に、共産主義が東側諸国を征服し、西側諸国は福祉国家政策を進め、植民地支配から独立した南側諸国には経済ナショナリズムが定着した。その間、フリードマンとその師フリードリヒ・ハイエクは、共同で富をプールしてより公正な社会を築こうというケインズ派とはきっぱり一線を画し、純粋資本主義の灯火をじっと守り続けたのだ、と。

一九七五年にピノチェトに宛てた手紙にフリードマンはこう書いている。「私が思うに、他人の金を使って善政を行なう、といった考えがそもそも大きな過ちなのです」[40]。当時、フリードマンの言に耳を傾ける者はほとんどいなかった。大多数は、政府は国民のために善政をなすべきであり、できるはずだと主張していた。一九六九年の『タイム』誌はフリードマンを「いたずら好きな小鬼または厄介者」と手厳しく評し、彼を教祖と崇めるのはごく一部のグループだけだった[41]。

知識人の間では何十年と孤立していたフリードマンだったが、八〇年代の幕が開けるとマーガレット・サッチャーとロナルド・レーガンの時世が到来する(サッチャーはフリードマンを「知的な自由の戦士」と称え、レーガンは大統領選キャンペーン中に彼の代表作『資本主義と自由』を持ち歩く姿を目撃された[42])。自由放任主義に基づく自由市場を現実世界で実行に移そうという勇気ある政治指導者がついに登場したのだ。表向きの物語によれば、レーガンとサッチャーが自国の市場を平和的かつ民主的に開放したおかげで自由と繁栄が訪れ、それは明らかに望ましい方法だったため、マニラからベルリンに至る独裁政権が倒れた際、大衆はビッグマックと同時にレーガノミクスを熱望した——ということになる。

かつて「悪の帝国」と呼ばれたソ連の国民も崩壊後にはフリードマン流革命へ加わることを切望し、共産主義から資本主義に転じた中国もまた同様だった。かくして真のグローバルな自由市場を邪魔する者はいっさいいなくなり、制約から解き放たれた企業は自国内のみならず、国境を越えて自由に活動し、世界中に富を拡散することになった。社会を統治するにあたって、ここに二つのコンセンサス——政治指導者は選挙で選び、経済はフリードマン流のルールに従って進める——が形成される。フランシス・フクヤマが『歴史の終わり』で述べたように、これが「人類のイデオロギー上の進化の終点」というわけだった。(43) フリードマンが死去した際、『フォーチュン』誌は「彼は歴史の潮流を体現していた」と評し、アメリカ連邦議会は「経済のみならず、あらゆる点における世界有数の自由の擁護者」とフリードマンを称える決議を採択した。二〇〇七年一月二九日、アーノルド・シュワルツェネッガー・カリフォルニア州知事はこの日を同州で「ミルトン・フリードマンの日」に制定すると発表し、いくつかの市町村でも同様の決定を下した。『ウォールストリート・ジャーナル』紙はこうした称賛を一言に要約し、「自由なる人《フリーダム・マン》」という見出しを掲げた。(44)

本書は、こうした表向きの物語の中心をなし、もっとも重視されてきた考え方——規制なき資本主義の成功の源泉は自由にあり、歯止めのない自由市場主義と民主主義とは矛盾なく両立する——に真っ向から異を唱える。そして資本原理主義とも言うべきこの形態がいかに残忍な弾圧によって育まれてきたか、それが政治団体および幾万の人間の身体を痛めつけてきたかを明らかにしていく。現代の自由市場主義——より適切にはコーポラティズムの台頭——の歴史は、数々の「ショック」という文字で書かれているのだ。

莫大な利益を狙うコーポラティズム同盟は、今まさに最後に残された未開拓地《フロンティア》を征服しつつある。ひとつはアラブ世界がかたくなに守ってきた石油経済、もうひとつはこれまで西側諸国では営利から切り離されてきた災害関連事業や兵力供給といった分野である。国内であれ、国外であれ、こうした重要な事業を民営化するにあたっては、たとえうわべだけでも国民の同意を得ようという考えはない。したがって目標到達のために暴力のレベルはますますエスカレートし、さらなる大惨事さえ求められている。しかしショックと危機が果たしてきた決定的役割は、自由市場の隆盛の公式記録からは巧妙に排除されてきたため、イラクやニューオーリンズで取られた強硬手段にしても、ブッシュ政権の無能力や縁故主義のせいにする誤った解釈がしばしばなされてきた。だがじつのところブッシュの行動は、完全な企業自由化を目指す過去半世紀にわたる作戦の暴力性と創造性が、頂点に達した姿にほかならない。

あるイデオロギーの信奉者が犯した罪の責任を、そのイデオロギーに負わせようとする場合には、よほど慎重にかかる必要がある。自分が賛同できない人々を指差して、彼らは単に間違っているばかりか、虐殺に加担する極悪非道なファシストだと主張するのはあまりに簡単だ。だが、ある種のイデオロギーが民衆にとって危険であり、その正体を見きわめる必要があることも事実である。こうした閉鎖的・原理主義的なイデオロギーは異なる思考体系との共存を許さず、その信奉者は多様性を嫌い、自らが完璧と信じるシステムを構築するために絶対的自由裁量権を要求する。今ある世界を消去して、そこに自分たちの信じる純粋な世界を打ち立てようという彼らのロジックは、元をたどれば聖書に書かれた大洪水や大炎上のエピソードに根差すもので、それは不可避的に暴力へとつながっていく。現実にはありえない白紙状態を渇望し、それを唯一の手段である大異変によって実現しようとするこうしたイデオロギーは、危険きわまりないものだ。

純粋な世界を構築するためなら人も文化もすべて一掃すべしと主張するのは、通常、極端な教義の宗教か、民族主義的な観念体系である。しかしソビエト連邦の崩壊後、共産主義というイデオロギーのもとに行なわれた数々の犯罪行為への認識が急速に高まった。ソ連時代には極秘扱いだった情報が次第に開示されて虐殺に関する実態調査が進み、飢餓に追い込まれた人々から、強制収容所で死んだ人々、暗殺された人々の数が明らかになった。それに伴い、世界で熱い論議の的となっているのは、こうした虐殺行為のどこまでが共産主義イデオロギーによるもので、どこからがスターリン、チャウシェスク、毛沢東、ポル・ポトといったその信奉者たちの歪んだ解釈によるものかという点である。

「国家テロリズムと呼ぶに至る大規模な抑圧を行なった張本人は生身の共産主義者たちである」と書いたのは、『共産主義黒書』の編著者ステファヌ・クルトワだった。「では共産主義イデオロギーそのものに罪はないのか？」と彼は問う[45]。もちろんないとは言えない。しかしだからといって――一部の人が喜んでそう主張したがるように――あらゆる形態の共産主義が本質的に集団虐殺《ジェノサイド》を志向するわけではない。だが、教条主義的・権威主義的で多元的共存を嫌忌する共産主義理論の解釈が、スターリンの粛清や毛沢東の労働改造所を生み出したのもたしかである。このような実験を断行した権威主義的共産主義は永遠にその汚名を返上することはできないし、またすべきでもない。

では、世界市場を開放しようという現代の自由市場主義改革運動はどうだろう。企業優遇の政治体制を導入し、維持するためにクーデターや戦争や虐殺が行なわれても、それが資本主義の犯罪として弾劾されたことはいまだかつて一度もない。そうした犯罪的行為は独裁者の行き過ぎた熱意のなせるわざか、「冷戦」や今日の「テロとの戦い」の熱き前線での勇み足だと片づけられてきた。七〇年代のアルゼンチン、あるいは今日のイラクで、コーポラティズム経済モデルに徹底して反対する者が組織的に排除されたとしても、そうした弾圧は共産主義やテロリズムとの断固たる戦いの一端だと説明され、純粋資本主義を推し進める戦いのためだと言われることはまずない。

私は、すべての市場システムの形態が本来暴力的な性格を持つと主張しているわけではない。このような暴力やイデオロギー的純粋性を持ち込まなくとも、市場経済は十分に成り立つはずである。消費財の自由市場は、公的医療制度や公教育制度とも共存できるし、経済の大きな部分(国営の石油会社のように)を政府の手に委ねたとしても十分に共存できる。同様に、民間企業に対して従業員に相応の賃金を支払い、労働者が組合を結成する権利を尊重するよう求めることも可能だし、政府が徴収した税を再分配してコーポラティズムが引き起こした格差の拡大に歯止めをかけることも可能である。市場は原理主義的なものになる必要はないのだ。

ケインズが大恐慌後に提唱したのがまさにこうした混合経済であり、管理経済だった。この公共政策における革命はニューディール政策へと結実し、世界各地で同様の政策転換が進められていった。フリードマンの反革命的経済政策が世界各国で次々と組織的に解体していったのが、まさにこの折衷的な抑制と均衡のシステムだった。その観点から見れば、シカゴ学派の説く資本主義には他の危険思想との共通点――極端なまでの純粋性と、理想社会を構築するための白紙状態への希求――が認められる。

　世界をゼロから創造する神のごとき力をわがものにしたいというこの欲望こそ、自由市場イデオロギーが危機や災害に心惹かれる理由にほかならない。終末的規模の大災厄が起きないことは、彼らにとって不都合なのだ。この三五年間、フリードマンの反革命運動を活気づけてきたのは、大変動が起きたときしか手にできない自由と可能性の持つ誘引力だった。大変動が起きれば、しつこく要求を突きつける頑迷な国民が一掃され、民主主義を遂行するのはほとんど不可能になるからである。

　ショック・ドクトリンの信奉者たちは、社会が破壊されるほどの大惨事――洪水、戦争、テロリストの攻撃など――が発生したときにのみ、真っ白で巨大なキャンバスが手に入ると信じている。人々が精神的なよりどころも物理的な居場所も失って無防備な状態にあるそのときこそ、彼らにとっては世界改変の作業に着手するチャンスなのである。

第一部　ふたりのショック博士

――研究と開発

空っぽになるまで君を絞り上げてやる、それからわれわれを、その跡に充塡するのだ。

――ジョージ・オーウェル『一九八四年』(新庄哲夫訳)

産業革命は、かつての分離派教徒の心を燃え上がらせたのと同様に過激で極端な革命の始まりにすぎなかった。だがそれは極度に唯物主義的であり(中略)際限のない量の物的商品があれば、あらゆる人間の問題は解決できると信じるものであった。

――カール・ポラニー『大転換』

第1章　ショック博士の拷問実験室

――ユーイン・キャメロン、ＣＩＡ、そして人間の心を消去し、作り変えるための狂気じみた探究

彼らの脳は、何でも書き込むことのできる白紙の状態だと思われた。

――シリル・Ｊ・Ｃ・ケネディ博士とデイヴィッド・アンケル博士、電気ショック治療法の利点について(一九四八年)[1]

私はいわゆる「電気屠殺」を見学するために食肉処理場を訪れた。一二五ボルトの電流を流した金属製の大きなはさみが豚のこめかみに押しつけられると、豚は瞬時に意識を失って体を硬直させ、その数秒後に実験用の犬に見られるのと同じけいれんが起きる。このてんかん性昏睡の間に、作業員が難なく包丁で豚の首を切り裂き、血抜きをする。

――精神科医ウーゴ・ツェルレッティ、電気ショック療法(電気けいれん療法)を「発明」した経緯について(一九五四年)[2]

「私はジャーナリストとはもう話したくないんです」。電話の向こうでこわばった声がした。それからほんの少し態度を和らげると、「で、ご用件は?」と聞いてきた。

二〇秒以内で相手を説得しなければ——とっさに私は思ったが、それは容易なことではない。この人、ゲイル・カストナーに私が面会を願い出る理由を、いったいどう説明したものか？

本当のことをそのまま言葉にすると、あまりにもグロテスクな話になる。「私はショックに関する本を書いています。戦争やテロ攻撃やクーデターや自然災害などが、いかに国家にショックを与えるかについてです。そしてこの第一のショックが引き起こす恐怖や混乱に乗じた企業や政治家が、今度は経済的ショック療法によって国家に二度目のショックを与え、さらにこうしたショック政治に果敢に抵抗しようとした人々が、警察や軍、刑務所の尋問官などによって三度目のショックを与えられるという、そのメカニズムを探っているのです。私があなたの話を聞きたいのは、私の推測する限り、あなたはもっとも大きなショックを与えられた一人だからです。電気ショック療法（ECT）をはじめとする〝特殊な尋問方法〟を使った米中央情報局（CIA）の秘密実験を生き延びた、数少ない生存者の一人だからです。そして一九五〇年代にマギル大学であなたに対して行なわれた研究が、現在ではグアンタナモ・ベイの米軍基地やアブグレイブの刑務所で応用されていると考えられる理由が十分あるのです」

いや、とうていそんなことは言えるはずがないから、私は代わりにこう言う。「私は最近イラクを訪れました。イラクで行なわれている拷問の意味について考えようとしています。情報を得るためということになっていますが、私はそれだけではないと思う——〝モデル国家〃を作ろうという目論見の一端ではないかと思うのです。つまり、人々を抹消し、もう一度ゼロから作り直そうという」

長い沈黙ののち、さっきとは違うトーンの声で返事が返ってきた。緊張は解けていないが、少しほっとしたのだろうか？「あなたが今言ったことは、ＣＩＡとユーイン・キャメロンが私にしようとしたことそのものです。あの連中は私を抹消して作り直そうとしたの――でもうまくいかなかったのよ」

それから二四時間も経たないうちに、私はモントリオールの陰鬱な老人ホームにゲイル・カストナーを訪ねた。部屋をノックすると、「どうぞ」とほとんど聞き取れない声がした。立ち上がるのが不自由なので、いつもドアの鍵は開けてあるのだと彼女は言っていた。背骨には細かい骨折がたくさんあり、関節炎が悪化するとひどく痛むのだという。これは脳の前頭葉に一五〇〜二〇〇ボルトの電流を六三回流され、そのたびに処置台の上で体が激しくけいれんしたこと、そしてその衝撃で骨が折れたり、捻挫したり、唇が切れたり、歯が折れたりしたことの名残なのだ。

カストナーはビロード張りの青いリクライニングチェアに座ったまま、私にあいさつした。あとでわかったことだが、その椅子は角度を二〇段階に調節でき、彼女はまるでカメラマンがピントを合わせるように、ひっきりなしに調節している。彼女は夜も昼も安らぎを求めてこの椅子で過ごす――眠りに落ちて「電気の夢」を見ないように。「あの男」が出てくる夢。あの男とは、もう半世紀近く前にカストナーに電気ショックをはじめとするさまざまな拷問を行ない、すでに他界して数十年も経つ精神科医、ユーイン・キャメロン博士その人である。「昨晩はあの〝化け物〟が二回も出てきたんです」と、彼女は私が部屋に入るとすぐに言った。「あなたを責めるつもりはないけれど、突然あなたが電話してきていろいろ聞いたからなのよ」

この部屋に自分がいること自体、ひどく不当なことかもしれないとの思いが頭をよぎる。部屋を見渡し、私の居場所がまったくないことを見て取ると、ますますその思いは強まった。床一面、一分の隙もなく紙や本がうずたかく積み上げられている。今にも崩れそうなそれらの山には明らかになんらかの秩序があり、本という本にはすべて黄色く変色した付箋紙が貼られている。するとカストナーは手招きして、唯一床が見えている部分に置かれた木製の椅子(私の目には入っていなかった)に座るように合図した。だが、私がテープレコーダーを置くためのほんの一〇センチのスペースを空けてほしいと頼むと、彼女はちょっとしたパニックに陥った。彼女の椅子の脇に置かれたサイドテーブルはとうてい使えなかった。その上には〈マティネー・レギュラー〉のタバコの空き箱がざっと二〇個、完璧なピラミッド形に積み上げられている(電話でカストナーは自分がチェーンスモーカーであることを明かしていた。「悪いけど、私はタバコを吸うんです。食生活もひどいから太っているし。それでもよければ」)。初め、空き箱の内側を黒く塗っているのかと思ったが、よくよく見るとそこにはものすごく小さな字で、何か――名前やら数字やら言葉やら――がびっしりと書いてあるのだった。

その日一日かけて話を聞く間、彼女は何度も椅子から身を乗り出し、紙切れやタバコの空き箱の裏に何かを書いていた。「自分のためにメモしておくの」と彼女は説明した――「でないと忘れてしまうから」。部屋中にある紙やタバコの空き箱の山は、彼女にとって一風変わった整理システムというだけにとどまらない。それは彼女の記憶そのものなのだ。

成人してからの人生を通じて、カストナーの頭脳は機能不全の状態だった。入ってきた情報は瞬時に消え、記憶というものがあるとすれば(多くは記憶としてとどまることはないのだが)、床にばらまかれた写真のようなものだった。たまたま完璧に記憶している出来事――彼女はそれを「記憶のかけら」と呼ぶ――があったとしても、いつかを尋ねると「一九六八年」と言ったかと思うと「いえ、一九八三年だったわ」といった具合に、大きければ二〇年ものズレが生じてしまう。だからあらゆることをリストにし、記録として取っておく――彼女の人生が現実だったということの証として。最初、彼女は部屋が散らかっていることを詫びたが、やがてこう言った。「これもあの人のせいなのよ！　この部屋も拷問の一部なんです！」と。

長年、カストナーはなぜ自分の記憶が欠如しているのか不思議に思っていた。ほかにも理由のわからない不思議な現象はいくつもあった。たとえばガレージを開閉するスイッチをさわってビリッときたとき、なぜコントロールしようのないパニックに陥るのか？　あるいはヘアドライヤーのプラグをコンセントに入れようとすると、なぜ手が震えるのか？　そして何より、なぜ大人になってからの出来事はほとんど覚えているのに、二〇歳より前の記憶がまったくと言っていいほど欠如しているのか？　子どもの頃の彼女を知っているという人にたまたま出会うと、彼女はいつもこう言ってごまかしていた。「もちろん覚えていますけど、お名前をど忘れしちゃって」

すべて自分のメンタル面の問題から来ていることだと彼女は考えていた。二〇代から三〇代にかけて、彼女は鬱病と薬物依存症に悩まされ、時にそれが重症化して入院し、昏睡状態が続くこともあった。こうしたことがたび重なるにつれて彼女は家族にも見放され、孤独に身をやつす。ついには、スーパーのゴミ捨て場から食べ物をあさって生きるしかない状況に追い込まれた。

だが、そうなる以前にもっと衝撃的なことが自分の身に起きたことをうかがわせる材料もあった。家族との縁が切れる前、カストナーは双子の妹ゼラとよく言い合いになった。ゼラによれば、ゲイル〔・カストナー〕は以前、もっと病が重く、ゼラが面倒を見なければならなかったという。「あんたのおかげで、どんなひどい目に遭ったことか」とゼラは言う。「居間の床でおしっこはするわ、指しゃぶりをして赤ちゃん言葉で話すわ、私の赤ん坊の哺乳瓶を欲しがるわ、とんでもないことばかりしてた。私はそれを全部、耐えなきゃならなかったんだから！」。カストナーは妹が何を言っているのか訳がわからなかった。床でおしっこ？哺乳瓶を欲しがる？　そんなおかしなことをした記憶など、彼女にはいっさいなかった。

四〇代の後半、カストナーはジェイコブという男性と恋愛関係になった。彼女はジェイコブを「運命の人」と呼ぶ。ジェイコブはホロコーストの生存者で、やはり記憶とその喪失という問題に強い関心を持っていた。ジェイコブが死んでもう一〇年以上経つが、彼はカストナーの記憶に説明のつかない欠落があることにひどくこだわった。「何か理由があるはずだ」

と彼は言った。「きっと何か理由がある」

一九九二年のこと、街を歩いていた二人が新聞スタンドの前を通りかかったとき、大きな見出しが目に入った。「洗脳実験　犠牲者補償へ」という文字に惹かれてカストナーが記事に目を走らせると、「赤ちゃん言葉」「記憶障害」「失禁」などという言葉がすぐに目に飛び込んできた。「ジェイコブに『この新聞買って』と言いました」。近くのコーヒーショップに入って記事を読むと、そこには驚愕すべき事実が書かれていた。一九五〇年代にＣＩＡの依頼を受けたカナダ、モントリオールの精神科医が、患者を実験台にして常軌を逸した実験を行なったというのだ。患者は何週間も眠らされて隔離されたのち、強力な電気ショックを何度も与えられたうえ、ＬＳＤやＰＣＰ（通称エンジェルダスト）などの幻覚剤を混合した実験的薬物を大量に投与された。これによって患者は言語習得前の幼児のような状態に退行したという。この実験はマギル大学付属アラン記念研究所で、所長であるユーイン・キャメロン博士の指揮のもとに行なわれた。七〇年代後半、ＣＩＡがこの実験に資金を出していたことが情報公開法に基づく請求によって明るみに出て、アメリカ上院の公聴会が何度も開催された。キャメロンの元患者ら九人が団結し、ＣＩＡと、同じくキャメロンに研究費を提供したカナダ政府を相手取って訴訟を起こした。裁判は長引いたが、患者側の弁護団は実験があらゆる医療倫理基準に違反すると主張し続けた。彼らはもともと軽い精神症状（産後鬱や不安神経症、なかには夫婦間の問題の相談という人までいた）を訴えてキャメロン医師のもとを訪れたのだったが、本人には何も知らされず、承諾もなしに、人間の心をいかにコントロールするかに関するＣＩＡの研究のモルモットにされてしまったのだ。一九八八年、ＣＩＡは和解に応じ、九人の原告に対して総額七五万ドルの賠償金を支払うことに同意した。これは当時のＣＩＡにとって、過去に類を見ない巨額の和解金だった。四年後、カナダ政府は実験に関わった患者一人ひとりに対して一〇万ドルを支払うことに同意した(3)。

キャメロンは、今日のアメリカの持つ拷問技術の開発に中心的役割を果たしただけではない。彼の行なった実験は、惨事便乗型資本主義の根底にある論理もユニークな形で浮き彫りにしている。大規模な災害――巨大な破壊――だけが「改革」のための下地を作るとの考えに立つ自由市場経済学者たちと同様、キャメロンは人間の脳に一連のショックを与えることによって、欠陥のある心を消去し、白紙状態になったところに新しい人格を再形成できると考えたのである。

カストナーはそれまで、ＣＩＡとマギル大学との関係が問題になっていることについてぼんやりとは知っていたが、気にかけていなかった。自分はアラン記念研究所となんの関係もないと思っていたからだ。けれども今、ジェイコブと二人で新聞を読みながら、彼女は元患者たちが記憶障害や退行現象を訴えていることに強く関心を引かれた。「この人たちは私と同じ経験をしたにちがいないって思ったんです。それでジェイコブに言いました――「原因はこれだったんだわ」と」

ショック室

　カストナーはアラン記念研究所に手紙を書き、医療記録の開示を求めた。最初、同研究所はそのような記録は存在しないと言ってきたが、最終的に彼女は全一三八ページに及ぶ記録を手にする。担当医の名前はユーイン・キャメロンだった。

　手紙やメモ、カルテなどで構成された彼女の医療記録が語るのは、まさに悲痛な物語だった。それは、一九五〇年代の一八歳の少女に与えられた選択の自由がいかに限られたものだったかだけでなく、政府や医師がいかにその権力を乱用したかについても雄弁に物語っていた。記録はカストナーの入院時にキャメロン博士が行なったアセスメントから始まる。カストナーは当時、マギル大学看護学科の成績優秀な学生で、キャメロンは「これまではまずまずバランスの取れた人格を保ってきた」と書いている。ところがその時点で彼女は不安神経症を患っており、その原因についてキャメロンは、娘に対して「くり返し心理的虐待」を行なう「きわめて物騒な」男性、すなわち彼女の父親にあるとだけ記している。

　入院当初の記録によれば、カストナーは看護師たちに好感を持たれていたようだ。看護を学ぶ者として看護師たちと親しくなり、彼らはカストナーを「明るく」「社交的」で「きちんとしている」と描写している。ところが入院生活が長引くにつれ、カストナーの性格は劇的に変化した。記録に残された詳細な記述によると、入院から数週間後には「子どもじみた振る舞いをしたり、突拍子もないことを口にしたりし、幻覚を起こされている(ママ)ようにも、破壊的にも見える」とある。聡明な若い女性だったカストナーは今や、数は六までしか数えられず、次には「人を操作しようとし、敵意むき出しで、きわめて攻撃的」となり、さらには無表情ですべてに受動的、家族の顔も見分けられない状態に陥ってしまう。最終的な診断は、入院当初の「不安神経症」よりはるかに重症の、「著しいヒステリー性の特徴を伴う(中略)精神分裂病(現在は統合失調症)」というものだった。

この極度の病状の変化が、カストナーが受けた治療と関係していることに疑いの余地はない。カルテには、大量のインシュリン投与により何度も昏睡を誘発させられたこと、中枢神経刺激剤と鎮静剤との奇妙な混合投与、長期間に及ぶ薬剤誘発睡眠、そして当時の標準の八倍もの回数の電気ショックが与えられたことなどが記録されていた。

看護師の記録には、カストナーがたびたび治療を逃れようとしたことが書かれている。「出口を探して(中略)自分は虐待されていると言い張り(中略)注射のあとECTを受けることを拒否した」。こうした抵抗をするたびに、彼女はそれを理由に、キャメロンの若い同僚たちが「ショック室」と呼んでいた部屋に送られることになるのだった。(4)

空白を求めて

自分の医療記録を何度も読み直したカストナーは、次に自分自身のそれまでの人生を考古学者さながらに調べ始めた。入院中に自分の身に何が起きたのかを知る手がかりになりそうなことは、どんなものでも手当たり次第に集め、調べた結果、さまざまなことが明らかになった。スコットランド生まれのアメリカ人ユーイン・キャメロンが、アメリカ精神医学会をはじめ、カナダ精神医学会、世界精神医学会の会長という、自身の専門分野において頂点をきわめた人物であること。そして一九四五年、ドイツの戦争犯罪を裁くニュルンベルク裁判でナチ党副総統ルドルフ・ヘスの精神鑑定を行なった三人のアメリカ人精神科医のうちの一人であったこと(5)。

カストナーが調査を始めた時点で、キャメロンはすでに他界して長い年月が経っていたが、何十本もの学術論文や講演録が残されていた。CIAが資金を提供した洗脳実験に関する本も何冊か出版されており、これらの本にはキャメロンとCIAの関係についての詳細な事実が記されていた。*カストナーはこうした本をすべて読み、関係のある箇所には印をつけ、事実を時系列に整理して、自分の医療記録とも照合した。その結果わかったのは、一九五〇年代初めには、キャメロンが患者の精神疾患の根本原因を探るのにフロイトの創始した「会話療法」という標準的な方法を用いるのをやめていたことだった。キャメロンは患者の症状を改善したり治療したりするのではなく、「精神誘導《サイキック・ドライビング》」という彼の考案した方法によって患者を作り変えようとしたのだ(6)。

＊　このなかには、総督賞を受賞したアン・コリンズ著『睡眠室にて』、ジョン・マークス著『洗脳された人を探して』、アラン・シェフリン、エドワード・オプション・ジュニア著『心を操る者た

ち』、ウォルター・バワート著『マインドコントロール作戦』、ゴードン・トーマス著『拷問と医者——人間の心をもてあそぶ人々』、そしてキャメロンの患者の一人の息子で精神科医が書いたハービー・ワインスタイン著『ＣＩＡ洗脳実験室——父は人体実験の犠牲になった』などがある。

当時キャメロンが発表した論文には、患者に健全な行動を取り戻させるための唯一の方法は、彼らの脳の中に入って「古い病的な行動様式《パターン》を破壊する」ことしかないと彼が確信していたことが示されている[7]。その第一段階は「脱行動様式化《デパターニング》」であり、その目的は脳をアリストテレスの言う「何も書かれていない石板」、すなわち「白紙状態《タブラ・ラサ》」に戻すという驚愕すべきものだった[8]。脳に、その正常な機能を阻害するありとあらゆる手段を使って一斉攻撃をしかけることによって、こうした白紙状態が作れるとキャメロンは考えた。それは人間の心に対する「衝撃と恐怖」作戦そのものだった。

一九四〇年代後半、ＥＣＴはヨーロッパと北米の精神科医の間に広まりつつあった。前頭葉を切除するロボトミー手術に比べて恒久的なダメージが少なく、効果も認められたからだ。ヒステリーの患者の多くは症状が治まり、電気ショックによって患者の意識が正気に戻る場合もあった。だがこれらはあくまで結果であって、この方法を考案した医師たちでさえ、なぜそれが有効なのかを科学的に説明することはできなかった。

だが彼らは、この療法に副作用があることは認識していた。この治療を受けた患者がもっとも頻繁に訴える副作用は健忘で、ＥＣＴが健忘を引き起こす可能性があることは確実だった。記憶喪失と密接に関係するもうひとつの副作用は、退行だった。治療の直後、患者が指しゃぶりをしたり、胎児のような形に体を丸めたり、食事を赤ん坊のように食べさせてもらわなければならなかったり、母親を求めて泣いたりした(医師や看護師を親と間違えるケースもしばしばあった)ことが、何十もの臨床研究に記録されている。通常、こうした異常行動は一過性のものだったが、強いショックが与えられた場合には患者が完全に退行し、歩くことも話すこともできなくなるケースもあることが報告されている。七〇年代半ば、ECTに反対する患者の権利擁護運動の先頭に立った経済学者のマリリン・ライスは、電気ショック療法によってそれまでの記憶や受けた教育の大部分が消されてしまった体験を、ずばり次のように表現する。「イヴがどんな気持ちだったか、今の私にはよくわかる。イヴは他人のあばら骨から、過去をいっさい持たない大人として作られた。私もイヴと同じく、中身は完全に空っぽだ」*(9)

＊　今日、ECTは大幅に改良され、患者の安全を確保し不快感を与えないための手順を踏んで実施されており、信頼できる精神病の治療法として多くの場合、効果を上げているが、依然として副作用には一時的な短期記憶の喪失がある。患者のなかには長期的な記憶障害が残ったと報告する者もいる。

ライスや他の患者たちにとって、この空白は埋めることのできない喪失を意味していた。他方、キャメロン博士にとって、その空白には別の意味があった――それまでの悪しき習慣がすべて除去され、新しいパターンを書き込むことのできる白紙の状態である。彼にとって、強力なECTによって引き起こされた「すべての記憶の大規模な喪失」は不幸な副作用ではなく、この治療の核心をなすポイント、つまり患者を「精神分裂的な思考や行動が表出するよりずっと前の」初期の発達段階にまで引き戻すためのカギだった。[10] 戦争を支持するタカ派が、爆撃によって相手国を「石器時代に戻す」と表現するのと同様、キャメロンにとって電気ショック療法は、強烈な一撃によって患者を幼児期へと押し戻し、完全に退行させるための手段だったのだ。一九六二年の論文のなかで、キャメロンはゲイル・カストナーのような患者をどんな状態に持っていきたいのかについて、こう記している。「単に時間的・空間的イメージが消失するだけでなく、すべての感覚が消えてなくなる必要がある。この段階で患者には、他のさまざまな現象が現れる場合がある。たとえば第二言語が話せなくなったり、自分の結婚歴も忘れてしまうなど。さらに進んだ形として、支えがなければ歩けない、自分で食事ができない、大小便の失禁などがある。(中略)記憶機能のあらゆる側面が大きく阻害されるのである[11]」

患者の「デパターニング」を行なうため、キャメロンは電気ショックを一回ではなく連続して六回まで与える「ページ＝ラッセル法」と呼ばれる比較的新しい方法を用いた。患者の人格が完全に消失していないと判断すると、キャメロンは中枢神経刺激剤と鎮静剤、幻覚剤などを投与して患者の見当識をさらに混乱させた。使われた薬剤はクロルプロマジン、バルビツール剤、アミタール塩、亜酸化窒素(笑気ガス)、メタンフェタミン、セコナール、ネンブタール、ベルナール、メリコーネ、ラガクティル、インシュリンなどである。キャメロンは一九五六年の論文で、これらの薬物が「(患者の)脱抑制をきたし、心的防衛を弱めること

ができる」と書いている。(12)

「完全なデパターニング」が達成され、初期の人格が十分に消去された段階で、精神誘導が開始される。これは、「あなたは良い母親であり妻で、皆あなたと一緒にいることを楽しいと思っています」などという録音テープをくり返し聞かせることだった。行動主義者であるキャメロンは、患者がこうしたメッセージを吸収すれば、それまでとは違った行動を取るようになると考えたのである。*

＊　もしキャメロンが精神医学界でそこまで強大な権力を持っていなければ、彼の考案した「精神誘導」のテープは安っぽい冗談として片づけられていたにちがいない。彼がこのアイディアを思いついたのは、「眠っている間に語学を学習できる画期的な方法」と銘打った「セレブロフォン」という睡眠学習機器の広告からだった。

電気ショックを与えられ、大量の薬物でほとんど植物状態にさせられた患者は、抵抗する術もなく録音されたメッセージを聞かされた。一日一六〜二〇時間、何週間にもわたってただテープを聞き続ける。なかには一〇一日間連続でテープを聞かされた患者もいた。(13)

一九五〇年代半ば、CIAの何人かの研究者がキャメロンの方法に関心を持った。いわゆる冷戦ヒステリーの始まりにあたるこの時期、CIAは「特殊な尋問技術」について研究する秘密プロジェクトをスタートさせていた。機密解除されたCIAの覚書によれば、このプロジェクトは「従来にはない数々の尋問技術を調査、研究するものであり、そこには「完全隔離」などのような心理的苦痛」や「薬物や化学物質の使用」が含まれていた。(14)当初、このプロジェクトは〈ブルーバード〉と名づけられ、次に〈アーティチョーク〉、そして五三年には〈MKウルトラ〉と呼ばれるに至る。その後一〇年間、〈MKウルトラ〉は、共産主義者あるいは二重スパイの疑いで拘束された者を白状させる新しい方法を探究するため、二五〇〇万ドルを費やし、四四の大学、一二の病院を含む八〇の機関を巻き込んで実施されたのだった。[15]

このプロジェクトに関わったCIAの捜査官は、相手が隠そうとしている情報を引き出す方法についてのアイディアは数多く持っていた。問題はそうした方法をどうやって試すかだった。〈ブルーバード〉と〈アーティチョーク〉が実施された最初の数年間の活動は、さながら悲喜劇的なスパイ映画のシーンを思わせるものだった。捜査官同士、互いに催眠術をかけたり、相手の飲み物の中にLSDをそっと混ぜておき、どうなるかを見たり（自殺に至ったケースが少なくとも一件あった）、そして言うまでもなく、拘束されたソ連スパイ容疑者を拷問にかけたりした。[16]

だが、これらはすべて本格的な研究というより、男子学生社交クラブ《フラタニティ》のメンバー同士のひどい悪ふざけといった趣で、CIAが求めていた科学的確証を得ることはできなかった。そのためには、多数の人間を使った実験を行なう必要があった。そうした試みもいくつかなされたものの、それには危険が伴った。もしCIAがアメリカ国内で危険な薬物を使った実験を行なっているという噂が立てば、プロジェクトそのものが中断に追い込まれかねない。[17] CIAがカナダの研究に目をつけたのには、こうした事情があった。両者の関係は一九五一年にまでさかのぼる。この年の六月一日、モントリオールのリッツカールトン・ホテルで三カ国の情報機関の代表が集まり、会議を開いたのだ。背景には、西側情報機関の間で共産主義国が戦争捕虜を「洗脳」する方法を発見したのではないかとの懸念が高まっていることがあった。朝鮮戦争中、中国の捕虜になったアメリカ兵が、見かけ上は自ら進んでカメラの前に立ち、資本主義や帝国主義を非難するといったことが、その証拠とされた。この会議に関する機密解除文書によれば、出席者たち(カナダ防衛研究委員会会長オーモンド・ソラント、英国防衛研究政策委員会会長サー・ヘンリー・ティザード、そしてCIAの代表二人)は、共産主義国がどのようにして捕虜を洗脳し、こうした驚くべき自白をさせているのかについて、西側主要国は緊急に解明する必要があると確信していた。そのことを踏まえ、まず第一段階として洗脳の効果を知るため「実際のケースに関する臨床研究」を実施すべきだと彼らは考えた[18]。この研究の目的は西側主要国が捕虜に対してマインドコントロールを行なうことではなく、西側の兵士が捕虜にされた際、いかなる強制的手法にも屈しないようにすることだとされた。

CIAには、当然ながら違う意味での関心があった。しかし、たとえこのような密室の会議であっても、ナチによる拷問の事実が世界中を震撼させて間もないこの時期、CIAが従来の方法に代わる独自の尋問方法の開発に関心を持っていることを公然と認めるわけにはいかなかった。

モントリオールでの会議の出席者の一人にマギル大学の心理学科長ドナルド・ヘッブ博士がいた。機密解除文書によれば、ヘッブは捕虜となったアメリカ兵がなぜ敵に操られて自白したのか、その理由を解明しようとしており、共産主義国が捕虜を極度の隔離状態に置いたり、感覚遮断を行なうことで精神をコントロールしているのではないかと考えていた。CIAの高官らはこのことに強く印象づけられた。三カ月後、ヘッブはカナダ国防省から感覚遮断に関する秘密実験を行なうための研究資金を手にする。ヘッブは同大学の学生六三人に一日二〇ドルを支払い、実験を行なった。目には黒いゴーグル、耳にはホワイトノイズの流れるヘッドホンを着け、手と腕は物に触れられないように段ボールで覆われた学生たちは、視覚、聴覚、触覚を奪われた状態で無の海に漂い、日に日に研ぎ澄まされる想像の世界の中で何日間も過ごした。その後、ヘッブは実験前に学生たちが同意できないと答えていた幽霊の存在や、科学の不正について語るテープを聞かせ、感覚遮断によって「洗脳」されやすくなるかどうかを調べた。(19)

カナダ防衛研究委員会はこの実験結果についての機密報告書のなかで、感覚遮断は被験者の学生たちに極度の混乱と幻覚を引き起こし、「知覚遮断の期間中およびその直後、一時的に著しい知的能力の低下が生じた」としている。(20) さらに学生たちは外部からの刺激を渇望するあまり、テープに録音された事柄に対して驚くほど受容的になり、なかには実験終了から何週間もオカルトへの興味が持続した者もあった。まるで感覚遮断によって彼らの心の一部が消去され、そこに加えられた感覚的刺激によって新たなパターンが書き込まれたかのようであった。

ヘッブの主要な研究論文のコピーはCIAに送られ、さらにアメリカ海軍に四一通、アメリカ陸軍には四二通のコピーが送られた。(21) CIAはこれとは別に、ヘッブの研究助手の学生の一人であるメイトランド・ボールドウィンから直接、実験結果を報告させていたが、このことについてヘッブは知らされていなかった[22]。ＣＩＡがこれほどまでに関心を持ったのは驚くにあたらない。ヘッブの研究は、人間は徹底した孤立状態に置かれることで明晰な思考力を失い、暗示にかかりやすくなることを証明していたからだ。これはいかなる尋問官にとっても、貴重な意味を持つ。ヘッブはやがて、自分の研究が単に捕虜となった兵士を「洗脳」から守るだけでなく、いわば一種の精神的拷問マニュアルとして使える大きな可能性を秘めていることを認識するに至る。一九八五年に死去する前に行なわれた最後のインタビューで、ヘッブは「防衛研究委員会に提出する報告書を作成したとき、これがじつに恐るべき尋問技術であることは明らかだった」と述べている[23]。

ヘッブの報告書によれば、被験者のうち四人が「この実験は一種の拷問だったと自分から感想を述べた」という。すなわち、限界――二日ないしは三日――を超えて強制的に感覚遮断状態に置くのは、明らかに医療倫理に反するということである。これによって実験には一定の限界が生じることを踏まえ、ヘッブは「被験者を三〇日から六〇日間、知覚遮断の状態に置くことは不可能」であるため、「明確な結論」は得られなかったと記している[24]。

ヘッブにとっては不可能だったことも、マギル大学の同僚で、研究上の最大のライバルであったユーイン・キャメロンにとっては百パーセント可能だった(のちにヘッブは、学者同士の礼儀もかなぐり捨てて、キャメロンのことを「犯罪的なまでの愚か者」と形容している[25])。キャメロンはすでに、患者の心を暴力的に破壊することは、精神的健康を取り戻すために必要な第一段階であり、したがって「ヒポクラテスの誓文」(医師の義務倫理規定)には違反しないとの確信を抱いていた。治療への同意に関しても、患者はまさに彼の意のままだった。標準的な同意書には、前頭葉を完全切除するロボトミー手術に至るまで、治療に関する絶対的権力をキャメロンに与えることが記されていた。

キャメロンとCIAとの間には何年も前から接触があったものの、彼がCIAから研究資金を受け取ったのは一九五七年が最初だった。この資金は人間生態学調査協会と呼ばれる偽装組織を通して「洗浄」されていた[26]。そしてこの資金が投入されることによって、アラン記念研究所は病院から、おぞましい「収容所」とも言うべき場所へと変貌したのだ。

まず最初の変化は、電気ショックの回数が飛躍的に増加したことだった。賛否両論のあるページ゠ラッセル法の考案者である二人の精神科医は、一人の患者につき四回治療を行ない、合計二四回ショックを与えることを推奨していた[27](一回の治療につき六回ショックをかけることになる)。ところがキャメロンはこの装置を患者に一日二回、三〇日間にわたって使用し、一人の患者に三六〇回という恐るべき回数のショックを与えた。これはカストナーのような初期の患者が受けたショックの回数よりはるかに多い[28]。さらにキャメロンは、すでに投与していたおびただしい数の薬物に加えて、CIAがとりわけ関心を持っていた精神変容作用のあるLSDやPCPといった実験的な薬物も患者に投与した。

患者の心を空白の状態にするため、キャメロンはさらなる武器を使った。感覚遮断と長時間にわたる睡眠である。この二つのプロセスにより、患者の「心的防衛がさらに減じられ」、テープに録音されたメッセージに対する受容性が増すと彼は主張した。[29]ＣＩＡの資金が届くと、キャメロンはこれを使って病院の裏にあった古い馬小屋を隔離小屋に造り変え、さらに病院の地下を巧妙に改装して「隔離室」と呼ばれる部屋を造った。[30]防音装置が施された部屋にはホワイトノイズが流され、照明は消されて、患者は黒いゴーグルとヘッドホンを装着させられる。腕から手の先までは筒状の段ボールですっぽり覆われるが、これは「自分の体をさわることができないよう、つまり自己イメージを阻害するため」であると、一九五六年の論文でキャメロンは書いている。[31]だがヘッブの学生がこうした徹底した感覚遮断に二、三日以上は耐えられなかったのに対し、キャメロンは何週間にもわたって患者を感覚遮断状態に置いた。なかには三五日間も隔離小屋に閉じ込められていた者もあった。[32]

キャメロンはさらに患者の感覚を遮断するため、彼らを「睡眠室」と呼ばれた部屋に入れて、薬物で一日二〇〜二二時間眠らせた。床ずれ防止のために二時間ごとに看護師が体の向きを変え、目を覚ますのは食事とトイレの時間だけだった。[33]患者はこうした強制的な睡眠状態に一五〜三〇日間も置かれたが、キャメロンによれば「患者のなかには、長ければ六五日間連続して睡眠状態に置かれる者もあった」という。[34]病院のスタッフには、患者には口をきかせないよう、また睡眠室に何日間ぐらい入れられるかを教えないよう指示が与えられた。この悪夢のような処置から逃げ出すことができないよう、キャメロンはある患者グループには麻痺作用を持つクラーレという毒物を少量投与した。これによって患者たちは文字どおり自らの体の中に閉じ込められたのである。[35]

一九六〇年に発表した論文のなかで、キャメロンは「時間的・空間的イメージを維持する」――言い換えれば、私たちが自分は誰であり、どこにいるかを知るためには、「(a)継続した感覚入力、(b)記憶、という二つの重要な要素」が必要だとしている。電気ショックを与えるのは記憶を除去するためであり、隔離小屋に閉じ込めるのは感覚入力を無効にするためだった。時間的・空間的に自分がどこにいるかに関する患者の感覚を完全に失わせること。キャメロンは確固たる決意を持ってこれを達成しようとした。出される食事を手がかりに時間の感覚を保っている患者がいることがわかると、キャメロンは食事の時間を変えたり、内容を入れ替えさせたりした(朝食にスープ、夕食におかゆ、といった具合に)。「食事の間隔を変えたり、予測された内容とは違うメニューにすることによって、われわれは患者の時間感覚を崩すことに成功した」と、キャメロンは満足げに報告している。だが、こうした努力にもかかわらず、ある患者は毎朝九時に病院の上空を飛ぶ飛行機の「かすかな爆音」に気づくことで外界との関わりを維持した(36)。

拷問の生存者の証言を見聞きしたことのある人なら誰でも、この話に胸が締めつけられる思いがするにちがいない。何カ月あるいは何年にも及ぶ孤独と残忍な仕打ちにいかに耐えて生き延びたのか、囚われの身になった人々に尋ねると、遠くの教会の鐘の音や、祈りの時間を知らせるイスラム寺院のアザーン、あるいは近くの公園で遊ぶ子どもたちの声を聞いていたと答えることがしばしばある。四方を壁で囲まれた独房で生きることを強いられた人にとって、こうした外の世界の音やリズムは一種の命綱、すなわち自分がまだ人間性を失っておらず、拷問以外の世界が存在することを確認するよすがとなるのだ。「夜明けとともに小鳥がさえずるのを四回聞いた。それで四日間が過ぎたことがわかった」と、ウルグアイ最後の独裁政権のある生存者は、とりわけ残酷な拷問の体験をふり返る。(37) アラン記念研究所の地下室で、ある女性は暗闇と薬物、そして電気ショックでもうろうとした状態のなか、飛行機のエンジン音を聞こうと必死に耳を澄ませていた。この女性は医師の治療を受けている患者ではなく、どこから見ても拷問を受けている捕虜そのものである。

キャメロン自身、拷問と同じ状況を作り出していた事実を十分自覚していたこと、また筋金入りの反共主義者であった彼が患者を冷戦への取り組みの一環として捉えていたことを示唆する材料はいくつかある。一九五五年、大衆雑誌によるインタビューのなかで、キャメロンは自分の患者を尋問を受ける戦争捕虜になぞらえ、「共産主義者に捕らえられた捕虜のように(治療に)抵抗する傾向が見られたため、精神的にまいらせる必要があった」と話している。(38) その一年後、キャメロンはデパターニングの目的は「心的防衛を実際に「減退させる」こと」だと書き、「これは継続的な尋問を受けた人間が神経衰弱に陥るのと似ている」としている。(39) 一九六〇年には、キャメロンは感覚遮断に関する研究についての講演を精神科医だけでなく軍関係者を対象に行なうようになる。テキサス州のブルックス空軍基地で行なわれた講演で、彼は自分が精神分裂病の治療にあたっていることにはひとことも触れずに、感覚遮断は幻覚や強い不安感、現実感の喪失など、「精神分裂病の初期症状を引き起こす」と認めている。(40) この講演のためのメモには、感覚遮断のあとに「過負荷入力」を施すと書かれているが、これは電気ショックと録音テープを際限なくくり返し聞かせることを指しており、さらにその後、尋問戦術が取られることを暗示している。[41]

CIAは一九六一年までキャメロンの研究に資金を提供したが、アメリカ政府が彼の研究結果を何に使ったのかは、長年不明なままだった。七〇年代末から八〇年代にかけて、CIAがキャメロンの研究に資金を提供していたことを示す証拠がようやく上院の公聴会で明らかにされ、患者たちがCIAを相手取って画期的な集団訴訟を起こすと、ジャーナリストや議員たちの多くはCIA側の説明をすんなり受け入れた。すなわち、CIAが洗脳技術の研究を行なったのは、捕虜になったアメリカ兵を守るためである、と。マスコミの関心の大半は、政府が「アシッド・トリップ(LSDによる幻覚)」に金を出していたというセンセーショナルな部分に集中した。実際、スキャンダルがついに明るみに出たとき、話題の大部分はCIAとユーイン・キャメロンがまともな理由もなしに多くの人々を実験台にし、その人生を台無しにしてしまったということに終始していた。その時点では「洗脳」が冷戦時代の神話だというのは誰もが知ることであり、そんな研究は無意味なものだったと受けとめられた。CIA自身も、この筋書きを積極的に奨励した。権威ある大学の拷問実験、しかも大いに効果を上げた実験に資金を出したと非難されるより、SFマニアどもが犯した失敗として冷笑を買ったほうがよほどましだったのだ。最初にキャメロンに接触したCIAの心理学者ジョン・ギッティンジャーは上院の合同公聴会の証言台に立たされたとき、キャメロンに資金提供したことは「愚かな過ち……ひどい過ち」だったと述べた。[42] この公聴会に召喚された〈M

〈MKウルトラ〉の元責任者シドニー・ゴットリーブは、二五〇〇万ドルもかけたプロジェクトの関係書類をすべて廃棄するよう命じた理由について説明を求められると、「〈MKウルトラ〉プロジェクトはCIAにとって、なんらプラスの価値のある結果を生み出さなかったから」と答えている。(43) 八〇年代、〈MKウルトラ〉に関する主流メディアの暴露記事においても、その実態を究明する書籍においても、キャメロンの実験は常に「マインドコントロール」や「洗脳」という言葉で表現され、「拷問」という言葉は一度として使われていなかった。

恐怖の科学

一九八八年、『ニューヨーク・タイムズ』紙はホンジュラスにおける拷問と暗殺にアメリカ政府が関与していたとするスクープ記事を掲載した。記事のなかでホンジュラスの悪名高い死の部隊「バタリオン3-16」の尋問官フロレンシオ・カバジェロは、彼を含む二五人の隊員がテキサス州に赴き、CIAの訓練を受けたと語っている。「心理的方法をいろいろ伝授してもらった。捕虜が何を怖がり、どんな弱点があるかを学んだ。ずっと立たせておく、眠らせない、裸にして隔離する、ネズミやゴキブリを独房の中に入れる、ひどい食べ物を食べさせる、動物の死体を食事に出す、冷水を浴びせる、室温を上げたり下げたりする、などど」。彼が口にしなかった方法がひとつだけある――電気ショックだ。カバジェロや他の隊員に「尋問」を受けた二四歳の女性捕虜イネス・ムリージョは同紙に対し、何度も電気ショックを与えられたため「悲鳴を上げ、倒れてしまいました。悲鳴を上げるしかなかった」と語る。「煙の臭いがして、自分が電気ショックで焼け焦げたことがわかった。気が狂うまで拷問を続けると言われました。そんなこと嘘だと思ったけれど、次にやつらは私の両足を広げ、ワイヤーを性器に突っ込んだんです」(44)。ムリージョはまた、同じ部屋にもう一人男がいたと話す。それは「ミスター・マイク」と皆から呼ばれるアメリカ人で、尋問官に質問を教えていたという(45)。

この記事がきっかけとなって上院の情報特別委員会の公聴会が開かれ、リチャード・ストルツCIA副長官はそこで、「カバジェロはたしかにCIAの人的資源活用・尋問コースに参加した」と証言している(46)。『ボルティモア・サン』紙は情報公開法に基づき、カバジェロのような人々を訓練した際に用いられた教材の開示を求めた。CIAは長年にわたり請求に応じなかったが、訴訟も辞さないとの同紙の強い姿勢についに屈し、最初の記事が掲載されてから九年後に「クバーク対諜報尋問」と題する小冊子を提出した。このタイトルは暗号で、Kubarkとは『ニューヨーク・タイムズ』紙によれば、「KUはランダムな二文字、BARKは当時のCIAが自らを指すときに用いた暗号名」だという。もっと最近では、kuは「国または特定の秘密活動」を指すのではないかとの推測もある(47)。一二八ページのこの小冊子は「抵抗する情報源に対する尋問」に関する秘密マニュアルで、その大部分は〈MKウルトラ〉が委託した研究に基づいており、全編にユーイン・キャメロンとドナルド・ヘッブの行なった実験の痕跡が見て取れる。尋問の方法は感覚遮断から「ストレス姿勢」、頭巾をかぶせることから苦痛を与えることまで多岐にわたる(このマニュアルは初めのほうでこれらの方法の多くが違法であることを認めており、尋問官は「①身体的危害を加える、②服従を誘導するために医学的、化学的、あるいは電気的方法や物質を用いる、のいずれかに該当する場合には(中略)事前に本部の承認」を得るよう指示している)。[48]

このマニュアルの発行年は一九六三年で、これは〈MKウルトラ〉プロジェクトの最終年、CIAの資金によるキャメロンの実験が終了してから二年後にあたる。こうしたテクニックを正しく使えば、拘束者は精神的な打撃を受け「抵抗する能力が破壊される」と、この小冊子は主張する。これこそが、〈MKウルトラ〉プロジェクトの真の目的だった。すなわち、洗脳の研究ではなく(これは単なるサイドプロジェクトだった)、「抵抗する情報源」から情報を引き出すための科学的根拠のあるシステムを開発すること、言い換えれば拷問である。[49]

マニュアルの最初のページには、「専門家による科学的調査など、広範な研究」に基づく尋問方法について以下に述べると書かれている。それは、スペインの異端審問(一五〜一七世紀にユダヤ教徒とイスラム教徒を対象に行なわれた迫害)以来、標準とされてきた残酷でいい加減な拷問ではなく、正確で高度に洗練された拷問の新時代の到来を告げるものだった。序文にあたる文章にはこうある。「問題に適切かつ近代的な知識をもって対処することができる情報機関は、一八世紀と変わらないやり方で秘密事業を実施する情報機関に比べて大きな利点を持つ。(中略)過去一〇年間に行なわれた心理学的研究に言及せずして、尋問について有意義な議論を行なうのはもはや不可能である」[50]。そしてこのあとに、情報源の人間性を解体するためのハウツーガイドが続く。

このマニュアルには感覚遮断に関する長いセクションがあり、「マギル大学で行なわれた数々の実験」に言及している。[51] ここには隔離室をどのように造るかについての説明に加え、次のような記述がある。「刺激の剝奪によって被験者の精神から外界との接触が失われ、これにより退行が引き起こされる。同時に、尋問の最中に計画的に刺激を与えることによって、退行した被験者は尋問官を父親のような存在とみなすようになる傾向がある」[52]。さらに、同じく情報公開法に基づく請求によって公開されたこのマニュアルの改訂版(ラテンアメリカでの使用向けに一九八三年に発行)には、こう書かれている。「窓は壁の高いところに設置し、光を遮断できるようにしておくことが望ましい」*[53]

＊　一九八三年に出たこの改訂版は、明らかに教科書として使われることを目的としており、小テストや親切な注意書きも付いている(毎回電池は新しいものに取り替えること、など)。

これはまさにヘッブが恐れたこと——すなわち彼が考案した感覚遮断のための方法が、「恐ろしい尋問技術」に転用されることにほかならない。だがクバーク方式の核をなすのはキャメロンの研究であり、「時間的・空間的イメージ」を阻害するために彼が考案した方法である。マニュアルには、アラン記念研究所の地下室で患者たちをデパターニングするために磨き上げられた方法のうちのいくつかが紹介されている。「重要なのは、拘束者の時間的感覚を阻害するように尋問セッションを計画することである。(中略)被尋問者のなかには持続的な時間の操作、すなわち時計を進めたり遅らせたり、食事の時間をずらしたり(食事の間隔を一〇分にしたり一〇時間にしたり）することによって退行が起きる者もいる。夜と昼の感覚もおかしくなる」[54]

だが、どんな個別のテクニックよりこのマニュアルの著者たちの心をとらえたのは、被験者の退行現象へのキャメロンのこだわりだった。自分が誰であり、時間的・空間的に自分がどこにいるのかという被験者の感覚を奪い取ることによって、成人である彼らの精神はまるで子どものように白紙状態になり、暗示を受けやすくなるという考え方だ。著者たちはくり返しこのテーマに戻る。「尋問の障害を突き崩すために用いられる技術――単純な隔離から催眠や薬物による昏睡に至るあらゆる技術は、基本的には退行プロセスを促進するための方法である。被尋問者が徐々に成人から幼児のような状態に移行するにつれて、学習され、構造化された人格的特徴は剝げ落ちていく」。こうして拘束された者は「精神的ショック」状態、あるいは「仮死状態」となる。これは「情報源がより暗示にかかりやすくなり、命令に従う確率が格段に上がる」、尋問者にとってもっとも〝おいしい状況〟なのだ。[55]

拷問技術の進化についての研究者で『拷問の問題――冷戦からテロとの戦いに至るＣＩＡによる尋問』の著書があるウィスコンシン大学の歴史学者アルフレッド・Ｗ・マッコイは、感覚遮断によってショック状態を作り出し、その後過負荷入力を行なうというこのクバーク方式の尋問は、「残忍な苦痛の科学において過去三〇〇年以上なかった本格的な大革命」だと書く。[56]マッコイによれば、この革命は一九五〇年代のマギル大学での実験なしには起こりえなかったという。「ヘッブ博士の画期的な実験を土台にして行なわれたキャメロン博士の実験は、その異様なまでに行き過ぎた行為を除外すれば、ＣＩＡによる二段階の心理的拷問法の科学的基礎を築くものだった[57]」

クバーク方式が取り入れられたところには、すべてにある一定の明確なパターンが存在する。その目的はいずれの場合も拘束者にショックを与え、その度合いを深めて長続きさせることにあった。共通するのは、できるだけ衝撃と混乱を与えるため、容疑者はマニュアルの指示どおり深夜や早朝の家宅捜査で拘束されること、そして拘束後すぐに頭巾をかぶせるか目隠しをし、服を脱がせて殴打してから、なんらかの形で感覚遮断を行なうことだ。そしてグアテマラからホンジュラス、ベトナムからイラン、フィリピンからチリに至るすべての場所で電気ショックが用いられた。

もちろん、そのすべてがキャメロンと〈ＭＫウルトラ〉プロジェクトの影響というわけではない。拷問には常に場当たり的な部分があり、習得された技術と、罰則のない状況で必ず顔を出す人間の残忍な本能とがより合わさっている。一九五〇年代半ばには、フランス軍が電気ショックをアルジェリア民族解放戦線のゲリラに対して頻繁に行ない、しばしば精神科医が手助けしていた[58]。この時期、フランスの軍指導者はノースカロライナ州フォートブラッグにある米陸軍基地内の「対反乱作戦」学校でセミナーを行ない、アルジェリア方式の訓練を実施していた[59]。だが一方で、単に苦痛を与えるだけでなく構造化された人格を消去するという特定の目的のために電気ショックをくり返し使用するというキャメロンの方式が、ＣＩＡ

の目を引いたことも明らかだ。一九六六年、ＣＩＡは三人の精神科医に、キャメロンが常用したページ＝ラッセル法の装置を持たせて南ベトナムのサイゴンに派遣。この装置は現地で盛んに用いられ、死亡した拘束者も何人かいたほどだった。マッコイによれば、「事実上、彼らはユーイン・キャメロンがマギル大学で開発した「デパターニング」の技術が本当に人間行動を変えられるかどうかを実地に試していた」のである。[60]

アメリカの情報機関当局者にとって、こうした実地体験の機会はめったになかった。一九七〇年代以降、アメリカの捜査官たちは直接尋問を行なわずに、もっぱら訓練や指導にあたるようになっていた。七〇〜八〇年代に中米諸国で拷問を受けた人々の証言には、英語を話す正体不明の男たちが独房に出入りしては質問したり、助言したりしていたという言及が数多く見られる。八九年にグアテマラで誘拐され、拘束されたアメリカ人修道女ディアナ・オーティズの証言によれば、彼女をレイプしタバコで火傷させた男たちはアメリカ訛りの強いスペイン語を話す男を「ボス」と呼び、彼の言うことに従っていたという。[61]またＣＩＡのグアテマラ人職員に夫を拷問され、殺害されたアメリカ人弁護士ジェニファー・ハーベリーの重要な著書『真実、拷問、アメリカ方式』にも、こうした事例が数多く紹介されている。[62]

歴代の米政府から認可を得ていたにもかかわらず、これらの「汚い戦争」〔中南米の軍事政権が反政府活動家に対して行なった組織的な弾圧行為〕におけるアメリカの関与は秘密にしておく必要があった。理由は明らかだ。拷問は身体的なものであれ心理的なものであれ、「あらゆる種類の拷問や残虐な行為」を全面的に禁止するジュネーブ条約に明白に違反するし、拘束者に対する「残虐な行為」と「弾圧」を禁止するアメリカ陸軍の統一軍事司法法典そのものにも違反するからだ。[63] この「クバーク・マニュアル」の二ページ目には、ここに紹介する技術は「のちのち訴訟の対象となる重大な危険」をはらんでいるとの注意書きがあり、一九八三年版はより単刀直入に次のように述べている。「尋問の補助手段として物理的な力や心理的拷問を使用すること、脅し、侮辱、不快で非人道的な処遇などは国内外の法律で禁止されている」[64]

二〇〇一年九月一一日、長年アメリカ政府が取り続けてきた「もっともらしい否認」の立場は、一瞬にして消し飛んだ。世界貿易センターとペンタゴンへの攻撃は、「クバーク・マニュアル」で想定された衝撃とはまったく異質のものとはいえ、その影響は驚くほど類似していた。著しい混乱、極度の不安と恐怖、そして集団的な退行。クバーク方式の尋問者が「父親のような存在」として立ち現れるのと同様、ブッシュ政権はすぐさま人々の恐怖を利用して、必要であれば手段を選ばずに「国土」とその脆弱な人民を守る親のような保護的役割を演じようとした。「ダークサイド」(映画『スター・ウォーズ』の用語で、人間の持つ邪悪な面を指す)に足を踏み入れることも辞さないというディック・チェイニー副大統領の発言は悪名高いが、これに象徴される米政府の政策転換とは、それ以前のより人道的な政権であれば敬遠したような戦術を取り入れることではなかった(多くの民主党員は、アメリカ人は生まれながらに無罪だという神話——歴史家のギャリー・ウィルズが〈原無罪〉と呼んだもの[65]——を引き合いに出し、米政府の政策転換は本来罪のないアメリカ人の名に恥じるものだと主張した)。9・11を境にした大きな転換とは、かつては代理人を介し、追及されたときには否定できるだけの距離をおいて行なわれていたことが、今や直接行なわれ、公然とその正当性が主張されるようになったということなのだ。

拷問の外注化についての指摘は数多くなされているが、ブッシュ政権が行なった本当の意味での革新的な転換は、内部者による拷問を可能にしたことだった。すなわち、拘束者は米国市民の手により、米国の運営する刑務所で拷問されるか、米国機によって直接、第三国に「特別引き渡し」されることになったのだ。これがブッシュ政権と他の政権とのきわだった違いである。9・11以降、同政権は拷問する権利を誰はばかることなく要求するようになった。結果として刑事訴追を受ける可能性が生じるわけだが、ブッシュ政権はこの問題に法の改正をもって対処した。その経緯はよく知られている。ブッシュ大統領に権限を与えられた当時のラムズフェルド国防長官が、アフガニスタンで拘束された囚人は捕虜ではなく「敵性戦闘員」であるからジュネーブ条約は適用されないと主張し、この見解は当時のホワイトハウス法律顧問アルベルト・ゴンザレス(その後司法長官に就任)によって承認された(66)。次にラムズフェルドは、対テロ戦争において一連の特殊尋問行為を使用することを承認。ここにはCIAのマニュアルに記載されている方法(「三〇日以内の隔離施設の使用」「光と聴覚刺激の遮断」「移送と尋問の際に拘束者の頭に頭巾をかぶせる」「衣服を脱がせる」「拘束者の個人的な恐怖症(たとえば犬に対する恐怖)を利用してストレスを与える」)が挙げられていた(67)。ホワイトハウスによれば、拷問は依然として禁止されているが、拷問と定義できるのは、与えられる苦痛に「臓器不全のような重大な身体的損傷に匹敵する痛みを伴う」場合に限られるとしている。*(68) この新しいルールに従えば、アメリカ政府は一九五〇年代に何層もの秘密と否定のベールに隠れて開発した方法を自由に使うことが可能になる。しかも、今や訴追される心配なく公然と行なうことができるのだ。そして二〇〇六年二月、ＣＩＡの顧問機関である情報科学委員会が発表した国防総省のベテラン尋問官の執筆による報告書には公然と、「『クバーク・マニュアル』を入念に読むことは尋問に関わるすべての者にとって必須である」と書かれている。(69)

＊　連邦上下両院や最高裁からの圧力を受け、ブッシュ政権は二〇〇六年に軍事委員会法が議会を通過した際、それまでの立場をいくらか修正することを余儀なくされた。だが、この新法はあらゆる拷問を禁止するものであるとのホワイトハウスの主張にもかかわらず、そこにはＣＩＡ工作員や請負業者が依然としてクバーク方式の感覚遮断や過負荷、さらに水責めのような「巧妙に工夫」された技術を用いることのできる抜け穴が用意されていた。ブッシュ大統領はこの法案への署名に先立ち、「ジュネーブ条約の意味と適用について(適当と思われるように)解釈する」権限を持つことを記した「声明」を添付した。『ニューヨーク・タイムズ』紙はこれを「二〇〇年以上に及ぶ伝統と法律を勝手に書き換えるもの」だと批判した。

この新しいルールが真っ先に適用された一人に、アメリカ国籍の元ギャングの一員ホセ・パディラがいる。二〇〇二年五月、パディラはダーティーボム(放射能爆弾)の製造を企てた容疑でシカゴのオヘア空港で逮捕された。パディラは起訴されて裁判にかけられることなく敵性戦闘員として扱われ、あらゆる権利を剥奪された。サウスカロライナ州チャールストンの米海軍刑務所に連行されたパディラは、本人の話によればＬＳＤかＰＣＰと思われる薬物を注射され、極度の感覚遮断状態に置かれた。非常に狭い独房には窓からの光も差し込まず、時計やカレンダーを目にすることもできなかった。独房の外に出るときは手かせ足かせをはめられ、目には黒いゴーグル、耳には重いヘッドホンを着けさせられて何も見ることも聞くこともできなかった。パディラはこの状態で一三〇七日間過ごし、尋問官以外には誰とも接触することができなかった。尋問を受けるときには強烈な光と音を浴びせられた。(70)

二〇〇六年一二月、パディラは法廷審問を許された。この時点でダーティーボムの容疑は取り下げられ、パディラはテロリストとの接触の罪に問われていたが、彼は自分を弁護する術をほとんど持たなかった。専門家の証言によれば、退行を引き起こすキャメロン流の手法が全面的に功を奏して、パディラは成人としての人格を破壊されていたのだ。これはまさに意図されたことにほかならなかった。「長期に及ぶ拷問により、パディラ氏は精神的にも身体的にもダメージを受けた」と、彼の弁護士は法廷で述べている。「パディラ氏は政府から受けた処遇によって人格を奪われた」。パディラの精神鑑定を行なった精神科医は、彼には「自分自身を弁護する主張を行なう能力がない」と結論している。(71)にもかかわらず、ブッシュに任命された判事はパディラが裁判を受ける判断能力を持つと判断した。そもそも彼が公開裁判を受けたこと自体、きわめて異例だった。米政府の運営する刑務所に収容された他の何千人という収監者（パディラとは異なりアメリカ国籍は持たない）は、同様の拷問を受けながら、民間の法廷で裁きを受けることはいっさいない。

キューバのグアンタナモ・ベイ米海軍基地に長期間拘留される者は少なくない。同基地に収監されていたエジプト系オーストラリア人マムドゥー・ハビブは、「グアンタナモ・ベイは実験施設だ。（中略）彼らは洗脳の実験をしている」と述べている。(72) 実際、グアンタナモに関する証言や報告、写真などを見ていると、一九五〇年代のアラン記念研究所があたかもキューバに移転したような感がある。まず最初に拘束者は頭巾をかぶせられ、黒いゴーグルとすべての音を遮断する重いヘッドホンを着けさせられて、極度の感覚遮断の状態に置かれる。何カ月間も独房に隔離されたあげく、外に連れ出されれば今度は吠える犬やストロボライト、赤ん坊の泣き声や大音響の音楽、猫の鳴き声などを録音したエンドレステープなどで感覚を攻撃される。

拘束者のなかには、こうした扱いを受けた結果、五〇年代にアラン記念研究所に拘束されていた者とほぼ同じ状態――すなわち完全な退行に陥った者も少なくない。グアンタナモ収容所から釈放されたあるイギリス国籍の拘束者が弁護士に語ったところでは、収容所の「デルタ・ブロック」と呼ばれる一角全体が、永続的な妄想状態にある「少なくとも五〇人の」拘束者のために確保されているという。(73) 機密解除になった米連邦捜査局（FBI）の国防総省宛て書簡には、重要人物と目されるある拘束者が「三カ月間、徹底した隔離状態に置かれ」、「極度の精神的トラウマに合致する行動（そこにいない人に話しかける、誰かの声が聞こえると言う、独房の中でシーツをかぶり、何時間もしゃがんだ状態でいる）が見られた」とある。(74) 元米陸軍のイスラム教教誨師でグアンタナモ収容所に勤務していたジェームズ・イーは、デルタ・ブロックの拘束者が典型的な極度の退行症状を示していたと話す。「立ち止まって話しかけても、向こうはまるで子どものような声で訳のわからないことを言ってくるだけだった。子どもっぽい歌を大声で歌い、同じ歌を何度も何度もくり返している人も何人もいた。鉄のベッドのフレームの上に立ち上がって、子どもみたいに騒いでいる者もいて、子どもの頃兄弟と一緒に「お山の大将」ゲームをして遊んだことを思い出した」とイーは言う。二〇〇七年一月、一六五人の拘束者が「キャンプ・シックス」と呼ばれる新しく建設された部分に移されるに及んで、状況はさらに著しく悪化した。ここに設けられた鋼鉄製の独房では、他人との接触はいっさい行なわれない。グアンタナモの拘束者数人の弁護士を務めるサビン・ウィレットは、もしこの状況が継続すれば「ここは精神病院と変わらなくなる」と憂慮した(75)。

しかし人権団体は、グアンタナモ収容所がいかにおぞましい施設であれ、米政府が運営する海外の同様の施設のなかではいちばんまともなものだと指摘する。というのも、ここでは赤十字社と弁護士による監視が、限定的ではあるが行なわれているからだ。これまで不特定多数の人々が世界中に設置された「ブラックサイト」と呼ばれる秘密拘留施設のネットワークに拘禁されたり、特別引き渡しの制度によって海外の刑務所に移送されたりしている。こうした悪夢のような体験から生還した拘束者たちは、キャメロン流のショック戦術による全面攻撃を受けたと証言している。

エジプト出身でイタリアに亡命したイスラム教指導者ハッサン・ムスタファ・オサマ・ナスルはミラノの路上で、CIA工作員とイタリアの秘密警察によって拉致された。「いったい何が起きたのか、まったく訳がわからなかった」と、彼はのちに書いている。「いきなり腹を殴られ、体中を殴られた。それから頭と顔を幅広のテープでグルグル巻きにされて、息ができるように鼻のところにだけ穴を開けられた」。その直後にエジプトに移送されたナスルは、明かりのない独房に入れられ、「ゴキブリやネズミが体の上を這い回る」状態で一四カ月間過ごした。ナスルは二〇〇七年二月までエジプトの刑務所に拘留されたが、自らの受けた虐待の詳細を手書きで一四ページにわたる文書にまとめ、外部に持ち出すことに成功した(76)。

それによれば、彼はくり返し電気ショックによる拷問を受けた。『ワシントン・ポスト』紙の記事によると、ナスルは「『花嫁』と呼ばれる鉄製のラックに縛りつけられ、スタンガンで電気ショックを受けた」り、「床に敷かれた濡れたマットレスに縛りつけられた」りした。「一人の尋問官がナスルの肩に固定された木製の椅子に座り、もう一人の尋問官がスイッチを入れると、マットレスのコイルに高圧電流が流れた(77)」。アムネスティ・インターナショナルによれば、彼は睾丸にも電気ショックを受けたという(78)。

米政府によって拘束され、電気ショックによる拷問を受けたのはナスルだけではないと考えられる理由は十分ある。とはいえ、米政府が行なったのは拷問なのか、それとも「巧妙に工夫された尋問」にすぎないのかをめぐる議論でも、ほとんどこの事実は見逃されている。グアンタナモ収容所に拘留され、一〇回以上自殺を試みたジュマ・アルドサリが弁護士に提出した書面による証言によると、アルドサリがカンダハルで駐留米軍に拘束された際、「尋問官が携帯電話のような小さな装置を持ってきたが、それは電気ショックを与える器具だった。彼はその器具を使って私の顔、背中、手足、そして性器にショックを与えた」という(79)。またドイツ生まれのムラト・クルナズもカンダハルの米軍基地に拘留され、同様の仕打ちを受けた。「まだ最初の時期で、規則など何もなかった。やつらはどんなことでもやりたい放題だった。毎回俺たちを殴り、電気ショックも使ったし、水の中に頭を押し込んだりもした(80)」

不可能な再建

初回のインタビューの最後のほうで、私はゲイル・カストナーに「電気の夢」についてもう少し話してくれないか頼んだ。彼女の話では、何列にも並んだベッドに寝かせられた患者たちが薬物による昏睡に入ったり目覚めたりする様子をしばしば夢に見るという。「みんな叫んだり、うめいたり、ノー、ノーと声を上げたりしている。あの部屋で目が覚めたときの感覚を今でも覚えています。汗びっしょりになって、吐き気がして、実際にもどして――そして頭がとても変な感じだった。頭じゃなくて塊をのっけているみたいな気がしました」。そう話しながら、カストナーは突然、どこか遠くに行ってしまった感じになった。青い椅子に深く体を沈め、あえぐように息をしている。目を半分閉じ、その下で眼球が小刻みに速く動いている。彼女は手を右のこめかみに当て、もうろうとした声で言った。「フラッシュバックが起きたの……何か気をそらすようなことを言ってみて。イラクの状況がどんなにひどかったかとか」

この奇妙な状況に適合する戦争のエピソードがないかと私は必死で頭を絞り、比較的衝撃の少ない、バグダッド中心部の米軍管轄区域グリーンゾーン内の様子について話した。彼女の表情は徐々に和らぎ、呼吸も元に戻った。その青い瞳がふたたび私に焦点を結んだ。「ありがとう」。彼女は言った。「フラッシュバックが起きてしまったのよ」

「ええ」

「どうしてそれがわかったの?」

「今さっき、そうおっしゃったから」

彼女は椅子から身を乗り出し、紙切れに何かを書きとめた。

その日の夕方遅くカストナーと別れてから、イラクについて話してほしいと言われて自分が口にしなかったことが頭から離れなかった。彼女に言おうと思って言えなかったのは、彼女を見ているとイラクを思い起こすということだった。彼女が電気によるショックを与えられたことと、イラクという国がショックを与えられたこととがどこかで結びついている気がしたのだ。同じおぞましい論理が違う形で現れたのが、彼女とイラクではないか、と。

患者にショックを与えて混乱した退行状態にすることで、健全な模範的市民へと「生まれ変わる」ための前提条件を作り出せるというのが、キャメロンの論理だった。背骨に損傷を負い、記憶を破壊されたカストナーにとってはなんの慰めにもならないが、キャメロンはその著作のなかで、破壊は創造のための行為であると述べている。彼のもとで過酷なデパターニングをくり返され、生まれ変わろうとしている幸運な患者にとって、創造はまさに贈り物なのだ、と。

だがこの点で、キャメロンはみごとに失敗した。患者はたとえ完全に退行した状態になっても、エンドレステープに録音されたメッセージを受け入れたり、吸収したりすることはけっしてなかった。キャメロンには人間を破壊する才能はあったとしても、人間を作り変えることはできなかったのだ。キャメロンがアラン記念研究所を辞めたあとに行なわれた追跡調査によれば、かつての彼の患者のうち七五％は治療を受ける前より後のほうが症状が悪化していた。入院前にフルタイムの仕事に就いていた患者のうち半数以上は、もはや仕事を続けることができず、カストナーのように治療前にはなかったさまざまな身体的・精神的不調に悩まされている者も少なくなかった。「精神誘導《サイキック・ドライビング》」にはまったく効果はなく、アラン記念研究所はその後この治療法を禁止した。(81)

問題は——今から見れば明らかだが——キャメロンの仮説そのものが依拠していた前提、つまり治療の効果を上げるには、治療前に存在していたものをすべて取り除かなければならないという考え方にあった。患者の習慣や行動パターン、そして記憶をすべて除去すれば、最終的には汚れのない白紙状態に到達できるとキャメロンは信じ込んでいた。しかし、どんなに執拗にショックを与え、薬物を投与し、混乱させても、そのような状態は得られなかった。それどころか結果は正反対だった。強く叩けば叩くほど、患者の状態は無残にも打ち砕かれていった。彼らの心は「きれい」になるどころかめちゃめちゃになり、記憶はズタズタになり、信頼は失われた。

惨事便乗型資本主義の考えに立つ人々もまた、破壊と創造、傷つけることと癒すことの区別ができないという点で共通している。イラクに滞在中、戦争で傷つけられた風景を、次にいつまた爆弾が落とされるかと不安な気持ちで眺めながら、私はしばしばその思いにかられた。米英軍によるイラク侵攻の立案者は、ショックの持つ力を熱烈なまでに信じており、武力行使によってイラクの人々を圧倒し、一種の仮死状態に陥らせることができると考えた。これは「クバーク・マニュアル」に説明されていたことと共通する部分が大きい。イラクに侵攻した勢力は、このチャンスに乗じてもうひとつ別のショック、すなわち経済的ショックを与えることで、侵攻後白紙状態になったイラクに自由市場民主主義のモデルを創造しようと考えたのである。

だが実際に侵攻によって作られたのは白紙状態などではなく、瓦礫の山と、生活を破壊されて怒りに燃える人々だった。そして抵抗した人々には、さらなるショックが与えられた。その一部はかつてゲイル・カストナーに行なわれた実験に基づくものだった。「われわれは破壊するのはじつにうまい。けれどもいつか戦闘ではなく建設のためにここで働く時間が増えれば、それほど喜ばしいことはない」と、イラク戦争の戦闘終結宣言が出されてから一年半後、米陸軍第一機甲師団の司令官ピーター・W・キアレッリ中将は語った。(82) だがそんな日は二度と来なかった。キャメロンと同様、イラクにショックを与える〝博士〟たちには破壊することはできても、再建することは不可能なのだ。

第2章　もう一人のショック博士
——ミルトン・フリードマンと自由放任実験室の探究

経済専門家《テクノクラート》たちは、こちらには税制改革、あちらには新しい社会保障法、そして別のところには為替相場制度の改正、といった具合にさまざまな政策を打ち立てることはできても、まったくの白紙状態の上に自分たちの望むとおりの経済政策の枠組みを丸ごと、完全な形で実現するという贅沢を手にすることはありえない。

——アーノルド・ハーバーガー(シカゴ大学経済学教授、一九九八年)(1)

学問の世界のどこを見渡しても、一九五〇年代のシカゴ大学経済学部ほど神話化された環境はまずほかにない。この学部自身、自らを単なる「学校(school)」ではなく、ひとつの「学派(School of Thought)」とみなし、ただ単に学生を教育するだけでなく、「シカゴ学派」という経済学派の構築と強化を行なっていたのだ。シカゴ学派とは、ある保守派の経済学者グループの発案物で、彼らの考え方は当時主流だった「国家統制主義」的な立場に対抗する革命的な砦としての意味を持っていた。社会科学研究棟の入口に掲げられた「科学とは計測である」という文字の下をくぐって中に入り、学生たちが雲の上の存在である教授たちに議論を挑んで知的度胸試しをしたという伝説のランチルームに足を踏み入れることは、学位などという月並みなものを求めるためではなかった。それは戦いに参入することだった。一九九二年にノーベル経済学賞を受賞したゲーリー・ベッカーは、「われわれ学生は他のほとんどの教授たちと戦闘状態にある戦士だった」と述べている。(2)

これと同じ時期にユーイン・キャメロンが率いていたマギル大学医学部精神科と同じように、シカゴ大学経済学部もまた、自分の専門分野を根底から改革する志に燃える、野心的でカリスマ的な男によって支配されていた。その男の名はミルトン・フリードマン。彼に負けず劣らず極端な自由放任を猛烈に支持する師や学者仲間は少なくなかったが、この学派に革命的な熱気を与えたのはフリードマンのエネルギーにほかならなかった。「よく人に『なぜそんなにウキウキしているのか？　きれいな女性とデートでもするのか？』と聞かれたものだ」とベッカーはふり返る。「そのたびに『違うよ、今から経済学の講義があるんだ！』と答えていた。ミルトンには、本当に魔法のような魅力があった」(3)

フリードマンはキャメロンと同様、「生まれながらの」健康状態に戻すことを夢のように思い描き、それを使命としていた。人間の介入が歪曲的なパターンを作り出す以前の、あらゆるものが調和した状態への回帰である。キャメロンは人間の精神をそうした原始的状態に戻すことを理想としたのに対し、フリードマンは社会を「デパターニング」し、政府規制や貿易障壁、既得権などのあらゆる介入を取り払って、純粋な資本主義の状態に戻すことを理想とした。またフリードマンはキャメロンと同様、経済が著しく歪んだ状態にある場合、それを「堕落以前」の状態に戻すことのできる唯一の道は、意図的に激しいショックを与えることだと考えていた。そうした歪みや悪しきパターンは「荒療治」によってのみ除去できるというのだ。キャメロンがショックを与えるのに電気を使ったのに対し、フリードマンが用いた手段は政策だった。彼は苦境にある国の政治家に、政策という名のショック療法を行なうよう駆り立てた。だがキャメロンとは違って、フリードマンが抹消と創造という彼の夢を現実世界で実行に移す機会を得るまでには、二〇年の歳月といくつかの歴史の変転を要した。

シカゴ学派の創設者の一人であるフランク・ナイトは、個々の経済理論は議論の余地のある仮説ではなく「システムの神聖な特性」であるという考え方を学生に「吹き込む」ことが教授の使命であると考えていた(4)。このシカゴ学派の神聖なる教えの中核には、需要、供給、インフレーション、失業といった経済に影響を与えるさまざまな力は、自然の力と同様、固定した不変のものだという考えがあった。シカゴ学派の講義や教科書で想定されている真の自由市場においては、これらの力は完全な均衡状態にあり、供給と需要はちょうど月の引力と潮の干満のような関係にあるとされた。フリードマンの提唱した厳格なマネタリズムによれば、経済が激しいインフレーションに陥るのはおしなべて、市場の自由に任せればおのずから均衡が生まれるところを、政策立案者が誤ってシステムに過剰なマネーを流入させたことに起因するという。生態系がそれ自身の力でバランスを保っているように、市場もまたそのままにしておけば、生産される商品の数も、その価格も、それを生産する労働者の賃金も適正になり、十分な雇用と限りない創造性、そしてゼロインフレというまさに地上の楽園が出現するというのである。

ハーバード大学の社会学者ダニエル・ベルによれば、急進的な自由市場経済学を特徴づけるのは、この理想化されたシステムへの愛である。彼らの考える資本主義は「精巧な時計のように寸分の狂いのない」「この世のものとは思われないほどの絶妙なしかけ」であり、「その素晴らしさは、小鳥が飛んできてついばもうとするほど本物そっくりのブドウを描いたアペレス(古代ギリシャの画家)の有名な絵画を思い起こすほどだ」という。(5)

フリードマンとその同僚たちにとっての課題は、現実世界の市場が彼らが熱狂的に思い描いた理想どおりになるということを、どうやって証明するかにあった。フリードマンは常に、経済学を物理学や化学のような厳密な科学として扱っていることを自負していた。だが自然科学の場合、要素の振る舞いを指摘して理論を証明することができるのに対し、あらゆる「歪み」が取り除かれればその社会は完全に健全で豊かなものになるというフリードマンの主張は、証明不能である。なぜなら、この世界には完全な自由放任という基準に当てはまる国など、どこにも存在しないからだ。自分たちの理論を中央銀行や商務省で検証することはかなわないため、フリードマンらは社会科学研究棟の地下にある作業室で複雑で巧妙な方程式やコンピューターモデルを作成することで、良しとしなければならなかった。

フリードマンは数字やシステムが好きだったことから、経済学の道に進んだ。自伝によれば、高校時代、幾何学の教師が黒板にピタゴラスの定理を書いたときに啓示のようなひらめきを感じた。その教師はこの定理の美しさを説明するのに、ジョン・キーツの「ギリシャの壺に寄せて」から「『美は真実であり、真実は美だ』と——この世で知ることのできるのはそれだけであり、知るべきこともこれしかない」という一節を引用したという。(6) フリードマンは、これと同じすべてを包み込む美しいシステムに対する熱狂的な愛を、簡潔さとエレガンス、そして厳密さの探究とともに、数世代にわたる経済学者たちに伝えたのだ。

すべての原理主義の教義がそうであるように、シカゴ学派はその信奉者たちにとって、自己完結した世界だった。まず出発点は、自由市場は完璧な科学的システムであり、個々人が自己利益に基づく願望に従って行動することによって、万人にとって最大限の利益が生み出されるという前提にある。すると必然的に、自由市場経済内部で何かまずいこと(インフレ率や失業率の上昇など)が起きるのは市場が真に自由ではなく、なんらかの介入やシステムを歪める要因があるからだ、ということになる。したがって結論は常に同じだった——基礎的条件をより厳格かつ完全に適用することである。

二〇〇六年にフリードマンが死去したとき、死亡記事の執筆者たちは彼の業績をどのように要約するかに苦心した。ある記事は次のように書いた。「フリードマンは自由市場、自由価格、消費者の選択、そして経済的自由の重要性をくり返し説いたが、今日われわれが世界規模の繁栄を享受しているのはそのおかげである」(7)。これは部分的には正しいが、その世界規模の繁栄のありよう——誰がその恩恵に浴し、誰が浴していないか、その原因はどこにあるのか、など――については、言うまでもなく論議が大きく分かれる。だがフリードマンが提起した自由市場のルールと、それを課すための抜け目のない戦略が一部の人々に極端な繁栄をもたらし、彼らがそれによって国境も規制も税金も無視し、新たな富を築くためのほぼ完全な自由を手にしたことは、もはや反論の余地がない。

こうした思考様式のルーツは、フリードマンの幼少期に見出すことができる。ハンガリーからの移民だった彼の両親は、ニュージャージー州ローウェイにある縫製工場を買い取って経営していたが、一家の住まいも工場と同じ建物の中にあり、それは「今日なら〝搾取工場《スウエットショップ》〟と呼ばれるようなところ」だった。(8) こうした工場の経営者にとって、当時は一触即発の不安定な時代だった。マルクス主義者やアナキストによって組合に組織された移民労働者たちは、安全規制や週末の休みを要求し、勤務時間後に会合を開いては労働者所有の理論について議論していた。経営者の息子であったフリードマンは当然ながら、こうした議論に関してまったく異なる見解を耳にしていたにちがいない。最終的に父親の工場は倒産したが、フリードマンは講演やテレビ出演の際にこの工場のことをしばしば話題にし、規制撤廃した資本主義の恩恵を証明するケーススタディーとして紹介した。たとえ劣悪で規制などまったくない職場でも、自由と繁栄に向かうはしごの第一段目までは上ることができるのだ、と。

シカゴ学派の経済学の魅力の大きな部分は、労働者の権力に関する急進的な左派の理論が世界中で支持されつつあった時期に、経営者側の利益を守る方法を提示したことにあった。そしてそれは左派の理論に負けず劣らず過激であり、また独自の理想主義的な主張に満ちてもいた。フリードマン自身の言葉によれば、彼の思想の主眼は低賃金で労働者を搾取する経営者の権利を擁護することではなく、可能な限り純粋な「参加民主主義」の形態を追求することにあるという。自由市場経済においては、「個々人はあたかもネクタイの色を選ぶように投票できる」からだと彼は言う。[9] 左翼の思想家が労働者に経営者からの自由を、市民に独裁者からの自由を、国家に植民地主義からの自由を約束したのに対し、フリードマンは「個人の自由」を約束した。それは市民を個人レベルに細分化して共同体としての企業の上に位置づけ、消費者選択を通じて絶対的な自由意思を表明できるようにすることを意味していた。「とりわけ刺激的だったのは、当時マルクス主義が他の多くの若者を惹きつけたのと同質の魅力があったことだ」と、四〇年代にシカゴ大学の学生だった経済学者ドン・パティンキンはふり返る。それは「簡潔かつ見かけ上は論理的に完璧であり、理想主義的かつラディカルでもあった」。[10] マルクス主義者は労働者のユートピアを、シカゴ学派の経済学者は企業家のユートピアを思い描き、両者はともに、もしそれが実現すれば完全で均衡のとれた世界が生まれると主張したのである。

問題は――いつものことながら――では、どうやったらその素晴らしい世界に到達できるのかということだ。マルクス主義者の答えは明白だった。革命によって現行のシステムを一掃し、社会主義体制と入れ替えるというのである。だがシカゴ学派の答えはそれほど単純明快ではなかった。アメリカはすでに資本主義国家だったが、彼らの見る限り、それは完全な資本主義とはほど遠かった。アメリカにせよ、資本主義経済とされている他のすべての国にせよ、シカゴ学派の経済学者から見れば障害だらけだった。政治家は、商品を買いやすくするために価格を固定し、労働者からの搾取を抑制するために最低賃金を定め、すべての国民が教育を受けられるように国家の手に教育を委ねている。多くの場合、これらの政策は人々のためになるように見えるが、フリードマンらはこうした措置が市場の均衡に重大な弊害をもたらし、市場のさまざまな信号が相互に伝達する能力を妨げていると確信し、モデルを使ってそれを「証明」した。したがってシカゴ学派の経済学者たちは「浄化」すること、言い換えれば市場の均衡を妨害するこれらの要因を取り除き、自由市場を花開かせることを自らの使命としていたのである。

このためシカゴ学派の経済学者は、マルクス主義者を真の敵とはみなしていなかった。問題の根源はアメリカにおけるケインズ学派、ヨーロッパにおける社会民主主義、そして当時第三世界と呼ばれた地域における開発主義の考え方にあるとされた。これらの人々はユートピアではなく混合経済を信じているのだ、と。シカゴ学派にとって混合経済とは、消費財の製造と流通における資本主義、教育における社会主義、水道など基本的事業の国有化、そして極端な資本主義を緩和することを目指すありとあらゆる法律とがごちゃまぜになった、見苦しい状態を指した。宗教原理主義者が他の宗教の原理主義者や公然たる無神論者をしぶしぶ尊重する反面、うわべだけの信者を軽蔑するように、シカゴ学派の経済学者はこうした、さまざまな要素を組み合わせた経済学者に宣戦を布告した。彼らが希求したのは厳密には革命ではなく資本主義的「改革」であり、汚染されていない純粋な資本主義への回帰だった。

フリードマンのこうした純粋主義に大きな影響を与えたのは、一九五〇年代にやはりシカゴ大学教授の座にあったオーストリア出身の経済学者・哲学者で、フリードマンが師と崇めていたフリードリヒ・ハイエクだった。ハイエクは、政府が行なういかなる経済的介入もその社会を「隷属への道」へと導くものであり、排除すべきであると主張した。(11)長年シカゴ大学で教授を務めたアーノルド・ハーバーガーによれば、この派閥中の派閥とも言うべき「オーストリア人たち」は熱狂のあまり、政府の介入はすべて間違っているだけでなく「悪」だと決めつけた。「非常に美しく、かなり複雑に込み入った絵があり、それ自体が完璧な内的調和を保っていたとしよう。もしそこにあるべきでない染みがあったら、見られたものではないし(中略)その絵の美しさそのものが損なわれてしまう、というわけだ」(12)

一九四七年、スイスのモンペルランでハイエクを中心とする自由市場経済学者がモンペルラン協会を設立したとき(これがフリードマンとハイエクの最初の接点だった)、企業にはいっさい規制を加えず、その意の赴くままに世界を支配させるべきだなどというのは、表向きにはとても持ち出せないような考え方だった。当時はまだ、一九二九年の株価大暴落とそれに続く世界大恐慌の記憶――一夜にして消え去った貯金、多発する自殺、炊き出しの長い列、仕事も家も失った人々――が生々しく残っていた。この、市場のもたらした災いのあまりの規模の大きさに、徹底した管理を行なう政府形態を求める声が高まっていたのだ。大恐慌は資本主義の終焉を知らせるものではなかったが、経済学者ジョン・メイナード・ケインズがその数年前に予言していたように、「自由放任《レッセフェール》の終焉」、すなわち市場原理に任せることの終焉を意味していた。[13] 一九三〇年代から五〇年代初めにかけては、大胆なまでの「行動《フェール》」の時代だった。ニューディール政策のなせばなる精神が次第に戦時体制へと移行していくなか、切望される職を創出するために公共事業計画が実施され、人々が雪崩を打って左翼に転向するのを防ぐために新しい社会福祉政策が発表された。この時期、左派と右派の妥協はけっしてタブーではなく、ケインズが一九三三年にフランクリン・D・ローズヴェルト大統領に宛てて書いた、「正統主義と革命」が「とことんまで戦う」ような世界を招来させないための、尊い目的を持った作戦の一環だとみなす人が少なくなかった。[14] アメリカにおけるケインズの後継者ジョン・ケネス・ガルブレイスは、政治家と経済学者の主要な役割はともに、「恐慌を回避し失業を防ぐこと」だとしている。[15]

第二次世界大戦は、貧困との戦いに新たな緊急性をもたらした。ドイツでナチスが台頭したのは、第一次大戦後の膨大な賠償金の支払いによって経済が破綻し、さらに一九二九年の株価大暴落によって深刻な不況に陥っていた時期だった。ケインズはそれ以前に、もし貧困に窮したドイツに対し世界が自由放任のアプローチをとれば、手痛いしっぺ返しを食うと警告した――「あえて言わせてもらうが、その報復は生やさしいものではない」。[16] 当時、この警告に耳を貸す者はいなかったが、第二次大戦後にヨーロッパが復興すると、欧米の大国は、市場経済は国民に十分な基本的尊厳を保障すべきであるという原則を支持するようになった。そうすることで、幻滅した国民がふたたびファシズムや共産主義といった思想に心惹かれることを防げるというわけだ。今日、往年の「まともな」資本主義と言えば思い浮かぶほとんどすべてのもの――アメリカの社会保障制度であれ、カナダの公的医療制度であれ、イギリスの社会福祉であれ、フランスやドイツの労働者保護制度であれ――が生み出される原動力となったのは、まさにこの実際的な要請だったのである。

発展途上世界においては、これと類似した、より急進的な空気が高まりつつあり、通常それは開発主義あるいは第三世界ナショナリズムと呼ばれた。開発主義経済学者たちはこう主張した。自然資源の価格は下落し続けており、発展途上国が貧困の悪循環から抜け出すには、これまでのようにヨーロッパや北米への自然資源の輸出に依存するのではなく、国内志向型の工業化政策を追求する以外に道はない、と。彼らは石油や鉱物をはじめとする主要産業の規制や、場合によっては国有化を提唱し、それによって収益のかなりの部分を政府主導の開発プロセスに注入できると主張した。

一九五〇年代には、開発主義者たちは先進国のケインズ主義者や社会民主主義者と同様、一連の目覚ましい成功物語を誇れるまでになっていた。開発主義のもっとも先進的な実験室となったのはチリ、アルゼンチン、ウルグアイ、そしてブラジルの一部で構成される南米南部地域《サザンコーン》であり、その中心を担ったのは国連ラテンアメリカ経済委員会(本部はチリのサンティアゴ、一九五〇～六三年までアルゼンチンの経済学者ラウール・プレビッシュが事務局長の座にあった)だった。プレビッシュは複数の経済学者チームに開発主義理論を叩き込んだうえで、この地域の各国政府に政策顧問として派遣した。民族主義を掲げるアルゼンチンのファン・ペロンのような政治家はその助言を猛烈な勢いで実行に移し、公的資金を高速道路や製鉄所などの基幹プロジェクトに投入したり、国内企業に潤沢な補助金を提供して車や洗濯機を生産する新しい工場を建設させたり、法外に高い関税を課して輸入品をシャットアウトしたりした。

この急速な経済拡大の時期、南米南部地域はほかのラテンアメリカや第三世界より、ヨーロッパや北米に近い様相を呈し始めた。新しい工場で働く労働者たちは強力な組合を結成して中産階級レベルの賃金を得るべく交渉し、その子どもたちは新設された公立大学に進学した。この地域のひと握りのエリート層と貧しい農民階級との間に横たわっていた大きな格差は次第に狭まり、一九五〇年代にはアルゼンチンは南米大陸で最大の中産階級を擁するまでになった。隣国のウルグアイの識字率は九五％に達し、すべての国民に対し医療が無償化された。この時期、開発主義が目覚ましい成功を収めたことで、南米南部地域は世界中の貧困国にとって希望の象徴となった。賢明で実際的な政策を積極的に実施することによって、第一世界と第三世界の間の階級格差は解消できることが証明されたのである。

このように管理経済――「北」におけるケインズ主義、「南」における開発主義――が成功を収めたことは、シカゴ学派に失意の日々をもたらした。シカゴ学派にとっては学問上の宿敵であるハーバード大学やイェール大学、オックスフォード大学の学者たちは、各国の大統領や首相に請われて市場の暴走を抑えるために力を貸した。市場が荒々しく変動するままに任せよというフリードマンの大胆な考えに興味を示す学者は、もはやほとんどいなかった。とはいえ、シカゴ学派に鋭い関心を寄せる者はごくわずかながら存在した。しかもそれは少数といえども強力な布陣だった。

戦後の好景気はアメリカの多国籍企業のトップにとって、苦々しい時代だった。発展途上国はあからさまに冷淡になり、自国の労働組合はより強い要求を突きつけてきたからだ。経済の急速な成長に伴い膨大な富が創出されていたものの、企業経営者や株主はこうした富のかなりの部分を、法人税や労働者の賃金という形で再分配せざるをえなかった。誰もが豊かになりつつあったが、もしニューディール政策以前のルールに戻れば、はるかに豊かになるはずの人々も少数ながら存在したのだ。

自由放任経済を否定するケインズ革命は、企業部門に多大な代償を強いるものだった。企業の失地回復のためにはケインズ主義に対抗する「反革命」を起こすこと、つまり大恐慌以前よりさらに規制のない資本主義体制に戻ることが必要なのは明らかだった。だがウォール街自らが行動に出ることは、当時の情勢からいって無理だった。仮にフリードマンの親しい友人でシティバンクの最高経営責任者（CEO）ウォルター・リストンが、最低賃金と法人税はともに廃止すべきだなどと発言したら、たちまち悪徳資本家だとして糾弾されたにちがいない。そこで、まさにその役割を担ったのがシカゴ学派だった。卓越した数学者であり弁舌の才にも恵まれたフリードマンの手にかかると、同じ主張がまったく違った様相を帯びてくる。誤った考えだとして片づけられることはあっても、そこにはいかにも科学的に中立性があるような雰囲気が漂っていた。企業側の見解を学者（あるいは疑似学者）の口を介して発表することには膨大なメリットがあることから、企業はこぞってシカゴ学派に多額の寄付を行なった。それればかりか、短期間のうちに世界的な右派シンクタンクのネットワークを作り上げ、反革命の歩兵を世界中に送り出すことになったのである。

すべてを集約しているのが、フリードマンの「ニューディール政策はあらゆる面で失敗だった」という執念にも近いメッセージだ。彼によれば、「私自身の国を含め、(多くの国が)誤った道を歩み始めた」原因は、まさにそこにあるという[17]。それらの国々の政府を正しい軌道に戻すために、フリードマンは一般向けに書かれた最初の著書『資本主義と自由』で、その後の世界の自由市場経済にとって基本ルールとなるものを打ち出すとともに、アメリカ国内では新保守主義運動の経済政策となるものを作り上げた。

第一に、各国政府は利益の蓄積にとって障害となる規則や規制をすべて撤廃しなければならない。第二に、政府が所有する資産で企業が利益を上げられるものはすべて民間に売却しなければならない。第三に、公的プログラムにあてる予算は大幅に削減しなければならない。この規制緩和、民営化、社会支出削減の三つの柱に、フリードマンは具体的な提言を数多く盛り込んでいた。たとえば税金は必要な場合はできるだけ低く抑え、収入の多少に関わりなく均一に課税すること。企業は世界のどこでも自社製品を販売する自由が与えられるべきであり、政府は自国の産業や所有権を保護しようとしてはならないこと。労働力を含め、すべての価格は市場の決定に委ねるべきであること。最低賃金は定めてはならないこと。また民営化すべきものとして、フリードマンは医療、郵政、教育、年金、さらには国立公園まで対象としている。ひとことで言えば、フリードマンは臆面もなくニューディール政策を破棄することを求めたのだ。彼にとってニューディール政策とは、大恐慌後に民衆の暴動が起きるのを防ぐために国家と企業、労働者の間で結ばれた、窮屈きわまりない停戦協定にすぎなかった。労働者が勝ち取った保護措置や、市場の厳しさを緩和するために国家が提供するサービスは、いかなるものもすべて撤廃すべきだというのが、反革命を掲げるシカゴ学派の考えだった。

彼らの主張はそれだけにとどまらなかった。シカゴ学派は大恐慌以後、公共事業が盛んに行なわれた数十年間に労働者と政府が築いたものを取り上げるべきだと主張した。フリードマンが政府に売却するべきだと迫ったのは、長年にわたって公共予算を投資して得られた最終産物と、それらを作り出し価値を与えたノウハウだった。フリードマンの考えによれば、こうした共有財産は原則としてすべて民間に移行すべきだというのだ。

常に数学と科学の用語で覆い隠されてはいるものの、フリードマンの見解は、その本質からして規制のない大規模な新市場を渇望する大手多国籍企業の利害にぴたりと合致していた。資本主義の拡大の第一段階では、植民地主義がそうした貪欲な成長を可能にした。植民地主義は新しい領土を〝発見〟しては無償で土地を強奪し、そこに住む人々になんの補償をすることもなく大地から富をむさぼり取ったのだ。「福祉国家」と「大きな政府」に対して戦いを挑んだフリードマンも、急速に富を築くための新天地を約束した。ただし、それは新たな領土の征服ではなく、公共サービスや資産をその価値をはるかに下回る値段で売りに出し、国家そのものを新たなフロンティアにすることを意味していた。

開発主義との戦い

一九五〇年代のアメリカでは、そのようにして富を得ることなどとうてい考えられなかった。筋金入りの共和党員だったドワイト・アイゼンハワーの政権でさえ、シカゴ学派が提唱したような急進的な右旋回を行なうことはありえなかった。公共サービスや労働者の保護は国民に幅広く支持されていたし、アイゼンハワーは二期目の当選を目指していた。国内でケインズ主義政策を修正するつもりはなかったものの、彼は海外では開発主義を打ち破るべく迅速で急進的な行動を取ることに意欲的だった。やがてシカゴ大学が、まさにこのキャンペーンにきわめて重要な役割を果たすことになる。

アイゼンハワーが大統領に就任した一九五三年、イランのモハマド・モサデク首相はすでに石油会社を国有化し、インドネシアの初代大統領スカルノは、第三世界の民族主義国家をすべて結集して東西ブロックにも匹敵する強大なパワーを築くという野心的な構想を抱いていた。米国務省にとってとりわけ大きな懸念材料は、南米南部地域の民族主義国家が徐々に経済的成功を収めつつあることだった。世界のかなりの部分がスターリン主義と毛沢東主義に塗り替えられた当時、開発主義者たちの提唱する「輸入代替」〔発展途上国で、それまで輸入に依存していた物資を自国内で生産するように切り替えること〕はかなり穏健な考え方ではあった。

それでも、ラテンアメリカにも独自のニューディール政策があってしかるべきという考え方には強力な敵がいた。この地域の封建地主は自分たちに膨大な利益をもたらし、農場や鉱山で働く貧しい農民が無限にプールされていた従来の状況に十分満足していたが、今や自分たちの利益が他の部門の増強へと振り分けられ、労働者が土地の再配分を要求し、政府が農作物価格を意図的に低く抑えるようになったことに、怒りを燃やしていたのだ。ラテンアメリカでビジネスを行なう米英の企業も、自国政府に同様の不満をぶつけ始めていた。これらの企業の製品は国境で差し止められ、労働者は賃上げを要求し、何より憂慮すべきことに、鉱山から銀行まで外国企業の所有するものはすべてラテンアメリカの経済的自立という夢の実現のために国有化すべきだ、という議論が活発化しつつあったのである。

こうした企業の利害からの圧力を受け、米英の対外政策立案者の間に、開発主義を奉じる政府を東西冷戦のような二極対立に引き込もうとする動きが次第に根づいていった。穏健で民主的な外見にだまされるなと、これらのタカ派は警告した。第三世界のナショナリズムは全体主義的共産主義への道の第一歩であり、今のうちに芽を摘む必要がある、と。そう主張した重要人物は、アイゼンハワー政権の国務長官ジョン・フォスター・ダレスと、その弟で一九四六年に設置されたCIA（米中央情報局）の長官を務めたアレン・ダレスの二人だった。二人は公職に就く前、ニューヨークの伝説的な法律事務所サリヴァン・アンド・クロムウェルの弁護士として、開発主義により多大な損失を被ったいくつもの企業（JPモルガン、インターナショナル・ニッケル社、キューバン・シュガーケーン社、ユナイテッド・フルーツ社など）の代理人を務めた。[18] ダレス兄弟の公職就任の結果はすぐに表れた。一九五三年と一九五四年の二回にわたり、CIAは初めて同局が主導するクーデターを起こした。ともにスターリンよりはるかにケインズ寄りだった第三世界国家の政府に対してである。

最初のクーデターは一九五三年、CIAがイランのモサデク政権の転覆に成功し、残忍なシャー(国王)をその後釜に据えたというもの。二回目は一九五四年、CIAがグアテマラのユナイテッド・フルーツ社から直接的な依頼を受けて起こしたものだ。同社は、ハコボ・アルベンス・グスマン大統領がグアテマラを「封建的経済を主体とする後進国から近代的な資本主義国家へ」転換するために進めていた農地改革の一環として、使用していない社有地の一部を有償で接収したことに腹を立て、クロムウェル法律事務所時代以来親しい関係にあったダレス兄弟に直訴したのだった。農地改革は同社にとっては受け入れがたい政策だった。[19] その後ほどなくグスマン政権は崩壊した。

一方、南米南部地域からこの地域に深く根づいた開発主義を追放するのには、より大きな困難が伴った。一九五三年、チリのサンティアゴで二人のアメリカ人が会見し、この目的をどのようにして達成するかを協議した。一人は米国際開発庁(USAID)の前身である米国際協力局チリ支局長アルビオン・パターソン、もう一人はシカゴ大学経済学部長セオドア・W・シュルツだった。パターソンはアルゼンチンの経済学者ラウール・プレビッシュをはじめとするラテンアメリカの「左翼《ピンク》がかった」経済学者たちの影響力に恐れをなし、懸念を深めていた。「必要なのは人間形成のあり方を変えること、すなわち現在きわめて劣悪な状態にある教育に影響を与えることだ」と、彼はある同僚に力説している。[20] こうした彼の見解は、米政府はマルクス主義との知的戦いにもっと関与すべきだというシュルツ自身の考え方と一致していた。シュルツはこう述べている。「アメリカは海外に展開している経済政策を吟味する必要がある。(中略)われわれは(貧困国が)自国の経済発展を達成するのに、わが国のようなやり方を取り入れ、わが国との関係を深めることによって経済的救済を成し遂げることを望んでいる[21]」

二人の男が考え出した計画は、やがて国家主導型経済の中心的舞台だったサンティアゴをその対極、つまり最先端の自由市場経済の実験場へと転換し、ミルトン・フリードマンに、現実の国家で自説の有効性を試す願ってもないチャンスを与えることになる。当初の計画はきわめてシンプルだった。米政府の資金でチリの学生を、大方の評価によれば当時の世界でもっとも「反左翼的」とみなされたシカゴ大学で学ばせるというものである。また、政府の資金によって同大学のシュルツとその同僚たちをチリへ送り、チリ経済を研究するとともに現地の学生や教授たちにシカゴ学派の基本を叩き込むことも含まれていた。

ラテンアメリカの学生をアメリカで教育するプログラムは数多くあったが、この計画がそれらと大きく違うのは、臆面もないイデオロギー的な性格にあった。チリの学生を学ばせる場として、教授たちが政府の介入をほぼ全面的に廃止することをバカのひとつ覚えのように主張するシカゴ大学を選ぶことによって、米国務省は開発主義との戦いにおける威嚇射撃を行なったと言える。国務省は、チリのエリート学生が何を学び、何を学ぶべきでないと米政府が考えているかを、チリ国民に明確に伝えたのだ。これはラテンアメリカの国内問題に対する、アメリカのあまりにも露骨な介入だった。その証拠に、アルビオン・パターソンがチリ随一の大学であるチリ大学の学部長に交換プログラム設置のための助成金を出す用意があると持ちかけると、学部長はこの申し出を断り、誰のもとで学生を学ばせるかの選択肢が与えられないのなら受け入れる余地はないと答えた。そこでパターソンは、チリ大学よりずっと保守的で、経済学部を持たないチリ・カトリック大学の学部長に同様の申し出を行なったところ、今度は快諾を得た。こうして、ワシントンとシカゴで〈チリ・プロジェクト〉と呼ばれる計画が誕生したのである。

「私たちがここに来たのは競争するためであって、協力するためではありません」――シカゴ大学のシュルツはこのプロジェクトがすべてのチリ人学生ではなく、選ばれた少数の者だけを対象にしている理由をこう説明した。[22] この闘争的な姿勢はプログラムの発足当初から明らかだった。〈チリ・プロジェクト〉の目的は、ラテンアメリカの「左翼がかった」経済学者とのイデオロギー闘争に勝つことのできる戦士を育成することにあったのだ。

一九五六年に正式にスタートしたこのプログラムにより、一九五七年から一九七〇年までの間に約一〇〇人のチリ人学生がシカゴ大学で大学院レベルの教育を受け、その学費と諸経費はアメリカの納税者や基金によって支払われた。一九六五年、このプログラムの対象はチリだけでなくラテンアメリカ全域の学生へと拡大されたが、なかでも数が多かったのはアルゼンチン、ブラジルおよびメキシコの学生だった。この拡大に伴う資金はフォード財団からの助成金によって賄われ、この助成金を元にシカゴ大学にはラテンアメリカ経済研究センターが創設された。このプログラムのもとでは、常に四〇〜五〇人（経済学部の全学生の約三分の一にあたる）のラテンアメリカの学生が大学院レベルの経済学を学んでいた。ハーバード大学やマサチューセッツ工科大学（MIT）にも同様のプログラムがあったが、ラテンアメリカの学生の数は四、五人程度にすぎなかった。海外で経済学を学びたいと考えるラテンアメリカ人にとって超保守的なシカゴ大学が、わずか一〇年の間に第一の留学先になったのは、じつに驚くべきことだ。同時にそれは、ラテンアメリカのその後数十年間の歴史の流れを形づくることにもなったのである。

留学生にシカゴ学派の学説を吹き込むことは、シカゴ大学経済学部にとって急を要する最優先事項となった。このプログラムの責任者で、ラテンアメリカの学生を歓迎する役目を担ったのはサファリスーツを着た経済学者、アーノルド・ハーバーガーである。チリ人を妻に持つハーバーガーはスペイン語を流暢に話し、自らを「献身的な伝道者」と称していた。[23]チリの学生がやってくると、ハーバーガーは「チリ・ワークショップ」という特別講座を設けた。シカゴ大学の教授たちがチリ経済の問題点をきわめてイデオロギー的な観点から解説し、それを修正するにはどうすべきかを学問的に処方するという内容だった。

「突然、チリとその経済が経済学部の日常会話の話題に上るようになった」とふり返るのは、一九五〇年代にフリードマンのもとで学び、のちに世界的に有名な開発経済学者になったアンドレ・グンダー・フランクだ。[24]チリのあらゆる政策（強力な社会的セーフティーネット、国営産業に対する保護政策、貿易障壁、価格統制など)が詳細にわたって検討に付され、その欠陥が指摘された。学生たちはこうした貧困の緩和策を蔑視するように教え込まれ、博士論文でラテンアメリカの開発主義の愚かさを分析した学生も少なくなかった。[25] 五〇年代から六〇年代にかけてたびたびサンティアゴを訪れたハーバーガーは、帰国するたびにラテンアメリカで最高水準にあったチリの医療制度や教育制度を、「後進国である身分に不相応の愚かな試み」だとこきおろした。[26]

フォード財団の内部には、このような露骨なまでにイデオロギー的なプログラムに資金を出すことへの懸念もあった。シカゴ大学の学生を対象にした講演にラテンアメリカから招かれる講師は、すべてこのプログラムの元奨学生だと指摘する声もあった。「この取り組みの質の高さと影響力は否定できないものの、その思想的狭量さは重大な欠陥である」と、フォード財団のラテンアメリカ専門家ジェフリー・パーイヤーは同財団内部の調査報告に書いている。「発展途上国の利害は単一の視点からだけでは適切に把握できるものではない」[27]。こうした評価にもかかわらず、フォード財団はプログラムへの資金提供を続けた。

最初のチリ人学生が留学を終えて本国に帰る頃には、学生たちは「フリードマン本人よりもフリードマン主義に徹していた」と、サンティアゴのチリ・カトリック大学の経済学者マリオ・サニャルトゥは書いている。*[28] そのうちの多くがチリ・カトリック大学の経済学部の教授に就任し、サンティアゴのど真ん中に小さなチリ版シカゴ学派が形成された。本家と同じカリキュラム、同じ英語の教科書が用いられ、これこそ「純粋」で「科学的」な知見であるとの揺るぎない主張がなされた。一九六三年には同学部の専任教員一三人のうち一二人までがシカゴ大学のプログラム修了者で占められ、第一期生の一人であるセルヒオ・デ・カストロが学部長に就任した。(29) もう、わざわざアメリカまで行く必要はない。何百人という学生がサンティアゴに居ながらにして、シカゴ学派の教育を受けることができるようになったのだ。

＊　ケネディ政権の有名な経済学者ウォルター・ヘラーはかつてフリードマンの信奉者の狂信ぶりを揶揄して、「フリードマン式もいれば、フリードマン流もいるし、フリードマン風も、フリードマン型も、そしてフリードマン狂もいる」と述べている。

シカゴであれ、そことフランチャイズ契約を結んだサンティアゴであれ、このプログラムで学んだ学生はラテンアメリカ全域で「シカゴ・ボーイズ」と呼ばれるようになった。USAIDの助成金が増額されるに伴い、チリのシカゴ・ボーイズはラテンアメリカで「新自由主義《ネオリベラリズム》」と呼ばれる考え方をこの地域全体に拡大する熱心な大使となって、シカゴ大学のフランチャイズを増やすべくアルゼンチンやコロンビアに赴いた。その目的は、「ラテンアメリカ全体にこの知識を広めるとともに、自由の実現を妨害し、貧困と後進を永続化させた思想的立場と対決する」ことだと、プログラムを修了したあるチリ人学生は述べている。(30)

一九九〇年代にチリの外相を務めたファン・ガブリエル・バルデスは、何百人というチリ人学生にシカゴ学派の正統的見解を教育することは、「アメリカ合衆国からその直接的影響力の及ぶ国へとイデオロギーを組織的に伝達する特筆すべき例であり(中略)これらのチリ人の教育は、一九五〇年代にチリの経済的志向の発展に影響を与えるために設置されたある特定のプロジェクトに由来する」と記している。さらにバルデスは、「彼らはチリ社会にまったく新しい考え方、チリの〝思想市場《アイディア》〟には存在しなかったアイディアを導入した」と指摘している。(31)

このプロジェクトは、知的帝国主義の一形態であることを隠そうともしなかった。しかしそこには問題があった——思惑どおりにはいかなかったのである。一九五七年にシカゴ大学から米国務省の資金担当者に宛てられた報告書によれば、「このプロジェクトの主要な目的」は「チリの経済問題において知的指導者となる」学生を数多く教育することにあった。(32)ところがシカゴ・ボーイズは指導者となるどころか、取り残されてしまったのである。

六〇年代初頭、南米南部地域における主要な経済論議は、自由放任型資本主義と開発主義のどちらを取るかではなく、開発主義の次の段階はどうあるべきかという点にあった。マルクス主義者は国有化と徹底した土地改革の推進を主張したのに対し、中道派はラテンアメリカ各国間の経済協力を拡大して、ヨーロッパや北米に匹敵する強力な通商圏への転換を目指すべきだと主張した。世論調査や一般市民の意見では、左寄りの路線が大きな支持を集めていた。

一九六二年、ブラジルは六一年に就任したジョアン・グラール大統領のもと、明確にこの方向に舵を切った。経済的ナショナリストであるグラールは、土地の再分配や労働者の賃上げを推進し、外国の多国籍企業が利益の一部を国外に持ち出してニューヨークやロンドンの株主に再分配するのではなく、ブラジル経済に再投資するよう熱心に主張していた。一方、アルゼンチンの軍事政権は、亡命したフアン・ペロン元大統領の支援者ペロニストで構成されるペロン党の選挙への出馬を禁止することで、同様の主張を封じ込めようとしていた。だが、こうした動きは反対派をより急進的にし、政権奪回のためには武装闘争も辞さない若いペロニストの新世代を生む結果にしかならなかった。

こうした思想闘争の敗北がもっとも明確だったのは、シカゴ大学の実験の中心地、チリにおいてだった。チリでは一九七〇年に行なわれた歴史的選挙で、三大政党がすべて同国最大の収入源である銅山(当時、アメリカの大手鉱山会社に支配されていた)の国有化に賛成し、大きく左寄りの政策を取った。[33] 言い換えれば、〈チリ・プロジェクト〉は高くつく失敗に終わったのだ。左翼の敵との間に平和な思想闘争を挑むイデオロギー戦士たるシカゴ・ボーイズは、その使命を果たせなかった。経済論議がどんどん左にシフトしていっただけでなく、シカゴ・ボーイズはあまりに弱小で、チリの選挙における勢力地図にまったく影響を及ぼすことができなかったのである。

〈チリ・プロジェクト〉はそのまま歴史上の小さな脚注に終わったかもしれない。けれどもそこに、シカゴ・ボーイズを無名の存在から救い出す出来事が起きる。アメリカでリチャード・ニクソンが大統領に選出されたのだ。ニクソンは「創意に富み、全般的に効果的な外交政策を打ち出した」と、フリードマンは熱っぽく述べている。[34] そしてもっとも創意に富む政策が実施されたのがチリだった。

シカゴ・ボーイズと彼らを教育した教授たちに、彼らが長く夢見てきたものを与えたのがニクソンだった。ニクソンは、資本主義的ユートピアが単なる地下作業室での空論ではないことを実際に試す場——ひとつの国をゼロから作り直す機会を提供したのだ。チリの民主主義にさんざん冷遇されたシカゴ・ボーイズにとって、独裁政権こそこの国になじむものだと考えられた。

一九七〇年、チリでは大統領選挙で人民連合のサルバドール・アジェンデが勝利し、同政権はそれまで国内外の企業が支配していた経済の主要な部分を国有化する政策を打ち出した。アジェンデはラテンアメリカの新しいタイプの革命家の一人だった。チェ・ゲバラと同じく医者だったが、アジェンデはロマンティックなゲリラと言うより、気さくな学者といった雰囲気を漂わせていた。フィデル・カストロに勝るとも劣らない激しい調子で街頭演説を行なったが、チリにおける社会変革は武装闘争ではなく選挙によってもたらされるべきだという信念を持つ、徹底した民主主義者でもあった。アジェンデが大統領に当選したことを知ったニクソンが、リチャード・ヘルムスCIA長官に「経済に悲鳴を上げさせろ」と命じたというのは有名な話だ(35)。この選挙結果はシカゴ大学経済学部にも波紋を広げた。アジェンデが当選したとき、たまたまチリにいたアーノルド・ハーバーガーは本国の同僚に手紙を書き、選挙は「悲惨」な結果に終わったこと、そして「右派の間では軍事力による政権奪回も時に話題に上る」と書いている(36)。

アジェンデは資産や投資に損失を出した企業には適正な補償を行なうと約束していたものの、アメリカの多国籍企業はチリの新政権を皮切りにラテンアメリカ全体に新たな潮流が生まれることを危惧し、その多くはこの地域で増大しつつあった収益を失いたくないと考えていた。一九六八年の時点で、アメリカの海外投資の二〇％はラテンアメリカに向けられ、米企業がこの地域に持つ子会社は五四三六社を数えた。こうした投資は膨大な利益をもたらした。アメリカの鉱山会社はそれまでの五〇年間に、チリの銅鉱業(世界一の規模を持つ)に一〇億ドルの投資を行なったが、そこからじつに七二億ドルの収益を得ていたのである。[37]

アジェンデが当選すると、アメリカ実業界は就任式を待たずにアジェンデ政権に宣戦を布告した。その中心となったのはワシントンに本拠を置くチリ特別委員会だった。メンバーはチリに子会社を持つアメリカの大手鉱山会社や、委員会の事実上のリーダーであり、まもなく国有化されるチリの電話会社の株式を七〇％保有していた国際電話電信会社(ＩＴＴ)などである。プリナ社、バンク・オブ・アメリカおよびファイザーケミカル社も、さまざまな段階で代表を送っていた。

この委員会の唯一の目的は「経済的崩壊を突きつけることによって」、アジェンデに国有化を思いとどまらせることにあった。[38] その方法について、彼らは多くのアイディアを持っていた。機密解除された会議の議事録によれば、メンバーの企業はアメリカからチリへの融資を阻止したうえで、「アメリカの大手民間銀行にも同様にするようひそかに促し、外国銀行筋にも同じ考えに立って協議する。向こう半年間はチリから物品を買うことを控える。チリから銅を買わずに、アメリカの銅備蓄を使用する。チリに米ドルの不足状態を作り出す」ことを目指すとしている。方法はこれだけにとどまらなかった[39]。

　アジェンデは親しい友人であるオルランド・レテリエルを駐米大使に任命し、彼がアジェンデ政権の破壊工作を目論む企業を相手に土地収用の条件を交渉するという任務を負うことになった。レテリエルは陽気で外向的な性格で、いかにも七〇年代風の顎ひげを生やし、素晴らしい歌声の持ち主でもあったため、外交官仲間の間でも大変好かれていた。息子のフランシスコにとってもっとも懐かしい思い出は、ワシントンＤＣの家に友人たちが集まり、父親がギターを弾きながらフォークソングを朗々と歌っていたことだという[40]。だがレテリエルの人間的魅力と技量をもってしても、交渉が成功する見込みはまったくなかった。

　一九七二年三月、レテリエルとＩＴＴとの間で切迫した交渉が行なわれている最中、ジャック・アンダーソンという全米配信の新聞に寄稿するコラムニストが資料に基づく暴露的な連載記事を発表した。二年前、ＩＴＴとＣＩＡおよび国務省との間で、アジェンデの大統領就任を妨害する秘密計画が企まれたというのだ。この記事を受け、民主党が多数を占めるアメリカ上院が調査に乗り出した結果、大規模な陰謀の存在が明らかになった。ＩＴＴがアジェンデの反対勢力に一〇〇万ドルに上る賄賂の提供を申し出、「チリ大統領選の結果を操作する秘密計画にＣＩＡを引き込もうとした」というのである[41]。

　一九七三年に発表されたこの上院の報告書によれば、ＩＴＴは秘密計画が失敗してアジェンデが大統領に就任することが明らかになった時点で新たな戦略を立て、アジェンデを「半年のうちに失脚させる」よう画策した。上院にとって何より憂慮すべき事実は、ITTの幹部と米政府との関係だった。証言と証拠資料の両方から、ITTがアメリカの対チリ政策の立案に関して、最高レベルで直接関与していたことが明らかになった。ある時点で、ITTの幹部役員の一人は当時の国家安全保障担当大統領補佐官ヘンリー・キッシンジャーに書簡を送り、「すでにチリへの提供が約束されたアメリカからの援助基金はすべて、アジェンデ大統領には知らせることなく、「再検討」状態に置かれるべきである」と述べている。さらに同社は、ニクソン政権に対して一八項目から成る戦略を勝手に用意したが、そのなかには次のような明白な軍事クーデターの要請も含まれていた。「チリ軍隊内部の信頼できる筋に連絡を取り(中略)アジェンデへの不満を増大させることによって、その追放を必然的なものにすること……」[42]

自社の経済的利益を増進するために米政府の力を利用してチリの合憲的プロセスを転覆しようという、なんとも恥知らずな策動について上院委員会から追及されると、ITTの副社長ネッド・ゲリティはきょとんとした表情で、こう問うた。「ナンバーワン企業を大事にすることの、どこが悪いのですか?」。同委員会は報告書に、これに対する答えを記している。「たとえ「ナンバーワン」であっても、アメリカの外交政策の決定に関して必要以上に関与することは許されない[43]」

しかし、何年にもわたるアメリカによる執拗なまでの不正工作(ITTはそのなかで、もっとも詳しく調べられた一例にすぎない)にもかかわらず、一九七三年、アジェンデは依然として政権の座にあった。八〇〇万ドルの秘密資金をもってしても、彼の権力基盤を揺るがすことはできなかった。それどころかこの年行なわれた中間選挙では、アジェンデの党は一九七〇年の大統領就任時よりも得票数を増やした。資本主義とは異なる経済モデルへの願望がチリに深く根を下ろし、社会主義に対する支持が増大しているのは明らかだった。これは一九七〇年の大統領選以来、アジェンデ政権の転覆を策謀してきた反対派にとって、ただ単にアジェンデを追放しただけでは問題は解決しないことを意味していた。誰か別の人物が彼に取って代わることが必要だった。より過激な計画が必要とされていたのだ。

体制転換における教訓 ―― ブラジルとインドネシアの例

アジェンデの反対派が、実行可能な方法として詳細に研究していた「体制転換《レジーム・チェンジ》」のモデルは二つあった ―― ブラジルとインドネシアである。一九六四年、ブラジルでアメリカの支援を受けたウンベルト・カステロ・ブランコ将軍を首班とする軍事評議会《ジュンタ》が成立した際、軍が考えていたのは、ただ単に貧困層に手厚い支援を行なったジョアン・グラール政権を転覆することだけでなく、ブラジルを外国資本に開放することだった。当初、ブラジル軍指導部は、どちらかというと平和裏に体制を転換しようとしていた。あからさまな残虐行為や大量逮捕は行なわず、のちに一部の「破壊分子」が残酷な拷問を受けたことが明らかになったものの、その数は少なかったために(加えてブラジルが広大な国ということもあり)、拷問の事実はほとんど知られることはなかった。軍事政権はまた、限定的ではあれ、言論の自由や集会の自由など民主主義の痕跡を残すように努めた（いわゆる〝紳士的クーデター〟）。

六〇年代後半、多くの市民がこの限定つきの自由を利用して、軍事政権に対する怒りを表明するために立ち上がった。ブラジルの貧困を悪化させている元凶は大企業優先の経済政策（その大半はシカゴ大学の卒業生によって策定された）にあるというのが、彼らの主張だった。一九六八年には、学生を中心とする反軍事政権のデモ隊が街を埋め尽くし、政府は深刻な危機にさらされていた。追い詰められた軍事政権はなんとか政権維持を図ろうと、それまでの戦術を大幅に転換する。市民的自由はすべて弾圧され、拷問は組織的に行なわれるようになった。そしてのちに設置されたブラジルの真実委員会によれば、「国家による殺人は日常茶飯事となった(44)」。

一方、一九六五年に起きたインドネシアのクーデターは、これとはまったく異なる経緯をたどった。第二次世界大戦後オランダから独立したインドネシアは、初代大統領スカルノによって治められてきた。スカルノは今日で言えばベネズエラ大統領ウーゴ・チャベスのような存在で（チャベスのように選挙に熱心ではないが）、自国経済の保護を第一に掲げ、富の再分配を図り、国際通貨基金（ＩＭＦ）と世界銀行は欧米の多国籍企業の利益の代弁者だとしてそこから脱退する、という一連の政策により富裕国の怒りを買った。スカルノは民族主義者であり共産主義者ではなかったが、党員三〇〇万人を数えるインドネシア共産党と緊密な連携を取った。米英両政府はスカルノ政権打倒へと動き、機密解除された資料によれば、ＣＩＡは

「状況と利用できる機会を見計らって、スカルノ大統領を排除する」よう、高レベルからの指令を受けていた(45)。

何度かのフライングののち、その機会は一九六五年一〇月に到来した。CIAの支援を受けたスハルト将軍が政権奪取と左派一掃のために動き始めたのだ。CIAはひそかに作成した同国の左翼指導者のリストをスハルトに渡す一方、米国防総省は武器のほか、インドネシア軍がどんな遠隔な島にいても相互に通信できるように野外無線機を供給した。スハルトは、CIAが「銃撃リスト」と呼ぶ名簿に名前の挙がった四〇〇〇〜五〇〇〇人の共産党関係者を探して始末するために兵士を送り出し、その経過は定期的にアメリカ大使館に報告された(46)。CIAはこの情報をもとに名簿から名前を消していき、殺戮はインドネシアの左翼が絶滅したと考えられるまで続けられた。この作戦に関わった一人でジャカルタの米大使館に勤務していたロバート・J・マーテンスは、二五年後にジャーナリストのキャシー・カデインの取材に応え、「インドネシア軍にとっては大きな助けとなった」と話している。「おそらく彼らは多くの人間を殺し、私もそれに加担した。でも必ずしもそれは悪いことではない。相手を徹底的に攻撃しなければならない決定的な瞬間というものがあるのです(47)」

銃撃リストに載っていたのは標的を定めた人物だったが、スハルトは無差別の大量虐殺を行なったことでも悪名高く、その任務は多くの場合、宗教学校の学生が担った。軍による速成訓練を受けたあと、学生らは地方から共産主義者を「一掃」せよとの海軍参謀長の指令を受けて、農村部に派遣された。ある記者はこう書く。「彼らは嬉々として部下を召集し、剣と銃をウエストベルトに差し込み、棍棒を振り回しながら、長らく望んでいた任務に着手した[48]」。『タイム』誌によれば、「何千人という単位で大量虐殺が行なわれ[49]」、わずか一カ月あまりの間に少なくとも五〇万人、場合によっては一〇〇万人が殺害された。ジャワ島東部では「それらの地域から移動してきた人々が、小さな川や水路は文字どおり死体でせき止められたと口々に話した。このため所によって河川輸送は妨げられていたという[50]」。

こうしたインドネシアでの一連の出来事に、アジェンデ政権転覆を画策するワシントンとサンティアゴ双方の人間や組織は熱い関心を寄せた。彼らはスハルトの残虐さに関心を引かれただけでなく、カリフォルニア大学バークレー校で教育を受けたインドネシア人経済学者たちの果たした特別な役割に注目した。スハルトは共産主義者を排除することに成功したが、将来のインドネシア経済の青写真を用意したのは、この「バークレー・マフィア」と呼ばれる人々だったのだ。

彼らとシカゴ・ボーイズには驚くほどの共通点がある。バークレー・マフィアは、フォード財団の資金によって一九五六年にスタートしたプログラムの一環としてアメリカに留学し、帰国後、欧米式の経済学部であるインドネシア大学経済学部を自国に忠実に再現した。学部の設立にあたっては、シカゴ大学の教授がサンティアゴに出向いたように、フォード財団によってアメリカ人教授がジャカルタに派遣された。「スカルノの失脚後、インドネシアの指導者になるべき人間を養成するというのがフォードの考えだった」と、当時フォード財団の国際研修・研究プログラムの責任者だったジョン・ハワードは単刀直入に説明する[51]。

フォード財団の資金で留学した学生たちは、スカルノ打倒に関与した学生グループのリーダーとなった。バークレー・マフィアはクーデターの準備段階で軍と緊密に協力し、スカルノ政権が突然崩壊した場合に備えて「非常事態計画」を作成した。*(52) これらの若い経済学者たちは、大型金融取引についてなんの知識もないスハルト将軍に対し、強大な影響力を持っていた。『フォーチュン』誌によれば、バークレー・マフィアはスハルトが経済学の講義を自宅で聞けるよう、テープに録音した。(53) また面会したときには、「スハルト大統領はただ話を聞くだけでなく、ノートを取っていた」と、メンバーの一人は誇らしげにふり返る。(54) 別のバークレーの卒業生はスハルトとの関係を次のように描写する。「(われわれは)陸軍上層部(新秩序における決定的要素)に対し、インドネシアの深刻な経済的問題に対処するための〝レシピ〟を集めた〝料理本〟を提示した。陸軍最高司令官としてのスハルト将軍はこの料理の本を受け入れただけでなく、レシピの書き手に経済顧問になってもらいたいと望んだ」。(55) 実際、そのとおりになった。スハルトは組閣にあたってバークレー・マフィアを多く登用し、貿易相やアメリカ大使をはじめ重要な経済的ポストはすべて彼らの手に渡った。(56)

* このプログラムで派遣されたアメリカ人大学教授のすべてが、こうした任務に納得していたわけではない。「私は大学が、一国の政府に対する反乱という性格を帯びつつある事態に関与すべきではないと感じた」と、フォード財団インドネシア経済プログラムの責任者に任命されたバークレー校のレン・ドイル教授は語っている。こうした見方により、ドイルはカリフォルニアに呼び戻され、任務を外された。

もっともシカゴ大学ほどイデオロギー色の強くない大学で学んだ彼らは、シカゴ・ボーイズのような反国家的な過激思想は持ち合わせていなかった。インドネシアの国内経済を管理し、米のような基本物資の価格を適正に保つために、政府は一定の役割を持つべきだと彼らは考えていた。一方で、バークレー・マフィアはインドネシアの膨大な鉱物・石油資源(リチャード・ニクソンはそれを「東南アジア地域最大の宝物」と呼んだ)に狙いを定めた外国資本を、これ以上ないというほど歓迎した。*(57) 彼らは外国企業がそうした資源を一〇〇%所有することを可能にする法律を成立させ、法人税の一時免税措置が適用された。その結果、二年もしないうちにインドネシアの自然資源(銅、ニッケル、硬材、ゴム、石油)は世界の大手鉱山・エネルギー企業に分割されてしまった。

＊　興味深いことに、アーノルド・ハーバーガーは一九七五年、スハルト政権の財務省顧問に就任している。

スハルトの経済プログラムが始動した頃にちょうどアジェンデ政権転覆を画策していた人々にとって、ブラジルとインドネシアでの一連の動きは対照的な研究材料となった。ブラジルではショックの力をほとんど利用せず、残虐性をあらわにしたのは何年も経ってからだったが、これは致命的な誤りだった。その間に反対派は再編成し、一部は左翼ゲリラ軍を結成した。軍事政権は街頭からデモ隊を追放することはできたものの、反対派が勢力を伸ばすに従い、その経済政策は減速を余儀なくされた。

他方スハルトは、大規模な弾圧が先制的に行なわれれば、国全体が一種のショック状態に陥り、抵抗運動が起きる前にそれを排除できることを実証してみせた。その恐怖の与え方はあまりにも容赦なく、最悪の予想すら超えていたため、つい数週間前には仲間たちとともに祖国の独立を主張していた人間が、恐怖のあまりスハルトとその子分の支配に完全に屈した。クーデターの時期にCIAの作戦担当幹部だったラルフ・マッギーは、インドネシアの「作戦は模範的だった」とふり返る。「主要な流血の出来事はすべてワシントンの指令までたどっていくことができた。この成功は、今後また同じことを何度でもくり返せるということを意味していた[58]」

もうひとつインドネシアから学ぶことのできた重要な教訓は、クーデター以前のスハルトとバークレー・マフィアとの協力関係に関わるものだ。彼らは新政権でトップ「テクノクラート」の地位を占めることになっており、すでにスハルトを自分たちと同じ考え方に〝転向〟させていた。したがってクーデターには、ただ単に民族主義の脅威を払拭するだけでなく、インドネシアを海外の多国籍企業に対してきわめて開放的な環境へと転換させるという成果があった。

アジェンデ政権転覆への気運が高まるなか、サンティアゴ市内の壁には赤いペンキで書かれたゾッとするような警告――「ジャカルタがやってくる」――があちこちに現れた。

アジェンデの当選直後から、チリ国内の反対派はインドネシアのやり方を不気味なほど精確に真似し始めた。シカゴ・ボーイズの根城であるチリ・カトリック大学は、CIAの言う

「クーデター環境」を創出するための拠点となった。[59] 多くの学生がファシスト組織「祖国と自由」に加入し、ヒトラーユーゲントさながらに脚を高く上げたグースステップで街中を行進した。アジェンデの大統領就任から一年後の一九七一年九月、チリ実業界の大物たちは体制転換に向けて首尾一貫した戦略を練るため、海辺の都市ビニャ・デル・マールで緊急会議を開いた。全国製造業者協会(CIAおよびワシントンでそれぞれの策謀をめぐらす幾社もの多国籍企業から、多額の資金提供を受けていた)のオルランド・サエンス会長によると、「アジェンデ政権はチリの自由および私企業の存在と相容れない。したがって国の破綻を回避するには、現政権を転覆する以外に方法はない」というのが会議の結論だった。会議では「戦争のための組織」なるものが結成され、その一部は軍と連携を取り、別の一部は(サエンスによれば)「政府のプログラムに代わる具体的なプログラムを策定し、それを計画性を持って国軍に伝える」ものとされた。[60]

サエンスは主要なシカゴ・ボーイズ数人を採用し、サンティアゴの大統領官邸近くに新たに設けたオフィスで、この代替プログラムの策定にあたらせた。[61] シカゴ大学に留学したセルヒオ・デ・カストロとチリ・カトリック大学での仲間であるセルヒオ・ウンドゥラガの二人をリーダーとするこのグループは週一回秘密会議を開き、祖国を新自由主義路線に沿って根本から作り直すための詳細にわたる提案を作成した。[62] 米上院がその後行なった調査によれば、この「反政府派による研究組織」の資金の「七五%以上」がCIAから直接提供されていた。[63]

当面は、二つの明確な路線に沿ってクーデター計画が立案された。軍がアジェンデとその支持者の壊滅を、経済学者が彼らの思想の壊滅を、それぞれ計画するのである。武力による解決に向けての動きが加速するなか、CIAの資金供給を受けていたチリ最大の新聞『エル・メルクリオ』に関係する実業家ロベルト・ケリーを仲介役として、両者間に対話が開かれた。シカゴ・ボーイズはケリーを通し、五ページにわたる経済プログラムの要約を海軍の担当大将に渡した。海軍はこれを承認し、それ以降、シカゴ・ボーイズはクーデターまでにプログラムを完成させるべく必死で準備を進めた。

軍事政権成立後の指針となる経済プログラムを詳細にわたって記した〝バイブル〟は、五〇〇ページにも及ぶ厚さから、チリでは〝レンガ〟と呼ばれた。のちに設置された米上院委員会によれば、「CIAの協力者は、軍事政権のもっとも重要な経済政策を決めるための土台となった初期包括的経済計画の策定に関わっていた[64]」。〝レンガ〟の主要な著者一〇人のうち八人までが、かつてシカゴ大学で経済を学んだ者だった[65]。

アジェンデ政権の転覆は一般に軍事クーデターと呼ばれているが、アジェンデ政権の駐米大使オルランド・レテリエルはこう書く。「チリで「シカゴ・ボーイズ」と呼ばれている連中は軍の将軍たちに、軍の持つ残虐性をさらに強化するとともに、軍に欠けている知的資産を補完することを確約した[66]」

実際に起きたチリのクーデターは、三つの明確なショックを特徴としており、これはその後近隣諸国で、そして三〇年後にイラクでくり返されることになる。クーデターによる最初のショックの直後に続く二つのショックのうち、ひとつはミルトン・フリードマンの資本主義的「ショック療法」である。今やラテンアメリカにいる、シカゴ大学およびその多様なフランチャイズ組織でこの技術の教えを受けた経済学者は数百人にも上っていた。もうひとつはユーイン・キャメロンのショックで、薬物と感覚遮断を用いるこの方法はクバーク・マニュアルに拷問技術として体系化され、ラテンアメリカの警察や軍で実施されるCIAの訓練プログラムを通じて普及していた。

この三つの形態のショックはラテンアメリカ全体およびその地域の国民に集中砲火を浴びせ、それによって破壊と再建、抹消と創造が相互に強化しあう、止めようのない嵐が吹き荒れることになった。クーデターの衝撃は経済的ショック療法を実施するための素地を作り、拷問室のショックは、経済的ショックを阻もうと考える人たちすべてを恐怖に陥れた。この生きた実験室から「シカゴ学派国家」第一号が生み出され、シカゴ学派が推進する国際的反革命に初めての勝利がもたらされたのだ。

第二部　最初の実験

――産みの苦しみ

ミルトン・フリードマンの理論は彼にノーベル賞をもたらし、チリにピノチェト将軍をもたらした。

——エドゥアルド・ガレアーノ『火の記憶』(一九八三年)

自分が「悪者」だとみなされたことなど今まで一度もないと思う。

——ミルトン・フリードマン、二〇〇六年七月二二日付『ウォールストリート・ジャーナル』紙

第3章　ショック状態に投げ込まれた国々

――流血の反革命

加害行為は一気にやるべきである。そうすれば相手にそれほど苦しい思いをさせることもなく、その分、相手の恨みを買わずにすむ。

――ニコロ・マキアヴェリ『君主論』(一五一三年)[1]

このショック・アプローチが採用される場合には、きわめて短期間で効果が生じるよう、ごく詳細に至るまで内容を公表すべきであると考えます。一般大衆に十分情報が与えられれば与えられるほど、変化への適応が早くなるからです。

――ミルトン・フリードマン、アウグスト・ピノチェト将軍に宛てた一九七五年四月二一日付の書簡[2]

アウグスト・ピノチェト将軍とその支持者は、一九七三年九月一一日の事件を一貫してクーデターではなく、〝戦争〟と呼んでいる。サンティアゴ市内はまさに交戦地帯の様相を呈していた。戦車が大通りを走りながら発砲し、戦闘機が政府機関の建物に空爆を加える。だがこの戦争には奇異な点があった。戦う側が一方しかいないのだ。

最初からピノチェトは陸海軍と海兵隊、そして警察軍を完全に掌握していた。一方のサルバドール・アジェンデ大統領は支持者を武装防衛隊へと組織することを拒んだため、彼の側には軍隊はいっさい存在しなかった。唯一の反対勢力は、大統領政庁「ラ・モネーダ」とその周りの建物の屋上で民主主義の府を守るために勇猛果敢に抵抗した大統領と政権中枢の人々だけだった。フェアとはほど遠い戦いだった。官邸内にはアジェンデの支持者がわずか三六人しかいなかったのにもかかわらず、二四発ものロケット弾が撃ち込まれた。[3]

　自惚れが強く激しやすい作戦司令官ピノチェトは（彼の乗っていた戦車さながらのごつい体つきをしていた）、明らかにこの事件をできるだけドラマチックで衝撃的なものにしようと目論んでいた——クーデターは戦争とは違うものの、それを戦争同然のものにしよう、と。まさにチリにおける「衝撃と恐怖」作戦の先駆けである。その衝撃の度合いは想像を絶していた。隣国アルゼンチンがそれまでの四〇年間に六つの軍事政権によって支配されてきたのに対し、チリはこの種の暴力を経験したことがなかった。それまで約一六〇年間、とりわけ過去四一年間は平和な民主主義政権による支配が途切れなく続いてきたのだ。

　大統領政庁が炎上するなか、布に覆われたアジェンデの遺体が担架で運び出され、大統領にもっとも近かった人々は路上でうつ伏せにさせられ、ライフル銃を突きつけられていた[*]。官邸から車で数分のところにある国防省の建物では、最近ワシントンから帰国して国防相に就任したオルランド・レテリエルが、出勤してきたところを玄関で待ち伏せていた戦闘服姿の兵士一二人に取り囲まれ、短機関銃の銃口を向けられた。[4]

＊　アジェンデは頭を撃ち抜かれた状態で発見された。政庁を包囲する軍の銃撃で死んだのか、それともチリ国民に大統領が反乱軍に降伏するイメージを残さないための自殺だったのかはいまだに論争の的になっているが、後者の説のほうが信憑性が高い。

クーデターに至るまで何年もの年月にわたり、アメリカから送り込まれた指導員(CIA要員もかなりいた)がチリの軍隊に徹底した反共教育を施し、社会主義者とは事実上ソ連のスパイであり、彼らはチリ社会には馴染まない「内なる敵」だという意識を叩き込んだ。だがチリ社会にとって真の意味で内なる敵となったのは、本来守るべきはずの一般大衆に対して銃を向けることも辞さない軍だった。

アジェンデが死亡し、閣僚たちが捕らえられ、表立った大衆の抵抗行動も見られなかったことから、軍事政権の戦闘はその日の午後には終了した。レテリエルをはじめとする「VIP」の捕虜は、シベリアの強制収容所のピノチェト版とも言うべき、チリ最南端のマゼラン海峡に浮かぶドーソン島へ送られた。だがチリの新たな軍事政権にとって、アジェンデ政権中枢部を殺害・拘束しただけでは、まだ十分ではなかった。軍の幹部は自分たちが権力の座にとどまれるかどうかは、チリ国民がインドネシア国民のように真に恐怖の状態にあるかどうかにかかっていることを知っていた。機密解除されたCIAの報告書によれば、クーデターの直後、およそ一万三五〇〇人の市民が逮捕され、トラックで連行され拘束された(5)。うち数千人はサンティアゴの二つのサッカースタジアム、チリ・スタジアムと巨大なナショナル・スタジアムに連れて行かれ、ナショナル・スタジアムではサッカーの代わりに見せしめの虐殺が行なわれた。兵士たちは頭巾をかぶった協力者を伴って観客席を回り、協力者が「破壊分子」だと指差した者をロッカールームやガラス張りの特別観覧席に連行し、拷問した。何百人もが処刑され、やがて多くの遺体が幹線道路脇に放り出され、市内の水路の濁った水に浮かんだ。

恐怖を首都の外にも波及させるため、ピノチェトは冷酷無比な部下セルヒオ・アレジャノ・スタルク将軍に命じて、「破壊分子」が拘束されているチリ北部の一連の収容所をヘリコプターで次々に巡回させた。スタルク率いる殺戮部隊は、拘束者のなかから名の知られた者を、多いときには二六人も選び出しては処刑した。この流血の四日間はのちに「死のキャラバン」と呼ばれ[6]、ほどなくチリ全土に「抵抗は死を意味する」というメッセージが広まった。

ピノチェトの戦いは一方的であったにもかかわらず、その効果はどんな内戦や対外侵略にも劣らないほどすさまじかった。行方不明または処刑された人は三二〇〇人以上に上り、少なくとも八万人が拘束され、二〇万人が政治的理由で国外に逃れた[7]。

残酷な経済政策

シカゴ・ボーイズにとって、九月一一日はめまいがするほどの期待感と、締め切りを前にした焦りに振り回された一日だった。シカゴ大学留学第一期生でチリ・カトリック大学経済学部長のセルヒオ・デ・カストロはその直前まで海軍の担当者と、新経済政策をまとめた〝レンガ〟の最終部分を一ページごとに確認する作業に追われていた。クーデター当日、街頭で発砲音が響くなか、シカゴ・ボーイズ数人が右派の新聞『エル・メルクリオ』の印刷機の前で、経済プログラムの印刷を軍事政権発足第一日目に間に合わせようと必死になっていた。同紙編集委員の一人、アルトゥロ・フォンタイネはその日のことを、印刷機が「長大な資料を何部も印刷するためノンストップで動いていた」とふり返る。そして作業はぎりぎりのところで間に合った。「一九七三年九月一二日水曜日の正午前、政府の運営にあたる軍の将官たちの机の上には経済プログラムが置かれていた(8)」

経済プログラムの最終原稿に盛り込まれた提案は、ミルトン・フリードマンが『資本主義と自由』で行なった提案――民営化、規制緩和、社会支出の削減――と驚くほど似ていた。アメリカで教育を受けたチリの経済学者はかつて、これらの考え方を民主的な議論の枠内で平和的に導入しようと試み、大多数の反対により却下されていた。だが、彼らの極端な考え方にきわめて親和的な環境が到来した今、シカゴ・ボーイズとそのプログラムは息を吹き返したのだ。この新たな時代においては、賛意を示すのは軍服を着た数人の男たちだけで十分だった。もっとも強硬な政敵はすでにこの世を去るか、拘束されるか、はたまた国外に逃亡していたし、戦闘機や「死のキャラバン」の光景がそれ以外の人々をおとなしくさせていた。

「われわれにとって、あれは革命だった」とピノチェトの経済顧問の一人だったクリスティアン・ラロウレットは言う(9)。これは何も大げさな表現ではない。一九七三年九月一一日は、アジェンデによる平和的な社会主義革命の暴力的終焉であるだけでなく、『エコノミスト』誌がのちに「反革命」と呼ぶもの——すなわち開発主義とケインズ主義のもとで勝ち取られたものを取り返すシカゴ学派のキャンペーンの、最初の具体的勝利の始まりだったのだ。[10] アジェンデの革命は民主主義の力によって緩和され、譲歩を強いられた結果、部分的なものだったのに対し、暴力によって強行されたこの反乱を妨げるものは何もなかった。これ以降、〝レンガ〟に提示されたのと同じ政策が他の何十もの国々で、さまざまな危機を隠れ蓑にして実施されることになる。チリはそうした反革命の起源、恐怖の起源だったのである。

チリ・カトリック大学経済学部の卒業生で自称シカゴ・ボーイのホセ・ピニェーラは、クーデター当時、ハーバード大学大学院の学生だった。祖国で起きた喜ばしいニュースを聞くと、ピニェーラは「古い国の廃墟のなかから自由に捧げられた新しい国を創るのに力を貸すために」帰国した。やがてピノチェトの労働相および工業相に就任するピニェーラによれば、それは「真の革命(中略)自由市場に向けての徹底的かつ包括的、持続的な動きだった」。[11]

クーデターの前、陸軍大将だったアウグスト・ピノチェトは文官の上司にお世辞を言い、けっして逆らわないなど、へつらいとも思えるほどの従順さで知られる人間だった。だがいったん独裁者となると、ピノチェトは今まで見せていなかった性格をあらわにする。権力の座に就いたことを手放しで喜んでまるで絶対君主のように振る舞い、こうなったのは「運命」のなせるわざだと言ってはばからなかった。ほどなくクーデター内クーデターを起こして、権力を分け合うことに同意していた三人の軍指導者を解任、自らを大統領であるとともに国家最高元首と称した。支配者であることの証としての壮麗なセレモニーを好み、儀式に出るときは必ずプルシアンブルーの軍服の上にマントといういでたちだった。サンティアゴ市内の移動には、特注の黄金色の防弾ベンツを何台も連ねるのが常だった。[12]

ピノチェトには独裁者としての才覚が備わっていたものの、スハルト同様、経済に関しては無知同然だった。これは大きな問題だった。というのも、アジェンデ政権の国有化政策に反対して国際電話電信会社(ITT)の主導により行なわれたサボタージュ・キャンペーンのおかげで経済は急激に悪化し、ピノチェトは本格的な危機を抱えていたのだ。発足当初から軍事政権内部には権力争いがあった。アジェンデ以前の状況に戻り、一日も早く民主主義を回復するべきだと主張する人々と、ある程度の年月をかけて徹底的な自由市場経済体制を敷くべきだとするシカゴ・ボーイズとの対立である。新たな権力の座に嬉々としていたピノチェトにとって、自らの運命が単なる「浄化」に終わること、言い換えれば秩序を回復してすみやかに退陣することなど、とうてい受け入れられなかった。「われわれは政治家の先生たちに権力を返すためにマルクス主義を一掃する掃除機ではない」というのがピノチェトの口癖だった。[13] 国家の全面的な改造を目論むシカゴ・ボーイズのビジョンこそ、新たな野心に燃えるピノチェトの心をつかんだのだ。そしてスハルトがバークレー・マフィアを登用したように、ピノチェトも即刻、国家改造ビジョンの事実上のリーダーで、〝レンガ〟の主著者であるセルヒオ・デ・カストロをはじめ数人のシカゴ大学留学組を上級経済顧問に任命した。そして、経済改革は主観的な人間の選択ではなく科学的問題であるというシカゴ学派の主張にふさわしく、彼らを「テクノ(技術者)」と呼んだのである。

ピノチェトはインフレや金利についてほとんど理解していなかったが、テクノたちは彼の理解できる言葉で話した。彼らにとって経済とは、敬意を払い従うべき自然の力を意味した。なぜなら「自然に反して行動することは非生産的であり自己欺瞞的」だからだと、ピニェーラは述べている。[14]ピノチェトもこれに同意した。彼はかつて人間はシステムに服従すべきであると書き、その理由を「自然はわれわれに基本的秩序と階層が必要であることを教えてくれる」からだと説明している。[15]この自然法則に服従すべきという考え方が、ピノチェトとシカゴ学派との結びつきの基礎をなしていた。

最初の一年半、ピノチェトはシカゴ学派の指示を忠実に守った。いくつかの銀行を含む国営企業の一部(全部ではなく)を民営化し、最先端の新しい形の投機的金融を許可し、長年チリの製造業者を保護してきた障壁を取り除いて外国からの輸入を自由化し、財政支出を一〇％縮小した(ただし軍事費だけは大幅に増大した)。[16]さらに価格統制も撤廃したが、これはパンや食用油など生活必需品の価格を過去何十年間も統制してきたチリにとって、急進的な措置だった。

シカゴ・ボーイズはピノチェトに対し、こうした領域での政府の介入を一気にやめれば経済の「自然」法則が平衡を取り戻し、インフレは(シカゴ・ボーイズによれば、インフレとは市場に病原体が存在することを示す一種の経済的発熱だという)魔法のように消えると確信を持って説明した。だが彼らは間違っていた。一九七四年、チリのインフレ率は三七五％にも達したが、これは世界最高の数字で、アジェンデ政権下での最高時の二倍にあたる[17]。パンのような基本食品の価格は天井知らずに高騰し、他方、失業者は増える一方だった。「自由貿易」実験によって、国内には安い輸入品があふれていたからだ。国内企業は競争に負けて閉鎖を余儀なくされ、失業率は記録的に上昇、飢えが蔓延した。シカゴ学派の最初の実験は大失敗に終わったのである。

セルヒオ・デ・カストロをはじめとするシカゴ・ボーイズたちは、悪いのは自分たちの理論ではなく、適用のしかたが不徹底であるせいだと、まさにシカゴ流のやり方で主張した。経済が自己修正して自然の均衡を取り戻さないのは、半世紀近くも続いてきた政府介入による「歪み」がまだ残っているせいにほかならない。実験を成功させるためには、ピノチェトはこうした歪みを除去する必要がある——すなわち削減と民営化をもっと迅速に進めなければならないというのだ。

この一年半の間に、チリのビジネスエリートのなかには極端な資本主義というシカゴ・ボーイズの冒険にうんざりしている者も少なくなかった。恩恵を被っていたのは外国企業と、投機で大儲けしていた「ピラニア」と呼ばれる投資家の小集団ぐらいのもので、クーデターを強く支持した製造業者は倒産の憂き目に遭っていた。そもそもシカゴ・ボーイズをクーデター計画に加わらせた人物である全国製造業者協会会長のオルランド・サエンスは、この実験の結果を「われわれの経済史における最悪の失敗のひとつ」だと言い切った[18]。チリの製造業者はアジェンデ政権の採用した社会主義路線は望まなかったものの、管理経済そのものは歓迎していた。「チリを席捲する経済的混乱をこれ以上続けることはできない」とサエンスは言う。「現在、仕事にすらありつけない人々のまさに目の前で危険きわまりない投機的活動に使われている膨大な金融資産を、生産的な投資に振り向ける必要がある」[19]

自分たちが支持する政策が重大な危機に直面するに及び、シカゴ・ボーイズと「ピラニア」(両者は重なり合う部分がきわめて大きかった)は、今こそ大物に助けを求めるべきときだと考えた。一九七五年三月、ミルトン・フリードマンとアーノルド・ハーバーガーは大手銀行の招きでサンティアゴへ赴いた。

軍事政権が牛耳る新聞はフリードマンを新秩序の導師として、さながらロックスターのようにもてはやした。その発言は逐一大きく報道され、経済学の講演は全国放送で放映された。そして誰よりも重要な聞き手に恵まれた。ピノチェト将軍との私的な会談が行なわれたのだ。

滞在期間を通じて、フリードマンはたったひとつのことを言い続けた――軍事政権は順調なスタートを切ったが、まだまだ市場を自由化する必要がある、と。講演でもインタビューでも、彼はかつて公の場で現実世界の経済危機を指すのに使われたことのない言葉を使った。フリードマンは「ショック療法」が必要だと述べ、それこそが「唯一の薬です。絶対に間違いありません。それ以外にはありえない。それ以外の長期的解決法は存在しないのです」と強調した。[20] チリ人記者が、当時のニクソン米大統領でさえ自由市場が暴走しないよう規制をかけていると指摘すると、フリードマンはこう言い放った。「そんなものは私は認めません。政府による経規制など断じてかけるべきではない。私自身の国であってもチリであっても、政府による経済的介入には反対です」[21]

ピノチェトとの会談のあと、フリードマンはその印象を私的な文章にしたため、数十年後に執筆した回顧録に収めている。それによれば、将軍は「ショック療法という考え方について賛同の意を示したが、一時的に失業が増大する可能性については心痛をあらわにした」[22]。この時点でピノチェトはすでにサッカー場での虐殺の首謀者として世界にその名を知られており、その人間がショック療法に伴う人的代償に「心痛」を覚えるということに、フリードマンはいささか戸惑ったかもしれない。だが彼はそんなことはおくびにも出さず、その後書き送った書簡で、将軍の「きわめて賢明な」決断を称賛し、財政支出をさらに「全般にわたって(中略)半年以内に二五%」削減し、同時に「完全な自由貿易」の達成に向けて一連の企業重視政策を採用するよう促した。フリードマンの予測によれば、公共部門で何十万人という失業者が出ても、彼らはすぐに、「民間市場を妨害している障害が可能な限り多く」取り除かれれば、近々活況を呈する民間部門で新たな職を見つけられるというのだ[23]。

フリードマンはピノチェトに、自分の助言に従えば必ず「経済の奇跡」という手柄を立てられると請け合った。「インフレは数カ月以内に収まる」し、一方の失業問題も同じく「短期間(何カ月という単位)で終息し、その後は急速に回復する」と。とにかくすばやく、決断力をもって行動することだ、とフリードマンは言い、「ショック」という言葉を三回使ってその重要性を強調した。「漸進的なやり方ではだめなのです」[24]

ピノチェトは考えを変えた。チリの最高指導者はフリードマンへの返信で、彼に対して

「衷心より最高の敬意」を表明したうえで、「『計画』は現在十分な形で適用されつつあります」と断言している(25)。フリードマンの訪問直後、ピノチェトは経済大臣を更迭してセルヒオ・デ・カストロを後任に指名、のちに彼は財務大臣に昇格する。デ・カストロは仲間のシカゴ・ボーイズたちを多数起用し、そのうちの一人を中央銀行頭取に指名した。大量解雇や工場閉鎖に反対したオルランド・サエンスは全国製造業者協会会長の座から降ろされ、ショック療法に抵抗のない人物が後任の座に就いた。「文句を言う実業家がいたら、さっさと「地獄」に行かせてやれ。そんなやつらを守ってやるつもりはない」と新しい会長は言明した(26)。

反対派を一掃すると、ピノチェトとデ・カストロは福祉国家の要素をことごとく剝ぎ取り、正真正銘の資本主義ユートピアに到達するための作業に着手した。一九七五年、二人は公共支出を一気に二七％削減、その後も削減を続け、一九八〇年にはアジェンデ政権下の半分にまで公費を切り詰めた(27)。もっとも大きく削減されたのは医療と教育の分野で、自由市場経済を賛美する『エコノミスト』誌でさえ、「自傷行為のオンパレード」と書いたほどだ(28)。デ・カストロは五〇〇近くの国有企業および銀行を民営化したが、ほとんどただ同然で売り渡したものも少なくなかった。目的は、それらの企業を一日も早く経済秩序の正当な位置に収めることにあった(29)。国内企業にも容赦することなく、さらに多くの貿易障壁を取り除いた。その結果、一九七三年から八三年までの間に工業分野で一七万七〇〇〇人が職を失った(30)。八〇年代半ばには製造業が経済に占める割合は、第二次世界大戦中のレベルにまで落ち込んだ(31)。

「ショック療法」という言葉は、まさにフリードマンのやろうとしたことを的確に表現していた。ピノチェトは急激な収縮によって経済に刺激を与えれば、健全な状態に戻すことができるという未検証の理論に基づき、故意に自国を深刻な不況に追いやった。そのロジックは、一九四〇年代から五〇年代にかけて精神科医たちが電気ショック療法(ECT)を大量に使い始めたときのそれと驚くほど類似している。彼らは意図的にけいれんの大発作を起こすことで、患者の脳をまるで手品のように回復させられると確信していたのだ。

経済的なショック療法の論理は、ひとつにはインフレに拍車をかけるのに人々の「予測」が大きな役割を果たすことを重視している。インフレを抑えるには、ただ単に金融政策を変更するだけでなく、消費者や雇用主、労働者の行動を変えることが必要である。急激で衝撃的な政策変更には、すばやく人々の予測を変えるという効果があり、一般の人々はそれによってゲームのルールが大きく変わった——つまり、もはや価格は上がり続けないし、給料も上がり続けないということを知る。この仮説によれば、インフレが続くという予測をすばやく抑え込めば抑え込むほど、痛みを伴う不況と高失業率の期間は短くてすむという。しかし、とりわけ政治家が国民の信頼を失っている国においては、大規模で決然とした政策によって衝撃を与えることでしか、国民に厳しい教訓を「教え込む」力はないというのである。*

＊　シカゴ学派の経済学者のなかには、ショック療法の最初の実験は一九四八年にドイツ西側占領地区で行なわれたと主張する者もいる。これは経済政策の責任者だったルートヴィヒ・エアハルトが、ほとんどの価格統制を廃止し、通貨改革を行なったことを指す。突然、なんの前触れもなく行なわれたこの改革はドイツ経済に著しい衝撃を与え、失業が一気に広がった。だが類似点はそこまでだ

った。エアハルトの改革は価格および金融政策に限られており、社会保障の削減や自由貿易の急激な導入などは行なわれず、賃上げなど、衝撃から市民を守るためのさまざまな措置が取られた。ショックが与えられたあとでさえ、ドイツ西側占領地区の状況はフリードマンの言う疑似社会主義的福祉国家の定義に十分かなうものだった。国民には補助金つき住宅、公的年金、公的医療制度、国家の運営する教育制度などが提供され、電話会社からアルミニウム工場まで多くの組織が政府により運営され、補助金を受けていた。エアハルトの実験はこの地区が専制政治から解放されたあとのことであり、その点では彼をショック療法の創始者として持ち上げるのも聞こえのいい話にはなるかもしれない。しかしエアハルトの改革と、今日経済的なショック療法として理解されている徹底的な改変との間にはほとんど類似点は存在しない。後者はあくまで、自由を失った国においてフリードマンとピノチェトが先鞭をつけた方法を指す。

景気後退や不況を意図的に引き起こすというのは、大量の貧困者を発生させる冷酷無比な考えだ。それまでどんな政治指導者もこの仮説を実際に試そうとしなかった理由は、ここにある。『ビジネスウィーク』誌が「意図的に引き起こされた不況という、ストレンジラブ博士〔S・キューブリック監督『博士の異常な愛情』に登場する核戦争に執着する科学者〕さながらの世界」と表現したものに、いったい誰が責任を持つというのだろうか?[32]

だがピノチェトは、ひるまなかった。フリードマンが指示したショック療法が実施された最初の年、チリ経済は一五%縮小し、アジェンデ政権下ではわずか三%だった失業率は、かつてチリが経験したことのない速さで二〇%にまで跳ね上がった。[33]「治療」のおかげで国全体がけいれんしているのはたしかだった。そしてフリードマンの楽観的な予測に反して、失業危機は数カ月で収まるどころか何年も続いた。[34] フリードマンの言う病気の隠喩《メタファー》をすぐさま歓迎した軍事政権は悪びれることもなく、「この方法が選ばれたのは、これが病に直接対処する唯一の道だからだ」と説明した。[35] フリードマンもこれと同意見で、ある記者に「この政策の社会的コストは過剰ではないか」と聞かれると、「くだらない質問だ」と一蹴した。[36] また別の記者に対して、彼は「私の唯一の心配は、この政策が十分長い期間、十分な厳しさを持って実施されるかどうかだけです」と話している。[37]

興味深いことに、ショック療法をもっとも厳しく批判したのは、かつてフリードマンの教えを受けたドイツ出身の経済学者アンドレ・グンダー・フランクだった。五〇年代にシカゴ大学に留学した当時、チリの話をさんざん聞かされたグンダー・フランクは、一九五七年に経済学博士号取得後、開発主義の悲惨な失敗例だと教授たちが決めつけた国を自分の目で見に行くことにした。チリが気に入った彼は、やがてチリ大学の教授となり、さらにはアジェンデ政権の経済顧問に就任し、アジェンデに深い敬意を抱くようになる。自由市場経済を信奉するシカゴ学派の考え方から離れたシカゴ・ボーイズの一人として、グンダー・フランクはチリの経済改革に関してユニークな見方をしていた。フリードマンがショック療法を指示してから一年後、グンダー・フランクは怒りに満ちた「アーノルド・ハーバーガーとミルトン・フリードマンへの公開書簡」を書き、そのなかでシカゴ大学で受けた教育を使い、「チリという患者があなた方の治療にどのように反応したかを検証」している。[38]

ピノチェトが「生活賃金」〔ある一定の生活水準を保つのに必要な賃金〕だと主張する金額でチ

リ人の家族が生活しようとした場合にどうなるかを計算したところ、グンダー・フランクは、賃金の約七四%がパンを買うためだけに費やされ、牛乳や仕事に行くためのバス代などの「贅沢品」は我慢しなければならないことを突きとめた。これに対し、アジェンデ政権下ではパン、牛乳、バス代を全部合わせても公務員の給料の一七%を占めるにすぎなかった[39]。軍事政権の最初の政策のひとつに学校での牛乳の配給停止があったため、子どもたちの多くは学校で牛乳を飲むこともできなかった。その結果、授業中に失神する生徒が増え、学校にまったく来られなくなってしまう子どもも少なくなかった[40]。グンダー・フランクは、かつての同級生たちが次々に実行している残酷な経済政策と、ピノチェトがこの国に加えている暴行とが直結していることを見て取った。フリードマンの処方はあまりにも冷酷なものであり、「軍事力と政治的恐怖という二つの要素をすべての根底に据えることなくそれらを強要し、実施する」ことなどとうてい不可能だと、幻滅したシカゴ・ボーイは書いている[41]。

そんなことにはお構いなく、ピノチェトの経済チームはさらに実験的な領域、フリードマンの政策のもっとも前衛的な部分に踏み込む。公立学校制度はバウチャーとチャーター・スクールに取って代わられ、医療費は利用のつどの現金払いとなり、幼稚園と墓地も民営化された。なかでも急進的だったのは社会保障制度の民営化である。この政策の発案者であるホセ・ピニェーラは、フリードマンの『資本主義と自由』を読んでそのアイディアを思いついたと話す[42]。一般には、「所有者社会《オーナーシップ・ソサエティー》」(政府に頼らず自分のことは自分でする社会)を他国に先駆けて提唱したのはジョージ・W・ブッシュ政権だとされているが、実際には「所有者国家」の考え方を最初に導入したのは、その三〇年前のピノチェト政権だったのだ。

チリは今や大胆にして新しい領域となり、それまで純粋に学問的な場でしか自由市場経済のメリットを議論できなかったその信奉者たちは、チリの動静に熱い視線を注いでいた。「経済学の教科書には、世界はそのように機能するはずだと書いてあるが、それを実行に移した国がほかにどこにあるのか?」と、アメリカのビジネス誌『バロンズ』は驚きを持って書く[43]。「理論家にとっての実験室、チリ」との見出しのついた『ニューヨーク・タイムズ』紙の記事は、こう指摘する。「確固たる見解を持つ有力な経済学者が、重症の経済に特定の処方箋を試す機会を与えられることはそう多くはない。しかも、クライアントが経済学者自身の国とは別の国であることはもっと珍しい[44]」。実験室を間近で見ようとチリまでやって来た人も少なくなかった。その一人、フリードマンが師と崇めるフリードリヒ・ハイエクはピノチェト政権下のチリを数回にわたって訪れ、一九八一年には、自ら創設した反革命主義者のブレーン集団たるモンペルラン協会の地域会議をビニャ・デル・マール(かつてクーデターに向けた戦略が練られた都市)で開催した。

チリの奇跡という神話

三〇年の年月を経た今日もなお、自由市場経済の信奉者たちはチリをフリードマン主義が有効であることの証であるとして祭り上げている。二〇〇六年一二月、その前月に死亡したフリードマンの後を追うようにピノチェトが死去すると、『ニューヨーク・タイムズ』紙は彼を「破綻した経済をラテンアメリカでもっとも繁栄する経済へと転換した」と称賛し、『ワシントン・ポスト』紙の論説はピノチェトが、「自由主義経済政策の導入によってチリに経済的奇跡をもたらした」と書いた。(45) だが「チリの奇跡」の背後にある事実は激しい議論の的になっている。

ピノチェトは一七年間権力の座にあったが、その間に彼は何回も政治的に方向転換している。チリが着実な経済的成長を遂げ、それが奇跡的成功の証であるとして取り上げられるようになったのは八〇年代半ば——すなわちシカゴ・ボーイズがショック療法を実施してから丸一〇年、ピノチェトが大幅な方向転換を余儀なくされてからも、かなりの年月が経ってからだった。これは一九八二年、シカゴ学派の理論に厳密に従っていたにもかかわらず、チリ経済が破綻したことによる。対外債務は拡大、ふたたび超インフレに直面し、失業率はアジェンデ政権下の一〇倍にあたる三〇%にも達した。(46) 主要な原因はピラニア、すなわちエンロン型の金融機関がシカゴ・ボーイズの政策によってあらゆる規制から自由になり、借入金で国の資産を買いあさった結果、債務が一四〇億ドルにまで膨れ上がったことにある。(47)

状況はあまりに不安定だったため、ピノチェトはアジェンデがやったこととまったく同じことを実施せざるをえなかった。企業を次々と国営化したのだ。(48) 破綻に直面し、セルヒオ・デ・カストロをはじめ政府の要職に就いていたシカゴ・ボーイズのほとんど全員が職を失った。「ピラニア」の重要ポストに就いていた他の何人かのシカゴ大学留学組は詐欺容疑で取り調べを受け、科学的中立性という、それまで入念に作り上げられてきたシカゴ・ボーイズの見せかけのアイデンティティの中核をなす部分はあっけなく崩れ去った。

八〇年代初頭にチリが完全な経済的崩壊を免れた原因はただひとつ、ピノチェトがコデルコを民営化しなかったことにある。コデルコはアジェンデによって国営化された銅の鉱山会社で、同社一社だけでチリの輸出全体のじつに八五％を占めていた。金融バブルがはじけても、チリの国庫には着実な収入源があったのだ。[49]

チリが、改革に熱狂する人々が主張したような「純粋な」自由市場の実験室ではなかったのは明らかである。少数のエリート集団がきわめて短期間に金持ちから大金持ちになったというのが実態であり、そこには負債と公的資金による巨額の補助(その後は救済)によって資金を得るという、きわめて収益の高い公式があった。「奇跡」の背後にある誇大宣伝や売らんかな主義を取り去ってみれば、ピノチェトとシカゴ・ボーイズに支配されたチリとは自由市場を呼び物にした資本主義国家ではなく、コーポラティズム国家だった。コーポラティズム(コーポラティビズムとも言う)とは、もともとイタリアのムッソリーニ政権を指す用語で、政府、企業、労働組合の三つの権力組織が同盟を組み、ナショナリズムの名において秩序を維持するために協調する警察国家をモデルにしている。ピノチェト政権下でチリが世界に先駆けて発展させたのは、まさにこのコーポラティズムだった。警察国家と大企業が相互に助け合い、力を合わせて第三の権力部門である労働者を相手に総力戦を展開し、国富における両者のシェアを劇的に増大させたのだ。

この戦い(無理もないことだが、富裕層と中間・貧困層との戦いだと見ているチリ人も少なくない)こそ、チリの経済的「奇跡」の実態にほかならない。経済が安定し急速な成長を遂げていた一九八八年には、四五%の国民が貧困ライン以下の生活を強いられていたのに対し、上位一〇%の最富裕層の収入は八三%も増大していた。(51) 二〇〇七年現在でも、チリは世界でももっとも貧富の差の激しい国のひとつである。国連の平等に関する統計でも、チリは世界一二三カ国中一一六番目と、下から八番目に不平等な国にランクされている。(52)

これがシカゴ学派の経済学者にとっての「奇跡」の意味だとすれば、ショック療法が経済を一気に健全な状態に戻す方法だというのは、そもそも的外れだったと言うべきだろう。その目的はまさに結果が示すとおり、富裕層をさらに富ませる一方、中間層に衝撃を与えてその大部分を壊滅させることにあったのかもしれない。

アジェンデ政権の元国防相オルランド・レテリエルはそう見ていた。ピノチェト政権下で一年間獄中生活を送ったあと、一九七六年、レテリエルは強力な国際的ロビー活動のおかげでチリ国外に逃れることができた。国外から急激に貧困化する祖国を眺めながら、レテリエルはこう書いている。「この三年間に、数十億ドルが賃金労働者のポケットから盗まれて資本家や地主のポケットに入れられた。(中略)富の集中化は偶然の結果ではなく、必然である。それは軍事政権が世界に思わせようとしているような、困難な状況に伴う取るに足りない結果ではなく、社会計画の基盤であり、経済的失敗どころかむしろ当面の政治的成功だった」(53)

当時のレテリエルには、シカゴ学派に支配されたチリが、グローバル経済の将来の姿を垣間見せるものであることなど知るよしもなかった。だがその後、これと同じパターンがロシアから南アフリカ、アルゼンチンに至るさまざまな国でくり返されることになったのだ。都市では猛烈な投機と不明朗な会計操作によって法外な利益と熱狂的な大量消費のバブルが拡大し、その周りを過去の開発の産物である廃墟となった工場や朽ちたインフラストラクチャーが取り囲む。人口のおよそ半数は経済活動からまったく排除され、腐敗と縁故主義がはびこる。中小の国営企業は激減し、公から私へと富が移動する一方で、膨大な私的負債が公のものとなってのしかかる。チリでは、富のバブルの外側にいる人間にとって、「奇跡」はまるで大恐慌のように映ったが、密閉された狭い世界の内側では、きわめて短期間に利益を上げることができた。このためショック療法式の「改革」によってやすやすと蓄財することは、それ以降、金融市場にとって麻薬のような魅力を持つようになった。金融界がチリの実験の持つ明らかな矛盾に対して、自由放任の基本前提を見直そうという姿勢を示さなかった理由もここにある。それどころか、金融界は麻薬中毒患者さながらの態度を取った――次のヤクはどこにあるか、と。

広がる軍事クーデター、消える民衆

その後しばらくの間、「次のヤク」はシカゴ学派の反革命主義が急速に広まった他の南米南部地域諸国で見つかった。ブラジルはすでにアメリカの支援を受けた軍事政権の支配下にあり、かつてフリードマンのもとで学んだ数人のブラジル人が主要なポストに就いていた。フリードマンは一九七三年、残酷な強権政治まっただなかのブラジルに赴き、同国の経済的実験を「奇跡」だと称揚した(54)。同年、ウルグアイでは軍部がクーデターを起こし、翌年シカゴ学派路線に舵を切る。シカゴ大学を卒業したウルグアイ人が不足していたため、将軍たちは「シカゴ大学からアーノルド・ハーバーガーとラリー・スジャースタッド(経済学教授)、およびアルゼンチン、チリ、ブラジルの元シカゴ大学留学生などで構成されるチームを招き、ウルグアイの税制と商業政策の改革にあたらせた(55)」。それまで貧富の差の小さかったウルグアイ社会への影響はすぐに表れた。実質賃金は二八％も下落し、首都モンテビデオの街頭には、かつてはなかった、ゴミをあさって食べる人の姿が見られるようになった(56)。

次に実験に加わったのはアルゼンチンだった。一九七六年、同国ではイサベル・ペロンに代わって軍事政権が権力を握った。これによってアルゼンチン、チリ、ウルグアイ、ブラジルという、かつて開発主義のモデルケースと言われた国々すべてにアメリカの支援を受けた軍事政権が成立し、シカゴ学派の経済理論の生きた実験室となったのである。

二〇〇七年に機密解除となり発表されたばかりのブラジルの資料によれば、アルゼンチンの軍事クーデターの数週間前、アルゼンチン軍部はピノチェトとブラジルの軍事政権に接触し、「将来の政権が取るべき主要な段階の概略を作成した」という(57)。

こうした緊密な協力態勢を取ったにもかかわらず、アルゼンチンの軍事政権はピノチェトほど徹底した新自由主義の実験には踏み込まなかった。たとえば、石油資源や社会保障まで民営化することはなかった(後年、そうなるのだが)。だがアルゼンチンの貧困層を中流階級にまで引き上げた政策や制度への批判という点では、同国の軍事政権はまさにピノチェトと同じやり方を取った。その一因は、シカゴ大学に留学したアルゼンチン経済学者の数の多さにある。

シカゴ大学で教育を受けたアルゼンチンのシカゴ・ボーイズは、財務大臣、中央銀行総裁、財務省国庫課の調査部長、その他の経済関連職など、軍事政権の経済分野の要職に就いた(58)。だが、アルゼンチンのシカゴ・ボーイズが軍事政権に参加することに熱心だったにもかかわらず、経済大臣という最高の職に就いたのは彼らのうちの一人ではなく、ホセ・アルフレド・マルティネス・デ・オスだった。彼は長年同国の輸出経済を支配してきた牧場経営者協会ソシエダー・ルラルに所属する地主階級の一員で、アルゼンチンの貴族階級とも言うべきこれらの地主たちにとって、小作人に土地を再分配したり、誰もが肉を食べられるように食肉価格が引き下げられたりする心配のない封建的な経済秩序は、きわめて好都合だった。

マルティネス・デ・オスは祖父の代から父、本人とソシエダー・ルラルの会長を務め、パンアメリカン航空やITTをはじめ、いくつかの多国籍企業の取締役でもあった。彼が軍事政権の閣僚入りを果たしたことで、このクーデターが四〇年間にわたる労働運動の成果に対するエリート階級の反逆であることが明らかとなった。

経済相に就任したマルティネス・デ・オスがまず行なったのは、ストライキの禁止と雇用主に労働者を自由に解雇する権利を与えることだった。価格統制も廃止したため、食料価格は急騰した。さらに、外国の多国籍企業をふたたび歓迎するべく外国資本の出資制限も撤廃し、就任後数年間は何百社もの国営企業を売却した。[59] こうした措置を取ったことで、彼はワシントンに強力な支持者を獲得した。機密解除された資料によると、ラテンアメリカ担当国務次官補ウィリアム・ロジャーズはクーデターの直後、ヘンリー・キッシンジャー国務長官に「マルティネス・デ・オスはいい人間だ。われわれはこの間ずっと彼と緊密に協議してきた」と話し、これに感銘したキッシンジャーはマルティネス・デ・オスがワシントンを訪問した際に「象徴的なジェスチャーとして」鳴り物入りの会談を行なうよう手配した。さらにキッシンジャーは、アルゼンチンの経済的取り組みを支援するために何本かの電話をかけることを申し出た。「デイヴィッド・ロックフェラー(チェース・マンハッタン銀行頭取)に電話をしておこう」と彼はアルゼンチン軍事政権の外相に申し出、さらにこう言った。「それから彼の弟(ネルソン・ロックフェラー米副大統領)にも電話しよう」[60]

投資を呼び込むため、アルゼンチンは『ビジネスウィーク』誌に三一ページにわたる広告を打つ。世界最大手の広告会社バーソン・マーステラの制作したこの広告はこう語りかけた。「過去の歴史を見ても、これほど民間投資に熱心な政府はほとんどありませんでした。(中略)私たちは真の社会革命の担い手であり、パートナーを求めています。国家主権主義を脱却し、民間部門の持つきわめて重要な役割にゆるぎない信念を持っているのです」*[61]

＊ 軍事政権は国を競売にかけたいあまり、「六〇日以内に着工する場合、土地価格を一〇％割り引く」と宣伝した。

これにもまた、社会への明らかな影響があった。一年以内に賃金は四〇％目減りし、工場は閉鎖され、貧困は悪循環に陥った。軍事政権が成立する以前、アルゼンチンの貧困人口は九％とフランスやアメリカより少なく、失業率も四・二％にすぎなかった。(62)ところが今やこの国は、すでに過去のものになったと思われていた低開発の兆候を呈し始めたのだ。貧困地域では水も満足に出ず、予防可能な疫病が猛威を振るった。

チリでは、国民に恐怖と衝撃を与えるやり方で権力の座に就いたピノチェトが、経済政策によって中流階級を骨抜きにする自由裁量を手にしていた。だが彼の駆使した戦闘機や銃殺隊は、恐怖の拡散にはとてつもない効果を発揮したのとは裏腹に、宣伝という点では悲惨な結果をもたらした。ピノチェトの指令による虐殺のニュースは世界中に激しい抗議を呼び起こし、ヨーロッパや北米の活動家は自国政府に対し、チリとの貿易を停止するよう強力なロビー活動を行なった。国際ビジネスに門戸を開くことを存在理由とするピノチェト政権にとって、これは明らかに好ましくない結果だった。

ブラジルで新たに機密解除された資料によれば、アルゼンチンの軍将校たちは一九七六年のクーデターを準備するにあたって、「チリに対して向けられたような国際的な抗議運動が起きることを回避」したいと考えた。(63)そのためには、国民を抑圧する戦術を控えめにする必要があった。恐怖を広めつつも詮索好きな世界のメディアの目に留まらないようにするということだ。チリではやがてピノチェトが、人々を「行方不明」にする戦術を取る。公然と殺害したり逮捕するのではなく、反体制派の人々を拉致して秘密の収容所に連れて行き、拷問を加え、多くの場合殺害するのだが、表向きは何も知らないと言い張るのである。殺害後、遺体は集団墓地に投棄された。一九九〇年五月に設置されたチリの真実和解委員会によれば、遺体のなかには「浮き上がらないように、まず腹部をナイフで切り裂き」、それから秘密警察がヘリコプターに乗せて海に投げ捨てたものもあった。(64) こうした「連れ去り」戦術は目立たないだけでなく、社会に恐怖を行き渡らせるうえでも公然と行なわれる虐殺より効果的だった。国家機構が人々を跡形もなく消してしまうということほど、国民を不安に陥れるものはなかったのだ。

七〇年代半ばには、誘拐は南米南部地域のすべての軍事政権にとって第一の選択肢となる。なかでもこの方法を誰よりも熱心に推し進めたのが、アルゼンチンの大統領官邸に陣どる将軍たちだった。アルゼンチンの軍事政権下で行方不明になった人の数は三万人に上ると推定され、(65) チリの場合と同様、空中から濁ったラプラタ川に投棄された遺体も少なくなかった。

アルゼンチンの軍事政権は、公開された恐怖と非公開の恐怖のバランスを絶妙に保つことに長けていた。何が起きているかをすべての人に知らせるために公開の場で十分な恐怖を実施する一方で、常に事実を否定できるように秘められた部分も残しておくのである。同国の軍事政権は発足直後、殺害も辞さないことを示すドラマチックなデモンストレーションを行なった。フォードファルコン(秘密警察の車として悪名高かった)で連れてこられた男性が、ブエノスアイレスの象徴的建造物である高さ六七・五メートルの白いオベリスクに縛りつけられ、人々の目の前で機関銃で射殺されたのだ。

その後、軍事政権による殺害は暗々裏に行なわれ、常に絶えることはなかった。拉致による連れ去りは表向きは否定されていたものの、公然と行なわれるその様子は地域の住民たちを沈黙の共犯者にした。除去すべき人物に狙いが定められると、その人の自宅または職場に軍用車の一団がやってきて周辺を封鎖する。上空をヘリコプターが旋回することもしばしばで、まさに白昼堂々衆人環視のもと、警察官や兵士が扉を壊して標的となった人物を引きずり出す。その人物は多くの場合、連行されたことを家族に知らせようと自分の名前を叫びながら、待機していたフォードファルコンに無理やり乗せられる。さらに大胆な「秘密」工作としては、混雑した路線バスに乗り込んだ警官が乗客の髪の毛を引っ張って連行したり、サンタフェ市では結婚式の当日、祭壇の前に立つカップルが参列者の目の前で拉致されたことまであった。(66)

市民に伝わる恐怖は連行の時点だけにとどまらない。捕らえられた者はアルゼンチン国内三〇〇カ所を超える強制収容所に連行される。(67) 収容所のなかには人口の密集した住宅地にあるものも少なくなく、なかでも悪名高いのはブエノスアイレスの目抜き通りに面した元スポーツクラブの建物や南部の都市バイアブランカの中心部にある学校の校舎、そして実際に使われている病院の一部などだった。これらの強制収容所では早朝や深夜、軍用車がスピードを上げて出入りしたり、建物の中から悲鳴が聞こえたり、人の形をした奇妙な荷物が運び込まれたり、運び出されたり、といったことが近隣の住民によって沈黙のうちに見聞きされていた。

ウルグアイの軍事政権の鉄面皮ぶりもアルゼンチンと似たりよったりだった。同国の主要な強制収容所のひとつは、かつて散歩やピクニックを楽しむ家族連れで賑わった首都モンテビデオの海岸沿いの遊歩道に隣接した海軍の兵舎に設置された。人々は悲鳴を耳にするのを嫌い、独裁政権の間、風光明媚なこの一帯からはすっかり人気が途絶えた(68)。

アルゼンチンの軍事政権は、殺害後の遺体処理がきわめてずさんだった。田園地帯を散歩していて、ろくに土をかぶせていない集団墓地に行き当たったり、公共のゴミ捨て場から遺体や指、歯などが見つかったり(今日のイラクでは同様の事態が起きている)、ラプラタ川の川岸に遺体が打ち上げられたりした。遺体が空中から投げ捨てられたあとなどには一度に五、六体打ち上げられることもあったし、ヘリコプターから農家の畑に遺体が雨あられと降り注ぐことさえあった(69)。

すべてのアルゼンチン国民はなんらかの形で同胞の失踪を目撃していたのに、大部分の人々は何が起きているか自分にはわからないと主張した。この時期、多くの人々を支配していた精神状態——この目で見て知っていながら恐怖に目をつぶるという矛盾した状態——を、アルゼンチン人は次のような言い方で表現する。「誰にも否定できないことを、私たちは知らなかった〔ことにした〕」と。

反体制活動家はしばしば近隣諸国に逃げ込むことがあったため、この地域の軍事政権は互いに協力して、悪名高い「コンドル作戦」を展開した。この作戦のもと、南米南部地域の国々の情報機関は、アメリカ政府から提供された最先端のコンピューターシステムを使って

「危険分子」に関する情報を共有し、相互の工作員が国境を越えて誘拐や拷問を実行できるよう安全に通過させた。*[70] これは今日のCIAの「特例拘置引き渡し」と不気味なほど類似したシステムである。

＊　「コンドル作戦」は、ヒトラーの「夜と霧作戦」をモデルにしたものだった。一九四一年、ヒトラーはナチ占領下の国々におけるレジスタンス活動家をドイツに連行し、「闇と霧に紛れて一夜のうちに消せ」と命令した。何人かのナチスの元高官が戦後チリとアルゼンチンに亡命しており、彼らが南米南部地域の情報機関にそのノウハウを教えたのではないかとの推測もある。

各国の軍事政権は、捕らえた者から情報を引き出すのにもっとも効果的な方法についても情報を交換した。クーデター直後にチリ・スタジアムに連行され拷問を受けた複数のチリ人は、拷問室にブラジル人兵士がいて、もっとも科学的な苦痛の与え方について助言していたという、予期せぬ事実について証言している。[71]

この時期、軍事政権間にこうした協力が行なわれる機会は無数にあり、そのなかにはアメリカを経由しCIAが関与していたものも少なくなかった。一九七五年、チリへのアメリカの介入について調査していた米上院委員会は、CIAがチリ国軍に対して「破壊活動を制圧する」方法に関する訓練を提供していたことを突きとめた。[72] ブラジルやウルグアイの警察にアメリカが尋問技術を伝授していたことにも、多くの裏づけがある。一九八五年に出版されたブラジルの真実和解委員会の報告書『ブラジル――二度とくり返すな《ヌンカマイス》』に引用されている法廷証言によれば、軍の将校たちが軍事警察で開かれた「拷問クラス」に参加し、さまざまな拷問方法を紹介するスライドを見て学習していたという。こうしたクラスでは拘束された政治犯を使った「実演」が行なわれ、一〇〇人にも上る軍曹たちは残忍な拷問の様子を見ながら学習した。報告書によれば、「この方法をブラジルに紹介した最初の人物の一人はアメリカ人警察官ダン・ミトリオーネである。ブラジル軍事政権の初期、ブラジル南東部ベロオリゾンテの警察の指導にあたったミトリオーネは街頭から物乞いを連れてきて拷問の実演を行ない、地元警察に肉体と精神の究極の矛盾状態を作り出す方法を教えた」[73]。その後ミトリオーネはウルグアイでも警察官の訓練に携わったが、一九七〇年、彼が拷問訓練に関与していたことを暴露する作戦を展開していた左翼ゲリラ組織トゥパマロスによって誘拐、殺害された。[*] 彼に指導を受けたかつての生徒の一人によれば、ミトリオーネはＣＩＡマニュアルの著者と同様、効果的な拷問はサディズムではなく科学だと強調し、「的確な苦痛を的確な量、的確な個所に」が彼のモットーだったという[74]。

＊　コスタ・ガブラス監督の傑作『戒厳令』（一九七二年）はこの事件をモデルにしている。

こうした訓練の結果は、この暗黒の時期の南米南部地域における人権に関するあらゆる報告書に明白に表れている。そこには「クバーク・マニュアル」に体系化された方式の特徴（早朝の逮捕、頭巾をかぶせる、極度の孤立状態、薬物の使用、強制的に服を脱がせる、電気ショック）がくり返し指摘されている。さらに、意図的に退行症状を引き起こすマギル大学での実験の恐るべき遺産が随所に見て取れる。

チリのナショナル・スタジアムに連行されたのちに解放された人々によれば、明るい照明が二四時間消えることなく、食事の順序は意図的に変えてあるようだったという。[75] 拘束された人の多くは頭にすっぽり毛布をかぶせられ、目や耳を塞がれた状態に置かれた。こうした操作の結果として、彼らは昼と夜の区別ができなくなり、クーデターとその後の逮捕による衝撃とパニックは大幅に増大したと報告している。まるでスタジアム全体が巨大な実験室に姿を変え、拘束された人々は奇妙な感覚遮断実験の実験台にさせられたかのようだった。

CIAの実験をより忠実に再現したのは、チリの秘密収容所ビジャ・グリマルディだった。ここには「「チリ・ルーム」と呼ばれる木製の独房があることで知られ、この独房は人間一人がひざまずくことも(横になることも)できないくらい狭かった」。[76] ウルグアイのリベルタ収容所の独房は「ラ・イスラ(島)」と呼ばれ、窓のない狭い独房は常に裸電球で照らされていた。重要人物と目された拘束者はここで一〇年以上にわたり、完全な孤立状態に置かれていた。「次第に自分がもう死んでいるんじゃないか、ここは独房ではなく墓の中なんじゃないか、外の世界など存在せず、太陽なんて作り話だ、と思うようになっていった」と、ここに一一年半収容されていたマウリシオ・ローゼンコフはふり返る。彼が太陽を見たのはその間にたった八時間だけだった。極度に感覚を遮断された結果、彼は「色を忘れてしまった――色などというものは存在しなくなっていた」と述べている。*[77]

＊　リベルタ収容所の運営者は行動心理学者と緊密に連携し、拘束者一人ひとりの心理的特性に合わせた拷問技術を考案した。これは現在、グアンタナモ収容所で採用されているやり方である。

アルゼンチン最大の強制収容所のひとつ、ブエノスアイレスの海軍機械学校では、独房は頭巾を意味する「カプーチャ」という名で呼ばれていた。カプーチャに三カ月拘束されていたファン・ミランダはそのときの体験を私にこう話した。「僕たちは目隠しして頭巾をかぶせられ、収容所の屋根裏の床に敷いたマットの上に一日中寝かせられていた。独房はベニヤ板で仕切られていたから、他の拘束者は見えなかった。見張りが食事を運んでくると壁に向かって座らされ、食べるときだけ頭巾を外された。起き上がれるのはそのときだけで、それ以外は一日中横になっていなきゃならなかった」。アルゼンチンではこれ以外に、トゥーボと呼ばれる棺桶ほどの大きさの独房に入れられ、感覚を剝奪された状態に置かれた者もいた。

　隔離状態から解放される唯一の場所である尋問室では、さらにひどい運命が待ち受けていた。この地域のすべての軍事政権の尋問室でもっとも広く用いられていたのは、電気ショックである。体に電気を通すには、送電線や野戦電話を使う、爪の下に針を差し込む、歯茎、乳首、性器、耳、口、傷口などを水に浸けた洗濯ばさみで挟む、テーブルやブラジルの鉄製の「ドラゴンチェア」に体を縛りつける、など一〇種類以上の方法があった。畜産国アルゼンチンの軍事政権にはさらに独自のやり方があった。「パリージャ（バーベキュー）」と呼ばれる金属製の台に乗せた拘束者に、牛追い棒《ピカーナ》で電気を流すのだ。

　南米南部地域で拷問を受けた人の正確な数はわからないが、おそらく一〇万〜一五万人ほどと推計され、そのうち数万人が殺害されたと考えられる。[78]

困難な時代の証人

この時代に左翼的な思想を持つことは、国家に追われることを意味した。国外に亡命しなかった者にとっては、まさに分刻みで秘密警察の一歩先を行くこと（安全な隠れ家、盗聴されないための電話コード、偽名）に奮闘する日々だった。そうした生活を送った一人に、アルゼンチンの伝説的な調査報道ジャーナリスト、ロドルフォ・ウォルシュがいる。社交的な教養人であり、推理小説や賞を受賞した短編小説の作家でもあるウォルシュは軍の暗号を解読し、スパイを偵察する能力に長けた秀逸な探偵でもあった。彼の最大の功績は、ジャーナリストとしてキューバに滞在中の一九六一年、CIAのテレックスの傍受・解読に成功し、ピッグス湾侵攻作戦（革命政権の転覆を目的に、亡命キューバ人で構成される部隊がアメリカの支援を受けてキューバに侵攻した事件）の情報を事前にキャッチしたことだ。これによりカストロ議長は、侵攻を迎え撃つ準備をすることができたのである。

その前のアルゼンチン軍事政権（一九六六〜七三年）がペロニスモ（ペロン主義）と民主主義を弾圧にかかると、ウォルシュは武装ゲリラ組織「モントネーロス」*に情報の専門家として参加し、その結果、軍事政権の最重要指名手配犯となる。そして新たな失踪者が出るたびに、その人物から牛追い棒《ピカーナ》によって引き出された情報をもとに、ブエノスアイレス郊外の小さな村にある隠れ家（彼はそこにパートナーのリリア・フェレイラとともに潜んでいた）が警察に突きとめられるのではないかとの恐怖に怯えることとなった。

＊　モントネーロスは一九六六年に成立した軍事政権に対して抵抗するため結成された。同政権でペロニスモは禁止され、ファン・ペロン元大統領は亡命先から若い支持者たちに向けて、武装して民主主義を取り戻すために戦うよう呼びかけた。こうして一九六九年に結成されたモントネーロスは（武装攻撃や誘拐なども行なったが）、一九七三年にペロニスタの候補者を立てた民主的な選挙を実現するにあたって重要な役割を果たした。ペロンは大統領復帰を果たすが、モントネーロスが大衆から支持されていることを脅威に感じ、右派の暗殺部隊にモントネーロスを標的にするよう促す。その結果、（モントネーロスをめぐっては多くの議論があるが）一九七六年の軍事クーデターの時点でその勢力はかなり弱体化していた。

ウォルシュはその広範な情報ネットワークを駆使して、軍事政権の犯した多くの犯罪を暴こうとしていた。死亡した者や失踪者、集団墓地や秘密収容所の場所のリストを作成し、敵に関する情報量の多さを誇っていたウォルシュだが、その彼でさえ、一九七七年にはアルゼンチン軍事政権が自国民に対して行なった残忍な仕打ちに愕然とする。軍事政権の最初の一年間に何十人もの親しい友人や同僚が死の収容所で行方不明となり、二六歳になる娘ヴィッキーも命を奪われるに及んで、ウォルシュは悲しみのどん底に突き落とされた。

だがフォードファルコンがいつも周辺をうろついている状況では、静かに死者を悼むことなど望むべくもなかった。自分に残された時間が限られていることを悟ったウォルシュは、近づきつつある軍事政権発足一周年記念日に何をすべきか決意を固めた。政府お抱えの新聞がこぞって軍事政権が国を救ったと褒め称えるなか、彼はいかに祖国が堕落したかについて、独自の検閲されない文章を書くことにしたのだ。「ある作家から軍事政権への公開書簡」と題されたこの文章について、ウォルシュは「聞いてもらえる望みはなく、迫害されることは確実ではあるが、私がずっと以前にわが身に課した困難な時代の証人になるという任務に忠実に」書かれたものだと記している(79)。

この書簡は国家テロのさまざまな手法と、それによって利益を得る経済システムの両方に対する断固たる非難の表明であり、ウォルシュはそれを過去に地下から発表したコミュニケと同じやり方で配布するつもりだった。まず一〇部作成して、それを別々の郵便ポストから選ばれた連絡先に投函し、そこからさらに広く配布してもらうというやり方である。「あのクソったれ連中に僕がまだここにいることを知らせてやりたい。まだ生きて書いているんだぞってことを」と、ウォルシュはオリンピア製のタイプライターに向かいながらリリアに話した(80)。

書簡は軍事政権の恐怖作戦についての記述から始まる。「終わることのない、現世離れした極限までの拷問」が用いられ、アルゼンチン警察の訓練にCIAが関与していたこと、そして拷問の方法や集団墓地に関する耐えがたいほどの詳細にわたる描写がなされたあと、ウォルシュは突然矛先を変える。「文明社会の良心を掻き乱すこれらの出来事は、しかし、アルゼンチン国民を見舞った最大の苦しみではないし、あなた方が犯した最悪の人権蹂躙でもない。この政府の経済政策こそ、これらの犯罪がなぜ行なわれたかを説明するものであり、何百万もの人々を計画された苦難のなかに陥れるという、より重大な残虐行為そのものなのだ。(中略)ブエノスアイレスの街を数時間歩いてみれば、そうした政策によってこの都市が、いかに急速に人口一〇〇〇万の「スラム街」へと変貌しつつあるかは一目瞭然だ」(81)

ウォルシュが言及しているシステムとはシカゴ学派の新自由主義政策であり、この経済モデルは世界を席捲することになる。その後、新自由主義がアルゼンチンにより深く根づくに伴い、人口の半分以上が貧困ライン以下の生活を強いられることになる。ウォルシュはそれを偶然のなりゆきではなく、計画が慎重に実行された結果——「計画された苦難」だと看破する。

ウォルシュはクーデターからちょうど一年後の一九七七年三月二四日付で書簡に署名すると、リリアとともにブエノスアイレスへ向かった。二人は書簡の束を二つに分けて持ち、街のあちこちのポストに投函した。数時間後、ウォルシュは失踪したある同僚の家族と会うために約束の場所に向かう。だがそこには罠があった。誰かが拷問されて情報を漏らしたために、その家には武装兵士一〇人がウォルシュの逮捕令状を持って待ち伏せしていたのだ。軍事政権の三人の総司令官のうちの一人、マセラ海軍提督が兵士たちに「あのクソ野郎を生きたまま連れてこい。やつは俺のものだ」と命じたと言われている。「口を割るのは罪ではないが、捕まるのは罪だ」をモットーにしていたウォルシュはすぐさま銃を抜き、兵士たちに向けて発砲した。一人が負傷し、残りの兵士たちは反撃に出た。ウォルシュを乗せた車が海軍機械学校に着いたときには、彼はすでにこと切れていた。ウォルシュの遺体は燃やされて川に投棄された。[82]

正当化される「テロとの戦争」

南米南部地域の軍事政権は、それぞれの社会を根本から作り直すという革命的野心を隠そうともしなかったが、ウォルシュが糾弾した大規模な暴力の行使(その目的は先に挙げた経済的目標の達成にあった)については、公式に否定するだけの抜け目なさを持っていた。人々を恐怖に陥れ、障害を排除するシステムがなければ、そうした経済的目標が民衆の暴動を招くことは確実だった。

国家による虐殺が認められる限りにおいて、軍事政権はそれをソ連国家保安委員会(KGB)から資金を受けた危険な共産主義テロリストとの戦いであるとして正当化した。「卑劣な」手段を使うのも、敵が極悪非道だからだというわけだった。マセラ海軍提督の説明は不気味なほど今日にも通じる響きを持っている。「自由を求め、専制に反対する戦い、(中略)死を支持する者たちに対する、われわれ生を支持する者の戦いだ。(中略)われわれの敵は虚無主義者であり、破壊の手先である。社会運動を装ってはいるが、彼らの目的は破壊そのものにしかないのだ[83]」

チリのクーデター直前、CIAはサルバドール・アジェンデが偽装した独裁者だとする大規模なプロパガンダに資金援助を行なった。アジェンデは立憲民主主義を利用して権力を掌握したが、じつはソビエト式の警察国家を強要しようとしているマキアヴェリ的な策略家であり、そうなったらチリ国民はけっして逃れることはできない、と。アルゼンチンとウルグアイでは、最大の左翼ゲリラ組織であるモントネーロスとトゥパマロスが、国家安全保障を脅かすきわめて危険な存在であるとのプロパガンダが敷かれた。だから軍事政権は民主主義を一時中断して国家を掌握し、彼らを壊滅させるために必要な手段を講じなければならない、というわけだ。

いずれの場合も、脅威は軍事政権によって極端に誇張されるか、完全にでっち上げられるかのどちらかだった。一九七五年の上院の調査――それにより多くの事実が明らかになった――では、アジェンデは民主主義に脅威を与えるものではないことが、ほかでもない米政府自身の情報によって示されていることが明確になった。(84) アルゼンチンのモントネーロスとウルグアイのトゥパマロスについて言えば、これらは軍事・企業施設を標的にした命知らずの攻撃をも辞さない武装集団であり、民衆からかなりの支持を得ている。だがウルグアイのトゥパマロスは、軍部が絶対権力を掌握したときには完全に解体していたし、アルゼンチンのモントネーロスは、七年間続いた独裁政権の最初の半年以内に消滅した(ウォルシュが身を隠していたのはそのためだ)。機密解除された国務省の資料によれば、一九七六年一〇月七日、アルゼンチン軍事政権のセサル・アウグスト・グゼッティ外相はアメリカのキッシンジャー国務長官に対し、「テロ組織はすべて解体した」と語っている。それでも軍事政権は、その後も何万人にも上る市民を失踪させたのだ。(85)

一方のアメリカ国務省も長年にわたり、南米南部地域における「汚い戦争」を、軍隊と危険なゲリラとの間の戦いであり、ときに手に負えない状況になるものの、経済的・軍事的援助を提供する価値のあるものだと主張してきた。だがアルゼンチンでもチリでも、米政府がそれとはまったく違う種類の軍事作戦を支援していることを承知していたことは、多くの証拠によって裏づけられている。

二〇〇六年三月、ワシントンにある非政府研究機関、国家安全保障アーカイブが公表した、新たに機密解除された資料（一九七六年のアルゼンチンの軍事クーデターの二日後に米国務省で開かれた会議の詳細）によると、この会議でラテンアメリカ担当国務次官補ウィリアム・ロジャーズはキッシンジャー長官に向かってこう述べている。「アルゼンチンでは近い将来、かなりの規模の弾圧が行なわれ、おそらく多くの血が流れることを予期しなければならない。テロリストだけでなく労働組合の反体制活動家やその政党に対してもきわめて厳しい弾圧が行なわれると思われる[86]」

事実はそのとおりだった。南米南部地域の国家テロによる犠牲者の大多数は武装グループのメンバーではなく、工場や農場、スラム街や大学で働いている非暴力の活動家だった。彼らは経済学者であり、芸術家、心理学者、左翼政党の党員たちだった。彼らが殺されたのは武器のせいではなく（ほとんどの人は武器を持っていなかった）、思想信条のせいだった。当節の資本主義が誕生した地である南米南部地域において、「テロとの戦い」とは新秩序の形成を邪魔するあらゆる障害に対してしかけられた戦いだったのである。

第4章　徹底的な浄化
――効果を上げる国家テロ

アルゼンチンにおける壊滅行為は自然発生的なものでも、偶然によるものでも、理性を欠いたものでもない。それはアルゼンチンという国民集団の「相当部分」に対する組織的な破壊行為であり、この集団を変容させ、その存在様式や社会関係、運命そして将来をも書き換えようとの意図に基づいて行なわれたものである。

――ダニエル・フェイエルスタイン(アルゼンチンの社会学者、二〇〇四年)[1]

私が目指したのはただひとつ、次の日まで生きていることだった。(中略)ただ生き延びるだけでなく、自分として生き延びることだ。

――アルゼンチンの強制収容所に四年間拘留されたのちに生還したマリオ・ビラーニ[2]

一九七六年、オルランド・レテリエルはふたたびワシントンにいた。駐米大使としてではなく、彼は今や進歩的なシンクタンク「政策研究所」の活動家だった。今なお軍事政権によって拷問を受けている同僚や友人たちの姿が脳裏から消えぬまま、新たな自由を手にした彼は米中央情報局(CIA)のプロパガンダに抗すべく、ピノチェトの犯した罪を暴き、アジェンデの実績を擁護するために活動していた。

その活動は功を奏し、ピノチェトの行なった人権侵害に対して国際社会からは大きな非難が浴びせられた。だが経済学者であるレテリエルには不満があった。ピノチェト政権の行なったおぞましい処刑や電気ショックの報告は世界を震え上がらせたものの、同政権の経済的ショック療法に関してはほとんど反応がなかった。国際金融機関がチリ軍事政権にどんどん融資を行なったことに至っては、ピノチェトが「自由市場原理」を推進しているとして国際社会は称賛を惜しまなかった。チリ軍事政権には大胆な経済改革の実験と、身の毛もよだつような拷問とテロによる邪悪なシステムという二つの明確に分かれたプロジェクトがあるという見方がしばしばされるのに対し、レテリエルはこれを真っ向から否定した。存在したのはひとつのプロジェクトにすぎない。テロは自由市場経済への転換のための主要な手段だったのだ、と彼は主張した。

「人権侵害、制度化された残虐性のシステム、そしてあらゆる形の異議申し立てに対する徹底した管理と弾圧は、軍事政権が遂行してきた典型的な歯止めのない「自由市場」経済政策とは間接的な関係しかない――それどころかいっさい関係がない――現象として議論されており、多くの場合、別のものとして非難されている」と、レテリエルは『ネーション』誌に掲載された舌鋒鋭い論文で述べている。「「経済的自由」と政治的テロが互いに関連することなく共存しているという、社会システムについてのなんとも都合のいい概念のおかげで、これらの経済スポークスマンたちは「自由」の概念を振りかざす一方、言葉の上では人権擁

護を唱えることができるのだ」(3)

さらにレテリエルは、「現在のチリ経済を動かしている経済学者チームにとっての知的設計者であり非公式顧問」としてのミルトン・フリードマンは、ピノチェトの犯罪の共同責任者であると言い切り、経済的ショック療法を実施するよう働きかけたのは、「専門的」助言にすぎないというフリードマンの弁解を退ける。「フリードマン流の自由な「私的経済」の確立とインフレ抑制」を平和的に実施することなど不可能だと、レテリエルは主張する。「経済計画は至上命令であり、チリの状況においてそれを行なうには、何千何万もの人を殺害し、国中に強制収容所を建設し、三年間で一〇万人以上の人を拘束する以外に方法はなかった。(中略)大多数の人々を退行させ、ひと握りの特権階級に「経済的自由」を与えることは、同じコインの裏表だったのだ」。そして「自由市場」と無制限のテロとの間には互いに手を取り合う「調和的関係」が存在していたと彼は書いている。(4)

この論議を呼ぶ内容の論文は、一九七六年八月末に発表された。それから一カ月も経たない九月二一日、四二歳の経済学者レテリエルが車でワシントンDCのビジネス街にある職場に向かう途中、大使館が集まる地区の中心部を走行中に運転座席の下にしかけられていた遠隔操作爆弾が爆発、車は宙に舞いレテリエルは両足を吹き飛ばされた。路上に切断された足を残して、レテリエルはすぐにジョージ・ワシントン病院に運ばれたが、到着したときにはすでに息はなかった。車に同乗していた二五歳のアメリカ人の同僚ロニー・モフィットも、同じくこの爆発で死亡した。(5) ピノチェトがクーデター以来犯したもっとも非道で挑発的な犯罪だった。

米連邦捜査局（ＦＢＩ）の捜査で、この爆弾をしかけたのはピノチェトの秘密警察の上級職員マイケル・タウンリーであることが突きとめられた。タウンリーはその後、米連邦裁判所で有罪判決を受けた。暗殺犯らが偽造パスポートでアメリカに入国したことをＣＩＡは承知していた。(6)

二〇〇六年一二月にピノチェトが九一歳で死亡すると、彼が大統領在任中に犯した殺人や誘拐、拷問から汚職や脱税に至る数々の犯罪で裁判にかけようという動きがいくつも起きた。レテリエルの遺族は数十年にわたって、ワシントンでの爆破事件の首謀者としてのピノチェト告発と、この事件に関する米当局の資料公開を求めてきた。だが結局、ピノチェトは迫りくる死を前にすべての裁判を逃れる。そしてクーデターを起こしたことと、「プロレタリアート独裁」を回避するために「最大限の過酷な手段」を用いたことを正当化する書簡を、死後発表するのだ。「一九七三年九月一一日、軍事行動に出る必要がなければどんなに良かったことか！」と彼は書く。「マルクス・レーニン主義イデオロギーがわが祖国に入ってこなければどんなに良かったことか！」(7)

ラテンアメリカの恐怖の時代におけるすべての犯罪者が、これほど幸運だったわけではない。アルゼンチンの軍事独裁政権崩壊から二三年後の二〇〇六年九月、テロの主要な実行者の一人がついに終身刑を言い渡された。軍政期にブエノスアイレス州の警察本部長だったミゲル・オスバルド・エチェコラッツである。

この歴史的裁判の最中、重要な証人のホルヘ・フリオ・ロペスが行方不明になった。ロペスには七〇年代に残虐な拷問を受けたあげくに解放された過去があるが、それと同じことがふたたび起きたのだ。その後アルゼンチンでは、ロペスは「二回行方不明になった」最初の人物と呼ばれるようになる。(8) 二〇〇七年半ばの時点で彼の消息はいまだに不明であり、彼が今後証人になる人々への警告として誘拐されたことは警察もほぼ確信していた——あの恐怖の時代と同じやり口である。

この事件を担当したアルゼンチン連邦裁判所のカルロス・ロザンスキー判事(当時五五歳)は、エチェコラッツが六件の殺人と六件の違法拘禁、七件の拷問で有罪であるとの判断を示した。ロザンスキー判事は判決を下すとともに異例の発言を行なった。有罪判決はエチェコラッツが犯した罪の本質に十分見合うものではなく、「集合的記憶を構築する」ために、これらすべては「一九七六年から一九八三年までの間にアルゼンチン共和国で起きた集団虐殺《ジェノサイド》という状況のなかで行なわれた非人道的犯罪」であることをつけ加えなければならない、と述べたのだ。(9)

この判決によって、ロザンスキー判事はアルゼンチンの歴史を書き換えることに貢献した。七〇年代に左翼活動家が多数殺害されたのは、対立する二つの陣営が衝突しさまざまな罪が犯された「汚い戦争」の一部にすぎないというのが、数十年間流布されてきた「公式の歴史《オフィシャル・ストーリー》」だが、彼はそれに異を唱えた。そしてこうも主張した。行方不明になった人々は、単にサデイズムに酔いしれた狂気の独裁者とその個人的権力の犠牲者であるだけではない。実際に起きたのは、より科学的で身の毛がよだつほど理性的なことだった。「この国を支配していた人々によって実行された絶滅計画」が存在したのだ、と。[10]

殺害は軍事政権の体制の一部であり、周到に計画され、まったく同じやり方で国の至るところでくり返されたと、ロザンスキーは指摘した。それは個々人に対する攻撃ではなく、そうした人々によって代表される社会の一部を壊滅させるという明確な意図のもとで行なわれた。ジェノサイドとは単なる個人の集合ではなく、ある特定の集団を殺害することを目的にしたものを指すのであり、したがってそれは紛れもないジェノサイドだったと彼は主張した。[11]

「ジェノサイド」という言葉にはさまざまな議論があることを認識していた彼は、この言葉を選んだ理由について長い説明をつけている。国連ジェノサイド条約はジェノサイドを「国民的、民族的、人種的、宗教的な集団の全部または一部を破壊する意図をもって行なわれる」犯罪と定義しているが、政治的信条に基づく集団を抹消すること(たとえばアルゼンチンのように)は条約には含まれていない。だが、それを除外したことは法的に正当ではないとして、ロザンスキーはほとんど知られていない国連の歴史の一幕に言及する。[12] 一九四六年一二月一一日、ナチスによるユダヤ人大虐殺《ホロコースト》を受け、国連総会は「人種的、宗教的、政治的および他の集団の全部または一部を破壊する」ジェノサイド行為を禁止する決議を全会一致で採択した。[13] ところが二年後のジェノサイド条約では「政治的」という言葉が削除された。これはスターリンが反対したことによる。もし「政治的集団」を破壊することがジェノサイドだとすれば、彼が行なった血の粛清や政治犯を大量に強制収容所送りにしたことはジェノサイドとみなされてしまうからだ。政敵を消滅させる権利を保持しておきたい各国指導者はスターリン以外にも十分にいたため、「政治的」という言葉は削除されてしまったのだ。(14)

こうした自己利害に基づく妥協とは無縁の、国連のもともとの定義のほうがより正当だとロザンスキーは書く。* さらに彼は、一九九八年にスペイン国家法廷が、アルゼンチンで軍事政権が行なった悪名高い拷問のひとつに「ジェノサイド」の判決を下したことについても言及する。アルゼンチン軍事政権が壊滅させようとした集団とは、「同国に確立されつつあった新秩序に適切だと抑圧者たちがみなすモデルに適合しない市民」だったと、スペイン法廷は定義した。(15) 翌一九九九年、アウグスト・ピノチェトに逮捕状を出したことで知られるスペインのバルタサル・ガルソン判事も、アルゼンチンで起きたのはジェノサイドであると主張し、絶滅の標的になった集団について定義を試みた。軍事政権の目的は「ヒトラーがドイツで達成しようとしたのと同じ新しい秩序の確立であり、そこにはある一定のタイプの人間が存在する余地はなかった」と彼は書く。新秩序に適合しない人々とは、「新しいアルゼンチン国家の理想的な形態にとって障害となる部門に属する」者だった。(16)

＊ ポルトガル、ペルー、コスタリカなど、ジェノサイドの定義に政治的集団あるいは「社会的集団」を明らかに含めたうえで、刑法でジェノサイド行為を禁止している国は少なくない。フランス法の定義はさらに広く、ジェノサイドを「なんらかの恣意的基準によって確定された集団」の全部または一部を破壊することを意図した計画、と定義している。

もちろん規模のうえでは、七〇年代のラテンアメリカのコーポラティズム独裁政権が犯した罪は、ナチス政権下あるいは一九九四年にルワンダで起きたこととは比べものにならない。もし「集団虐殺《ジェノサイド》」の定義が「大虐殺《ホロコースト》」だとすれば、そこに含めることはできない。しかし先の裁判所の定義のように、ジェノサイドをある政治的プロジェクトにとって妨げになる集団を意図的に抹消する企てと理解するなら、それはアルゼンチンだけでなく、シカゴ学派の実験室と化したこの地域の至るところに――程度の差はあれ――見て取ることができる。これらの国においては、経済学者から食料配給所で働く人、労働組合員、音楽家、農業指導員、そして政治家に至るまで、あらゆる種類の左派の人々が「理想にとって障害となる」人物とみなされた。これらの集団に属する人々は、「コンドル作戦」として国境を越えて地域全体で実施された、左派根絶のための明確かつ意図的な戦略の標的とされたのだ。

共産主義崩壊以降、自由市場と自由な人間は、単一のイデオロギーのもとにパッケージにされてきた。そのイデオロギーは、集団墓地や戦場、拷問室などで埋め尽くされた歴史を人類が二度とくり返さないための最良かつ唯一の防御手段であると標榜する。しかし、歯止めのない自由市場という現代の宗教がシカゴ大学の地下作業室から抜け出し、現実世界に適用された最初の場所である南米南部地域において、そのイデオロギーは民主主義をもたらさなかった。それどころかいずれの国においても、民主主義の転覆がまず前提となったのだ。そしてそれは平和をもたらすこともなく、数万人の組織的な殺害と一〇万〜一五万人に対する拷問を必要としたのである。

レテリエルが書いているように、社会のある部分を抹消しようとする動きと、そのプロジェクトの中心にあるイデオロギーとの間には「調和的関係」が存在した。南米南部地域の軍事政権に助言を与え、重要ポストに就いたシカゴ・ボーイズとその教授たちは、本質的に純粋主義的な資本主義の形を信奉していた。それは「均衡」と「秩序」への全面的な信頼と、成功へ導くにはいっさいの介入や「歪曲」を排しなければならないとの考えに基づいていた。こうした特質ゆえに、この理念を忠実に適用するためには、それと競合したりそれを緩和するような世界観の存在を認めることはできない。理想が達成されるためには、そのイデオロギーだけを信奉し他を排除する必要があった。そうしなければ経済兆候に歪みが表れ、システム全体が均衡を失ってしまうと考えられたのだ。

シカゴ・ボーイズにとって、七〇年代の南米南部地域ほど、この専制的な実験に適合しない場所は世界中どこを探してもなかった。この地域における開発主義の驚異的なまでの台頭は、歪曲あるいは「非経済的な考え方」とシカゴ学派がみなす政策が実施されていることを示していた。さらに重要なことに、この地域では自由放任型資本主義に真っ向から反対する知識人たちの運動が勢いを増し、大衆に支持されていた。しかもそうした考え方は非主流ではなく国民の大多数に典型的に見られ、どの国でも選挙が行なわれるたびに結果に表れた。シカゴ学派がこの地域で改革を行なうことは、たとえて言えばビバリーヒルズでプロレタリアート革命を起こそうとするようなものだった。

アルゼンチンに恐怖政治が敷かれる前、ジャーナリストのロドルフォ・ウォルシュはこう書いた。「監獄であれ死であれ、何者もわれわれを止めることはできない。なぜならすべての人を監獄に入れることも殺すこともできないからだ。そしてアルゼンチン国民の大多数は(中略)人民を救うのは人民でしかないということを知っているからだ」[17]。大統領官邸に戦車が突入するなか、サルバドール・アジェンデが行なった最後のラジオ演説にも、これと同じ抵抗精神が満ちあふれていた。「あまたのチリ人の価値ある良心に蒔かれた種子を根こそぎにすることはできないと私は確信している。彼らは武力をもってわれわれを屈伏させることができるかもしれない。しかし犯罪や暴力をもって社会のプロセスを止めることはできない。歴史はわれわれのものであり、それを創るのは人民なのだ[18]」

この地域の軍事政権の司令官たちと経済政策を担当するその共犯者たちは、こうした事実を十分承知していた。数回にわたるアルゼンチンの軍事クーデターを経験したある軍人は、軍内部の思考をこう説明する。「一九五五年には問題は(ファン・)ペロンだと考えて彼を追放したが、一九七六年には問題は労働者階級にあることを理解していた[19]」。事情はこの地域全体に共通していた。問題は大きく、根は深かった。言い換えれば、アジェンデが不可能だとしたことを行なう必要があったのだ。新自由主義革命を成功に導くためには、軍事政権はラテンアメリカで左翼が躍進した時期に蒔かれた種子をなんとしても刈り取らなければならなかった。ピノチェト独裁政権がクーデター後に発表した「原則宣言」は、「チリ人の考え方を変化させるための長期にわたる徹底した取り組み」こそが同政権の任務だとしている。こここにはその二〇年前、〈チリ・プロジェクト〉の名づけ親である米国際開発庁（USAID）のアルビオン・パターソンが言明した「必要なのは人間形成のあり方を変えることだ」という言葉に通じるものがある。[20]

だが、どのようにしてそれを行なうのか？　アジェンデが言った「種子」とはあるひとつの考え方、あるいは政党や労働組合のようなひとつの集団を指してはいなかった。六〇年代から七〇年代初頭のラテンアメリカにおいて、左翼的思想は大衆文化の主流となっていた——パブロ・ネルーダの詩やビクトル・ハラ、メルセデス・ソサの音楽しかり、「第三世界の神父たち」による解放の神学や劇作家アウグスト・ボアールによる被抑圧者の演劇、パウロ・フレイレの民衆教育やエドゥアルド・ガレアーノの革新的ジャーナリズム、そしてウォルシュ自身もしかり。ホセ・ヘルバシオ・アルティガス〔ウルグアイの独立運動の指導者〕からシモン・ボリバル〔南米五カ国を独立に導き、ボリビアを建国したベネズエラ出身の革命家〕やチェ・ゲバラに至る歴史上の伝説的英雄や殉教者しかり。軍事政権がアジェンデの予言を否定し、社会主義を根こそぎ絶やそうと行動を起こしたことは、こうしたラテンアメリカの文化全体に対する宣戦布告にほかならなかった。

このことは、ブラジル、チリ、ウルグアイ、そしてアルゼンチンの軍事政権が使ったたとえ——すなわち、浄化する、一掃する、根絶やしにする、矯正するなどのファシストたちお気に入りの表現に、いみじくも表れている。ブラジルの軍事政権による左翼狩りは「浄化作戦」というコード名で呼ばれていたし、クーデター当日、ピノチェトはアジェンデ政権を

「この国を駄目にする汚物」と呼んだ。[21] その一カ月後、ピノチェトは「チリから悪を根こそぎ滅ぼし」、この国の「悪徳を清め」「精神的浄化」をもたらすと約束した。ここには、第三帝国の思想家アルフレート・ローゼンベルクが求めた「鉄のほうきによる容赦ない浄化」に通じるものがある。[22]

文化の浄化

チリ、アルゼンチン、ウルグアイの軍事政権は、大規模な思想浄化作戦を実施した。フロイト、マルクス、ネルーダなどの著書を燃やし、何百もの新聞や雑誌を発行禁止にし、大学を占拠し、ストライキや政治集会を禁止にした。

なかでもきわめて悪意に富んだ攻撃は、クーデター以前にはシカゴ・ボーイズが論破することのできなかった「左翼《ピンク》がかった」経済学者に向けられた。シカゴ・ボーイズの拠点チリ・カトリック大学のライバルであるチリ大学では、何百人もの教授が「道徳的義務の不履行」を理由に解雇された(フリードマンの教えを受けながら反旗を翻し、かつてのシカゴ大学の教授たちに怒りに満ちた書簡を送ったアンドレ・グンダー・フランクもその一人だった)[23]。クーデターの際、グンダー・フランクは「経済学部の入口で六人の学生がいきなりその場で射殺された。他の学生に対する見せしめのためだった」と報告している[24]。アルゼンチンでは軍事政権が成立すると、バイアブランカにある南部国立大学の教員一七人が「破壊的指導」をしたかどで拘留されたが、ここでもその大半は経済学部所属の教員だった。[25]「破壊分子を育て、形成し、洗脳する源泉を破壊することが必要だ」と将軍の一人は記者会見で語っている。[26] アルゼンチンの「清浄化作戦」によって、総勢八〇〇〇人の「思想的に疑わしい」左翼教員が追放された。[27] 高校ではグループ発表が禁止された。潜在的な集団精神の表れであり、「個人の自由」にとって危険だというのがその理由だった。[28]

サンティアゴでチリ・スタジアムに連行された人々のなかには、伝説的な左翼フォーク歌手ビクトル・ハラがいた。彼が受けた扱いには、ひとつの文化を圧殺しようとした猛烈なまでの決意が如実に表れている。チリの真実和解委員会の報告書によれば、兵士たちはまずハラが二度とギターを弾けないように彼の両手を打ち砕き、それから銃で四四回も撃ったという。[29] 死後も彼が人々に影響を与えるのを恐れた軍事政権は、彼の演奏のオリジナル録音をすべて破壊するよう命じた。フォルクローレ歌手のメルセデス・ソサは亡命を余儀なくされ、革新的劇作家のアウグスト・ボアールは拷問を受けたあげくにブラジル国外へ追放された。エドゥアルド・ガレアーノもウルグアイから追放され、ウォルシュはブエノスアイレスの路上で殺害された。ひとつの文化が意図的に抹殺されようとしていた。

その一方で、清浄化され、純化された文化がそれに取って代わろうとしていた。チリ、アルゼンチン、ウルグアイの軍事政権下で唯一許可された公共の集会は、軍事力を誇示する催しかサッカーの試合だけだった。チリではスラックスをはいた女性は逮捕されたし、長髪の男性も同様だった。「共和国全土で徹底的な浄化が進んでいる」と、軍事政権の規制を受けたアルゼンチンの新聞の論説は書き、左翼の落書きを市民が力を合わせて洗浄するよう呼びかけた。「やがて壁という壁は石鹸と水によってあの悪夢から解放され、光り輝くだろう」[30]

チリではピノチェトが、何かと言えば街頭に出ようとする国民の習性を断固としてやめさせようと、ごく少人数の集会でも放水銃を使って解散させる作戦に出た。軍事政権はこのピノチェトお気に入りの小型武器を何百台も保有し、歩道でビラを配る学生に向けて水をかけたり、あまりに騒がしいときには葬列に向けて発射することもあった。唾を吐く習性のあるリャマの一種の名前を取って〝グアナコス〟の愛称で呼ばれた放水銃は、至るところに出現しては人間をまるでゴミのように追い払う。そしてそのあとには洗い清められて無人となった道路だけが残るのだった。

クーデター後間もなく、チリの軍事政権は国民に向けて、「過激派」の外国人や「狂信的なチリ人」を当局に通告することで「祖国の浄化に貢献する」よう促す布告を出した。[31]

誰が、なぜ殺されたのか

治安当局の手入れによって逮捕された人々の大多数は軍事政権が主張する「テロリスト」ではなく、政府が推進する経済プログラムにとって重大な障害になるとみなされた人々だった。なかには実際の反対論者もいたが、多くは軍事政権とは対極にある価値観を体現するとみなされた人たちにすぎなかった。

この浄化作戦が計画的であることは、人権団体や真実委員会の報告書に記録された失踪の日時を照らし合わせれば明確に裏づけることができる。ブラジルでは、軍事政権が大規模な弾圧を開始したのは六〇年代末になってからだが、例外がひとつだけあった。〔一九六四年の〕クーデター直後から、工場や大規模農園での組合活動のリーダーが次々に検挙されたのだ。真実委員会の報告書『ブラジル――二度とくり返すな《ヌンカマイス》』によれば、彼らは拘置所に連行され、「政府当局と対立する政治思想の影響を受けているというだけの理由で」拷問を受けた者も少なくなかったという。軍裁判所の記録に基づいて作成されたこの報告書は、労働組合の連合組織である全労働者集団（CGT）が、裁判記録のなかでは「至るところに存在し、追い払うべき悪魔」として扱われていると述べている。さらに報告書は「一九六四年に成立した軍政府当局が、この部分をとりわけ入念に「一掃」しようとした」理由について、「賃金の削減と経済の脱国営化を軸とする経済プログラムに対する労働組合からの抵抗が（中略）拡大することを恐れていた」ためだと単刀直入に結論している。[32]

チリでもアルゼンチンでも、軍事政権はクーデター当初の混乱に乗じて労働組合運動に対する卑劣な攻撃を開始した。クーデター当日から組織立った手入れが始まったことから見て、これらの作戦がかなり前から計画されたものであることは明らかだ。チリでは占拠された大統領官邸に人々の注目が集まるなか、他の部隊が「「工業ベルト」と呼ばれていた地帯」に派遣されて「次々に工場の手入れを行ない、人々を逮捕した」。続く数日間、さらに数カ所の工場が手入れを受けた結果、「おびただしい数の人々が逮捕され、なかには殺害されたり行方不明になったりした者もいた」と、チリの真実和解委員会の報告書は書く。(33) 一九七六年にチリで政治犯として収監されていた者の八割は労働者と農民だった。(34)

アルゼンチンの真実委員会のレポート『二度とくり返すな《ヌンカマス》』も、これと同様の労働組合に標的を定めた攻撃があったとして、次のように記している。「クーデター当日あるいは直後に(労働者を標的にした)大規模な作戦が実施されたことをわれわれは確認した」。(35) 工場への手入れについての多くの記録のなかに、非暴力的な活動家を逮捕するための偽装工作として「テロ」が使われたことを暴く証言がある。「ラ・ペルラ」強制収容所に政治犯として拘束されていたグラシエラ・ヘウナは、彼女を見張っていた軍人たちが発電所のストライキが近づいていることにひどく動揺していたと語っている。ストライキは「軍事独裁に対する抵抗の重大な一例」とみなされ、軍事政権はそれを許すわけにはいかない。したがって「部隊の軍人たちはストライキを非合法化する、あるいは彼らの言葉によれば「モントネーロス化」することを決めた」(ゲリラ組織モントネーロスは、すでに軍によって解体されていた)。ストライキはモントネーロスとなんの関係もなかったが、そんなことはどうでもよかった。「ラ・ペルラの軍人たちは自らストライキを呼びかけるビラを作成し、「モントネーロス」とサインして印刷した」。(36) 軍はこの偽のビラを「証拠」として、組合の指導者たちを連行し、殺害したのである。

企業の後援を受けた拷問

こうした労働組合への攻撃は、しばしばその職場の所有者との緊密な協力のもとで行なわれ、近年起こされた訴訟によって、外国の多国籍企業の国内子会社が直接関与した事例の詳細にわたる記録が明らかになっている。

クーデターが起きる前、アルゼンチンでは何年にもわたって外国企業が左翼武装勢力に経済的にも人的にも被害を受ける状況があった。一九七二年から七六年の間に、自動車会社フィアットでは五人の重役が暗殺された[37]。こうした企業の命運は軍事政権が成立し、シカゴ学派の経済政策が採用されたことによって劇的に変化した。軍政のもとでは、大量の輸入製品を国内市場に放出し、賃金を低く抑え、都合のいいときに労働者を解雇し、上がった利益はなんの規制も受けずに本国に送金することができた。

いくつかの多国籍企業は露骨なまでに謝意を表した。アルゼンチンの軍事政権成立後初めての新年、フォード・モーター社は新聞に同政権と自社との結びつきを強調する、次のような祝賀広告を出した。「一九七六年、アルゼンチンはふたたび自らの道を見出しました。一九七七年がアルゼンチンの善意あるすべての人にとって信念と希望あふれる年となりますよう。フォード・モーター・アルゼンチンは社員一丸となって、祖国の大いなる運命を実現するための戦いに身を捧げる所存です[38]」。外国企業のなかには、単に軍事政権の仕事ぶりに感謝するだけでなく、恐怖作戦に積極的に参加するものもあった。ブラジルではいくつかの多国籍企業が結託して資金を出し、自前の拷問集団を組織した。一九六九年半ば、同国の軍事政権がもっとも残忍な時期に突入するなか、「バンデイランテス行動隊(OBAN)」と呼ばれる超法規的治安部隊が結成された。『ブラジル――二度とくり返すな《ヌンカマイス》』によれば、軍将校で構成されたOBANは「フォードやゼネラル・モーターズなどさまざまな多国籍企業の出資によって」運営され、正規の軍・警察組織とは別組織であるため「尋問の方法を好きなように選ぶことができ、処罰の対象にもならなかった」という。OBANはすぐさま他に類を見ない残虐さで知られるようになる。(39)

だが、フォードの国内子会社と恐怖装置との関係がもっとも明白だったのは、アルゼンチンだった。同社は軍に乗用車を供給しており、緑のフォードファルコンで何千人もの人が誘拐され、行方不明になった。アルゼンチンの心理学者であり劇作家のエドゥアルド・パブロフスキーはこの車のことを「恐怖のシンボルであり、死の車」だったと表現している。(40)

フォード社が軍事政権に車を供給する一方、軍事政権の側も独自のサービスを提供した。厄介者の組合員を工場から駆逐したのだ。クーデター前、同社は労働者の要求に従ってかなりの妥協(昼休みを二〇分から一時間にする、車一台販売するごとに売上げの一%を社会福祉プログラムに寄付するなど)を強いられていた。だがクーデターによって反革命、すなわち弾圧が開始すると同時に、すべては様変わりした。ブエノスアイレス郊外のフォードの工場は戦車をはじめとする軍用車両であふれ、頭上ではヘリコプターが旋回し、さながら軍の野営地のような様相を呈した。労働者の証言によれば、工場には一〇〇人の部隊が常駐していたという[41]。「まるでフォードで戦争が起きたみたいだった。しかも僕たち労働者が敵とみなされていた」と組合代表の一人だったペドロ・トロイアニは言う[42]。

兵士たちは工場中を歩き回り、現場主任の助けを得ながら、もっとも活動的な組合員を次々と捕らえて頭巾をかぶせた。トロイアニも組み立てラインから連れ去られた一人だった。「僕を拘留する前、彼らは僕を引っ張って工場中を回った。皆の見ている前で、さらし者にするように。そうやって、フォードは工場から組合主義を排除しようとしたんだ[43]」。何より驚くべきだったのは、その次に起きたことだった。トロイアニらによれば、兵士たちは彼らを工場の敷地内に設置された拘留所に連れて行った。自分たちの職場の中の、ほんの数日前まで会社側と契約の交渉を行なっていた場所で、労働者たちは殴る蹴るの暴行を受けた。電気ショックを与えられたケースも二件あった[44]。その後、彼らは外部の拘置所に連れて行かれ、何週間、場合によっては何カ月にもわたって拷問を受けた[45]。労働者の弁護士らによれば、この時期にフォード社の組合代表が少なくとも二五人連れ去られ、その半数が会社の敷地内にある施設に拘留された。アルゼンチンの人権団体はこの施設をかつての秘密拘留施設の公式リストに含めるよう、働きかけを行なっている[46]。

二〇〇二年、連邦検察はトロイアニほか一四人の労働者の代理人としてフォード・アルゼンチン社を刑事告発し、社有地で行なわれた弾圧の法的責任は同社にあると主張した。「フォード（・アルゼンチン）と役員たちが共謀して自分の会社の労働者を連行したのだから、彼らがその責任を問われるべきだと思う」と、トロイアニは言う。[47] メルセデス・ベンツ(ダイムラー・クライスラーの子会社)も、一九七〇年代に軍と協力して工場から組合指導者を追放した容疑で同様の捜査を受けている。同社は軍に一六人の労働者の名前と住所を渡したとされ、これらの労働者はその後行方不明となり、一四人は二度と帰ってこなかった。[48]

ラテンアメリカ史学者のカレン・ロバートによれば、軍事政権が終わるまでに「メルセデス・ベンツ、クライスラー、フィアット・コンコードなどの(中略)この国の大工場からは、事実上すべての労働者代表が姿を消していた」という。[49] フォードとメルセデス・ベンツはともに、自社の幹部がいかなる形であれ弾圧に関与したことはないと否定しており、裁判は今も係争中だ。

先制攻撃の標的になったのは組合指導者だけではない。金銭的利益以外の価値観に基づく社会作りを目指す者は誰であれ対象になった。とりわけ残忍な攻撃が向けられたのは、土地改革のための戦いに関わってきた農民たちだった。アルゼンチン農業連盟は農民が土地を所有する権利を主張してきた組織だが、その指導者たちは作業中の畑で捕らえられると、地域住民の目の前で拷問を受けることもしばしばだった。兵士たちはトラックのバッテリーを使って牛追い棒《ピカーナ》を充電し、どこにでもある装置を農民自身を痛めつける凶器に変えた。一方、軍事政権の経済政策は地主や牧場主に棚ぼたの利益をもたらした。アルゼンチンではマルティネス・デ・オス経済相が食肉価格の規制を撤廃したため価格は七倍以上に急騰し、前代未間の収益が彼らの懐に転がり込んだ[50]。

都市のスラムでは、先制攻撃の標的となったのは地域活動家であり、その多くは教会を拠点にして社会の最貧層の人々を組織し、医療や公共住宅、教育などの拡充を訴えてきた人たちだった。言い換えれば、「福祉国家」がシカゴ・ボーイズによって解体されつつあったのだ。アルゼンチン人医師ノルベルト・リウスキーによれば、「彼らは私の歯茎、乳首、性器、腹部そして耳に電気ショックをかけ」ながら、「貧民どもの面倒を見る善人づらをしたやつらは叩き潰してやる！」と言い放ったという[51]。

軍事政権に協力したあるアルゼンチン人牧師は、彼らが指針とする思想をこう説明する。「敵はマルクス主義だった。言ってみればマルクス主義は教会にも、そして祖国にもはびこっている――新しい国家が創られる危険があるというわけだった[52]」。軍事政権の犠牲者の大多数が若い世代だったことも、「新しい国家が創られる危険」ゆえだったと理解できる。アルゼンチンでは三万人に上る行方不明者のうち八一％が一六歳から一八歳までの若者だった[53]軍事政権の犠牲者の一人は、「今やっていることは今後二〇年のためだ」と、拷問で名を馳せたあるアルゼンチンの軍人から聞かされたという[54]。

もっとも年少の犠牲者に、一九七六年九月に集団でバス料金の値下げを要求した高校生たちがいる。集団で活動したのはマルクス主義ウイルスに感染している証拠だとみなした軍事政権は、ジェノサイドさながらの猛烈な怒りをもって対応し、反政府的な要求を勇敢にも突きつけた高校生六人を拷問の末に殺害した[55]。この一件に関与した主要人物の一人であるミゲル・オスバルド・エチェコラッツは三〇年も経過した二〇〇六年、ようやく有罪判決を受けた。

ここには明らかなパターンを見て取ることができる。ショック療法によって、経済から集団主義の遺物をすべて除去しようとする一方で、ショック機動部隊が街頭や大学、工場から、そうした価値観を代表する人々を排除しようとしたのだ。

経済改革の最前線にいた人々のなかには、目標の達成には大量弾圧が必要だったと、ふと気を許した折に認める者もいた。コンサルティング会社バーソン・マーステラの広報担当役員で、企業寄りの政策を取るアルゼンチン軍事政権を海外に売り込む仕事をしていたビクトル・エマヌエルは、作家のマーガリート・ファイトロウィッツの取材に応え、アルゼンチンの「保護主義的、国家統制主義的」な経済を開放するには暴力が必要だったと語った。「内戦が起きている国に投資しようなどという人間はどこにもいない」。エマヌエルはそう言ったあと、殺されたのはゲリラだけではないことを認めている。「無実の市民もおそらく大勢殺されたでしょう。でも、あの状況では巨大な軍事力が必要だったんです」(56)

シカゴ・ボーイズの一人で、チリ軍事政権の経済相としてショック療法の実施を監督したセルヒオ・デ・カストロは、ピノチェトの鉄拳の後押しがなければけっして目的は果たせなかったと述懐している。「世論のかなりの部分は(われわれに)反対していましたからね、この政策を維持するには強力な人格が必要だった。ピノチェト大統領が理解を示し、批判に耐える資質を持っていたのは幸運でした」。彼はまた、経済的自由を保護するには権力を「感情を交えずに」行使できる「独裁政権」がもっとも適しているとも述べている[57]。

ほとんどの国家テロに言えることだが、標的を定めた殺害には二つの目的があった。第一は、国家プロジェクトに対する現実的障害――つまり、反撃してくる可能性の高い人々を除去すること。そして第二は、「トラブルメーカー」が行方不明になるのを誰もが目撃することで、これから抵抗しようと考えている者に確実な警告を与え、将来の障害を未然に除去できることである。

たしかに、その効果はあった。「私たちは混乱し、苦悩し、従順になり、指示を待つようになっていった。(中略)皆、退行してしまいました。依存的になり、不安になっていったんです」とチリ人精神科医マルコ・アントニオ・デ・ラ・パラはふり返る[58]。言い換えれば、人々はショック状態にあったのだ。そのため、経済的ショック療法によって賃金が下がり物価が急騰しても、チリやアルゼンチン、ウルグアイの街は静かで整然としていた。食料を求める暴動も起きなければ、ゼネストも行なわれなかった。人々は食事の回数を減らしたり、赤ん坊に空腹感を抑える作用のあるマテ茶を飲ませたり、バス運賃を節約するために早朝に家を出て職場まで歩いたりしてしのいだ。栄養不良や腸チフスで死んだ者は、静かに埋葬された。

ほんの一〇年前、産業部門の目覚ましい発展と中産階級の急速な台頭を謳歌し、強力な医療・教育システムを持つ南米南部地域の国々は、第三世界にとっての希望の星だった。だが今や貧富の格差が急速に広がり、富裕層がアメリカ・フロリダ州の名誉市民となる一方で、残りの人々は貧困状態へと押し戻された。この状況は、独裁政権終結後も新自由主義的「再編成」の時代を通じてさらに悪化していくことになる。これらの国々は感動的なモデル国家から一転して、今や貧困国が第三世界から脱却しようとすればどうなるかを警告する恐ろしい見本となった。この様変わりは、軍事政権の強制収容所に拘束された人々が強いられた変化と二重写しになる。彼らは自分がもっとも大切にしていた信念を捨て、愛する人や子どもを裏切ることを余儀なくされた。権力に屈した人々は「ケブラドス（壊された者）」と呼ばれたが、南米南部地域もまたさんざん叩きのめされたあげく、「壊された《ケブラド》」のである。

「治療」としての拷問

軍事政権の政策が集団主義を抹殺しようとしたのに対し、刑務所の内部では拷問によって精神と魂が抹殺されようとしていた。一九七六年のアルゼンチンの政府系新聞の社説はこう書く。「精神もまた浄化されなければならない。誤りはそこで生まれるからだ[59]」

拷問を行なう者は、医師や外科医のような態度を取ることが少なくなかった。シカゴ大学の経済学者たちが、ショック療法は痛みを伴うが不可欠だとみなしたのと同様、彼らは電気ショックや他の拷問は治療的な効果を持つと考えていた。自分たちは拘束者（収容所の内部ではしばしば「アペストソス（＝汚れた者、病んだ者）」と呼ばれた）にある種の薬物を投与しており、それによって社会主義という病を治療し、集団行動に出ようとする衝動を除去するのだ、と。*

その「治療」は明らかに苦痛を伴い、場合によっては死をもたらすかもしれないが、すべては患者のためなのだ、と。人権侵害を批判されたピノチェトはいらだたしげにこう言い放った。「もし腕に壊疽が起きたら、その部分を切除しなきゃならないだろう？」(60)

＊　これによって電気ショックは、ごく初期の悪魔払いとしての用法に戻ったことになる。電気ショックが医学的に用いられたもっとも古い記録は、一八世紀のスイス人医師にさかのぼる。この医師は精神病は悪魔によって引き起こされると考え、患者に握らせたワイヤーに静電気を流した。ひとつの悪魔につき一回のショックが与えられ、この治療を受ければ病気は治ったとされた。

いずれの国の真実和解委員会の報告書を見ても、拘束された者に、自らの自己意識と切り離すことのできない信条への裏切りを強制するシステムが存在していたことが、証言によって語られている。ラテンアメリカの左派の人々の大部分がもっとも大事にしていた理念とは、アルゼンチンのラディカルな歴史学者オスバルド・バイエルの言葉を借りれば、「唯一の先験的神学、すなわち連帯」である。(61)連帯の重要性を十分理解していた拷問者たちは、拘束した人々にショックを与えることで、人間同士の社会的結びつきへの衝動を抹殺しようとした。もちろん表向きは、すべての尋問の目的は貴重な情報を得ることにあり、その結果として裏切りが伴うのだとされていた。だが実際には情報を得ることより（通常、情報はすでに得られていた）、裏切りそのものを行なわせることにはるかに大きな力点が置かれていた、と報告する拘束者も少なくない。何よりも他人を助けることを優先しようとする彼らの信念、言い換えれば彼らを活動家たらしめている要《かなめ》の部分を回復不可能なほどずたずたにし、代わりに恥と屈辱を与えてやろう——拷問する側はそう目論んでいた。

仲間への裏切りが、本人がまったく関与できないところで行なわれることもあった。アルゼンチンで拘束されたマリオ・ビラーニは連行されたときスケジュール帳を持っており、そこには友人と会う約束の日時が記されていた。そこで本人の代わりに兵士が待ち合わせ場所に行き、次なる活動家が国家テロ装置により行方不明にされたのだった。尋問者たちは拷問台に乗せたビラーニに、「ホルヘはお前との約束を守ったからこそ連れて行かれた」と知らせることで拷問した。「二二〇ボルトの電気を流すより、そちらのほうが辛い拷問だということをやつらは知っていた。私は耐えられないほどの自責の念に襲われました」とビラーニは語っている[62]。

こうした状況下では、拘束された者同士が小さな思いやり(互いの傷を手当する、わずかな食べ物を分け合うなど)を示すことが究極の反抗とみなされ、そうした行為が発覚すると厳しい罰が与えられた。拘束された人々は否応なく個人主義的になるよう仕向けられ、自分に加えられる拷問がさらに厳しくなるか、仲間の拘束者への拷問が激しくなるかの間で、常にファウスト的な選択を突きつけられた。なかには当局の狙いどおり、仲間が拷問を受けるときに牛追い棒《ピカーナ》を持ったり、テレビに出演してかつての信念を捨てたことを公言するほどまでに「壊される」ケースもあった。こうした人々は拷問者たちにとって、究極的勝利を意味した。彼らは連帯を放棄しただけでなく、生き延びるために「自分の利益だけを考える」(ITTの重役の言葉)という、自由放任資本主義の中核にある冷酷無比な考え方に屈伏したのだ*[63]。

＊　この人格を壊すプロセスは今日、アメリカが運営する刑務所におけるイスラム教徒の拘束者に対する処遇に見て取ることができる。アブグレイブ刑務所やグアンタナモ収容所から次々に出てきた証拠によれば、二つの形の虐待——裸にすることとイスラムの慣習に対する意図的な妨害——が行なわれていることは明らかだ。具体的には、髭を剃る、コーランを踏ませる、イスラエル国旗を体に巻きつける、男性に同性愛の体位を取らせる、さらには男性に生理の血を模した液体を付けるなど。かつてグアンタナモ収容所に拘束されていたモアザム・ベッグによれば、彼はたびたび無理やり髭を剃らされ、看守に「おまえらイスラム教徒にとって、これは本当にこたえるだろう？」と言われたという。イスラム教が冒瀆されるのは看守たちがそれを憎く思っているからではなく（実際にそう思っている可能性は高いが）、拘束者たちがそれを大切に思っているからだ。拷問の目的が人格を破壊することにある以上、拘束者の人格を構成するものは衣服から大事にしている信念に至るまで、ことごとく剝ぎ取られなければならなかった。七〇年代の攻撃の標的は社会的連帯だったが、今日はイスラム教なのだ。

ショック療法の〝医師〟たる二つのグループ——軍人と経済学者——はどちらも、自分たちのしていることをほとんど同じ隠喩《メタファー》を用いて表現した。フリードマンはチリにおける自らの役割を、「インフレという疫病を終焉に導くためにチリ政府に専門的な医学的アドバイス」を与える医師になぞらえた。(64) シカゴ大学ラテンアメリカ・プログラムの責任者アーノルド・ハーバーガーはさらにその上を行く。アルゼンチンの軍政終結後かなりの年月が経ってから同国の若手経済学者に向けて講演した際、ハーバーガーは良い経済学者とはその人自身が病を治す治療薬であり、「反経済的な考え方や政策と戦う抗体」の役目を果たすのだと述べている。(65) アルゼンチンの軍政下で外相を務めたセサル・アウグスト・グゼッティはこう言う。「国家という社会的身体が内臓を蝕む病気に感染したとき、そこには抗体が形成される。抗体は病原菌とはまったく異質なもの。すでに実際に起きているとおり、政府がゲリラを取り締まり破壊すれば、抗体の活動は消滅する。それは病気の身体に対する自然な反応なのだ(66)」

こうした物言いに見られる知性構造は、社会の「病んだ」構成員を殺害することで「国家身体」を治療すると言ってユダヤ人虐殺を正当化したナチスのそれと同じである。ナチス親衛隊の医師フリッツ・クラインはこう主張した。「私は生命を守りたいと願っている。人間の生命を尊ぶからこそ、私は病に冒された身体から壊疽の部分を切除する。ユダヤ人は人類という身体に生じた壊疽なのだ」。カンボジアのクメール・ルージュも「病に感染した部分は取り除かなければならない」と、同じ表現を使って大量虐殺を正当化した。(67)

子どもたちのたどった運命

とりわけ背筋が寒くなるのは、アルゼンチン軍事政権下の強制収容所内で子どもたちが受けた処遇だ。国連ジェノサイド条約には、「集団内の出生を妨げることを意図した措置を課すこと」や「集団の子どもを他の集団に強制的に移転すること」がジェノサイドの定義として挙げられている。(68)

アルゼンチンの強制収容所内では五〇〇人ほどの子どもが誕生したと推定されるが、これらの乳児は誕生してまもなく、社会を再編成し新しいタイプの模範市民を創造する計画に参加させられた。短い授乳期間ののち何百人という赤ん坊が、大部分は独裁政権と直接関わりのある夫婦に売られたり里子に出されたりしたのだ。人権擁護団体「五月広場《プラザ・デ・マヨ》の祖母たち」によれば、子どもたちは、軍事政権が「正常」で健全だとみなす資本主義的・キリスト教的価値観に沿って育てられ、その出自は絶対に本人には知らされなかった(69)。子どもの実の親は救いがたいほど病んでいるとみなされ、ほとんど例外なく収容所で殺害された。こうした子どもの扱いはけっして個人の行き過ぎた行為ではなく、組織的な国家戦略の一部だった。ある訴訟で証拠として提出された一九七七年の内務省の公式書類には、「親が拘束されたり行方不明になった場合の政治および組合指導者の未成年の子どもに対する処置に関する指示書」という題名がつけられていた(70)。

アルゼンチンの歴史のこの部分は、アメリカ、カナダ、オーストラリアの先住民の子どもたちが集団で親から引き離され、寄宿学校に入れられて自分たちの言葉を話すことも禁じられ、無理やり「白人」に同化させられたことと驚くほど似ている。七〇年代のアルゼンチンでも、これとよく似た優越主義的論理(ただし人種ではなく、政治的信念、文化、階層に基づく)が働いていたのは明らかである。

アルゼンチンの軍政終結から四年後、政治的殺害と自由市場革命との結びつきを明白に物語る出来事が起きた。一九八七年、ブエノスアイレスの繁華街にある高級ショッピングセンター、ガレリアス・パシフィコの地下で映画の撮影をしていたクルーが、かつての強制収容所の跡を発見したのだ。その後、独裁政権時代に陸軍第一部隊が政治犯として強制連行した人々の一部をこの地下牢に閉じ込めていたことが判明。壁には命を絶たれて久しい人々の名前や日付、助けを請う言葉などが生々しく残っていた(71)。

今日、ガレリアス・パシフィコはグローバルな消費の都へと変貌したブエノスアイレスの象徴として、ショッピング街に重要な位置を占めている。アーチ形の天井と贅沢なフレスコ画を施した建物の中にはクリスチャン・ディオールからラルフ・ローレンやナイキに至る有名ブランドショップが軒を連ね、大部分のアルゼンチン国民にとってはとうてい手の届かない高価な品物を、ペソ安のおかげで有利な買い物ができる外国人旅行者が買いあさっている。

かつての資本主義による征服が先住民の集団墓地の上に築かれたのと同様、ラテンアメリカにおけるシカゴ学派のプロジェクトはまさに文字どおり、異なる政治理念を持つ何万人もの人々がその中へと姿を消した秘密収容所の上に築かれた。祖国の歴史を知るアルゼンチン人にとって、ガレリアス・パシフィコは、この身も凍るような事実を思い出させるよすがなのである。

第５章　「まったく無関係」

――罪を逃れたイデオローグたち

ミルトン（・フリードマン）は「理念は結果を伴う」という真理を絵に描いたような人間だ。

――ドナルド・ラムズフェルド米国防長官（二〇〇二年五月）(1)

人々が刑務所に入れられたのは価格を自由化するためだった。
――エドゥアルド・ガレアーノ（一九九〇年）(2)

ごく短い間ではあったが、南米南部地域《サザンコーン》で犯した罪によって、新自由主義運動が糾弾されるかに見えた時期があった。それにより、新自由主義が最初の実験室であるラテンアメリカから世界へと広がる前に、人々の信頼を失うかと思われたのである。一九七五年にミルトン・フリードマンがチリを訪れた運命の旅のあと、『ニューヨーク・タイムズ』紙のコラムニスト、アンソニー・ルイスは簡潔ながら挑発的な調子でこう問いかけた。「もし純粋なシカゴ学派の経済理論をチリで実践するのに、弾圧という代償を払わなければならないのなら、その考案者たちはなんらかの責任を感じるべきではないか？」(3)

チリ経済革命の「知的立案者たち」は、革命遂行に伴う人的代償の責任を負うべきだ――そう主張したオルランド・レテリエルが殺害されたあと、彼の遺志を継いだのは草の根活動家たちだった。この時期、フリードマンが講演を行なえば、必ずレテリエルの名前を挙げて彼を糾弾する者に中断されたし、フリードマンを称えるいくつかのイベントでさえ、彼は裏口から出入りすることを余儀なくされた。

シカゴ大学の学生たちは、自分の大学の教授たちが軍事政権に加担したと知ってひどく幻滅し、大学に調査を要求した。なかにはファシズムを逃れて一九三〇年代にアメリカに渡ったオーストリア人経済学者ゲルハルト・ティントナーのように、学生の側に立つ教授もいた。ティントナーはピノチェト政権下のチリをナチス政権下のドイツになぞらえ、ピノチェトを支持したフリードマンと第三帝国に協力したテクノクラートの間に共通点を見出した(一方のフリードマンは自らを批判する人々を「ナチス」だと非難した(4))。

フリードマンとアーノルド・ハーバーガーはともに、ラテンアメリカ出身のシカゴ・ボーイズたちが成し遂げた経済的奇跡が自分たちの手柄であることを嬉々として喧伝した。一九八二年、フリードマンは『ニューズウィーク』誌に寄せた文章のなかで、さながら息子自慢の父親のようにこう書いている。「シカゴ・ボーイズは(中略)卓越した知的能力と執行能力を兼ね備え、自分たちの信念を勇気と献身をもって実行に移した」。また、ハーバーガーはこう語っている。「これまでに書いたどんな論文より、私は自分の学生たちを誇りに思う。実際、あのラティーノ・グループは学術的な貢献よりもはるかに私自身の功績と言える(5)」。

ところがシカゴ・ボーイズが起こした〝奇跡〟に伴う人的代償という点になると、二人はそこにはなんの関係もないと言い切る。

「私はチリの独裁的政治体制に対して明確に異を唱えるものであるが――」と、フリードマンは『ニューズウィーク』誌のコラムに書く。「一経済学者としてチリ政府に専門的な助言を行なうことは、悪いことだとは考えない(6)」

フリードマンは回顧録のなかで、最初の二年間、ピノチェトは自分の力で経済運営をしようとしていたが、「一九七五年にまだインフレが猛威を振るっていたとき、世界的な景気後退の影響でチリも不況となったために、「シカゴ・ボーイズ」に助力を求めてきた」と主張している(7)。これは見え透いた事実の改竄だ。シカゴ・ボーイズはクーデター以前から軍部と協力しており、経済改革は軍事政権発足当日から開始されたのだ。その他の場所でも、フリードマンはピノチェト政権(一七年間続いた独裁政権下で何万人もの人が拷問された)が民主主義を力で破壊したどころか、その反対だったと主張する。「チリのことでいちばん重要なのは、自由市場経済のおかげで自由な社会が誕生したということです」とフリードマンは述べている(8)。

レテリエルの暗殺から三週間後、ピノチェトの犯罪とシカゴ学派の経済改革との関係を雄弁に物語るニュースが飛び込んできた。フリードマンがインフレと失業との関係に関する「独創的かつ重要な」業績を評価され、一九七六年のノーベル経済学賞を受賞したのだ(9)。フリードマンは受賞スピーチの場を利用して、経済学は物理学や化学、医学などと同じように厳密かつ客観的な科学であり、その基本は事実に対する公平な分析にあると主張する一方で、自分に都合の悪い事実は無視した。すなわち、受賞の理由となった彼の中心的仮説が誤りであることが、それを冷酷にも実行に移したチリに生じた現実——食料の配給を受ける人々の列、腸チフスの流行、閉鎖された工場など——によって生々しくも証明されたという事実である。(10)

一年後、南米南部地域をめぐる議論の本質を見せつけるような出来事が起きた。アムネスティ・インターナショナルが、主としてチリとアルゼンチンにおける人権侵害を暴き、糾弾するという勇気ある行動を評価されてノーベル平和賞を受賞したのである。実際のところ経済学賞と平和賞はまったく別個の賞で、別々の委員会によって選定され、授与される場所も違う。けれどもこの二つの授賞を遠いところから見れば、あたかも世界でもっとも権威ある陪審員がこう評決を下したかのようだ——拷問室で行なわれたショック療法は厳しく非難されるべきだが、経済的なショック療法は称賛されるべきである、と。この二種類のショック療法は、レテリエルが皮肉たっぷりに書いたように「まったく無関係」というわけだった。(11)

「人権」という目隠し

学問の世界にこうした防火壁が築かれたのは、ただ単にシカゴ学派の経済学者が自分たちの政策とテロとの間にいっさいの関係を認めようとしなかったからだけではない。そこには、そうしたテロ行為を明確な政治的・経済的目的を達成するための手段としてではなく、狭い意味での「人権侵害」としてしか捉えない見方が関与していた。その理由のひとつに、七〇年代の南米南部地域が単なる新しい経済モデルの実験室だっただけでなく、国際人権運動という比較的新しい活動モデルの実験室でもあったことが挙げられる。この運動が、軍事政権による最悪の人権侵害を終わらせることに決定的な役割を果たしたことは疑いない。しかし人権運動が人道に反する罪そのものは問題にしても、その背後にある原因までは踏み込まなかった結果、シカゴ学派のイデオロギーが最初の流血の実験室からほぼ無傷で逃げ出すのを許してしまったのである。

このジレンマは一九四八年、国連総会での世界人権宣言採択によって今日の人権運動が始まったときにまで遡る。宣言が採択されるや否や、冷戦の両陣営はともにこれを盾にして、相手がヒトラーにも匹敵する極悪非道な所業に手を染めていると非難した。一九六七年、旧ソ連の人権弾圧批判において卓越した役割を果たしてきた国際法律家委員会が実際は中立的な組織ではなく、CIA（米中央情報局）から秘密裏に資金を受けていたことが新聞報道によって暴かれた[12]。

アムネスティ・インターナショナルが厳正な中立性を掲げることになったのには、こうした背景があった。アムネスティの資金はすべて会員からの寄付によっており、「いかなる政府、政治的党派、思想、経済的利害あるいは宗教的信条にもとらわれない」不偏不党の立場を貫くとしている。人権問題を特定の政治的目的のために利用していないことを証明するため、アムネスティの各支部は西側、東側、第三世界出身の三人の「良心の囚人」〔アムネスティ・インターナショナルの用語で、言論や思想を理由に不当に逮捕された人を指す〕を同時に認定することを決めた。(13) 人権侵害はそれ自体普遍的な悪であり、したがって必要なのはなぜ侵害が行なわれているかを明らかにすることではなく、侵害の実態を可能な限り詳細かつ正確に記録することだ――というのがアムネスティの立場であり、それは当時の人権運動全体を象徴するものだった。

南米南部地域の国家テロに対しても、この原則は貫かれた。秘密警察が常時監視やいやがらせをするなか、人権擁護団体はアルゼンチン、ウルグアイ、チリの各国に代表を送って拷問の犠牲者やその家族数百人にインタビューを行ない、可能な限り拘留施設にも足を運んだ。独立系メディアは活動を禁止されており、軍事政権は自らの犯罪を否定していたから、これらの証言はけっして書かれなかったはずの歴史を記録する主要な資料となった。だが重要だったとはいえ、そこには限界もあった。これらの記録は胸の悪くなるような弾圧の手段を、国連宣言に対する違反として法律的観点から列挙するものにすぎなかったのである。

この視野の狭さがとりわけ大きな問題となったのが、一九七六年にアムネスティ・インターナショナルが発表したアルゼンチンに関する報告書だ。同国の軍事政権が行なった残虐行為に関する画期的な、ノーベル賞受賞にも値するこのレポートには、その徹底した内容にもかかわらず、なぜそうした行為が行なわれたのかについての考察がいっさい含まれていない。報告書は、アルゼンチン軍事政権が「汚い戦争」を行なった公式の理由である「治安」の確保のために「どの程度の侵害行為が説明がつく範囲内、あるいは必要なのか」と問いかけ、証拠を検討したのち、左翼ゲリラの脅威は同国が行なった弾圧のレベルにはとうてい見合うものではないと結論している。(14)

だがそれ以外に、国家暴力を「説明がつく範囲内あるいは必要」にした理由はないのか？アムネスティの報告書はこれについてまったく言及していない。それどころか九二ページに及ぶ報告書には、軍事政権が急進的な資本主義路線を取ることで国の再編成を進めていることは書かれていないし、深刻化する貧困や富の再分配プログラムの破棄についても、軍政の中心的政策であったにもかかわらずいっさい触れられてない。報告書は市民的自由を侵害する法律や命令のすべてを入念に列挙しているのに対し、賃金を引き下げ物価を上昇させ、その結果、食と住の権利(これも国連宣言に盛り込まれている)を侵害した経済に関わる法令については、まったく言及していないのだ。もし軍事政権の革新的な経済プロジェクトがたとえ表面的にでも考察されていれば、なぜこれほど桁外れの弾圧が必要だったのか、そしてアムネスティが「良心の囚人」と呼ぶ人々の多くが非暴力的な組合活動家やソーシャルワーカーであるのか、その理由が明らかになったはずである。

アムネスティの報告書のもうひとつの大きな欠陥は、問題をアルゼンチン一国の軍と左翼過激派との対立に限定し、他のプレーヤーはアメリカ政府やCIAであれ、国内の地主や多国籍企業であれ、いっさい取り上げられていないという点だ。しかし、ラテンアメリカ全体に「純粋な」資本主義を根づかせようという壮大なプロジェクトと、その背後にうごめく強力な利害関係を検証することなしには、この報告書に記録されている残虐行為の意味を読み解くことはできない。それらの行為は単なる行き当たりばったりの、政治的空間に方向性もなく漂う悪事にしか見えず、良心ある人々にとって非難の対象にはなっても、その意味を真に理解することは不可能である。

人権擁護運動とはすべての側面において——理由は異なるが——きわめて限定的な状況のもとで機能している。人権侵害が行なわれている国の内部で最初に抗議の声を上げるのは犠牲者の家族や友人だが、彼らが口にできることには大きな限界があった。愛する人が行方不明になったことの背後にある政治的・経済的な問題について話せば、自分もまた行方不明になる危険を冒すことになるからだ。こうした危険な状況のなかで抗議行動を行なったもっとも有名なグループは「五月広場の母親たち」だった。母親たちは毎週、ブエノスアイレスの政府庁舎前で、抗議のプラカードの代わりに行方不明になった子どもたちの写真を、「彼らはどこにいるのですか《ドンデ・エスタン》？」という文字とともに掲げてデモを行なった。シュプレヒコールを上げる代わりに、彼女たちは子どもの名前を刺繍した白いスカーフをかぶり、静かに円を描いて歩いた。強い政治的信念を持つ母親も少なくなかったが、彼女たちは軍事政権に対して脅威にならないよう、あくまで悲しみに沈む母親として、なんの罪もないわが子がどこに消えたのかを知ろうと懸命になっている母親として行動した。*

＊　軍政終結後、母親たちはアルゼンチンの新経済秩序に対して手厳しい批判を行なうようになり、糾弾は今日も続いている。

チリ最大の人権擁護団体である平和委員会は、野党の政治家や弁護士、教会指導者などによって構成されていた。彼らは終生にわたる政治活動家であり、拷問をやめさせ政治犯を釈放させるための活動が、それよりはるかに広範な、国家の富は誰のものかをめぐる戦いの一部であると認識していた。だが軍事政権の次の犠牲者になることを回避するため、彼らはブルジョア階級打倒という従来の旧左翼的スローガンを捨てて、「普遍的な人権」という新しい表現を習得した。富める者と貧しい者、強者と弱者、北と南という言葉をきれいさっぱり脱ぎ捨て、北米やヨーロッパで社会に広く浸透している「人権」という言葉を用いて、彼らはただひたすら、すべての人間は公正な裁判を受け、残酷で非人道的な処遇から解放される権利を持つと主張した——なぜそうなのかは問わずに、ただその事実を前面に押し出した。法律用語と人間への関心とが混じり合った言葉で人権を語ることによって、彼らは拘留された同志たちが、世界人権宣言第一八条と第一九条で保障された思想と言論の自由を侵害された、「良心の囚人」にほかならないことを知ったのだった。

独裁政権下で生活している人々にとって、この新しい言語は本質的に暗号の役割を果たした。音楽家が隠喩《メタファー》によって歌詞にひそかに政治的メッセージを込めるように、彼らは法律用語を装って左翼思想を表現した。政治について語ることなく政治にコミットしていたのだ。*

＊　このように用心してさえ、人権擁護活動は、国家テロの手を免れえなかった。チリの刑務所は人権弁護士であふれていたし、アルゼンチンの軍事政権はベテランの拷問担当官に身内を失くして悲嘆にくれる母親のふりをさせ、「五月広場の母親たち」に潜入させた。一九七七年一二月、「母親た

ち」に強制捜査が入り、同団体のリーダー、アスセナ・デ・ビセンティを含む一二人の母親と二人のフランス人修道女が連行され、彼女たちは二度と戻らなかった。

急速に拡大する国際人権擁護運動が、ラテンアメリカの軍事政権によるテロ・キャンペーンに矛先を向けたとき、その活動家たちにも政治の話を回避しなければならない――まったく別の――理由があった。

フォードの存在

国家テロとその背後にあるイデオロギー・プロジェクトとの結びつきを不問に付すというのは、この時期のあらゆる人権擁護関連の文献に共通する特徴だった。アムネスティが沈黙したのは、東西冷戦下で中立的立場を守るためだったと理解できるが、他の多くの団体にとっては、もうひとつ別の要素が働いていた――カネである。人権運動に群を抜いて大きな資金を提供していたのは、世界最大の規模を持つ慈善財団、フォード財団だった。六〇年代、同財団が人権運動に提供した資金はごくわずかだったが、七〇〜八〇年代にはラテンアメリカの人権問題に関する活動に三〇〇〇万ドルという巨額の資金を投じている。資金の提供先はチリの平和委員会のようなラテンアメリカの組織もあれば、アメリカズ・ウォッチのようなアメリカに拠点を置く団体もある。(15)

軍事クーデター以前、南米南部地域におけるフォード財団の主な活動は、経済学と農業科学の分野の研究者を国務省と緊密に協力しながら養成することだった。[16] 国際部部長代理のフランク・サットンは、同財団の考え方を「エリート階級の近代化なくして国家の近代化はありえない」と説明している。[17] マルクス主義の革命思想に代わるものの育成・促進という冷戦時代の論理の枠内にがっちりはまってはいたものの、フォード財団の研究助成金に、とりわけ強い右翼傾向が見られたわけではない。助成金を得たラテンアメリカの学生たちは幅広くアメリカの大学で学び、大学院への助成金も、左寄りの評判を持つ大規模な公立大学を含む多様なラテンアメリカの大学に交付されていた。

だが注目すべき例外もいくつかあった。先述したとおり、何百人というラテンアメリカ出身のシカゴ・ボーイズを輩出したシカゴ大学のラテンアメリカ経済研究研修プログラムの主要な資金は、フォード財団が提供していた。フォード財団はまた、隣接する国々の学生をチリのシカゴ・ボーイズのもとで学ばせることを目的とした、サンティアゴのチリ・カトリック大学の同様のプログラムにも資金を提供した。これによってフォード財団は、意図的であるかどうかは別にして、シカゴ学派のイデオロギーをラテンアメリカ全域に広めるうえで、アメリカ政府をもしのぐ最大の資金提供者となった。[18]

砲火の雨の降るなか、シカゴ・ボーイズがピノチェト将軍とともに権力の座に就いたことを、フォード財団は苦々しい思いで眺めていた。シカゴ・ボーイズへの資金提供は、「民主的目標をより大きく実現するために経済機関を改善する」という同財団の使命の一環として行なわれてきた。[19] ところが今や、同財団の助成によってシカゴとサンティアゴに設立された二つの機関はともに、チリの民主主義を転覆するうえで中心的な役割を担い、そこで学んだ学生たちはアメリカで受けた教育を衝撃的な残虐性という文脈で応用しようとしていたのだ。さらに同財団にとって厄介なことに、助成の恩恵にあずかった者が暴力的な手段を介して権力を掌握するという事態は、これで二度目(しかもほんの数年の間に)だった。最初のケースは、一九六五年にインドネシアでスハルト将軍が起こした流血のクーデターによって権力の座に就いた「バークレー・マフィア」である。

フォード財団はインドネシア大学にゼロから経済学部を創設するために資金を提供したが、スハルトが権力を握ったとたん、「このプログラムで学んだ経済学者のほぼ全員が政府の要職に就いた」と同財団の記録には書かれている。学生の指導にあたる教師は大学からほとんどいなくなってしまった。[20] 一九七四年、インドネシアで「外国人による経済破壊」に反対するナショナリストの暴動が起き、フォード財団にも民衆の怒りが向けられた。同財団こそ、インドネシアの石油や鉱物資源を欧米の多国籍企業に売るよう、スハルト政権の経済顧問らに教え込んだ張本人だというわけだった。

チリのシカゴ・ボーイズとインドネシアのバークレー・マフィアの両方に関して、フォード財団には良からぬ評判が立ちつつあった。同財団の二つの看板プログラムの卒業生がどちらも、世界でもっとも悪名高い残虐な右派独裁政権の中枢で支配権を握っているというのだ。むろん、卒業生たちが習得した理念がそのように野蛮な形で実行に移されるなど、フォード財団の知るよしもないことだった。しかし、平和と民主主義に貢献すべき財団がなぜ独裁主義と暴力の泥沼にはまってしまったのかという、いささか気まずい疑いの声が、あちこちから噴出したのである。

パニック状態に陥ったのか、社会的良心のためか——あるいはその両方か——はさておき、フォード財団はこの問題に対していかにも優等生らしく、先を見越した《プロアクティブ》対応をした。七〇年代半ば、同財団はいわゆる第三世界に対する「技術的専門知識」の提供者から、第三世界における人権活動に対する主要な資金提供者へと変身を遂げた。この方針転換はとりわけチリ、インドネシア両国にとって不快なものだった。両国の左派がフォード財団の力を借りて成立した政権によって消し去られたあと、その同じ政権によって拘束された何十万人という政治犯の解放に尽力する新たな改革派弁護士たちに資金を提供したのは、ほかでもないフォード財団だったからだ。

批判の矢面に立つことの多かったそれまでの歴史を考えると、フォード財団が人権問題へと舵を切った際に、その領域を可能な限り狭く定義したことは十分うなずけよう。同財団がとりわけ肩入れしたのは、自らの活動を「法の支配」「透明性」「良い統治」を求めて法を尊重しつつ戦うことだと位置づけている団体だった。ある財団幹部の言葉を借りれば、チリでの同財団の姿勢は、「政治には極力関わらない」というものだった[21]。それは、フォード財団が本質的に保守的な体質(すなわち米政府の外交政策と同一歩調を取り、それに反することはしない)を持っていたからだけではない。*チリにおける弾圧の背後にある目的について、いかなる形であれ本格的な調査を行なえば、それがわが身に返ってくるのは必然だった。同財団がチリの現在の指導者に経済原理主義を吹き込むうえで重要な役割を果たしたという事実が問われるのは、目に見えていたのだ。

＊　一九五〇年代、フォード財団はしばしば、反共の立場を取る研究者やアーティストに、ＣＩＡの資金を本人にも資金源を知られないように提供する偽装団体の役目を担っていた。このプロセスについてはフランシス・ストーナー・ソーンダーズ著『文化の冷戦』に詳しい。アムネスティはフォード財団から資金を受け取っていないし、ラテンアメリカでもっともラディカルな人権擁護団体「五月広場の母親たち」も同様だ。

フォード財団とフォード・モーター社との避けられない関係という問題もあった。両者の関係は、とくに現場の活動家にとって複雑なものだった。今日、フォード財団はフォード社やその相続人とはまったく切り離された独立の組織だが、五〇〜六〇年代にアジアやラテンアメリカの教育プロジェクトに資金を提供していた時期には、そうではなかった。フォード財団は一九三六年、ヘンリー・フォードと息子のエドセルを含むフォード・モーター社の三人の役員によって創設され、その後財団の資金が拡大するに従い独立して運営されるようになった。しかし、同社の出資金が財団から完全に引き上げられたのは一九七四年（チリ・クーデターの一年後、インドネシア・クーデターの数年後）になってからであり、理事会には一九七六年までフォード家のメンバーが含まれていた。(22)

南米南部地域においては、なんとも奇妙な矛盾が生じた。フォード社は敷地内に秘密拘留施設を持ち、自社の労働者を行方不明にすることにも手を貸していたとされ、テロ装置ときわめて密接に結びついていた。その、ほかでもないフォード社の持つ慈善活動の遺産が、最悪の人権侵害を終わらせるための最大のチャンス（唯一のチャンスであることもしばしばだった）を提供したのだ。この時期、フォード財団は人権活動家に資金を提供することで、多くの人命を救った。米連邦議会がアルゼンチンとチリに対する軍事支援の削減を決めたのも、少なくとも一部は同財団の功績だった。これにより、南米南部地域の軍事政権による極悪非道な弾圧政策は、徐々に規模縮小へと追い込まれていった。だが、フォードが救いの手を差し伸べたとき、そこには大きな犠牲が伴った。すなわち、人権擁護運動の持つ知的な誠実さが――意識的であるかどうかは別にして――失われてしまったのだ。同財団が人権問題には関わるが、「政治には関わらない」という決断を下したことによって、暴力がなぜ起きているのか、それは誰の利益になるのか、という肝心の問いを投げかけることは不可能になってしまったのである。

　このことは、自由市場革命の歴史を歪んだ形で伝えるという結果を招いた。自由市場経済の誕生を取り巻く途方もなく暴力的な状況については、これまでほとんど言及されてこなかった。そしてシカゴ大学の経済学者が拷問について何も語らなかった（彼らの専門領域とはなんの関係もなかった）のと同様、人権擁護団体もまた、経済的領域で起きていた過激なまでの変化についてほとんど語らなかった（彼らの関心の対象である狭い法律分野の埒外だった）。

　この時期に、弾圧と経済改革とがじつはひとつの統一的プロジェクトだったことを示唆した主要な人権問題報告書は、『ブラジル――二度とくり返すな《ヌンカマイス》』だけだった。意味深いことに、これは国家とも外国の財団とも関係なく独立して出版された唯一の真実和解委員会報告書だった。基になったのは軍の裁判所の記録であり、それはブラジルがまだ軍政下にあった時期に勇気ある弁護士や教会の活動家たちが、長い年月をかけてこっそりコピーしたものだった。背筋の寒くなるようないくつかの犯罪について詳述したあと、著者らは他の報告書では慎重に回避された核心的な問題――どうしてこのような事態になったのかという問い――を提起する。そして淡々とした調子でその問いにこう答える。「国民のもっとも多数を占める階層においてこの経済政策がまったく不人気だったために、この政策は力ずくで実施される必要があった」(23)

独裁政権下のラテンアメリカに深く根を下ろした過激な経済モデルは、結果的にそれを実行に移した将軍たちよりも頑健に生き延びた。軍事独裁が終わり、ふたたび選挙によって政府が選ばれるようになってからも長い間、シカゴ学派の論理はしっかりこの地域に定着していた。

アルゼンチンのジャーナリストで教育者のクラウディア・アクーニャは、七〇～八〇年代当時、暴力が軍事政権にとって目的ではなく手段にすぎないということを十分理解するのは至難だったとふり返る。「軍政による人権侵害があまりに常軌を逸していて、信じがたいほどひどかったので、とにかくそれをやめさせることが第一でした。でも秘密拘留施設を破壊することはできたけれど、軍が始めて現在もまだ続いている経済プログラムを破壊することはできなかったのです」

最終的にはロドルフォ・ウォルシュが予測したとおり、弾丸よりも「計画された苦難」によってはるかに多くの人命が奪われることになる。ある意味で、七〇年代の南米南部地域ではきわめて暴力的な武装強盗が起きたにもかかわらず、それは殺人現場としてしか扱われなかったと言えよう。「まるで行方不明になった人々の流した血で、経済プログラムが覆い隠されてしまっていたようでした」とアクーニャは私に話した。

「人権」が政治や経済と完全に切り離せるかどうかをめぐる議論は、何もラテンアメリカに限られた話ではない。国家がその政策を実施するための武器として拷問を用いるときには必ず浮上する問題だ。たしかに拷問にはなんらかの理解しがたい神秘性がつきまとい、政治を超えた異常な行動だと片づけたくなる気持ちもわからなくはない。が、実際には拷問はとくに複雑でも神秘的なものでもない。それはもっとも粗野な強制の手段であり、その国の暴君や外国の占領者が支配するのに必要な同意を得られないとき、高い確率で出現する。フィリピンのマルコス大統領、イランの国王《シャー》、イラクのサダム・フセイン、アルジェリアのフランス人、パレスチナ占領地のイスラエル人、イラクやアフガニスタンの米軍……と、その例は枚挙にいとまがない。拘束者に対して広範に行なわれる虐待は事実上、その国や地域の多くの人々が反対するシステム――政治的なものであれ、宗教的、経済的なものであれ――を政治家が強制的に実施しようとしていることの確実な兆候である。生態学者が生態系の状態を「指標種」と呼ばれる特定の動植物の生育データによって評価するように、拷問はある政権が、たとえ選挙によって権力の座に就いたとしても、反民主的なプロジェクトに関わっているかどうかを示す指標となるのだ。

拷問が、尋問中に情報を引き出す手段として信頼できないことはよく知られている。だが、住民を恐怖に陥れコントロールする手段としては、拷問ほど効果的なものはない。一九五〇〜六〇年代にかけてのアルジェリア独立戦争中、フランス軍が民族解放戦線の兵士に電気ショックや水責めなどの拷問を行なったというニュースに対し、フランスのリベラル派が道徳的な怒りを表明しつつも、そうした虐待の原因である占領そのものを終わらせる努力を何もしなかった理由は、まさにここにある。

一九六二年、拘束され残忍なやり方で強姦されるなどの虐待に遭ったアルジェリア人数人の弁護士を務めたフランス人ジゼル・アリミは、次のように怒りをぶつける。「いつも変わらない陳腐な決まり文句の羅列。アルジェリアで拷問が用いられるようになって以来、出てくるのは常に同じ言葉、同じ憤りの表現、抗議運動への同じ署名、同じ約束だ。この条件反射のようなお決まりの反応によって、電極やホースがただのひとつもなくなっただろうか。あるいはそれらを使う者たちの権力をほんのわずかでも抑制することができただろうか」。シモーヌ・ド・ボーヴォワールもこれに同調する。「「行き過ぎ」や「虐待」に対する道徳の名を借りた抗議は誤りであり、積極的な共犯関係をほのめかすものでしかない。ここには「虐待」も「行き過ぎ」も存在しない。ただ隅々にまで行き渡るシ、ス、テ、ム、があるだけだ(24)」

ボーヴォワールが言いたかったのは、人道的な占領などありえないということだ。人々をその意に反して占領するのに、人道的なやり方などないというのである。選択肢は二つあると彼女は書く。すなわち占領とその遂行に必要なあらゆる手段を受け入れるか、「それともそれらを拒否するか――それもある特定の行為だけでなく、占領を是認し、不可欠なものとする、より大きな目的を拒否するかのどちらかだ」と。この厳しい選択は、今日のイラクやイスラエル／パレスチナにも当てはまるし、七〇年代の南米南部地域にとって唯一の選択肢でもあった。確固とした意志に反して人々を占領するのに、優しく思いやりのある方法が存在しないのと同様、何百万人もの住民から尊厳を持って生きるために必要なものを奪い取るのに(シカゴ・ボーイズがやろうとしたのはまさにそれだ)、平和な方法など存在しないのだ。土地であれ生き方であれ、それを奪い取るには力か、少なくとも力の行使をちらつかせる現実的な脅しがなければならない。泥棒が銃を携行し、しばしばそれを使う理由はそこにある。拷問は胸が悪くなるほど不快なものだが、ある目的を達成するにはきわめて合理的な手段となりうる。それどころか目的達成のための唯一の手段である場合もある。ここに、当時のラテンアメリカでは多くの人が問うことのできなかった、より深い問いが生じる。新自由主義とは本質的に暴力的な思想なのか？　そしてその目標に達するには、残虐な政治的浄化とそれに続く人権蹂躙作戦の連鎖を不可欠とする何かがあるのだろうか？

この問いに関する証言のなかでもとりわけ大きなインパクトを持つのは、タバコ農業従事者でアルゼンチン農業連盟事務局長のセルヒオ・トマセラの証言だ。彼は妻や多くの友人・親戚と同様、五年間にわたって拘束され拷問を受けた。一九九〇年五月、トマセラは「免責に反対するアルゼンチン法廷」で証言するため、東北部コリエンテス州から夜行バスでブエノスアイレスに向かった。この法廷では独裁政権下での人権侵害についての証言が行なわれていたが、トマセラの証言はほかとはひと味違っていた。野良着と作業ブーツ姿で都会人の聴衆の前に登場した彼は、自分が長い戦争——協同組合を結成するためにわずかばかりの土地を求める貧しい農民と、州の土地の半分を所有する全権力を握る農場経営者との戦いの犠牲者だったと話した。「この連鎖は途切れることなく続いている。インディオから土地を奪い取った連中が今も、封建的仕組みのもとでわれわれを抑圧し続けているのです」(25)

トマセラはこう主張した。自分や農業連盟の仲間が受けた虐待は、その身体を破壊し、活動のネットワークを破壊することで有利になる巨大な経済的利害と切り離せないと主張した。したがって彼は自分を虐待した兵士の名前を挙げるのではなく、アルゼンチンが経済的に依存し続けることで利益を得る国内外の企業の名前を挙げた。「外国の独占企業はわれわれに作物を押しつけ、われわれの国土を汚染する化学物質を押しつけ、技術やイデオロギーを押しつけます。そしてこれらすべては土地を所有し、政治を支配するごく一部の人々を通して行なわれるのです。でも忘れてはならないのは、彼らのような大富豪もまた同じ独占企業、同じフォード・モーター、モンサント、フィリップ・モリスといった企業によってコントロールされているということです。私はこのことを非難するためにここにやってきた。ただそれだけです」

会場には割れるような喝采が沸き起こった。トマセラは証言を次のように締めくくった。

「最後には真実と正義が勝利すると私は信じています。何世代もの年月がかかるかもしれないし、もしこの戦いのさなかに死ぬことになったとしてもかまわない。でもいつの日か、私たちは必ず勝利します。私は敵が誰なのかを知っています。そして敵も私が誰なのかを知っているのです[26]」

七〇年代にシカゴ・ボーイズが世界に先がけて行なった冒険は、人類に対する警告としての役目を果たすべきであった。彼らの思想はきわめて危険なものだったからだ。その最初の実験室で犯されたあまたの罪の責任がこのイデオロギーに負わされることなく終わったことから、悔悟の念を持たないイデオローグたちは罪を逃れ、次なる征服地を世界に求めていった。今日、私たちはまたしてもコーポラティズムによる大量殺戮の時代に生きている。世界の多くの国々がとてつもない軍事的暴力とともに、その国を「自由市場」経済のモデル国家に作り変えようとする組織的な企てに苦しめられている。そしてまたしても、自由市場経済を構築するという目的とそのために必要とされる残虐行為とは、まったく無関係のものとして扱われているのである。

第三部　民主主義を生き延びる

——法律で作られた爆弾

国家間の武力紛争は私たちを恐怖に陥れる。だが経済戦争も武力紛争と同じくらい悲惨である。経済戦争はいわば外科手術のようなもので、延々と続く拷問にも等しい。それがもたらす惨害は、戦争文学に描かれた悲劇に劣ることはない。私たちが経済戦争について関心を払わないのは、その致命的な影響に慣れてしまっているからだ。（中略）戦争に反対する運動は健全であり、私はその成功を祈っている。だがその運動が、あらゆる悪の根源にあるもの――人間の欲望――に触れずに失敗に終わるという恐れに、私は絶え間なく苛まれている。

――マハトマ・ガンジー『非暴力――最大の武器』（一九二六年）

第6章　戦争に救われた鉄の女
——サッチャリズムに役立った敵たち

主権者とは非常事態において決断を下す者である。
——カール・シュミット(ナチスに協力した法学者)(1)

一九八一年、シカゴ学派の守護聖人とも言うべきフリードリヒ・ハイエクはチリを訪問した際、アウグスト・ピノチェトとシカゴ・ボーイズに大きな感銘を受けた。帰国すると彼は友人のマーガレット・サッチャー英首相に手紙をしたため、チリをモデルにしてイギリス経済をケインズ主義から転換するよう促した。サッチャーとピノチェトはのちに親交を深め、イギリスで集団虐殺《ジェノサイド》、拷問、テロの罪に問われて自宅軟禁下に置かれた老将軍をサッチャーが見舞いに訪れたエピソードは有名だ。

サッチャー首相は「チリ経済の驚異的な成功」について熟知しており、それは「われわれが多くの教訓を学ぶことのできる特筆すべき経済改革の成功例」だと述べている。だが、ピノチェトを称賛していたものの、ハイエクからチリを見習ってショック療法を取り入れるよう最初に勧められたとき、サッチャーはまったく乗り気ではなかった。一九八二年二月、サッチャーはハイエクに宛てた私信のなかでこう説明している。「あなたも必ずや同意してくださると思いますが、イギリスには民主主義的な制度があり、高いレベルの合意が必要とされているため、チリで採用された方法のいくつかはとうてい受け入れることはできません。ここでの改革はイギリスの伝統と憲法に沿って行なわれなければなりません。わが国の変革のプロセスは、ときにひどく遅く感じられることもあるのです(2)」

言い換えれば、シカゴ流のショック療法をイギリスのような民主主義国で行なうのは不可能だというのだ。第一期の三年目に入ったサッチャー政権は支持率の低下に悩んでおり、ハイエクの提案するような急進的あるいは国民に不人気の政策を取って次の選挙に負けるようなことは、断じてするわけにはいかなかった。

ハイエクと彼に代表されるシカゴ学派にとって、これは不本意な結論だった。南米南部地域《サザンコーン》の実験は目を見張るような収益を――少数のプレーヤーにとってではあるが――もたらしており、新たなフロンティアを貪欲に求める多国籍企業は増える一方だった。その対象には発展途上国だけではなく、欧米の富裕な国も含まれていた。それらの国では電話、航空、テレビ放送、電力などの事業が国によって運営されており、もしそれが営利目的の事業となれば、膨大な利益を生み出すことが予想されたからだ。もし先進世界においてこの課題を実践できる指導者がいるとすれば、それはイギリスのサッチャー首相か、当時のアメリカ大統領ロナルド・レーガンのどちらかであることは疑いなかった。

一九八一年、『フォーチュン』誌は「チリにおけるレーガノミクスの素晴らしい新世界」

を褒め称える記事を掲載した。「贅沢品がずらりと並ぶきらめくような店」が立ち並び、「ピカピカの日本製の新車」が走るサンティアゴを称賛するこの記事は、社会を覆い尽くす弾圧の嵐や急激に増えるスラム街についてはひとことも触れていない。「正統的経済を導入したチリの実験からわれわれは何を学べるのか？」と問いかけたあと、記事はすぐに〝正解〟を出す。「発展途上にある小国が競争的優位の原理のもとでうまくやれるのであれば、それよりはるかに資源に恵まれた経済にできないはずはない(3)」

だがハイエク宛てのサッチャーの手紙を見れば明らかなとおり、事はそれほど単純ではなかった。選挙で選ばれた指導者は、有権者が自らの仕事ぶりに対して下す評価を常に気にしなければならない。八〇年代初め、レーガンやサッチャーが政権の座にあり、ハイエクやフリードマンという有力なアドバイザーがいたとはいえ、南米南部地域であれほど残忍な暴力をもって推進された経済改革がイギリスとアメリカで実行可能かどうかは、まったく定かではなかった。

それより一〇年前、ほかでもないリチャード・ニクソン政権下のアメリカで、フリードマンと彼の進めていた運動が大きな失望に直面したことからも、この点は裏づけられる。シカゴ・ボーイズがチリの軍事政権入りすることを助けたニクソンは、国内ではそれとはまったく異なる方針を取ったのだ。フリードマンはこの矛盾をけっして許さなかった。一九六九年、ニクソンが大統領に就任すると、フリードマンはニューディール政策の痕跡を消し去る国内改革を推進できるときが、ついに来たと考えた。「私自身の思想に合致する考え方をここまではっきりと表明した大統領は、これまでほとんど存在しませんでした」と、フリードマンはニクソン宛ての書簡に書いている。(4) 二人はホワイトハウスの大統領執務室で定期的に会合を開き、ニクソンはフリードマンと同じ考えを持つ友人や同僚数人を主要な経済ポストに就けた。そのうちの一人はフリードマンの後押しにより政権入りしたシカゴ大学教授のジョージ・シュルツであり、別の一人は当時三七歳のドナルド・ラムズフェルドだった。ラムズフェルドは過去にシカゴ大学のセミナーに何度も参加しており、のちに畏敬の念を持ってそのことをふり返っている。ラムズフェルドはフリードマンとその同僚を「天才集団」と呼び、自分を含む「若造」たちはセミナーに参加し、「彼らの足元にひれ伏して学んだ。(中略)私はなんと恵まれていたことか」と述べている。(5) 弟子たちが政策立案に関わり、自分自身も大統領との間に強い個人的な関係を築いていたフリードマンは、自分の考えが世界でもっとも強力な経済によって今すぐにでも実行に移されることを信じて疑わなかった。

だが一九七一年当時、アメリカ経済は不況に陥っていた。高い失業率とインフレによる物価上昇が続いており、もしフリードマンの助言どおり「自由放任」政策を取れば、怒った何百万という有権者が自分を落選させるにちがいないとニクソンは考えていた。そこでニクソンは、家賃や石油など必需品の価格に上限を設ける。これがフリードマンを激怒させた。政府の介入による「歪み」のなかでも価格統制は最悪中の最悪であり、彼はそれを「経済システムの機能を破壊する恐れのあるガン」と呼んでいた。(6)

さらにフリードマンにとって不名誉だったのは、ケインズ主義政策を実行していたのが彼自身の弟子だったということだ。賃金・価格統制プログラムを担当していたのはラムズフェルドで、彼は当時行政管理予算局局長だったシュルツの直属の部下だったのだ。そこでフリードマンはホワイトハウスのラムズフェルドに電話をかけ、厳しく叱責した。ラムズフェルドによれば、フリードマンは「君が今やっていることをすぐにやめなさい」と命じたという。これに対し、新人官僚ラムズフェルドはこの施策はうまくいっているように見えると反論した。インフレ率は下がり、経済は成長に転じている、と。フリードマンはそれこそが最悪の犯罪行為であると反撃し、「皆、君のせいでそうなったと考えるだろう。（中略）国民に間違った考えを植えつけることになる」と断言した。[7] はたして事実はそのとおりとなり、翌年、ニクソンは得票率六〇％で再選される。第二期目、ニクソンはさらに多くのフリードマンの定説を捨て去り、産業界により高い環境基準や安全基準を課す新しい法律を次々に成立させた。「われわれは今や、全員ケインズ主義者だ」というニクソンの言葉は有名だが、フリードマンにとってこれほど残酷な仕打ちはなかった。[8] ニクソンに裏切られた思いのあまりの深さから、フリードマンはのちにニクソンを「二〇世紀のアメリカ大統領のなかでもっとも社会主義的だった」と評している。[9]

ニクソンの在任中、フリードマンは厳しい教訓を得た。資本主義と自由はイコールであるという教義を打ち立てたものの、自由の国の人々には彼の助言に従う政治家に投票する様子がまったく見えない。もっと悪いことに、自由市場主義を実行に移そうという気のあるのは、自由が著しく欠如した独裁政権だけだった。このため七〇年代を通じて、シカゴ学派の名だたる学者たちはアメリカ政府による裏切りに不満を漏らしつつ、世界中の軍事政権を飛び回った。右派独裁政権が成立した国という国のほとんどに、シカゴ学派の影がちらついていた。ハーバーガーは一九七六年、ボリビアの軍事政権の顧問となり、七九年にはアルゼンチンのトゥクマン大学から名誉学位を授与されている(当時、同国の大学は軍事政権の管理下にあった)[10]。さらに彼ははるかインドネシアでも、スハルトとバークレー・マフィアに助言を与えた。フリードマンは抑圧的な政策を取る中国共産党が市場経済への移行を決めた際、経済自由化計画を立案した[11]。

カリフォルニア大学の筋金入りの新自由主義政治学者ステファン・ハガードは、「発展途上世界におけるもっとも広範な改革への取り組みのいくつかが、軍事クーデター後に行なわれた」という「悲しい事実」を認め、南米南部地域やインドネシアのほかに、トルコ、韓国、ガーナといった国を挙げている。また、それ以外に改革が成功した例として、メキシコ、シンガポール、香港、台湾といった一党支配体制にある国を挙げている。ハガードはフリードマン理論の中心をなす主張とは正反対に、「良いこと――たとえば民主主義と市場志向型の経済政策――は必ずしも両立しない」と結論している[12]。実際のところ、八〇年代初頭には全力をあげて自由市場経済化を進めている複数多党制の民主主義国家はただの一例も存在しなかった。

発展途上国の左派陣営は長い間、企業がカネで選挙を左右することを防ぐ公正なルールを持つ正真正銘の民主主義国家においては、政府は必然的に富の再分配に力を入れると主張してきた。その論理はきわめて単純だ。こうした国々では貧しい者のほうが富める者よりはるかに多い。富める者が富めば、自然に貧しい者にも富が浸透するというトリクルダウン理論ではなく、直接的に土地を再分配し賃金を上げる政策こそが、多数派である貧しい民衆の自己利益につながることは明らかだ。すべての市民に投票権が与えられ、満足できるだけの公正な選挙プロセスが保証されれば、人々は自由市場経済化を公約にするのではなく、職と土地をもっとも提供してくれそうな候補者を選出するにちがいない。

こうした状況に直面したフリードマンは、学問的矛盾に苛まれることになった。アダム・スミスの後継者として、彼は人間が自己利益に支配される生き物であり、そうした自己利益があらゆる人間活動を支配するとき、社会はもっともうまく機能すると固く信じていた。だが投票と呼ばれる小さな活動に関しては、例外だった。世界の人々の大半は貧しいか、それぞれの国の平均所得以下の収入に甘んじて暮らしており(アメリカもけっして例外ではない)、経済の最上層部の富を自分たちに再分配すると公約する政治家に投票することこそが、彼らの短期的な自己利益にかなうのだ。[13] フリードマンの長年の友人であり、同じマネタリスト経済学者であるアラン・メルツァーはこの難問について次のように解説する。「票は収入よりも平等に分配されている。(中略)収入が平均か平均以下の投票者は、収入を自分たちに移動させることによって利益を得ようとする」。メルツァーはこのような行動を「民主的政府と政治的自由に伴う代償の一部」であるとしたうえで、こう続ける。「フリードマンは同じく経済学者である妻ローズとともに、この強い流れに逆らって泳ごうとした。彼らは流れを止めたり逆流させることこそできなかったものの、政治家や一般の人が考えたり行動するより、はるかに大きな影響を及ぼした(14)」

大西洋の向こうでは、サッチャーが「所有者社会《オーナーシップ・ソサエティー》」とのちに呼ばれるようになった政策を掲げて、イギリス版フリードマン主義を実行しようと企んでいた。その要となったのは公営住宅である。サッチャーは国家は住宅市場に介入するべきではないという思想的根拠から、公営住宅に反対していた。公営住宅の住民の大部分は、自分たちの経済的利益につながらないという理由で保守党には投票しない人たちだが、もしその人々を市場に参入させられれば、富の再分配に反対する裕福な人々の利害を理解するようになるはずだとサッチャーは確信していた。そこでサッチャーは公営住宅の住民が、安い価格で住宅を購入できるような強力なインセンティブを提供した。購入が可能な住民は持ち家を所有できるのに対し、購入できない住民はそれまでのほぼ二倍の家賃を払わなければならなくなった。まさに分断統治政策そのもののやり方だったが、これは効果を上げた。賃貸入居者はそれまでどおりサッチャー政権に反対し、イギリスの大都市では目に見える形でホームレスが増加した。だが世論調査では、新たに住宅の所有者となった人々の半分以上が支持政党を保守党に変えたことが明らかになった(15)。

公営住宅売却は、民主主義国家における極右経済政策の成功へのかすかな望みをもたらしたものの、サッチャー政権が一期限りで終わりそうな気配はまだ濃厚だった。一九七九年、サッチャーは「労働党は機能していない《レイバー・イズント・ワーキング》」というスローガンを掲げて政権の座に就いたが、一九八二年には失業者は倍増し、インフレ率もしかりだった。[16] サッチャーはイギリスでもっとも強力な労働組合のひとつである炭鉱労組と対決し、組合潰しにかかるが失敗に終わる。首相就任から三年後、支持率は二五％にまで低下（ジョージ・H・W・ブッシュ（父）が記録したもっとも低い支持率よりも低く、世論調査が始まって以降の歴代イギリス首相のなかでも最低の数字）、政権の支持率も一八％にまで落ちた。[17] 総選挙が迫るなか、保守党が大衆民営化（国民に広く所有権を分配する形の民営化）と労働組合解体という野心的な目標を達成するのを待たずして、サッチャー主義は早々と不名誉な終わりを迎えるかに思われた。サッチャーがハイエクに対し、チリ型の経済改革はイギリスでは「とうてい受け入れられない」と丁重に断りの手紙を書いたのは、この困難な状況のさなかのことだった。

サッチャー政権の悲惨な第一期目は、ニクソン政権が与えた教訓をさらに裏づけているように見えた。すなわち、シカゴ学派の提唱する急進的で高い利益をもたらす政策は、民主主義体制下では生き延びられないということだ。経済的なショック療法が成功するには、クーデターであれ、抑圧的な政権による拷問であれ、何か別の種類のショックが必要なのは明らかに思われた。

こうした見方は、とりわけアメリカの金融業界にとって憂慮すべきものだった。というのも八〇年代初め、世界ではイラン、ニカラグア、ペルー、ボリビアなど独裁政権が次々と崩壊し、まだ多くの政権が後に続く様相を呈していたからだ。のちに保守派の政治学者サミュエル・ハンティントンは、これを民主化の「第三の波」と名づける。[18] これは危惧すべき状況だった。第二、第三のアジェンデが出現してポピュリズム的政策を打ち出し、人々の信任と支持を得ることを防ぐ手だてはあるのだろうか。

アメリカ政府は一九七九年、イランとニカラグアでまさにそのシナリオが現実になるのを目の当たりにした。イランではアメリカの支持を受けた国王《シャー》が、左翼陣営とイスラム主義者の連合勢力によって打倒された。最高指導者アヤトラ・ホメイニやアメリカ大使館人質事件などが報道を賑わせる一方、アメリカ政府は新政権の経済的側面にも懸念を募らせていた。まだ本格的な独裁政権には移行していなかったイラン・イスラム政権は、まず銀行を国有化し、次には土地再分配計画を導入。また王制時代の自由貿易政策から逆転して輸出入の統制を行なった(19)。五カ月後、ニカラグアではアメリカを後ろ盾にしたアナスタシオ・ソモサ・ドバイレ独裁政権が市民の蜂起によって倒れ、サンディニスタ民族解放戦線による左派政権が誕生した。サンディニスタ政権はイランと同様、輸入を統制し、銀行を国有化した。

これらの動きはすべて、グローバル自由市場への見通しを暗くするものだった。八〇年代初頭、フリードマン主義者は自分たちの進めてきた革命が一〇年も経たずして、新たなポピュリズムの波に押されて頓挫するという状況に直面していた。

救いの神としての戦争

サッチャーがハイエクに手紙をしたためてから六週間後、彼女の考えを改めさせ、コーポラティズム改革の命運を変える事件が起きる。一九八二年四月二日、アルゼンチン軍がイギリス植民地主義の名残で同国が実効支配していたフォークランド諸島に侵攻、フォークランド紛争(アルゼンチンではマルビーナス紛争と呼ばれる)の火蓋が切って落とされたのだ。もっともこれは歴史的に見れば、激しくはあったが小規模な武力紛争にすぎなかった。当時、フォークランド諸島には戦略的な重要性は何もなく、イギリスにとって自国から何千キロも離れたアルゼンチン沖に浮かぶこれらの島々は、警備や維持に高いコストがかかった。アルゼンチンにとっても、領海にイギリスの前哨基地があることは国家の自尊心への侮辱ではあるにせよ、この諸島の有用性はほとんどないに等しかった。伝説的なアルゼンチンの作家ホルヘ・ルイス・ボルヘスはこの紛争を、「二人の禿げ頭の男が櫛をめぐって争うようなもの」と痛烈に揶揄した。[20]

軍事的観点からも、三カ月にわたった戦闘にはほとんどなんの歴史的意義も認められない。しかし見過ごされているのは、この紛争が自由市場プロジェクトに与えた影響の甚大さだ。西側民主主義国に初めて急進的な資本主義改革プログラムを導入するのに必要な大義名分をサッチャーに与えたのは、ほかでもないフォークランド紛争だったのである。

イギリス、アルゼンチンの両国には戦争を望むだけの十分な理由があった。一九八二年、アルゼンチン経済は負債と腐敗から破綻寸前の状態に追い込まれ、人権擁護運動はますます勢いを増しつつあった。ビデラ政権の後を継いだレオポルド・ガルティエリ将軍率いる軍事政権もまた民主主義を弾圧する政策を取っており、高まる国民の不満を封じるには反帝国主義感情を煽るしかないというのがその思惑だった。ガルティエリはフォークランド諸島の委譲を拒否したイギリスの対応を巧妙に利用して国民の怒りに火をつけた。ほどなくアルゼンチン軍がフォークランド諸島に上陸、岩だらけの島に青と白のアルゼンチン国旗が翻ると国民は歓喜の声を上げた。

このニュースが届くと、サッチャーは自らの政治生命を守るための最後のチャンス到来とばかりに、チャーチルさながらの戦闘態勢に入る。この時点まで、サッチャーはフォークランド諸島が政府財政にとってお荷物であるとの見方から同諸島への補助金をカットし、周辺を警備する武装船を含む海軍の予算も大幅に削減していた。こうした一連の動きを、アルゼンチン政府はイギリスが同諸島を手放す用意がある明らかな兆しだと見ていた（あるサッチャーの伝記は、こうした同首相の対フォークランド政策は「事実上、アルゼンチンに侵攻してくださいと言っているようなもの」だったと書いている）[21]。戦闘の準備段階では、批評家たちは政治的立場のいかんにかかわらず、こぞってサッチャーが自らの政治目的のために軍を利用していると非難した。「日を追って明らかになってきたのは、問題はサッチャー夫人の評判であって、フォークランド諸島ではまったくないということだ」と労働党のトニー・ベン議員が言えば、保守派の『フィナンシャル・タイムズ』紙もこう書いた。「悲しむべきなのは、急速にこの問題が、当面の問題とはまったく関係ないイギリス国内の政争と混同されつつあることだ。ここにはアルゼンチン政府の自尊心のみならず、イギリス保守党政権の評価、あるいはその存亡さえもが関わっているのだ」[22]

こうした健全なシニシズムがあったにもかかわらず、軍の配備が整うとイギリス国内は「盲目的愛国主義と軍国主義に突き動かされた精神状態」(労働党の決議草案)に陥り、フォークランド諸島は色あせたイギリス帝国の最後の輝きだと言わんばかりのムードに包まれた[23]。サッチャーは国中が「フォークランド精神」に覆われたことを称賛したが、その実態は「あのばか女を見限ろう《ディッチ・ザ・ビッチ》」の大合唱が鎮静化し、「軍事政権くたばれ《アップ・ユア・フンタ》!」の文字の入ったTシャツが飛ぶように売れたということだ[24]。サッチャーはイラク戦争前夜のブッシュとブレアがそうであったように国連決議を無視し、制裁や交渉などには見向きもしなかった。両国にとって意味のあるのは、輝かしい勝利という結果以外になかったのだ。

　サッチャーは自らの政治生命をかけて戦い、目覚ましい成功を遂げた。イギリス軍二五五人、アルゼンチン軍六五五人の戦死者を出したフォークランド紛争での勝利後、サッチャーは戦争の英雄に祭り上げられ、〝鉄の女〟のあだ名は軽蔑から高い称賛へと変わった[25]。世論調査結果も同様で、サッチャーの支持率は紛争前の二五%から五九%へと急上昇し、翌年の選挙での大勝利に道を開いた[26]。

　フォークランド侵攻に対するイギリス軍の反撃には、「コーポレート作戦」という、軍事作戦名としてはいささか変わった名前がつけられていた。だが結果的に、まさに将来を予知する名前となった。サッチャーは戦争の勝利がもたらした絶大な人気を利用して、戦争前にはハイエクに実行できないと断った、ほかでもないコーポラティズム革命に着手したのだ。一九八四年、炭鉱労働者がストライキに入ると、サッチャーは炭鉱労組との対立を対アルゼンチン紛争の延長と位置づけ、容赦なく敵と戦うべきだと訴えた。サッチャーが次のように述べたことはよく知られている。「フォークランドでわれわれは外からの敵と戦わなければならなかった。そして今、内なる敵と戦わなければならない。こちらの敵のほうがはるかに手ごわく、また自由にとっても同じくらい大きな脅威なのです」[27]。自国の労働者を「内なる敵」と位置づけたサッチャーは、国家の総力をあげてストライキの鎮圧にかかった。ある一回の対決だけでも八〇〇〇人の警官隊(騎馬警官も多数含まれていた)が工場にピケを張る労働者に襲いかかり、約七〇〇〇人もの負傷者が出た。ストライキは長期にわたったため、負傷者は数千人にも及んだ。『ガーディアン』紙のシェイマス・ミルン記者による炭鉱ストライキのドキュメント『内なる敵――炭鉱労働者に対するサッチャーの秘密の戦争』によれば、サッチャーはセキュリティーサービスに、炭鉱労働組合とりわけアーサー・スカーギル委員長の監視を強化するよう命じ、その結果「イギリスでは前代未聞の監視活動」が行なわれることになる。組合には複数のスパイや情報提供者が潜入し、あらゆる電話は盗聴され、組合指導者の自宅や彼らがよく立ち寄るフィッシュ・アンド・チップスの店の電話までが盗聴された。組合の責任者だった人物はイギリス下院で、「組合を不安定にし破壊する」ために送り込まれたイギリス情報局保安部(MＩ5)の諜報員だったと申し立てられたが、本人は容疑を否定した[28]。

ストライキ当時の財務大臣ナイジェル・ローソンによれば、サッチャー政権は炭鉱労組を敵とみなしていたという。「まるで一九三〇年代にヒトラーの脅威に対抗するために武装したようなものだった。準備を万全に整える必要があったのです」と、ローソンは一〇年後に述べている[29]。フォークランド紛争のときと同様、サッチャー政権は交渉にはほとんど関心を示さず、たとえどんなにコストがかかっても(一日三〇〇〇人の警官を配備するコストだけでも膨大だった)、断固として組合を潰す決意だった。組合との対決の前線に立った巡査部長のコリン・ネイラーは、まるで「内戦」のようだったとふり返る[30]。

一九八五年、サッチャーはこの戦争にも勝利した。労働者たちは生活の逼迫から、もはやストを続行できなくなったのだ。その後、九六六人の労働者が解雇された[31]。イギリス最強の労働組合にとってこれは壊滅的な敗北であり、他の組合に次のような明白なメッセージを伝えるものだった――サッチャーは、イギリスにとって光熱の供給源である炭鉱の労働者組合を全力をあげて潰しにかかるのだから、それほど重要でない製品やサービスを生産するもっと弱い組合が、彼女が推進する新しい経済秩序に対決することなど自殺行為に等しい、言われたことを甘んじて受け入れるほうがよほどましだ、と。これは一九八一年、アメリカのロナルド・レーガン大統領が、就任数カ月後に起きた航空管制官のストに対して強硬策に出たときに送ったメッセージとそっくりだ。仕事場に現れなかったことで、彼らは「仕事をする権利を喪失したのであり、免職処分を受けることになる」とレーガンは言い切り、アメリカにとってきわめて重要な労働者一万一四〇〇人が一撃のうちに解雇された。アメリカの労働運動は、いまだにこのときのショックから完全には立ち直っていない[32]。

イギリスでは、サッチャーはフォークランド紛争と炭鉱ストでの勝利を利用して、急進的な経済改革を大きく前進させた。一九八四年から八八年までの間に、英政府はブリティッシュ・テレコム、ブリティッシュ・ガス、ブリティッシュ・エアウェイズ、イギリス空港公社、ブリティッシュ・スティールなどの国営企業を民営化し、ブリティッシュ・ペトロリアム（BP）の株を売却した。

二〇〇一年九月一一日のテロ攻撃によって、国民に不人気の大統領が大規模な民営化計画をスタートさせるチャンスを得た（ブッシュが行なったのは治安、戦争そして復興事業における「民営化」だった）のと同じく、サッチャーもまた自らの戦争を利用して、西側先進国における最初の大規模民営化オークションをスタートさせた。これぞまさに「コーポレート作戦」であり、それには大きな歴史的意味があった。サッチャーがフォークランド紛争での勝利を巧みに利用したことは、シカゴ学派の経済プログラムを遂行するのに軍事独裁政権や拷問室は必要ないことを裏づける明白な証拠となった。十分に大きな政治的危機を利用することさえできれば、民主主義国家でもそれなりのショック療法は実施できることを、サッチャーは身をもって示したのである。

それでも、サッチャーには国をひとつにまとめるための敵が必要だった。緊急措置や弾圧を正当化する非常事態、すなわち彼女が残酷で時代錯誤なのではなく、タフで決断力に富んでいると見せるための危機が必要だったのだ。たしかにフォークランド紛争は、その目的を完璧に満たしはした。だが植民地時代に逆行するようなこの戦争は、八〇年代初めにおいてはあくまで例外的なものにすぎない。八〇年代が、多くの人が主張するように新しい平和と民主主義の時代の幕開けになるのだとすれば、フォークランド紛争のような衝突はめったに起きるわけはなく、地球規模の政治的プロジェクトを推進するための基盤にはなりえなかった。

ミルトン・フリードマンが『資本主義と自由』の序で、ショック・ドクトリンの本質をつく影響力のきわめて大きい次の一節を書いたのは、一九八二年のことだ。「現実の、あるいはそう受けとめられた危機のみが、真の変革をもたらす。危機が発生したときに取られる対策は、手近にどんな構想があるかによって決まる。われわれの基本的な役割はここにある。すなわち既存の政策に代わる政策を提案して、政治的に不可能だったことが政治的に不可避になるまでそれを維持し、生かしておくことである(33)」。新しい民主主義の時代において、この言葉はフリードマンの提唱する改革にとってのスローガンとなる。アラン・メルツァーはこう解説する。「構想というのは、危機の際に変化の触媒となるために控えている選択肢のことだ。フリードマンの功績は、そうした構想を正統な理論として十分耐えられるものにし、チャンスが到来したときに試す価値のあるものにする、その道筋を示してみせたことにある(34)」

フリードマンの念頭にあった危機とは、軍事的なものではなく経済的なものだった。通常の状況では、経済的決断は競合する利害同士の力関係に基づいて下される。労働者は職と賃上げを要求し、経営者は減税と規制緩和を求め、政治家はこうした対立する勢力間のバランスを保とうとする。しかし、通貨危機や株式市場の暴落、大不況といった深刻な経済的危機が勃発すると、他のことはすべてどこかへ吹き飛び、指導者は国家の緊急事態に対応するという名目のもとに必要なこと(あるいは必要とされること)はなんでもできる自由を手にする。危機とは、合意や意見の一致が必要とされない、通常の政治にぽっかりあいた空隙——言わば民主主義から解放された〝フリーゾーン〟なのだ。

　市場の暴落が革命的変革にとっての触媒となるという考え方は、極左思想においては長い歴史を持つ。なかでも有名なのは、ハイパーインフレは通貨の価値を破壊し、それによって大衆は資本主義そのものの破壊へと一歩近づく、というボルシェビキの理論である[35]。ある種の党派的な左翼が、資本主義が「危機」に陥る条件を厳密に割り出そうとしたり、福音派キリスト教徒が「携挙《ラプチャー》」の兆候を見きわめようとしたりするのも、この理論で説明がつく。この左翼理論が八〇年代半ば、シカゴ学派の経済学者に注目されたことで力強い復活を遂げる。市場の暴落が共産主義革命を促進するのと同様、これを右翼の反革命の起爆剤にもすることができると彼らは主張した。のちに「危機仮説」と呼ばれるようになる理論である[36]。

　フリードマンの危機への関心には、世界大恐慌後の左派の勝利から学ぼうという明らかな姿勢があった。株式市場が暴落したとき、それまでほとんど注目されていなかったケインズとその弟子たちが、ニューディールという解決法を携えて登場してきた。七〇年代から八〇年代初めにかけて、フリードマンとその企業スポンサーたちはこれを真似しようと試みた。彼らは多大な労力を注ぎ込んでヘリテージ財団やケイトー研究所を含む新しい右派シンクタンクのネットワークを築き上げ、フリードマンの見解を広めるのにまたとない有効な手段として、ＰＢＳ（公共放送サービス）の連続一〇回テレビシリーズ「選択の自由」を制作した。そのスポンサーにはゲッティ・オイル、ファイアストン・タイヤ・アンド・ラバー、ペプシコ、ゼネラル・モーターズ、ベクテル、ゼネラル・ミルズなどそうそうたる大企業が名を連ねている。[37] 次に危機が到来したとき、新しい理念と解決法を携えて登場するのはシカゴ・ボーイズだと、フリードマンは心に決めていた。

八〇年代初頭にフリードマンが最初に危機理論を打ち出した当時、アメリカ経済は高いインフレ率と失業率という二重苦を抱えて景気後退に陥っていた。政府内では当然、シカゴ学派の政策（この時点ではレーガノミクス）が幅を利かせていたが、さしものレーガンも、フリードマンがかつてチリで処方し、ふたたび実施したいと夢見る容赦ないショック療法の導入には二の足を踏んだ。

フリードマンの危機理論の実験場となるのは、またしてもラテンアメリカの国だった。そして今回、その道を開いたのはシカゴ・ボーイズではなく、新しい民主主義の時代によりふさわしい新しいタイプの〝ショック博士〟たちだった。

第7章　新しいショック博士
――独裁政権に取って代わった経済戦争

ボリビアの状況は、手術を控えたガン患者のそれになぞらえることができる。目の前にある通貨の安定化などの対策が、きわめて危険で苦痛の大きいものになるのは確実であるにもかかわらず、それ以外の選択肢はないのだ。

――コーネリアス・ゾンダグ(米政府派遣のボリビア政府経済顧問、一九五六年)(1)

政治的議論にガンを持ち出すことは運命論を助長し、「強硬」手段を取ることを正当化する。それと同時に、この病気は必ず死に至るという世間一般の考えをさらに強化する。病の概念は決して無害ではありえない。ガンの隠喩それ自体が集団虐殺《ジェノサイド》を暗示するとも言えるだろう。

――スーザン・ソンタグ『隠喩としての病い』(一九七七年)(2)

一九八五年、発展途上世界を覆う民主化の波がボリビアにも押し寄せた。過去二一年間のうちの一八年間、ボリビアはなんらかの形の独裁政権下にあったが、今ようやく国民は自分たちの大統領を選挙で選べるチャンスを手にしたのだ。

とはいえこの時期にボリビア経済の采配を振るうことは、困難をきわめた。国家債務は膨大な額に上り、利子だけでも国家予算全体を上回るほどだった。その前年の一九八四年、ロナルド・レーガン政権はコカインの原料になるコカを栽培している農場に対して前例のない軍事攻撃をしかけ、ボリビア中を驚愕に陥れた。ボリビア国土のかなりの部分が占拠されたことによってコカ取引が止まっただけでなく、同国の輸出収入のほぼ半分を占めるコカの葉の供給がストップしたために、ボリビア経済は危機に陥った。『ニューヨーク・タイムズ』紙の記事はこう書く。「八月、チャパレ地方に米軍が侵攻して麻薬密売ルートの一部が寸断されると、その衝撃はたちどころに活況を呈していたドル取引による闇市場を襲った。(中略)チャパレが占拠されて一週間も経たないうちに、政府はペソの公定レートを半分以下に切り下げることを余儀なくされた」。数カ月後、インフレ率は一〇倍に上昇。何千人もの人々が職を求めてアルゼンチン、ブラジル、スペイン、アメリカなど国外に向かった。(3)

一九八五年、一万四〇〇〇%というハイパーインフレに陥り、きわめて不安定な状況にあったボリビアで歴史的選挙が行なわれ、七〇年代に独裁政権を率いたウーゴ・バンセルと、かつて三度にわたり選挙で大統領に選出されたビクトル・パス・エステンソロという国民にとってなじみの人物同士の対決となった。結果は接戦となり、最終決定は議会での決選投票に委ねられたが、勝利を確信したバンセル陣営は結果が発表される前に、当時ほとんど無名だった三〇歳の経済学者ジェフリー・サックスを対インフレ経済計画の策定者に起用する。サックスはハーバード大学経済学部の若き俊英で、学術賞を次々に受賞し、記録的な若さで同大学終身教授に就任した。数カ月前、彼の仕事ぶりを見るために同大学を訪れたボリビアの政治家代表団は、サックスの大胆な発言にいたく感じ入った。彼はボリビアのインフレを一日で終息させてみせると豪語したのだ。サックスにとって開発経済は未経験の分野だったが、彼自身はインフレについて「必要なことはすべて知っていると確信していた」と述懐している。(4)

サックスは、第一次世界大戦後のドイツにおけるハイパーインフレとファシズムの拡大の関係について書かれたケインズの著作に大きな影響を受けていた。戦後のベルサイユ体制によってドイツは深刻な経済危機に陥り(一九二三年のインフレ率はじつに三二五万%にも達した)、数年後の世界大恐慌がこれに追い討ちをかける。失業率は三〇%に上り、国民は国際的陰謀だと疑いたくなるような苦境に怒りを募らせた。こうしてナチズムが根づくのに格好の土壌が作られていったというのである。

サックスはケインズの次のような警告を好んで引用した。「通貨を台無しにすること以上に、現存の社会基盤を転覆させる巧妙かつ確実な方法はない。このプロセスによって、経済法則のあらゆる隠れた力が破壊を促進する方向に働く」(5)。サックスは、こうした破壊力をなんとしてでも抑制するのが経済学者の聖なる義務だというケインズの見解を支持していた。サックスはこう語る。「私がケインズから学んだのは、物事がまったく台無しに終わる可能性があることについての深い悲しみと危機感でした。ドイツを荒廃した状態に放置してしまった私たちはとんでもなく愚かだったのです」(6)。またサックスは記者の取材に応えて、ケインズは世界を股にかけ、政治に関与する経済学者だと評し、自らもケインズを見習いたいと語っている。

経済学が貧困と戦う力を持つというケインズの考えに同調する一方で、サックスはレーガンのアメリカの申し子でもあった。一九八五年当時、アメリカではケインズ的なものに対して、フリードマンの考えに影響を受けた反動の嵐が吹き荒れていた。自由市場の優位性を主張するシカゴ学派の考え方は、急速にハーバードをはじめとするアメリカ北東部の名門大学経済学部において疑問の余地のない正統理論となり、サックスも少なからずその影響下にあった。彼はフリードマンの「市場への信頼、適切な金融管理の必要性の強調」を称賛し、それは「発展途上世界でよく耳にする曖昧な構造主義的、あるいは似非ケインズ主義的な議論よりはるかに正確なもの」だとしている(7)。

彼の言う「曖昧な」議論とは、その一〇年前にラテンアメリカで暴力によって抑圧された考え方にほかならない。すなわち、この大陸が貧困から抜け出すためには、植民地支配的な所有構造を土地改革や貿易保護策、補助金、自然資源の国有化、協調的な職場運営などといった介入主義的政策によって崩すことが必要だという考え方である。サックスはそうした構造的改革にはほとんど見向きもしなかった。こうしてボリビアという国についても、あるいはその長い植民地支配の歴史や先住民に対する抑圧、そして困難の末に勝ち取られた一九五二年の革命についても、ほとんどなんの知識もないにもかかわらず、サックスはこの国がハイパーインフレのみならず、「社会主義的ロマン主義」に陥っていると思い込んでいたのだった。アメリカで教育を受けたサックスより前の世代の経済学者たちが、かつて南米南部地

域から一掃しようとしたのも、これと同じ開発主義の幻想だった。(8)

サックスがシカゴ学派の正統理論と一線を画していたのは、自由市場経済政策には債務救済と多額の援助が伴わなければならないと考えていた点にある。若きハーバードの経済学者にとって、「見えざる手」だけでは十分ではなかったのだ。この不一致から、サックスは最終的により自由放任的な考えを持つ同僚たちとは袂を分かち、援助問題に専心するようになる。だがそれは何年も先のことだ。ボリビアでは、サックスの折衷的な考え方はいくつかの奇妙な矛盾を生んだだけだった。たとえばサックスが初めて首都ラパスの空港に降り立ち、アンデス高地の薄い空気を吸い込んだとき、彼は自分を、ボリビア国民をハイパーインフレの「混沌と無秩序」から救うためにはるばるやってきた現代のケインズだとみなしていた。*ところが、深刻な不況に陥っている国では財政支出を増やして経済を刺激するというのがケインズ主義の中心的教義であるにもかかわらず、サックスはそれとは正反対の方法を取る。危機の真っ最中に緊縮財政と物価上昇を提唱したのだ。かつてチリで、これと同じ縮小政策が取られたとき、『ビジネスウィーク』誌は「意図的に引き起こされた不況という、ストレンジラブ博士さながらの世界」と揶揄してみせた。(9)

＊ ハイパーインフレを退治しても、ドイツは不況やそれに続くファシズムから逃れることはできなかった。サックスは何度も自らをケインズになぞらえているが、一度もこの矛盾について言及したことはない。

サックスはバンセルに、ボリビアをハイパーインフレ危機から救う方法は突発的なショック療法しかない、と単刀直入に助言した。そして石油価格を一〇倍に引き上げることをはじめ、一連の価格統制撤廃や予算の削減を提案。ボリビア・アメリカ商工会議所で行なった講演では、ふたたびハイパーインフレは一日で鎮静化できると明言し、「聴衆はこれを聞いて驚嘆し、喜んだ」と報告している。(10) サックスはフリードマン同様、突然の政策導入による刺激を加えれば、「経済は社会主義、大規模な腐敗、中央計画経済などといった袋小路から正常な市場経済へと方向修正することができる」と信じて疑わなかった。(11)

サックスがこの大胆な約束をしたとき、ボリビアの大統領選の行方はまだ定まっていなかった。かつての独裁者ウーゴ・バンセルは自分の勝利を確信していたが、ライバル候補のビクトル・パス・エステンソロもまだ敗北を認めてはいなかった。選挙戦中、パス・エステンソロは具体的なインフレ対策をほとんど提示しなかったが、彼にはそれまでに三回、選挙で大統領に当選した経験があり(一九六四年の第三次政権は軍事クーデターで倒れた)、開発主義的な立場から、大規模スズ鉱山の国有化や先住民農民への土地の分配、普通選挙法の導入などの改革を行なってきた。アルゼンチンのファン・ペロン同様、パス・エステンソロの政治的立場は複雑で一定せず、権力の座を維持するためや政権復帰するためには突然旗幟を変更することもしばしばだった。七七歳の高齢で出馬した一九八五年の選挙戦ではかつての「民族革命」路線に回帰し、財政政策については明言しなかった。彼は社会主義者ではなかったが、シカゴ学派の新自由主義者でもなかった――と、少なくともボリビア国民は信じていた。(12)

選挙の最終決定は議会に委ねられ、各政党と上下両院の間で利害をかけた密室交渉や駆け引きが行なわれた。そこで重要な役割を演じたのが、アメリカ帰りの裕福なビジネスマン、ゴンサロ・サンチェス・デ・ロサーダ(愛称〝ゴニ〟)だった。長年アメリカで生活した彼は英語訛りのスペイン語を話し、ボリビア第二の(やがて第一になる)鉱山コムスルの所有者だった。若い頃シカゴ大学で学んだ彼は、経済学専攻ではなかったもののフリードマンの理論に強い影響を受け、当時ボリビアではほとんど国有化されていた鉱山部門にも、その理論が導入されれば膨大な利益をもたらすと見込んでいた。サックスがバンセル陣営にショック療法による政策を提示したとき、ゴニは大きく心を動かされた。

大統領選をめぐる裏工作の詳細は明らかにされていないが、結果は明らかだった。一九八五年八月六日にボリビア大統領に就任したのはパス・エステンソロだった。その四日後、彼はゴニを急進的な経済再建に取り組むための極秘の超党派緊急経済チームのリーダーに指名。ゴニ率いるこのチームはサックスのショック療法を出発点にして、さらに過激な提案を行なうことになる。それはパス・エステンソロ自身が数十年前に築き上げた、国家を中心とする経済モデルを根こそぎ解体させるものだった。この時点でサックスはハーバードに戻っていたが、「ADN(バンセルの所属する民族民主行動党)が、われわれの経済安定化計画を新大統領とそのチームに提案したことを聞いて大変嬉しかった」とふり返っている(13)。

パス・エステンソロの所属政党である民族革命運動党は、彼が密室交渉を行なっていたことをまったく知らず、緊急経済チームのメンバーである財務大臣と企画大臣を除いた新閣僚にも、このチームの存在は知らされていなかった(14)。

極秘チームは一七日間連続で大統領官邸の居間で会議を開いた。二〇〇五年に行なわれたインタビューで、当時企画相だったギジェルモ・ベドレガルは「われわれは細心の注意を払い、隠れるようにしてそこに閉じこもった」と、初めてこの会議の詳細について語った。*[15] ここで話し合われたのは、民主主義国では前例のない徹底した国家経済の改革をいかにして行なうかだった。それには可能な限り迅速かつ突発的に政策を実行することだと、パス・エステンソロ大統領は確信していた。そうすれば戦闘的なことで悪名高いボリビアの労働組合や農民組織は不意をつかれ、対応策を練る機会を逸するはずだ、と。ゴニの回想によれば、パス・エステンソロは「『やるのなら今すぐやらなければならない。私はもう二度と大統領にはならないのだから』とくり返し言った」という。[16] なぜパス・エステンソロが大統領就任後、政策を一八〇度転換したのかは謎だ。バンセルのショック療法計画を採用することと交換に大統領の座を手に入れたのか、あるいは心底からの思想転向だったのか、本人は二〇〇一年に死去するまでけっして語ることはなかった。当時の駐ボリビア米大使エドウィン・コアは私に、ある手がかりを提供してくれた。コアはあらゆる政党の代表者と会見し、もしショック療法を取り入れればアメリカからの援助を受けられると明言したというのだ。

＊ ボリビア国民は二〇年間、このショック療法プログラムの策定プロセスについて何も知らされなかった。草案作成から二〇年後の二〇〇五年八月、ボリビア人ジャーナリストのスーザン・ベラスコ・ポルティーヨが緊急経済チームのメンバーにインタビューを行ない、数人がこの秘密作戦について語った。ここでの記述は主としてこのときの取材に基づいている。

一七日後、ベドレガル企画相は教科書どおりのショック療法プログラムの草案を手にする。そこには食料補助金の廃止、ほとんどすべての価格統制の撤廃、石油価格の三〇〇％引き上げなどが盛り込まれていた。(17) すでに極貧の状態にあるボリビアで生活費がこれまでよりずっと高騰するにもかかわらず、もともと低い公務員の給与は一年間据え置かれた。また財政支出は大幅に削減、貿易を自由化して輸入を無制限に認め、国営企業には民営化への準備段階として規模縮小が要求された。七〇年代に南米南部地域を席捲した新自由主義革命の波に乗り遅れたボリビアは、今まさに失われた時を取り戻そうとしていた。

新しい法律草案ができ上がっても、緊急経済チームのメンバーはそれを選挙で選ばれた議員に見せようとはしなかった。ましてや、そんなプログラムのために票を投じたのではない有権者となればなおさらだった。彼らにはもうひとつ仕事が残っていた。国際通貨基金（IMF）のボリビア代表に会いに行き、自分たちがやろうとしていることを伝えたのだ。その反応は励ましと脅しの入り混じったものだった。「これはまさにIMFの職員全員が夢見てきたことだ。でも、もしうまくいかなかった場合、外交特権のある私はすぐに飛行機で国外に逃げ出しますがね(18)」

チームのメンバーは全員ボリビア人だから当然逃げ出すことなどできない。数人のメンバーは民衆がどんな反応をするか、戦々恐々としていた。「きっとわれわれを殺しにくる」と、最年少のメンバーであるフェルナンド・プラドが言った。草案の主たる起草者であるベドレガルは、自分たちを戦闘機のパイロットになぞらえ、こう気合を入れた。「ヒロシマを攻撃したパイロットを見習おうじゃないか。彼は原子爆弾を落としたとき、自分が何をしているのかわかっていなかったが、キノコ雲を見て「おっと、ごめんよ！」と言ったそうだ。われわれもそれと同じことをすればいい――この政策を実行に移してから「おっと、ごめんよ！」と言えばいいのさ」[19]

政策変更は軍隊の奇襲攻撃のように行なわれるべきだというのは、経済的ショック療法を行なう際にくり返し持ち出される考えだ。一九九六年に出版され、二〇〇三年のイラク侵攻作戦の基礎となった米軍の軍事戦略書『衝撃と恐怖――迅速な支配を達成するために』には、次のように書かれている。侵攻軍は「周囲の状況を掌握し、事態に対する敵の知覚や理解を麻痺させ、あるいはそれに過度の負担をかけることによって、敵が抵抗する能力を奪う」べきであると。[20] 経済的なショックも原理は同じである。人間は段階的な変化――まず医療保険プログラムの削減、次には貿易協定というように――には反応できるが、あらゆる領域で何十種類もの改革が一度に行なわれれば徒労感に見舞われ、国民は無抵抗になるというわけだ。国民にそうした無力感を起こさせるため、緊急チームのメンバーは急進的な改革を同時に、しかも新政権発足から一〇〇日以内に実施するよう要請した。また、税法や価格法といった個別の法律をいくつも作るのではなく、すべての改革をひとつにまとめ、政令二一〇六〇号として発表した。この国の経済生活のあらゆる側面にわたる二二〇の法律から成るこの政令は、かつてシカゴ・ボーイズがピノチェトのクーデターのために用意した経済プログラム〝レンガ〟にひけをとらないほど野心的で、広範囲にわたるものだった。起草者によれば、このプログラムにはいっさい修正の余地はなく、丸ごと受け入れるか拒否するかのどちらかしかなかった。言い換えれば、「衝撃と恐怖」作戦の経済版だったのである。

完成したプログラムは五部作成され、パス・エステンソロ大統領、ゴニ、財務大臣がそれぞれ一部ずつ手にした。残りの二部の行き先は、多くの国民がこの改革を戦争行為に等しいとみなすことを、大統領とそのチームがいかに確信していたかを物語っている。一部は陸軍の責任者に、もう一部は警察署長に渡された。しかし新内閣の閣僚たちはいまだに何も知らされず、大統領がかつて鉱山を国有化し、土地を再分配したのと同じ人物だという誤った思い込みを抱き続けていた。

就任から三週間後、パス・エステンソロは閣僚たちを招集し、ついに秘密を明らかにする。彼は部屋のドアを閉め、「秘書に大臣たちへの電話はいっさい取り次がないように指示した」。ベドレガルは六〇ページに及ぶプログラムを読み上げ、閣僚たちは呆然として聞き入った。あまりの緊張から、「数分後には鼻血が出た」とベドレガルは打ち明ける。大統領は閣僚たちに、この政令についての議論は行なわないこと、すでに別の密室交渉によってバンセルの所属する右派政党ADNの支持を取りつけていることを告げたうえで、こう言い渡した。もし反対する者がいれば閣僚を辞任してもらう、と。

「私は反対です」産業相が発言した。

「それならここから出て行ってもらおう」。パス・エステンソロは答えた。だが、産業相は出て行かなかった。インフレは依然として猛威を振るっていたし、ショック療法によるプログラムを実施すればアメリカ政府からかなりの財政援助が期待できる見通しが強く示唆されたことから、部屋を出て行こうとする者は一人もいなかった。二日後、大統領は「ボリビアは瀕死の状態にある」と題するテレビ演説を行ない、何も知らない国民の上に原爆ならぬボリビア版〝レンガ〟を落とした。

物価を引き上げればハイパーインフレは終息するというサックスの予測は正しかった。二年以内にインフレ率は一〇%にまで下がるという、いかなる基準からしても目覚ましい結果となった。(21) だがボリビアの新自由主義改革がもたらした、より広範な結果については、大きく議論が分かれる。急速なインフレはきわめて有害で持続不可能なものであり、コントロールしなければならないが、それには大きな痛みが伴う――というのは、すべての経済学者の一致した見解だ。問題はどうやって信頼できるプログラムを構築するか、そしてある社会のなかでその痛みの矢面に立たされるのは誰なのか、という点にある。トロントのヨーク大学経済学教授でラテンアメリカを専門にするリカルド・グリンスパンによれば、ケインズ主義あるいは開発主義の伝統においては、「政府、雇用主、農業従事者、組合など主要な利害関係者を含む人々による話し合い」を通じていかに支援を行ない、負担を分かち合うかが探られる。「これによって当事者たちは賃金や物価などの所得政策についての合意に至り、同時にそうした安定化措置が実施される」。だがこれとはきわだって対照的に、「正統理論では、すべての社会的コストをショック療法によって貧困層に押しつけようとするのです」。ボリビアで行なわれたのはまさにそれだった、とグリンスパンは私に話した。

かつてフリードマンがチリで約束したように、自由貿易が実現すれば、職を失った人には新たな職が創出されるはずだった。だが実際にはそうはならず、大統領選当時二〇%だった失業率は、二年後には二五〜三〇%に上昇した。[22]一九五〇年代にパス・エステンソロが国有化した国営鉱山会社だけでも、従業員数は二万八〇〇〇人から六〇〇〇人へと削減された。[23]

最低賃金は二度と元に戻らず、プログラム実施から二年後に実質賃金は四〇%減少し、一時的には七〇%まで減少した。[24]ショック療法が実施された一九八五年に八四五ドルだった一人当たり平均所得は、二年後には七八九ドルに落ち込んだ。これらの数値はサックスやボリビア政府が使ったものだが、経済発展が見られないことを示してはいるものの、多くのボリビア人にとって日常生活がどれほど悪化したかは、ここからは読み取れない。平均所得は国全体の総所得を人口で割って得られるが、これはボリビアにおけるショック療法が、他のラテンアメリカ諸国と同じ影響を及ぼした事実を覆い隠している。すなわち、ごく少数のエリート階級がますます裕福になる一方、労働者階級に属していた国民の大部分が経済からつまはじきにされ、無用な存在と化してしまったという事実である。一九八七年、カンペシーノスと呼ばれるボリビアの農民の年間所得は平均でわずか一四〇ドルであり、この国の「平均所得」の五分の一にも満たなかった。[25]「平均」だけを算出することの問題はここにある――こうした明確な格差が見えなくなってしまうのだ。

農民組合のある指導者はこう訴える。「政府の統計には、テント生活を強いられる家族が増加していることは表れない。一日パン一切れとお茶一杯しかもらえない何千人という栄養不良の子どものことも、職を求めて首都にやってきたのに、結局路上で物乞いをしている何百人という農民のことも表れない」[26]。これが、ボリビアのショック療法の隠された物語だ。何十万というフルタイム、年金つきの職が失われ、なんの保護もない不安定な職に取って代わられた。一九八三年から八八年の間に社会保障を受ける資格のある国民の数は六一％も減少した[27]。

この転換のさなかに経済顧問として再度ボリビアに渡ったサックスは、食料やガソリン価格の上昇に合わせて賃金を上げることに反対し、代わりに大きな打撃を受けた者を助けるための緊急資金を創設すべきだと主張した。大きく開いた傷口に絆創膏を貼ろうというのである。サックスはパス・エステンソロの要請でボリビアに戻り、大統領直下で仕事をしていたが、その非妥協的な姿勢は突出していた。ゴニ(彼はその後、ボリビア大統領に就任する)によれば、サックスはショック療法の人的代償に対する国民の反対が高まっても、政策立案者の決意が揺らぐことのないよう気合を入れたという。「彼はやってくるたびにこう言っていた。「いいか、漸進主義的なやり方ではだめなんだ。事態がまったく手に負えなくなったら、是が非でもそれを阻止しなきゃだめだ。医者が薬を使うのと同じだよ。過激な手段を使うことが必要だ。そうしなければ患者は死んでしまうんだから」と」[28]

この揺るぎない姿勢がただちにもたらした結果のひとつが、コカ栽培の増加だった。極貧にあえぐ農民たちが、通常の作物のほぼ一〇倍の収入になるコカ栽培へと追い込まれていったのだ(そもそも経済危機のきっかけが、コカ農家に対するアメリカ主導の攻撃だったことを考えれば皮肉なことではある)。[29] 一九八九年には、労働者の一〇人に一人がコカあるいはコカイン産業になんらかの関わりをもっていたと推定される。[30] そうした労働者のなかには、やがて戦闘的なコカ栽培者組合の代表となり、二〇〇五年にボリビア大統領に選出されるエボ・モラレスの一族も含まれていた。

コカ産業はボリビア経済を復興し、インフレを退治するのに重要な役割を果たした(この事実を歴史学者は認めているが、サックス本人は彼の行なった改革がどのようにインフレを終息させたかについてはいっさい説明していない)。[31] "原爆"投下からわずか二年後、違法薬物の輸出による収入は合法的な輸出の総額を上回り、なんらかの形で麻薬取引に関与して生計を立てる人は推定で三五万人にも上った。「今やボリビア経済はコカイン中毒になっている」と、ある外国銀行の役員は述べている。[32]

ショック療法の実施直後、ボリビア国外ではそうした複雑な影響はほとんど取り沙汰されなかった。語られるのはハーバードからやってきた若く勇敢な学者が、事実上たった一人の力で「インフレで荒廃したボリビア経済を救った」(『ボストン・マガジン』誌)という、ごく単純な物語だった。[33] サックスの助力を得てインフレに勝利したという事実によって、ボリビアは自由市場経済の輝かしいサクセス・ストーリー(『エコノミスト』誌は「現代にあってももっとも驚異的」と評した)に仕立て上げられた。[34] 「ボリビアの奇跡」はサックスをまたたく間に金融界のスターにし、このあと彼は危機に陥った経済を建て直す専門家として、アルゼンチン、ペルー、ブラジル、エクアドル、ベネズエラの各国に赴くことになる。

サックスが称賛を浴びたのは、ただ単に貧困国のインフレを退治したからだけではなかった。彼は多くの人が不可能だと主張していたことをやってのけた。すなわち、民主主義国という制限のなかで戦争も行なわずに急進的な新自由主義改革を断行し、しかもその徹底した変革はサッチャーやレーガンの試みをはるかにしのいでいた。サックス自身、彼の成し遂げたことの歴史的意義を十分認識していた。「私の考えでは、民主的改革と経済制度改革を合体させて実施したのはボリビアが最初だった」と、改革から十数年を経てサックスはふり返る。「ボリビアはチリよりずっとたしかな形で、政治的自由化と民主主義を経済的自由化と結合できることを示しました。両者が並行して機能し、相互に強化しあうことができるというのは、きわめて重要な経験だったのです(35)」

サックスがチリとの比較をしたのはたまたまのことではない。『ニューヨーク・タイムズ』紙が「民主主義的資本主義の伝道師」と呼んだサックスのおかげで、フリードマンが一〇年前に最初にサンティアゴを訪れて以来、ショック療法にまとわりついていた独裁政権と死の収容所の悪臭が、ついに消し去られたのだ(36)。批評家たちの主張とは裏腹に、サックスは自由市場改革運動が生き延びられることだけでなく、今や世界を席捲する民主化の波に乗れることを証明してみせた。ケインズを称揚し、臆面もない理想主義を掲げて発展途上世界の改善に尽くすサックスは、この経済改革運動をより平和で穏やかな局面へと導くうえで、まさにうってつけの人物だった。

ボリビア左派はパス・エステンソロの政令を「経済的ピノチェト主義」と呼ぶようになった。[37]ボリビア内外を問わず実業界に関する限り、まさにそこが核心だった。ボリビアはピノチェトなしに、しかも中道左派政権のもとでピノチェト式のショック療法を導入した。あるボリビア人銀行家の言葉を借りれば、「ピノチェトが銃剣をもってやったことを、パス・エステンソロは民主主義制度の枠内でやってのけた」のだ。[38]

ボリビアの奇跡の物語は、新聞や雑誌の記事はもちろん、サックスのプロフィールやベストセラーになったサックスの著書、そしてPBSの三回テレビシリーズ「コマンディング・ハイツ——世界経済をめぐる闘い」などによってくり返し語られてきた。だが大きな問題がひとつある。それは真実ではないのだ。ボリビアはたしかに、民主的選挙を終えたばかりの国でもショック療法が実施できることを示してみせた。だがそれが民主的に、あるいは抑圧なしに実施できたと示したわけではない。それどころかその反対であることを、またしても証明したのである。

第一に、パス・エステンソロ大統領はボリビアの有権者から、同国の経済構造全体を作り変える権限を委任されていなかったという明らかな問題があった。彼は大統領選で公約にしていた民族主義路線を、密室交渉で突然放棄した。大多数の人々はそれを「嘘つき」となじったが、ほぼ一〇年後、著名な自由主義経済学者ジョン・ウィリアムソンはこのときのパス・エステンソロの行動を〝ブードゥー政治〟と呼んだ。[39]民主主義の仮面をかぶった〝物語〟の問題はそれだけにとどまらなかった。

予想どおり、パス・エステンソロに投票した国民の多くは彼の裏切りに激怒し、経済改革を盛り込んだ政令が公布されると、何万人もの人々が街頭に出て失業や飢えの深刻化を助長する経済プログラムの実施をやめさせようとした。反対の旗頭に立ったのはボリビアの主要な労働同盟で、ただちにゼネストが行なわれて国内の産業活動は停止した。パス・エステンソロはサッチャーが鉱山労働者に対して取った措置をしのぐ強硬手段に出る。「非常事態」が宣言され、軍の戦車が首都の大通りを突き進み、厳しい外出禁止令が発せられた。国内を移動するにも特別の通行証が必要となり、機動隊が組合の集会場や大学、ラジオ局、さらに数カ所の工場に出動した。政治集会やデモ行進は禁止され、集会を開くには政府の許可を得なければならなくなった。(40) 現政権に反対する政治活動は、バンセル独裁政権下と同様に事実上禁止された。

街頭では警察が、抗議行動中のデモ隊一五〇〇人を逮捕し、催涙ガスで群衆を追い散らし、警官に殴りかかったという理由でストライキ参加者に発砲した。(41) パス・エステンソロは反対運動を永久に封じ込めるために、さらに強硬な手段に出る。労働同盟の指導者たちがハンガーストライキに入るなか、警察と軍に命令して組合のトップ指導者二〇〇人を逮捕し、軍用機でアマゾンの奥地にある刑務所に移送したのだ。(42) ロイター通信によれば、そのなかには「ボリビア労働同盟の指導者やその他の労働組合幹部」も含まれており、彼らは「ボリビア北部アマゾン盆地の辺鄙な村に連行され、活動は大きく制限された」。(43) まさに大量誘拐であり、そのうえ「身の代金」まで要求された——組合が抵抗運動を中止すれば、幹部らを釈放するというのである。最終的に組合側はこれに従った。先頃、当時組合の活動家だった鉱山労働者のフィレモン・エスコバルと電話で話すことができた。「やつらは組合のリーダーたちを路上でしょっぴいて、ジャングルに連れて行ったんだ。生きたまま虫に食わせようってわけさ。釈放されたときには、もう新しい経済計画が実施されていた」とエスコバルは言う。「政府はジャングルで彼らを拷問したり殺したりしたわけじゃない。目的は経済計画を進めることだったんだ」

非常事態宣言は三カ月続き、経済計画は一〇〇日かけて実行された。つまりショック療法が実施された決定的な期間中、ボリビアは厳重封鎖されていたのだ。一年後にパス・エステンソロ政権がスズ鉱山の大量解雇を行ない、組合がふたたび街頭に出て抗議デモを行なったときにも、同じ劇的な事態が展開した。非常事態が宣言され、二機のボリビア空軍機が労働組合のトップ指導者一〇〇人を熱帯性気候の平野部にある収容所に連行した。そのなかには元労働相二人と元上院議員も含まれており、かつてピノチェトがチリ南部に設けた「ＶＩＰ収容所」にオルランド・レテリエルが連行されたことを思い起こさせる。彼らは二週間半にわたって拘束され、一年前と同様、組合が抗議運動とハンガーストライキの中止に合意した時点で釈放された。(44)

言ってみれば、〝軽量版〟軍事政権というところだ。政権が経済的なショック療法を実施するためには、一定の人々をたとえ一時的にでも行方不明にする必要がある。残酷さの度合いは小さいものの、こうした強制連行の目的は七〇年代のそれと同じだった。すなわち組合活動家を拘禁して改革に対する抵抗運動を阻み、それによって労働者部門全体を経済的に抹消する道を開くということだ。やがて労働者の職は失われ、彼らはラパス周辺のスラム街に倉庫の荷物よろしく押し込められた。

サックスは当初、経済的破綻がファシズムの温床になるというケインズの警告を携えてボリビアに赴いた。ところがその後、彼が指示した改革はあまりに激烈だったため、その実施にはファシズムまがいの強硬手段を必要としたのだった。

パス・エステンソロ政権による弾圧は、当時の国際メディアに取り上げられはしたが、ラテンアメリカで起きた暴動に関するニュースとして、せいぜい一日か二日報道されるにすぎなかった。そしてボリビアにおける「自由市場改革」の成功の物語が報じられる段になると、もはやそれらの出来事が記事になることはなかった。これは、ピノチェトの暴力とチリの「経済的奇跡」とが共生関係にあったことがほとんど報じられないのとよく似ている。ジェフリー・サックスはもちろん、機動隊を召集したり非常事態を宣言した本人ではないが、著書『貧困の終焉』では一章を割いてボリビアでのインフレ抑制策の成功について述べている。だが彼は、その功績の一部は自分にあることを認めつつも、計画の実施にあたって弾圧が行なわれたことにはひとことも触れておらず、ただ「安定化プログラム実施当初の緊迫した場面」という曖昧な表現にとどめている。(45)

それ以外の記録では曖昧にほのめかすことすらされていない。たとえばゴニは「民主的体制のもと、安定化は国民の人権を阻害することなく、言論の自由を保障して達成された」と言い切っている。[46] パス・エステンソロ政権のある閣僚はそこまで美化はせず、自分たちが「いささか強権的に振る舞った」と述懐している。[47]

この食い違いこそが、ボリビアで行なわれたショック療法実験のもっとも持続的な遺産かもしれない。ボリビアの例は、過酷なショック療法には依然として、不都合な社会組織や民主主義的機構に対する衝撃的な攻撃を並行して行なう必要があることを示した。また、コーポラティズム改革運動が、そうした極端に強権的な手法によって推進されうること、そして選挙が行なわれたという言い訳のもと、選挙後にどんなに市民的自由が抑圧され、あるいは人々の民主主義的願望が無視されようとも、民主的だと称賛されうることも示した(これはその後、世界の指導者、とりわけロシアのボリス・エリツィンにとって非常に有益な教訓となった)。こうしてボリビアは従来より口当たりのいい、新しい形の権威主義の青写真を提供した。それは民主的政権という表向きの枠組みのなかで、軍服を着た兵士ではなくビジネススーツを着た政治家や経済学者によって行なわれた、文民クーデターと呼ぶべきものだった。

第8章　危機こそ絶好のチャンス

——パッケージ化されるショック療法

私の頭を破壊して、大切な資本である記憶を消し、仕事をできなくさせることにどんな意味があるんだ？　治療法としては素晴らしくても、患者という人間は失われてしまったんだ。

——アーネスト・ヘミングウェイ、電気ショック療法について（一九六一年、自殺の約半年前）[1]

ジェフリー・サックスにとって初めての国際舞台での実験の教訓は、強硬で徹底した適切な手段さえ使えば、ハイパーインフレを鎮静化させることができるというものだった。彼はインフレ退治のためにボリビアに赴き、それを成功させた。問題は無事解決した。

ワシントンＤＣでは、有力な右派経済学者で国際通貨基金（ＩＭＦ）や世界銀行の重要なアドバイザーを務めるジョン・ウィリアムソンが、サックスの実験を注意深く見守っていた。彼にとってボリビアでの成功は、はるかに大きな意味を持っていた。ウィリアムソンによれば、ショック療法プログラムは「ビッグバン」——つまり、シカゴ学派ドクトリンを全世界に広げるキャンペーンに突破口を開くものだというのだ。[2] その理由は経済とはほとんど関係なく、もっぱら戦略的なものだった。

サックスは、本人がそう意図していたかどうかは別にして、危機に関するフリードマン理論の正しさを、じつに見事な形で証明してみせた。ボリビアのハイパーインフレは、通常の状況では政治的に実行不可能な政策を強引に実施するための口実となったのだ。ボリビアは、強力で戦闘的な労働運動と強固な左翼の伝統で知られ、チェ・ゲバラの最後の戦いの場でもあった国である。にもかかわらず、この国は制御不能に陥った通貨を安定化するという名のもとに、過酷なショック療法を受け入れることを余儀なくされたのだ。

八〇年代半ばには、本格的なハイパーインフレ危機が軍事的戦争に類似した影響を及ぼすことを、数人の経済学者が指摘していた。[3] 恐怖と混乱が拡大し、難民が生まれ、多数の死者が出るというのだ。ボリビアにおいて、ハイパーインフレがチリにとってのピノチェトの「戦争」やマーガレット・サッチャーにとってのフォークランド紛争と同じ役割を果たしたことはきわめて明白だった。ハイパーインフレによって、緊急措置を取るためのお膳立てが整った――言い換えれば、民主主義のルールを一時停止し、ゴニの自宅居間に集結した専門家チームに一時的にすべての経済統制を委ねることのできる「例外的状況」が到来したのだ。ウィリアムソンのような筋金入りのシカゴ学派のイデオローグにとっては、ハイパーインフレは、サックスが考えたように解決すべき問題なのではなく、逃すことのできない絶好のチャンスだった。

八〇年代には、こうした機会はあり余るほどあった。それどころか発展途上世界、とりわけラテンアメリカの多くの国々はまさにその頃、ハイパーインフレへと突入しつつあった。危機を引き起こした主な原因は二つあり、ともにその根源はアメリカ政府の金融政策にあった。第一は、アメリカ政府がこれらの国に対し、独裁政権下で累積した不当な債務を民主化後もそのまま引き継ぐよう主張したこと。第二は、米連邦準備制度理事会（FRB）がフリードマンの影響を受けて金利を急上昇させたため、こうした債務があっという間に膨れ上がってしまったことである。

引き継がれた忌まわしい債務

アルゼンチンがその典型例だ。一九八三年、フォークランド紛争の敗戦によって軍事政権が崩壊し、ラウル・アルフォンシンが新大統領に選出された。だが民政移管に伴い、アルゼンチンは〝債務爆弾〟のおかげで爆発寸前の状態に陥っていた。民政への「尊厳ある移行」の一環として、アメリカ政府は軍政期に累積した債務の支払いを新政権に要求したのだ。アルゼンチンでは軍事クーデターの一年前に七九億ドルだった対外債務（ＩＭＦ、世界銀行、アメリカ輸出入銀行、アメリカ国内の民間銀行などに対する）が、民政移管の際には四五〇億ドルにまで膨らんでいた。この地域の他の国々も状況は似たりよったりだった。ウルグアイでは軍政期中に対外債務が五〇〇〇万ドルから五億ドルに増えたが、人口わずか三〇〇万人の同国にとってこれは膨大な負担だ。もっとも極端なのはブラジルで、一九六四年に政権を握った軍部は財政の安定を約束したものの、一九八五年に民政移管するまでに対外債務は三〇億ドルから一〇三〇億ドルにまで膨れ上がった。(4)

民主主義政権への移行期、こうした債務は「忌まわしい」ものであり、国民を弾圧し拷問にかけた政権のツケを民主化された新政権に回すべきではないという議論が、倫理的・法的観点から盛んに行なわれた。なかでも対外債務の大部分が独裁政権下で軍や警察に回され、銃や放水銃、最新の拷問設備などの購入にあてられた南米南部地域では、そうした主張がとくに強かった。たとえばチリでは、融資によって軍事費は三倍増となり、チリ軍は一九七三年の四万七〇〇〇人から一九八〇年には八万五〇〇〇人へと拡大した。世銀の推定によれば、アルゼンチンでは、債務のうちおよそ一〇〇億ドルが軍事費にあてられた。(5)

武器購入に回されなかった資金は消えてなくなった。軍政支配には腐敗が蔓延し、その後ロシアや中国、占領下のイラクの「自由詐欺ゾーン」(イラクの現状を嘆いた米政府顧問の言葉)などにはびこることになる堕落の先駆けとなった。(6) 二〇〇五年のアメリカ上院報告書によれば、ピノチェトはリッグス銀行(本店ワシントンDC)をはじめとする複数の外国銀行に、家族や自分自身の名前を組み合わせた偽名を名義にした秘密口座を少なくとも一二五保有し、推定で二七〇〇万ドルの不正資金を隠匿していた。(7)

アルゼンチンでの軍事政権の強欲ぶりはさらにこれを上回る。一九八四年、同国の経済計画を立案したホセ・アルフレド・マルティネス・デ・オス元経済相が、かつて社長を務めていた会社に対する多額の国家補助金に関連する詐欺容疑で逮捕された（のちに不起訴になった）(8)。一方、その後世銀が軍事政権への対外融資三五〇億ドルの行方を調査し、全体の四六％にあたる一九〇億ドルが海外に送金されていたことが判明。スイス当局者によって、その大部分が匿名口座に振り込まれていたことが確認された(9)。ＦＲＢによれば、一九八〇年の一年間でアルゼンチンの債務は九〇億ドル増大し、同年、アルゼンチン人による海外預金の合計額は六七億ドル増加していた(10)。シカゴ大学の著名な教授でアルゼンチンの多くのシカゴ・ボーイズの指導にあたったラリー・スジャースタッドは、行方不明になったこれらの資金（彼の教え子たちの鼻先で盗まれた）について、「二〇世紀最大の詐欺行為」だと語っている*(11)。

＊　当時はおそらく「二〇世紀最大」だったと思われるが、その後二〇世紀が終わるまでに、ロシアのシカゴ学派たちによる実験が行なわれることになる。

軍事政権の横領者たちは、拘束した人々までこの犯罪に巻き込んだ。ブエノスアイレスのＥＳＭＡ強制収容所では、高い言語能力や大卒の学歴を持つ者はしばしば独房から出されて事務的な仕事に就かされた。生存者の一人グラシエラ・ダレオは、横領した資金の送金先として海外の租税回避地《タックスヘイブン》を案内する書類をタイプするよう、軍の将校たちに命じられたという(12)。

残りの国家債務はおおむね利息の支払いや、民間企業の怪しげな救済措置にあてられたものだった。アルゼンチン独裁政権は崩壊直前の一九八二年、企業部門のために最後の便宜を図った。大手多国籍企業や国内企業は――チリの投資家集団「ピラニア」のように――膨大な債務によって倒産の瀬戸際まで追い詰められていたが、中央銀行総裁のドミンゴ・カバーロが、国がそれを吸収すると発表したのだ。この都合のいい手続きによって、企業の資産や利益は守られることになった反面、一五〇億～二〇〇億ドルの債務のツケは国民が払わなければならなかった。この寛大な措置の恩恵にあずかったのは、フォード・モーター・アルゼンチン、チェース・マンハッタン、シティバンク、ＩＢＭ、メルセデス・ベンツなどだった。(13)

こうした不当に蓄積された債務の不履行を支持する人々は、融資した側もそうした資金が弾圧や腐敗に費やされていることを知っていた、あるいは知っていたはずだ、と主張した。その裏づけとなるのが最近米国務省が機密解除した資料である。これによると一九七六年一〇月七日、当時のアメリカのヘンリー・キッシンジャー国務長官とアルゼンチン独裁政権のセサル・アウグスト・グゼッティ外相が会談し、クーデター後の人権侵害に対する国際社会の批判について話したあと、キッシンジャーはこう発言している。「いいですか、われわれの基本的な姿勢はあなた方に成功してほしいということです。私は、友人同士は支え合うべきという古い考えの持ち主だ。（中略）早く成功すればするほど望ましい」。このあとキッシンジャーは話題を債務に移し、アルゼンチンの「人権問題」が米政府の足かせとなる前にできるだけ早く、多くの融資を申請するようグゼッティに促す。米州開発銀行には「二種類の融資がある」が「われわれはその融資に反対票を投じる意図はまったくない」とキッシンジャーは言い、さらにグゼッティ外相にこう指示している。「輸出入銀行からの要請を進めてください。われわれは貴国の経済プログラムの成功を願っているし、それを助けるために最善を尽くすつもりです(14)」

米政府が、軍事政権の恐怖作戦のまっただなかで使われることを承知のうえで融資を承認したことを、この資料は裏づけている。八〇年代初め、米政府が民政移管後のアルゼンチン政府に返済を求めたのは、こうした「忌まわしい」債務だったのである。

債務ショック

民主化後の新政権にとって、これらの債務はそれだけでも膨大な負担になったはずだが、その負担をさらに重くする事態が起きる。FRBのポール・ヴォルカー理事長がアメリカの金利の大幅な引き上げを発表し、「ヴォルカー・ショック」(「債務ショック」とも「債務危機」とも呼ばれる)と呼ばれる大きな衝撃がもたらされたのだ。ヴォルカーは短期金利を最高で二一%まで上げ、一九八一年にピークに達した高金利は八〇年代半ばまで続いた⑮。アメリカ国内ではこの高金利が多数の企業の倒産を引き起こし、一九八三年には債務不履行に陥った人の数は三倍に増えた⑯。

だがもっとも大きな痛みを感じたのはアメリカ以外の国だった。多額の債務を抱える発展途上国にとって、ヴォルカー・ショックは、さながらワシントンから発射されたテーザー銃(相手の体に刺さって高電圧電流を流す銃)によって与えられた電気ショックのようなものだった。金利の急上昇は、対外債務の支払い金利が高くなることを意味し、その支払いのためにさらに借り入れを増やさなければならなくなることもしばしばあった。こうして債務スパイラルが生じる。アルゼンチンでは、軍事政権から引き継がれた時点で四五〇億ドルに達していた膨大な債務が急増し、一九八九年には六五〇億ドルに上ったが、これに似た状況は世界の貧困国のあちこちで見られた[17]。ブラジルの債務が六年間で五〇〇億ドルから一〇〇〇億ドルに倍増したのは、ヴォルカー・ショックのあとだった。七〇年代に多額の債務を抱えたアフリカの多くの国も同様で、たとえばナイジェリアの債務は同じ時期に九〇億ドルから二九〇億ドルに膨れ上がった[18]。

八〇年代に発展途上世界を襲った経済的ショックはこれだけにとどまらない。たとえばコーヒーやスズのような輸出商品の価格が一〇％かそれ以上下落するたびに、「価格ショック」が起こる。ＩＭＦによれば、発展途上国は一九八一年から八三年までの間に二五の価格ショックを経験し、債務ショックまっただなかの一九八四年から八七年までの間には一四〇の価格ショックを経験、これによってさらに債務が膨らんだ[19]。ボリビアではジェフリー・サックスの処方した苦い薬を飲み、資本主義的改革を甘受した翌年の一九八六年、価格ショックに見舞われた。コカ以外の主要な輸出品目であるスズの価格が五五％も下落し、同国経済は自らの責任とは無縁のところで大打撃を受けた(五〇〜六〇年代の開発主義経済学が脱却しようとしたのは、まさにこうした原料資源の輸出への依存だった。だが北の主流経済学者たちはこの考えを「明確さを欠く」として問題にしなかった)。

ここにおいて、フリードマンの危機理論はますます自己強化される。世界経済が彼の処方に従い、変動金利、価格統制の撤廃、輸入中心の経済などを採用すればするほど、経済システムは危機に陥りやすくなり、経済的崩壊も起きやすくなる。こうした状況にあるときにのみ、政府は過激な助言を取り入れるのだとフリードマンは考えた。

このように、シカゴ学派のモデルには「危機」が組み込まれている。際限のないカネが猛スピードで世界中を自由に移動し、投機家がコカから通貨に至るあらゆるものの価値の変動に賭けることができれば、その結果生じるのは途方もない不安定さである。そして自由貿易政策は貧困国に、コーヒー、銅、石油、小麦などの原料資源の輸出に依存し続けるよう奨励するため、これらの国々は危機の悪循環にはまる可能性がきわめて高い。たとえばコーヒー価格が突然下落すれば、その国の経済はたちまち不況に陥り、為替トレーダーはそれに反応してその国の通貨が下がるほうに賭けるから、ますます通貨は下落し、経済はいっそう悪化するというわけだ。そこに金利上昇が加われば、その国の債務は一夜のうちに膨れ上がり、経済破綻の危険性が迫ってくる。

シカゴ学派の信奉者の大半は、八〇年代半ば以降、自分たちのイデオロギーが順調かつ輝かしい勝利を収めたと評価する。民主化の波が世界を覆うなか、自由な人間と際限なく自由な市場とはワンセットであるという啓示が、彼らの上にいっせいに下ったのだ。だがこの啓示は真実とはほど遠かった。フィリピンのフェルディナンド・マルコスやウルグアイのファン・マリア・ボルダベリなどの独裁政権下、拷問室で加えられたショックを逃れ、長年否定されてきた自由を人々がようやく勝ち取ったと思ったとたん、規制が撤廃され、不安定さを増すグローバル経済によって引き起こされた経済的ショック——債務ショック、価格ショック、そして通貨ショックが、彼らを見舞ったのである。

不幸なことにアルゼンチンは、債務危機にこうした他のショックが重なるというまさに典型的な例だった。一九八三年、ヴォルカー・ショックの真っ最中にスタートしたラウル・アルフォンシン政権は、第一日目から危機モードに入ることを余儀なくされた。一九八五年、猛威を振るうインフレ対策としてアルフォンシンは新通貨アウストラルを導入するという賭けに出たが、四年も経たないうちに物価はさらに上昇し、食料をめぐる大規模な暴動が頻発した。レストランでは紙よりも安いからと、紙幣を壁紙に使うありさまだった。一九八九年六月、インフレ率はその月だけで二〇三％にも達し、アルフォンシンは任期満了五カ月前に辞任することを決断した。(20)

アルフォンシンと同じ立場に置かれた場合、他の選択肢もあったはずだ。膨大な債務を不履行にすることもできたはずだし、同様の危機にある隣国政府と協力して債務者連合を結成することもできたかもしれない。また、これらの政府同士が開発主義的な理念に基づく共同市場を創設する(そうした動きは、この地域が加虐的な軍事政権によって引き裂かれたときから始まっている)こともできたかもしれない。だが当時、民主化された政権にとっての問題のひとつは、いまだに国家テロという負の遺産を引きずっていたことにある。八〇年代から九〇年代にかけて、発展途上国の多くは一種のテロ後遺症に苦しんでいた。名目上は自由になっても、警戒を解くことはできなかったのだ。仮に七〇年代に軍事クーデターを挑発したのと同じ政策を推進すれば、またしても米政府の後押しによるクーデターを誘発する恐れがある。独裁政権の闇からようやく抜け出したばかりの段階で、そのリスクを冒そうという政治家はまずいなかった。しかも、かつてクーデターを起こした軍将校たちのほとんどは訴追を免除され、刑務所ではなく兵舎の中から様子をうかがっているとなれば、なおさらである。

民主化されたものの危機にあえぐこれらの国々は、融資元であるワシントンの国際経済機関との対立は避けたいという無理からぬ思いから、ワシントンのルールに従う以外に術を持たなかった。そして八〇年代初頭、このルールが大幅に厳しくなる。それは債務ショックと南北関係の新時代の到来とが時を同じくして――偶然の一致ではなく――起きたからだった。これ以降、軍事独裁政権はほとんど不必要なものになる。それは「構造調整」(あるいは債務独裁とも呼ばれる)の時代の幕開けだった。

ミルトン・フリードマンは、思想的にはＩＭＦや世銀の価値を認めていなかった。こうした国際経済機関は、自由市場の微妙なシグナルを邪魔する「大きな政府」の典型的な例だと彼は考えていた。それを考えると、シカゴ・ボーイズがまるでベルトコンベアーで運ばれるかのように、ワシントンＤＣ一九番地にあるこの二つの機関の本部ビルに入り、次々に幹部職に就いたのは皮肉と言うしかない。

シカゴ大学ラテンアメリカ・プログラムの責任者だったアーノルド・ハーバーガーは、自分の指導した学生のなかで世銀とＩＭＦの要職に就いた者が何人もいることを、よく自慢げに話す。「一時、世銀の地域別チーフエコノミストのうち四人がシカゴ大学の教え子だったことがあるんです。そのうちの一人、マルセロ・セロウスキーは新設された旧ソ連エリア担当チーフエコノミストに抜擢された。世銀全体でも最重要ポストです。驚くなかれ、彼の後任者がまた私の教え子のセバスチャン・エドワーズ。ああいう連中がどんどん昇進していくのを見るのはじつに気分がいいし、彼らがエコノミストとして成長するのに私も一役買ったと思うと誇らしいですよ」[21]。もう一人のスターは、一九七一年にシカゴ大学を卒業し、その後ＩＭＦの西半球担当局長（対ラテンアメリカ政策においては最上級ポスト）に就任したアルゼンチン人クラウディオ・ロセルだ。* それ以外にも筆頭副専務理事、チーフエコノミスト、調査局長、アフリカ担当シニアエコノミストなど、ＩＭＦの上級ポストに就いたシカゴ大学卒業生は少なくない[22]。

＊　ロセルは二〇〇一年のアルゼンチンの経済危機後にＩＭＦを解雇された。彼の方針があまりにも市場原理中心であったため、財政支出の削減と民営化を続ける国には多額の融資を際限なく行なうことになり、大量失業や腐敗の蔓延（ＩＭＦからの持続不可能な債務は言うまでもなく）といった明白な欠陥が見過ごされてしまうというのがその理由だった。

フリードマンは思想的にはＩＭＦや世銀に反対だったかもしれないが、現実には彼の危機理論を実行に移すのに、これ以上適した機関は存在しなかった。八〇年代に多くの国が危機のスパイラルに陥ったとき、頼れるところと言えば世銀とＩＭＦしかなかった。だが実際に助けを求めたとき、これらの国々は正統派シカゴ・ボーイズの壁にぶち当たる。彼らは経済的破局を解決すべき問題としてではなく、新たな自由市場経済のフロンティアを確保するために活用すべき貴重な「チャンス」とみなすよう、教育を受けていた。こうした「危機機会主義《オポチュニズム》」は今や、世界でももっとも強力な経済機関の基本理念となっていた。同時にそれは、これらの経済機関の設立理念に対する根本的な裏切りでもあった。

国連と同様、世界銀行とIMFは第二次世界大戦に対する直接的な反省から設立された。一九四四年、ヨーロッパの中心部にファシズムの台頭を許した過ちを二度とくり返すまいという決意のもと、連合国が新しい世界経済体制について協議するためにニューハンプシャー州ブレトンウッズに集まったときのことである。IMFと世銀は当初の加入国四三カ国の資金によって運営され、ワイマール体制下のドイツ経済を大きく揺るがした経済的ショックや恐慌を二度と起こさないようにするという、明確な任務を負うことになった。世銀は発展途上国を貧困から脱却させるために長期の投資を行ない、一方のIMFは金融投機や市場の不安定性を抑制する経済政策を促進することで、世界経済のショックアブソーバーのような役割を果たす。経済危機に陥りそうな国があれば、IMFは経済安定化のための補助金や融資を提供し、危機を未然に防ぐ(23)。両機関はワシントンDCの同じ通りに向かい合って立ち、互いに連携を取りながら問題に対処する、ということになった。

イギリス代表団のリーダーとしてブレトンウッズ会議に参加したジョン・メイナード・ケインズは、市場の自己調整能力に任せることに伴う政治的危険について、世界はようやく認識したと確信した。ケインズは会議の最後のスピーチで「そんなことが可能だと考えていた人はほとんどいない」と指摘し、もしこの両機関が設立理念に忠実であり続ければ、「人類愛は単なる言葉以上のものになるにちがいありません」と述べた。[24]

だがＩＭＦと世界銀行が、その普遍的な理念どおりに行動することはなかった。設立当初から、この二つの機関の投票権の配分は国連総会のような一国一票制ではなく、個々の国の経済の規模によって決められた。その結果、アメリカはあらゆる主要な決定について事実上の拒否権を有し、ヨーロッパと日本はそれ以外の決定のほとんどを左右する力を与えられた。したがって八〇年代にレーガンとサッチャーが政権の座に就いたとき、きわめてイデオロギー的な二つの政権は基本的に自らの目的のために両機関を利用することが可能になった。その結果、ＩＭＦと世銀は急速にその権力を増大させ、コーポラティズム改革運動を推進するための主要な手段となっていったのだ。

シカゴ学派による世銀とＩＭＦの植民地化はおおむね暗黙のうちに進められたが、それを公に知らしめたのは、一九八九年、ジョン・ウィリアムソンが発表した「ワシントン・コンセンサス」だった。ウィリアムソンによれば、一〇項目から成るこれらの経済政策は、両機関が経済的健全さにとって必要な最低限の条件とみなすもの――「まともな経済学者であれば誰もが持っている共通の見識の中核をなすもの」――である。[25]専門的で議論の余地もないかのように装ってはいるものの、ここには「国営企業は民営化されるべき」とか「海外企業の参入を妨げる障害は撤廃するべき」などといった大胆なイデオロギー的主張も含まれている。[26]リスト全体を見渡せば、これは民営化、規制撤廃・自由貿易、財政支出の大幅削減というフリードマンの新自由主義三原則以外の何ものでもない。ウィリアムソンは、これらの政策こそ「ワシントンの権力者たちがラテンアメリカに受け入れを強く求めたもの」だとしている。(27) 世銀の元チーフエコノミストで、新自由主義経済に反対する最後の砦たるジョセフ・スティグリッツはこう書く。「自分の子どもがどうなったかをもしケインズが知ったら、草葉の陰でさぞ嘆くことだろう」(28)

世銀とIMFは設立以来、融資を行なう際には必ず融資先の国に政策提言を行なってきた。だが八〇年代初め、発展途上国の経済が危機的状況に陥るなか、こうした提言は急進的な自由市場経済導入の要求へと様変わりしていった。危機に瀕して債務救済や緊急融資を求めてくる国に対し、IMFはシカゴ・ボーイズがピノチェトのために起草した経済プログラム〝レンガ〟や、ボリビアのゴニの自宅の居間で短期間のうちに作られた二二〇の法律から成る政令にも匹敵する容赦ないショック療法プログラムをもって応じた。

一九八三年、IMFは本格的な「構造調整」プログラムを発表する。以後二〇年間、IMFは大規模融資を求めてきたすべての国に対し、経済の徹底した改造が必要だと言い続けてきた。八〇年代を通じてラテンアメリカ、アフリカ諸国に向けた構造調整プログラムを作成してきたIMFの上級エコノミスト、デイヴィソン・ブドゥーはのちにこうふり返っている。「一九八三年以降われわれがやったことは、何がなんでも南を「民営化」させるという新たな使命に基づいていた。この目的のため、われわれは一九八三〜八八年にかけて、ラテンアメリカとアフリカに経済的混乱を引き起こすという恥ずべきことをやってきたのです」(29)

この過激な(かつ収益のきわめて高い)新しい使命を携えながら、IMFと世銀は常に、自分たちのやっていることはすべて安定化のためだと主張してきた。ＩＭＦの公式の使命は依然として危機の防止（社会工学でも思想改造でもなく）であった以上、表向きには安定化を旗印に掲げる必要があったのだ。だが実際には、いずれの国においても、対外債務危機はシカゴ学派の政策を推進するために組織的に利用された。そしてフリードマン流のショック・ドクトリンの容赦ない実施が伴ったのである。

当時、世銀とＩＭＦのエコノミストたちはこのことを認めていたが、通常は符号化された経済用語を使い、その場も専門家のフォーラムや仲間の「テクノクラート」向けの出版物に限られていた。著名なハーバード大学の経済学者で世銀にも大きく貢献したダニ・ロドリックは、「構造調整」という概念そのものが独創的な市場戦略であると指摘している。「「構造調整」という概念を考案し、売り込みに成功した世銀は称賛に値する」と、ロドリックは一九九四年に書いている。「この概念はミクロ経済改革とマクロ経済改革をワンセットにパッケージ化したものである。構造調整は、危機に陥った経済を救済するためにその国が実施する必要のあるプロセスとして売り込まれた。このパッケージを取り入れた政府にとっては、対外均衡と安定した価格を維持する健全なマクロ経済政策と、（自由貿易のような）開放性を決定する政策との区別は曖昧化される」[30]

原理は単純だ。危機に陥った国は通貨を安定させるために、喉から手が出るほど緊急支援を欲しがっている。民営化と自由貿易政策が経済的救済とワンセットになって提示されれば、それを受け入れる以外に選択の余地はない。ここでじつに賢いのは、エコノミスト自身、自由貿易は危機の抑制となんの関係もないことを知っているのに、その部分はみごとに「曖昧化」されているという点だ。ロドリックが「曖昧化」と言ったのは、褒め言葉だった。パッケージ化によって、貧困国にワシントンの国際機関が決定した政策を受け入れさせることができたというだけでない。首尾よく運んだのは唯一、この抱き合わせ政策だけだった。ロドリックには自分の主張を裏づけるデータがあった。彼は八〇年代に急進的な自由貿易政策を採用したすべての国を調査し、「一九八〇年代に発展途上国で行なわれた貿易改革のうち、深刻な経済危機以外の状況で行なわれたケースはひとつとしてない」ことを突きとめていた。(31)

これは驚くべき発言である。世銀とIMFは歴史のこの時点で、ワシントン・コンセンサスに謳われた政策だけが経済の安定化、ひいては民主主義をもたらすことを世界中の国の政府がようやく理解したと公然と主張していた。ところがワシントンの権力層の内部から、発展途上国が彼らの指示に従うのは、虚偽の主張と露骨な恐喝――「国を救いたければ、安価で売るしかないぞ」という――が行なわれているからにすぎない、と指摘する声が上がったのだ。しかもロドリックは、民営化と自由貿易という構造調整パッケージの二つの柱が経済の安定化とは直接関係がないことも指摘している。それがあるように主張するのは、「悪しき経済学」だというのである。(32)

この時期のIMFの〝優等生〟だったアルゼンチンは、新秩序のメカニズムを知るうえでも格好の例を提供してくれる。ハイパーインフレによってアルフォンシン大統領が辞任に追い込まれたあと、政権の座に就いたのはペロン党の州知事カルロス・メネムだった。革のジャンパーにもみあげを生やしたメネムは、いまだに暗い影となって同国にのしかかる軍と債権者に立ち向かうタフさを持ち合わせているように見えた。長年、ペロン党と組合運動を排除するために暴力的な策謀がくり返されてきたアルゼンチンに、今や組合を支持し、ファン・ペロンが推進した民族主義に基づく経済政策の復活を公約する大統領が誕生したのだ。国民の熱狂は、かつてボリビアでパス・エステンソロ政権が誕生したときを彷彿とさせるものだった。

だがその後メネムがたどった変節も、パス・エステンソロを思わせた。就任から一年後、IMFからの強力な圧力に屈したメネムは大胆にも〝ブードゥー政治〟へと舵を切った。独裁政権に反対してきた政党のシンボルとして大統領に選出されたメネムは、ドミンゴ・カバーロを経済相に任命する。カバーロは軍政下で企業部門の債務を救済し、文民政権への置き土産を残した責任者にほかならない[33]。彼を任命したことは、新政権が軍政下で開始されたコーポラティズム実験を再開し、継続することを示す明白な「合図」だった。ブエノスアイレスの株式市場はこれを大歓迎し、この人事が発表された日に株価は三〇％も急騰した[34]。

カバーロ経済相は、ただちにイデオロギー的補強に乗り出し、かつてのミルトン・フリードマンやアーノルド・ハーバーガーの教え子を次々に政府の要職に起用した。経済関係のトップポストは事実上、すべてシカゴ・ボーイズで占められた。中央銀行総裁にはIMFと世銀の両方で働いた経験のあるロケ・フェルナンデス。中央銀行副総裁には独裁政権で重要ポストに就いていたシカゴ・ボーイズの一人、ペドロ・ポウ。中央銀行首席顧問にはそれまで

IMFで、元シカゴ大学教授マイケル・ムッサのもとで働いていたパブロ・グイドッティ、という具合である。

こうした状況はアルゼンチンだけに限られたものではなかった。一九九九年には、世界各国政府の閣僚のうちシカゴ大学経済学部の卒業生は二五人を数え、中央銀行総裁ではイスラエルからコスタリカまで一〇人以上を数えた。ひとつの大学のある学部がこれだけの影響力を持つのは驚くべきことだ(35)。アルゼンチンをはじめ多くの国では、シカゴ・ボーイズが選挙で選ばれた政府を言わば挟み撃ちにしていた――ひとつのグループが政府内部から圧力をかける一方、ワシントンにいるもうひとつのグループが外から圧力をかけるのだ。たとえばブエノスアイレスを訪れるIMFの代表団を率いるのは多くの場合、アルゼンチン出身のシカゴ・ボーイであるクラウディオ・ロセルだった。したがって経済相や中央銀行との会談も敵対的な交渉などではなく、かつてのシカゴ大学同級生で、近年はワシントンDC一九番地の同僚だった友人同士の気心の知れた話し合いだった。こうした国際的な経済友愛クラブの持つ影響力についてアルゼンチンで出版された本は、いみじくも『ブエノスムチャチョス』(いいやつ、仲間たち)と題されている(36)。これはマフィア世界に生きる男たちを描いたマーティン・スコセッシ監督の名作『グッドフェローズ』から取ったものだ。

この友愛クラブのメンバーは、アルゼンチン経済に何が必要か、さらにはその実施方法について熱い合意に達した。カバーロ計画と呼ばれることになったこのプロジェクトは、世銀とIMFが完成させた巧妙なパッケージ化の技に基づいて策定された。ハイパーインフレによる混乱と絶望感に乗じて、民営化をあたかも救済計画に欠かせない一部であるかのように見せるというトリックである。貨幣制度を安定化させるために、カバーロはすぐさま公共支出を大幅に削減し、一ドル＝一ペソに固定した新ペソを導入した。一年以内にインフレ率は一七・七％にまで下降し、数年後には事実上終息した。(37) 通貨の暴走はこれで収まった反面、計画の残り半分は「曖昧化」された。

軍事政権下、アルゼンチンは海外の投資家を喜ばせることに積極的姿勢を取ったものの、アルゼンチン航空からパタゴニア地方に埋蔵する膨大な石油資源に至るまで、経済のかなりの部分は国営のまま残された。カバーロとその部下のシカゴ・ボーイズにとって、革命はまだ道半ばであり、彼らは経済危機を利用して自分たちの仕事を完遂する決意を固めていた。

九〇年代初頭、アルゼンチンの国営企業の民営化はきわめて急速かつ全面的に行なわれ、一〇年前にチリで行なわれた民営化をはるかにしのいでいた。一九九四年には国営企業の九割がシティバンク、ボストン銀行、フランスのスエズやヴィヴェンディ、スペインのレプソルやテレフォニカなどの私企業に売却された。売却に先立ち、メネムとカバーロは、新しい所有者のために気前のいいサービスを提供する。カバーロ自身の推定によれば、約七〇万人の労働者が解雇された(それよりずっと多かったという指摘もある)。石油会社だけでも、メネム政権のもとで二万七〇〇〇人が解雇された。ジェフリー・サックスの崇拝者であるカバーロは、一連のプロセスを「ショック療法」と呼んだが、メネムはもっと残酷な表現を使った。大規模な拷問のトラウマをいまだに引きずっている国で、彼はそれを「麻酔なしの大手術」

と呼んだのである。*(38)

＊　カバーロとメネムが現役を退いて久しい二〇〇六年一月、アルゼンチンを驚かせるニュースが届いた。カバーロ計画はカバーロが策定したものでも、ＩＭＦが策定したものでもなかった。九〇年代初めのアルゼンチンのショック療法プログラムは、同国の最大の民間債権者であるＪＰモルガンとシティバンクによって秘密裏に用意されたものだったのだ。アルゼンチン政府に対する訴訟の過程で、著名な歴史学者アレハンドロ・オルモス・ガオナが、この二つのアメリカの銀行がカバーロのために書いた一四〇〇ページに及ぶ驚くべき資料の存在を明らかにした。ここには「九二年以降、政府によって実施された公共事業の民営化、労働法の改正、年金制度の民営化などの(中略)政策が策定されている。その説明には細部にわたり入念な注意が払われている。(中略)一九九二年以降実施された経済計画はドミンゴ・カバーロの策定したものだと誰もが考えているが、それは事実ではない」

この大転換のさなか、『タイム』誌の表紙にメネムが登場した。ヒマワリの花の真ん中に笑顔のメネム、そして「メネムの奇跡」の文字が躍っている。(39)たしかに奇跡にはちがいなかった。メネムとカバーロは、国民の反乱を招くことなく、過激で大きな痛みを伴う民営化プログラムを実行したのだ。いかにして実行できたのか？

後年、カバーロはこう説明している。「ハイパーインフレによって、国民、とりわけ低所得者層や貯金のない人々はひどい目に遭う。物価の上昇によって、たった数時間あるいは数日のうちに給料の価値はなくなり、それがものすごいスピードで起こるのだ。国民は政府になんとかしてくれと懇願する。そこでもし政府が安定化計画を示せれば、同時に他の改革も行なう絶好の機会になる。（中略）もっとも重要な改革は経済を開放し、規制撤廃と民営化プロセスを推進することに関連している。だが当時、これらの改革をすべて実行するにはハイパーインフレによって生じた状況を利用することが唯一の方法だった。なぜなら国民は、ハイパーインフレを解消して正常な状態に戻るためなら過激な変化でも受け入れようと考えるからだ(40)」

長期的には、カバーロのプログラムはアルゼンチンにとって悲惨な結果をもたらした。通貨の安定のためにペソをドルに固定する固定相場制を取ったことから、国内で生産される製品の価格が高くなりすぎ、安い輸入品と競争できなくなってしまったのだ。その結果、大量の失業者が出て、やがて国民の半分以上が貧困ライン以下の生活を強いられることになった。だが短期的には、この安定化計画は目覚ましい効果を表した。国全体がハイパーインフレのショックに見舞われている間に、カバーロとメナムは民営化をひそかに推進した。危機がしっかり役に立ったのだ。

この時期にアルゼンチンの指導者が発揮したのは、経済的手腕というより心理的手腕だった。軍事政権の経験豊かなカバーロは、危機に直面した国民は、魔法の薬を持つと称する者には誰にでも多大な権限を進んで預けるということをよく理解していた。その危機が経済破綻であれ、のちにブッシュ政権が利用してみせるテロ攻撃であれ、同じことである。

フリードマンによって始められた改革運動が、民主主義への移行という手ごわいプロセスを経ても生き延びた理由はここにある。その提唱者たちが有権者に、自分たちの世界観がいかに優れているかを説得したわけではない。彼らは危機から危機へと巧妙に渡り歩き、経済的緊急事態における人々の絶望感を利用して、誕生して間もない脆弱な民主主義政権の自由を奪うような政策を強引に推し進めてきた。いったんこの手法ができ上がると、チャンスは次々にやってくるように見えた。ヴォルカー・ショックのあと、一九九四年にメキシコでテキーラ危機が起き、一九九七年にはアジアで連鎖的な通貨危機が発生、一九九八年にはロシアの経済が破綻し、その直後にブラジルが続いた。やがてこれらのショックや危機の力が弱まると、さらにインパクトの大きい変動が襲うことになる——津波、ハリケーン、戦争、そしてテロ攻撃。こうして惨事便乗型資本主義が次第に形をなしてくるのである。

第四部　ロスト・イン・トランジション

──移行期の混乱に乗じて

このような最悪の時代は、根本的な経済改革の必要性を理解する者にとっては最良の機会となる。

——ステファン・ハガード、ジョン・ウィリアムソン『政策改革の政治経済学』（一九九四年）

第９章　「歴史は終わった」のか？

――ポーランドの危機、中国の虐殺

私は自由になったポーランドに生活している。ミルトン・フリードマンこそ、わが国に自由をもたらした主要な知的設計者の一人だと私は考えている。

――レシェク・バルツェロヴィッチ（ポーランドの元財務相、二〇〇六年一一月）[1]

投資した金の一〇倍儲かると、胃袋に何か特別な化学物質が放出される。それが病みつきになるんだ。

――ウィリアム・ブラウダー（アメリカの投資家）、資本主義経済への移行から間もないポーランドで投資することについて[2]

喉に詰まる危険があるからといって、食べるのをやめてはならない。

――『人民日報』、天安門事件後も自由市場改革を続行する必要があると主張して[3]

共産主義の崩壊の決定的なシンボルとなった光景と言えばベルリンの壁崩壊だが、それよりかなり前、ソ連の支配体制が崩れることを暗示するもうひとつの光景があった。ポーランド、グダニスクの造船所で、モシャモシャ頭にもみあげを生やした電気技師レフ・ワレサが、花と旗で飾られた鉄のフェンスを乗り越えているシーンだ。この日、造船所の中では何千人もの労働者が、政府の決定した食肉の値上げに反対してバリケードを張っていた。

ポーランド政府は三五年にわたってソ連の支配下にあり、政府に抗議する労働者のストライキは過去に例を見たことがなかった。何が起こるか、誰にも予想はつかなかった。ソ連政府は戦車を出動させるだろうか？　戦車はストライキを決行中の労働者に発砲して、強制的に職場に戻そうとするだろうか？

ストライキが長引くにつれ、造船所は独裁政権国家のなかに生まれた大衆民主主義地帯といった趣を呈し、労働者たちは要求を拡大していった。労働者階級の味方だと称する共産主義政党の政治局員に、自分たちの生活を管理されるのはもう真っ平だ。自分たち独自の労働組合が欲しい。交渉し、ストライキを行なう権利が欲しい、と。そして彼らは上からの許可を待たずに、自分たちの力で自主管理労組「連帯(ソリダルノシチ)」を結成した。(4)一九八〇年のことだ。世界は「連帯」とそのリーダー、レフ・ワレサに惚れ込んだ。

当時三六歳の若さだったワレサは、ポーランドの労働者の願望の完璧なまでの代弁者であり、そこには霊的交流とも呼べる一体感が生まれた。「私たちは皆、同じパンを食べているのです！」。ワレサはグダニスク造船所でマイクを握り、こう叫んだ。これは、ワレサ自身の労働者としての揺るぎない身分だけでなく、この先駆的な運動にカトリシズムが果たした役割の大きさを示す言葉でもあった。党当局は宗教に冷やかな目を向けていたが、労働者たちは信仰を勇気の印として身にまとい、バリケードの中で聖体拝領を受けた。いささか粗野な面と敬虔な面とを併せ持つワレサは、「連帯」の事務所の開所式では片手に花束、片手に木製の十字架を携えていた。また政府との間に結ばれた最初の画期的な労働協約には、「ヨハネ・パウロ二世の肖像をあしらった土産物の大きなペン」で署名した。一方、ポーランド出身のローマ教皇もワレサに称賛を惜しまず、「連帯」のために祈りを捧げるとワレサに告げた。[5]

「連帯」はポーランドの鉱山や造船所、工場に燎原の火のごとく広まった。一年以内に組合員は同国の労働年齢人口のほぼ半数にあたる一〇〇〇万人に達した。交渉の権利を得た「連帯」は具体的な前進を勝ち取っていく。週休は一日制から二日制となり、工場の運営に関する発言権は増大した。理想化された労働者階級は崇拝しても、実際の労働者を虐待するような国で暮らすのにうんざりした「連帯」の組合員たちは、遠く離れ隔絶されたソ連政府の官僚のほうばかり見て、ポーランド国民のことを見ようともしない党官僚たちの腐敗や残忍さを公然と非難した。一党支配のもとで抑圧されてきた民主主義と自己決定権への渇望が、堰を切ったように各地の「連帯」へ流れ込み、統一労働者党を離党する人は増え続けた。

ソ連政府はこの動きを、東欧ブロックにおけるかつてない重大な危機と受けとめていた。この時点でのソ連国内の反体制派は主として人権活動家であり、政治的右派も少なくなかった。だが「連帯」の組合員は資本主義の手先だと簡単に片づけるわけにはいかなかった。彼らは手にハンマーを持ち、毛穴に炭塵の詰まった肉体労働者――マルクス主義的言辞によれば、まさに党の土台となるべき人たちだったのだ。さらに大きな脅威だったのは、「連帯」の考え方が統一労働者党のそれとまったく相容れないことだった。権威主義ではなく民主主義、中央集権的ではなく分散型、官僚主義的でなく参加型。しかも一〇〇〇万人の組合員は、ポーランド経済を麻痺させる力を持っていた。ワレサはあざ笑うように言った。たとえ政治的戦いに負けても「われわれを無理やり働かせることはできない。もし戦車を造れと言われたら、路面電車を造ってやろう。後ろ向きに走るトラックを造ることだってできる。この体制をどうやったら打ち負かせるか、われわれは知っている。われわれはその体制のなかで訓練されてきたのだから」と。*

* 一九八〇年によく使われた「連帯」のスローガンのひとつは、「社会主義にイエスを、歪められた社会主義にはノーを」というものだった。

民主主義路線に邁進する「連帯」に心を動かされる者は、統一労働者党内部にもいた。「かつての私はあまりに無知で、党が間違いを犯したのはほんのひと握りの悪者のせいだと考えていた」と、党中央委員会のメンバー、マリアン・アレントはポーランドの新聞の取材に応えて語っている。「でも、もうそんな幻想は抱いていない。この国の体制そのもの、構造そのものが間違っているのです」(6)

一九八一年九月、「連帯」の運動はいよいよ次のステージに進もうとしていた。九〇〇人の労働者がふたたびグダニスクに集結して「連帯」の第一回全国代表者会議が開かれ、「連帯」はこれまでに代わる経済・政治政策をもってポーランド政権を奪取するという革命的な方針を打ち出す。その計画案は次のように述べる。「われわれはあらゆる管理レベルにおける自治的かつ民主的な改革を要求し、本計画と自治政府と市場とを統合する新しい社会経済システムの構築を求める」。計画の軸となるのは巨大な国営企業の設置というラディカルな構想で、これらの企業は「連帯」の組合員数百万人を雇用し、政府の管理を脱して民主的な労働者の協同組合になるとされた。計画案はこう続ける。「この公営化された企業はポーランド経済の基本的な組織単位となる。その管理には労働者の代表による評議会があたり、評議会を運営する議長は選挙により任命され、更迭には評議会の決定を必要とするものとする」(7)。従来の党支配と真っ向から対立する内容に、ワレサは当局に弾圧されることを危惧し、これに反対したが、この運動はただ単に敵と対決するだけでなく、将来の希望となるような目標が必要だと主張する組合員もいた。討論の結果ワレサは負け、この経済プログラムが「連帯」の公式の政策となった。

ワレサが弾圧を危惧したのには十分な根拠があった。「連帯」の運動の高まりにソ連政府は脅威と憤りを覚えていた。一九八一年一二月、ソ連からの強力な圧力を受けたヴォイチェフ・ヤルゼルスキ大統領は戒厳令を布告。雪のなかを戦車が工場や鉱山に突入して「連帯」の組合員数千人が検挙され、ワレサも逮捕・拘束された。『タイム』誌の記事によれば、「カトヴィツェの鉱山では、兵士と警官が斧やバールを持って抵抗する労働者を武力で制圧し、七人が死亡、数百人が負傷した」(8)。

「連帯」は地下に潜ることを余儀なくされたが、警察国家支配による八年間にポーランド民主化運動の伝説はますます膨らんだ。一九八三年、ワレサはノーベル平和賞を受賞したが、彼の活動はまだ制限されていて授賞式に出席することもできなかった。「平和賞の受賞者の席は空席です」と、授賞式でノーベル委員会の委員は言った。「何もない空間から発せられる沈黙のスピーチに、皆でいっそう耳を傾けようではありませんか」

「何もない空間」とは、まさにこの状況にふさわしい隠喩《メタファー》だった。その時点では誰もが「連帯」に何かを重ねて見ていた。ノーベル委員会はそこに、「平和的なストライキという武器以外にはいっさいの武器を否定する」人間を見ていたし、(9) 左翼はそこに贖い、すなわちスターリンや毛沢東の犯した罪に汚されていない社会主義の可能性を見ていた。右翼はそこに、共産主義国家の残虐な権力に対して穏健な抵抗運動が起こりうる証拠を見、人権擁護運動は自分の信念ゆえに拘束される人間を見ていた。カトリック教会は共産主義的無神論に反対する仲間を見ていたし、サッチャーとレーガンはそこに、ソ連という鎧に空いた穴を見ていた(「連帯」が勝ち取ろうとしていたのは、二人の指導者が全力をあげて抑えつけようとしていた権利にほかならなかったのだが)。戒厳令が長引けば長引くほど、「連帯」の神話はますます強さを増していった。

一九八八年には、政府の弾圧は緩和され、労働者たちはふたたび大規模ストライキに打って出た。今回は景気の急激な悪化と、ソ連に穏健なミハイル・ゴルバチョフ新政権が成立したことを受けて共産主義勢力側が譲歩し、「連帯」は合法化され、自由選挙を実施することで合意がなされた。「連帯」は組合部門と「連帯」市民委員会の二部門に分割され、後者が候補者を立てることになったが、二つの組織は密接に結びついていた。候補者は「連帯」の指導者であり、選挙要綱は漠然としていたため、組合が策定した経済プログラムが「連帯」の唯一の具体的な公約となった。ワレサ自身は出馬せず、組合部門の責任者に徹することを選んだものの、「われわれに一票を投じて安全な暮らしを手に入れよう」というスローガンのもと、選挙戦はワレサを前面に出して戦われた(10)。結果は、「連帯」が候補者を立てた二六一議席中、二六〇議席を獲得するという、統一労働者党にとって屈辱的、「連帯」にとっては輝かしいものだった*。舞台裏で糸を操るワレサはタデウシュ・マゾヴィエツキを首相に据えた。ワレサのようなカリスマはないものの、「連帯」機関紙の編集長を務めていたマゾヴィエツキは、この運動きっての知識人と目されていた。

＊　選挙が実施されたことは画期的だったが、不正操作は相変わらずだった。議会下院の議席のうち六五％はあらかじめ統一労働者党に配分されており、「連帯」は残りの自由選挙枠の議席を争うことしか許されなかった。それでも「連帯」が圧倒的な勝利を収めたため、政権の事実上の支配権を獲得した。

権力というショック

ラテンアメリカが身をもって経験したとおり、独裁政権は、その経済政策がまさに崩壊に瀕したときに民主主義に移行するのが常だ。ポーランドも例外ではなかった。共産主義勢力はそれまで何十年にもわたって経済政策に失敗し続け、破滅的で高い代償を伴う失策を重ねてきたため、もはや破綻寸前の状態だった。「不幸にもわれわれは勝利した！」と宣言したワレサの言葉は有名——しかも予言的——だ。「連帯」主導の政権が発足したとき、ポーランドの債務は四〇〇億ドル、インフレ率は六〇〇〇%に達し、深刻な食糧不足が国を覆い、闇市場が活況を呈していた。工場の多くは、買い手もなく倉庫で腐敗することが目に見えている製品を作り続けた。(11) ポーランド人にとって民主主義の幕開けは残酷きわまりないものだった。待ち望んだ自由は実現したものの、給料の価値はどんどん低下し、祝福する時間も気持ちのゆとりもない。人々は毎日、小麦粉やバターを手に入れるために(店頭にあればの話だが)長い列に並ばなければならなかった。

「連帯」が圧勝した六月から夏の終わりにかけて、新政権は何も決められない麻痺状態に陥っていた。古い秩序の急激な崩壊と突然の選挙での圧勝は、彼ら自身にも衝撃をもたらした。たった数カ月で、「連帯」の活動家は秘密警察から身を隠す状態から、同じ警察官に給料を支払う立場へと変わったのだ。さらにそこに、政府には給料をかろうじて払える程度の金しかないことに気づくという衝撃も加わる。夢に描いていたポスト社会主義経済の構築などという前に、まず経済の完全な破綻と大規模な飢餓の発生を回避するという、はるかに急を要する任務に取り組まなければならなかった。

「連帯」の指導者たちにとって、国家による経済統制を終わらせなければならないことは自明だったが、それに代わるものがなんなのかは明確ではなかった。戦闘的な一般組合員は、これを自分たちの経済プログラムを試す好機と見ていた。国営工場を労働者の協同組合に転換すれば、ふたたび経済的に存続可能な状態にすることができる——すなわち党官僚にかかるコストが削減され、より効率的な労働者の管理が可能になるというのだ。一方、ソ連でゴルバチョフが提唱していた漸進的な改革路線を取るべきだという主張もあった。需要と供給のバランスによる市場原理が適用される領域を徐々に拡大しつつ（合法的な商店や市場を増やす）、北欧の社会民主主義にならって公共部門の強化を進めるという考え方である。

だがラテンアメリカがそうだったように、ポーランドもまた、何かをする以前にまず、今ある危機から脱却するための債務救済や援助を必要としていた。本来なら、経済破綻を防ぐために安定化資金を提供するというのは、まさに国際通貨基金（ＩＭＦ）の中心的な任務だ。もしそうした救済策を必要としている政府があるとすれば、それは「連帯」が主導する政府、すなわち東欧ブロックで四〇年ぶりに共産主義政権を倒し、民主主義政権を打ち立てた最初の政府以外にありえなかった。冷戦期、鉄のカーテンで隠された全体主義に対して浴びせられてきた非難の大きさを考えれば、ポーランド新政権が少々の助けを期待したとしてもおかしくはない。

しかし、そうした援助はいっさい提供されなかった。今やシカゴ学派のエコノミストの牙城となったＩＭＦとアメリカ財務省は、ポーランドの問題をショック療法という観点から見ていた。経済破綻や大量の債務、急激な体制転換によって引き起こされた混乱といった要素を総合すると、ポーランドは過激なショック療法プログラムを受け入れるのにうってつけの弱体化した状況にあると言えた。しかも経済的な可能性は、ラテンアメリカをさらに上回る。東欧は欧米資本主義にとって手つかずの地域であり、消費者市場と呼べるものはまだ存在してない。もっとも価値のある資産はすべて、いまだに国が所有しており、それらは民営化の最有力候補となる。ここに一番乗りすれば、手早く大きな利益を上げられる可能性は計り知れなかった。

状況が悪化すればするほど新政府が自由放任資本主義への全面転換を受け入れやすくなると確信していたIMFは、ポーランドの債務とインフレが悪化するに任せた。アメリカのブッシュ(父)政権は共産主義政権を倒した「連帯」を祝福しながらも、その活動を非合法化して組合員を大量に拘束してきた旧政権によって蓄積された債務を、「連帯」が支払うべきだという立場を取った。同政権が申し出た援助はわずか一億一九〇〇万ドルで、経済危機に直面し抜本的な構造改革を必要とする国にとっては、雀の涙ほどの額だった。

こうした状況のなか、「連帯」の経済顧問に就任したのが当時三四歳のジェフリー・サックスである。ボリビアでの功績以来、彼の評判は熱狂的なレベルにまで達していた。経済的ショック療法を五、六カ国で実施するかたわら、大学教授の職も続けていたサックス(外見はまだハーバード大学のディベートチームの学生のように見えた)の活躍ぶりに驚嘆し、『ロサンゼルス・タイムズ』紙は「経済学界のインディ・ジョーンズ」と呼んだ(12)。

ポーランドでのサックスの活動は「連帯」が選挙で勝利する以前、共産主義政権時代に始まった。要請を受けて最初に訪問した際、サックスは一日で政府と「連帯」の両方の代表者と会談。彼が現場でより大きな発言権を持てるよう後押ししたのは、億万長者の投資家であり為替投機家でもあるジョージ・ソロスだった。ソロスと一緒にワルシャワを訪れた際、サックスは「『連帯』の面々とポーランド政府の両方に、深刻化しつつある経済危機への取り組みにもっと関与する用意があると話した」とふり返る。[13]ソロスは、サックスと彼の同僚で当時ＩＭＦで働いていた筋金入りの自由市場経済学者デイヴィッド・リプトンの二人がポーランドの経済改革計画に着手するにあたって、費用を負担することに同意した。選挙で「連帯」が圧勝したあと、サックスは「連帯」と緊密な関係を結ぶようになった。

ＩＭＦの職員でもアメリカ政府の役人でもない自由な立場にあったとはいえ、サックスは多くの「連帯」幹部の目にまるで救世主のように映った。アメリカ政府との間のハイレベルなパイプと、伝説的とも言える評判の持ち主であるサックスは、新政権にとって残されたただひとつのチャンスである援助と債務救済へのカギを握っていると思われたのだ。サックスは「連帯」に対し、前政権から引き継いだ債務の返済は拒否するよう指示し、ブッシュ（父）が申し出た額から見れば巨額の三〇億ドルの援助金を取りつけることを確約した。[14]ＩＭＦからの融資や債務再交渉に関するボリビアでの実績を見れば、サックスを疑う理由は見あたらなかった。

しかしサックスの力を借りることには代償が伴った。彼の持つコネや交渉力を利用するには、新政府はまずポーランドの新聞が「サックス・プラン」と呼んだ政策――すなわちショック療法――を採用しなければならなかったのだ。

それはボリビアで実施された政策よりさらに急進的なものだった。一夜のうちに価格統制を撤廃し、政府の補助金を削減することに加えて、サックス・プランは国営の鉱山や造船所、工場をすべて民間部門に売却する方針を打ち出していた。これは、国営企業を労働者所有に転換することを柱にした「連帯」の経済プログラムとは真っ向から対立する。「連帯」の全国指導者は、賛否両論のあるこの方針をいったん棚上げにはしていたものの、多くの組合員にとって労働者所有の理念は、いわば信仰箇条のようになっていた。サックスとリプトンは、一五ページにわたるポーランドのショック療法プログラムを一晩で書き上げた。サックスは「社会主義経済を市場経済へと転換するための包括的計画が策定されたのは、私が知る限りこれが初めてのことだった」としている。⑮

ポーランドが今すぐにでも「この制度的な隔たりを飛び越える」必要があるのは、他のさまざまな問題に加えて、同国がハイパーインフレに突入寸前の状態にあるからだとサックスは確信していた。もしハイパーインフレになれば、「大規模な崩壊、(中略)純然たる、正真正銘の惨事」が起こるというのである。⑯

サックスはこの計画を説明するため、主要な「連帯」幹部と一対一の会談を数回にわたって行ない(四時間に及ぶこともあった)、選挙で選ばれた政府当局者を集めてのレクチャーも行なった。だが、「連帯」指導者の多くはサックスの考えに賛同しなかった。そもそも「連帯」が結成されたのは、共産主義政権による大幅な価格の引き上げへの反対からだったが、サックスの計画は、それと同じことをはるかに大きな規模で実施することを提唱していたのだ。

しかしサックスは、「「連帯」には、まさに驚異的なまでの民衆の信頼が蓄積されており、その重要性は計り知れない」からこそ、この計画はうまくいくと主張した。(17)

「連帯」の指導者たちは、そうした信頼を盾にして一般の組合員に極度の痛みをもたらすような政策を実施するつもりなどなかった。だが長期間地下に潜り、あるいは獄中や国外で過ごしたために、民衆との間に距離ができていたこともたしかだった。ポーランドの編集者プリジミスラフ・ビールゴッシュによれば、「連帯」のトップは「事実上切り離され、(中略)彼らが得ていた支持は工場や工業プラントではなく、教会からのものだった」という。(18)指導者たちはまた、即効的な効果のある政策を、たとえ痛みを伴うものでも躍起になって探しており、サックスの計画はまさにその要求に応えるものだった。「うまく行くんですか？私はそれが知りたい。本当にうまく行くんですか？」と、「連帯」幹部のなかでももっとも有名な知識人アダム・ミチニクが問いただすと、サックスは少しもたじろがずに答えた。「これは良い政策です。必ずうまくいきます」*(19)

＊　ミチニクはのちに、「共産主義の最悪な部分は、それが終わったあとにやってくる」と苦々しい調子で述べている。

サックスは、耳にタコができるほどボリビアの例を頻繁に挙げては、それこそがポーランドが見習うべき手本だと説いた。「ボリビアにぜひ行ってみたいものだよ」――あるとき「連帯」の指導者の一人は取材にこう応えた。「きっと景色のきれいな、すごくエキゾチックな国なんだろう。でもここ﹅に﹅ボリビアを持ち込まれるのはごめんだね」。なかでもレフ・ワレサはボリビアに対して強い嫌悪感を抱くようになり、何年ものちに大統領として出席した首脳会談で、当時のボリビア大統領ゴンサロ・サンチェス・デ・ロサーダ（〝ゴニ〟）と会ったとき、そのことを吐露している。「彼は私のほうにやってきてこう言った」と、ゴニはふり返る。「『私はずっと以前からボリビア人、とくにボリビアの大統領に会ってみたいと思っていましてね。というのもわれわれはいつも、この苦い薬を飲め、ボリビア人も同じ薬を飲んだんだから、と言われてきたんです。でも実際に会ってみたら、あなたはそんなに悪い人じゃない――でも昔は大嫌いだった』とね」[20]

しかしサックスは、ボリビアについて話す際、ショック療法プログラムを実施するために政府が非常事態を宣言したことや、二回にわたって労働組合の指導者を連行し、拘束した事実（その少し前、ポーランドでも戒厳令が出され、統一労働者党の秘密警察に「連帯」の指導者が逮捕・拘留された）については触れなかった。

サックスの説明のなかでももっとも説得力があった――と、多くの人がふり返る――のは、もし彼の厳しい助言に従えば、ポーランドは特殊な国ではなく「普通」になれる、すなわち「ヨーロッパの普通の国」になれると請け合ったことだった。もしサックスの言うとおり、ポーランドが旧態依然たる構造を切り捨てることで急速にフランスやドイツのような国になれるのだとしたら、痛みを耐え忍ぶだけの価値はあるのではないか？　漸進的な路線を選んで失敗したり、新たな第三の道を模索するより、今目の前にある、瞬時にヨーロッパの一員になれるという方法を選ぶのが賢明というものではないか？　ショック療法によって価格が上昇し、「一時的な混乱」は生じるだろうとしつつも、「いずれ価格は安定し、人々は落ち着きを取り戻すだろう」とサックスは予測した。[21]

サックスは、新任の財務大臣レシェク・バルツェロヴィッチと同盟を組んだ。バルツェロヴィッチはワルシャワ中央計画統計大学の経済学者で、任命当初その政治的立場はほとんど知られていなかったが(経済学者はすべて公式には社会主義者とされていた)、やがて自身を〝名誉シカゴ・ボーイ〟とみなしていることが明らかになる。彼はフリードマンの『資本主義と自由』をポーランド語の海賊版で熟読していた。のちにバルツェロヴィッチは、この本が「自分や多くの人たちに刺激を与え、共産主義支配による暗黒の時代に自由な未来を夢見ることを可能にしてくれた」とふり返っている。[22]

フリードマンの主張する資本主義の原理主義版は、その夏ワレサが国民に約束してきたものとはかけ離れていた。ワレサは国民に、より寛大な第三の道がポーランドには可能だと訴えた。アメリカのテレビジャーナリスト、バーバラ・ウォルターズとのインタビューで、彼はこう説明している。「折衷的なものです。(中略)資本主義ではありません。資本主義の持つ悪をすべて排した、資本主義よりももっといいシステムになるはずです」[23]

一方、サックスとバルツェロヴィッチの二人が突然売り込んできた処方箋は作り話にすぎないと主張する者も少なくなかった。ショック療法はポーランドを健全で正常な状態に戻すどころか、いっそうの貧困と国内産業の衰退を招き、混乱を大きくするだけだと彼らは主張した。「ポーランドは貧しく、脆弱な国です。ショックに耐えられるわけはありません」と、医療改革を提唱するある有名な医師は、『ニューヨーカー』誌の記者ローレンス・ウェシュラーに語っている(24)。

選挙での歴史的勝利から三カ月、非合法活動家から突然立法府の議員となった「連帯」中枢部は、議論に議論を重ねた――ひっきりなしにタバコを吸い、ときには怒号を浴びせながら。それでも結論は出ない。ポーランドの経済危機は日々、深まっていった。

気乗りしない受け入れ

一九八九年九月一二日、タデウシュ・マゾヴィエツキ内閣発足の日、新首相はポーランド史上初めて選挙で選出された議会の前に立った。「連帯」の幹部会議はついに経済に関する決断を下したのだ。だが最終的な結論を知っていたのは、ほんのひと握りにすぎない。はたしてそれはサックス・プランなのか、ゴルバチョフ流の漸進改革路線なのか、それとも労働者の協同組合という「連帯」の綱領なのか？

マゾヴィエツキはまさにその決定の内容を発表しようとしていた。ところがその重大なスピーチの最中、ポーランドにとって火急の問題に取りかかる前に不測の事態が起こった。体がぐらりと揺れ、マゾヴィエツキは演台にしがみついた。目撃者によると「顔色が真っ青になり、苦しそうにあえぎながら、途切れ途切れに「気分が悪い」とつぶやいた」という(25)。側近がマゾヴィエツキを議場の外に運び出し、残された四一五人の議員たちはてんでに憶測を交わした。心臓発作を起こしたのか？　誰かに毒を盛られたのか？　犯人は旧政権の支持者？　それともアメリカ人？

議場の下の階では医師団がマゾヴィエツキを診察し、心電図を取って調べた。結果は心臓発作でも毒でもなく、極度のストレスと睡眠不足による「急性疲労」だった。先の見えない緊張が一時間ほど続いたあと、マゾヴィエツキはふたたび議場に姿を現し、万雷の喝采で迎えられた。「大変失礼いたしました」と、学者肌のマゾヴィエツキは言った。「私の健康状態はこの国の経済と同じです」[26]

そしてついに、決定が下された。急性疲労に見舞われたポーランド経済は、ショック療法による治療――しかもきわめて過激な――を受けることになった。「国営企業の民営化、証券取引所と資本市場の創設、交換可能な通貨、重工業から消費財生産への移行」[27]および「財政支出の削減」を可能な限り迅速に、かつすべてを同時に行なうというのである。

ワレサがグダニスク造船所のフェンスを力強く乗り越えたときに「連帯」の夢が始まったとすれば、マゾヴィエツキが疲れ果ててショック療法に身を委ねたとき、その夢は潰えた。最終的に決断を左右したのはカネだった。「連帯」の組合員たちは、協同組合による経済運営という考え方が誤っていると判断したわけではない。しかし組合指導部が、何より重要なのは共産主義政権下で蓄積した債務の免除を得ることと、通貨を即刻安定させることだとの結論に至ったのだ。協同組合の有力な提唱者の一人であるヘンリク・ヴエッチは当時、こう語っている。「十分な時間があれば、成功させることもできるかもしれない。だがとにかく時間がない」[28]。一方のサックスは、カネを調達する方途を見つけた。彼の助力により、ポーランドはIMFと交渉して一定額の債務救済と、一〇億ドルの通貨安定資金を確保することができたのだ。しかし、そのすべて――とくにIMFの資金――には「連帯」がショック療法に従うという厳格な条件がつけられていた。

ポーランドはフリードマンの危機理論の典型的なケースとなった。当時のポーランドは、急激な政治的変化による混乱に経済危機によって生じた集合的不安が相まっており、すぐに効く魔法の薬があると言われれば、たとえそれが幻想であっても抗しきれない魅力があった。人権活動家のハリーナ・ボルトノフスカは、この時期の変化の速さを「人間と犬の時間の違いのようなもの、あっという間に時間が過ぎた」とふり返る。「そのせいで、人々は半分精神病的な反応を示すようになってしまった。自分たちの利益を考えて行動することができなくなったのです。混乱のあまり、何がいちばん自分のためになるかがわからなくなる――あるいはどうでもよくなってしまった」[29]

バルツェロヴィッチ財務相は、非常事態を利用するのは意図的な戦略であることを、もはや隠そうともしなかった――あらゆるショック戦術がそうであるように、それは反対勢力を一掃するための手段なのだ、と。「連帯」の構想とは内容も形態も正反対の政策を実施できるのは、ポーランドが、彼の言葉を借りれば「特別な政治状況」にあるからだ、とバルツェロヴィッチは説明した。これは、意見を聞き、議論や討論を重ねる「通常の政治状況」が当てはまらない一時的状態であり、言ってみれば民主主義のなかにあるぽっかり空いた、民主主義のない〝フリーゾーン〟のようなものなのだ、と。[30]

「特別な政治状況とは定義上、その国の歴史の連続性が明らかに途切れた時期のことだ」とバルツェロヴィッチは言う。「それは非常に深刻な経済危機であることもあれば、従来の体制の崩壊や、外部勢力による支配からの解放(あるいは戦争の終結)であることもある。ポーランドでは一九八九年、この三つの現象すべてが重なった」。[31] こうした特別な政治状況にあるからこそ、正当な手続きを脇に押しやり、強引に「立法プロセスを極端に加速して」、ショック療法一括法案を可決することができたというのである。[32]

九〇年代初頭、この「特別な政治状況」というバルツェロヴィッチの理論は、ワシントンDCの経済学者の間で大きな関心を呼んだ。驚くには値しない。ポーランドがショック療法を受け入れることを宣言してからわずか二カ月後、その後の歴史の針路を大きく変え、ポーランドの実験に世界的な意味を付与するような出来事が起きたのだ。一九八九年一一月、ベルリンの壁が歓喜のなかで崩壊し、街は人類の可能性を祝うお祭りのような熱気にあふれた。壁が崩れた跡には、さながらそこが月の表面であるかのように、MTV(音楽番組専門ケーブルテレビ)の旗が立てられた。全世界が突然、ポーランドと同様の急激な変化のただなかに放り込まれたかのようだった。ソ連は崩壊寸前の状態に陥り、南アフリカのアパルトヘイトはもはや風前の灯火、ラテンアメリカでは独裁政権が次々と倒れ、ナミビアからレバノンまで、長く続いた戦争が終わりを迎えた。あらゆるところで旧体制が崩壊したが、それに取って代わる新しい体制はいまだ形をなしていなかった。

その後数年のうちに、世界の半分は「特別な政治状況」あるいは「移行期」(九〇年代に他国による支配から解放された国はこう呼ばれた)に入った。過去と未来のはざまの中間的な状態に一時的に置かれていたのだ。民主主義の促進を目的に掲げるワシントンの大手シンクタンク、カーネギー国際平和財団の幹部トーマス・キャロザーズによれば、「一九九〇年代前半(中略)「移行期の国」は大幅に増加し、一〇〇カ国近く(ラテンアメリカ約二〇カ国、東欧と旧ソ連二五カ国、サハラ以南のアフリカ三〇カ国、アジア一〇カ国、中東五カ国)が、ひとつの体制から別の体制への劇的な移行を経験しつつあった」という(33)。

こうした流動的な状況と、現実または比喩的な壁の崩壊は、イデオロギー的正統主義に終止符を打つものだと多くの人は主張した。相対立する超大国による二極分化の影響から解放され、世界の国々はようやく東西両陣営の良いところを──政治的自由と経済的安定とを組み合わせて──選び取ることが可能になったのだ、と。ゴルバチョフはこう述べている。「何十年にもわたり独断的な教義に催眠をかけられ、規則にがんじがらめになってきたことの影響は、それなりに大きいものがあります。けれども今日、私たちは純粋に創造的な精神を取り入れていきたいのです(34)」

シカゴ学派の関係者の間では、異なるもの同士をうまく組み合わせるというやり方は、あからさまに軽蔑された。ポーランドの例を見れば、こうした混乱に満ちた移行期こそ決断力とすばやい行動力を持つ男たちの出番であり、急激な変革を成し遂げるための好機であることは明らかだった。今こそ、かつての共産主義国家を、雑多なものを混ぜ合わせたケインズ主義的妥協ではなく、純粋なフリードマン理論に転換するべきときが来たというわけである。シカゴ学派の信奉者にとって大事なのは、フリードマンがかつて言ったように、他の人々がいろいろな問いを投げかけたり、自らの立場を見直したりしている間に自分たちの解決法のお膳立てを整えることだった。

波乱に満ちたその一九八九年の冬、こうした世界観を共有する人々にとっての言わば〝伝道集会〟のような会合が、シカゴ大学というまさにうってつけの場所で開かれた。当時アメリカ国務省の政策立案スタッフだったフランシス・フクヤマが「われわれは歴史の終わりに近づいているのか？」と題する講演を行なったのである。* 放任資本主義を提唱する人々がどんな戦略を取るべきかを、フクヤマは明確に示した——第三の道を主張する連中とは議論などするな、勝利宣言をして機先を制することだ、と。極端な考えを放棄するべきではない、両方の考えの良いところを取るとか、妥協するのはもってのほかだとフクヤマは確信していた。共産主義の崩壊は「『イデオロギーの終焉』や、資本主義と社会主義を足して二で割ったものをもたらすのではなく（中略）経済的・政治的な自由主義の明白な勝利へと導くものだ」と彼は聴衆に語りかけた。終わったのはイデオロギーではなく、「歴史そのもの」なのだ、と。(35)

＊　この講演の内容を基にして三年後に出版されたのが、フクヤマの著書『歴史の終わり』である。

この講演を後援したのは、長年ミルトン・フリードマンのイデオロギー改革運動に資金を提供し、右派シンクタンク創設ブームにも巨額の資金を提供してきたジョン・M・オリンという人物だった。(36) フクヤマの講演は基本的に、自由市場と人間の自由とは切り離すことのできないプロジェクトの一部だというフリードマンの主張をなぞるものだったから、じつにふさわしい組み合わせだったと言えよう。フクヤマは、経済的領域における規制撤廃と政治的領域における自由民主主義とが組み合わさることにより、「人類のイデオロギー上の進歩の終点、および(中略)人間にとっての統治の最終的な形態」がもたらされると主張し、フリードマンの主張を、大胆にも新たな地平へと導いた。(37) 民主主義と急進的な資本主義は互いに融合するだけでなく、近代性、進歩、改革とも融合する。この融合に反対する者はただ単に間違っているだけでなく、フクヤマに言わせれば「歴史にまだとどまっている」――いわばキリスト教で言う「携挙《ラプチャー》」によって「歴史の終焉後」という天上の世界に他の人たちが皆、引き上げられたあとも、地上に残されたままの状態にあるようなものだという。(38)

この主張は、シカゴ学派によって磨き上げられた民主主義回避の理論の絶好の例だった。IMFがラテンアメリカに緊急「安定化計画」を装いながら、民営化や「自由貿易」をこっそり持ち込んだのと同様、フクヤマは激しい論争の的となっているこれらの政策を、民主化運動の波が沸き起こるポーランドからフィリピンに至る国々にひそかに持ち込もうとしていた。フクヤマも指摘しているとおり、すべての人間は民主的な統治を行なう権利を持つという、もはや抑えることのできない合意が世界中で生まれつつあるのはたしかだった。だがひとり米国務省だけは、人々がそうした民主主義への願望とともに、職の保護をいっさいなくして大量の解雇を生じさせるような経済システムを強く望んでいるという、とんでもない幻想を抱いていたのだ。

もしそこになんらかの意見の一致があったとするなら、それは左翼による独裁も右翼による独裁も望まない人々にとって、民主主義とは、他人のイデオロギーを一方的に力ずくで押しつけられるのではなく、すべての主要な決定に発言権を持つことを意味する、ということだった。言い換えれば、フクヤマが「国民主権」と呼んだ普遍原理には、国営企業の命運から教育や医療に使われる資金に至るまで、自分たちの国の富がどのように分配されるかについて選択する権利も当然ながら含まれているはずだった。世界各地で、人々は苦労の末にやっと手にした民主的な力を行使して、自分たちの国の運命を決める当事者になろうとしていた。

一九八九年、歴史は心浮き立つような転換点を迎え、真の意味での開放性と可能性の時代が幕を開けようとしていた。だとすれば、国務省という高い位置に身を置くフクヤマが、まさにその瞬間を選んで歴史の終わりを宣言しようとしたのは偶然ではなかった。そして世界銀行とIMFがその同じ波乱の年に、「ワシントン・コンセンサス」――自由市場以外の経済理念に関する議論や論争をいっさい排除するという明確な意思表示――を発表したのも偶然ではなかった。これらはすべて民主主義を封じ込めるための戦略であり、その目的は民衆の自由意思による自己決定を抑止することにあった。シカゴ学派の改革運動にとって、それは当初からの唯一最大の脅威だったのである。

天安門事件というショック

フクヤマの大胆な宣言の信憑性が失われる事件が早々に起きたのは、中国だった。フクヤマがシカゴ大学で講演したのが一九八九年二月、その二カ月後に北京で民主化運動が大きなうねりとなって爆発し、天安門広場で一〇万人を超す学生や市民がデモや座り込みを行なった。フクヤマによれば、民主化と「自由市場改革」は切り離すことのできない双子のプロセスであるはずだったが、中国政府はまさにこの二つを切り離し、賃金や価格の規制撤廃や市場の範囲拡大を強力に推進する一方で、選挙や市民的自由を求める動きにはまったく応じようとしなかった。対する市民は民主化を求める一方で、その多くは規制のない資本主義の導入に邁進する政府に反対した。この事実は、欧米のメディアではほとんど報道されていない。中国においては、民主主義とシカゴ学派経済学は連動するのではなく、天安門広場を囲むバリケードの両側で対立関係にあったのだ。

一九八〇年代、鄧小平率いる中国政府は、労働者の自主的な運動が共産党の一党支配を覆したポーランドの二の舞になるまいと躍起になっていた。だがそれは、共産主義国家の基礎を形成する国営工場や農業共同体をなんとしても守りたいという意図からくるものではなかった。それどころか鄧小平は、企業主体の経済への転換に熱心に取り組んでいた。一九八〇年にはミルトン・フリードマンを中国に招待し、トップ官僚や大学教授、党の経済学者など数百人を前に市場原理主義理論についての講演を行なわせたほどである。「聴衆は全員招待客で、招待状を見せなければ会場に入れなかった」と、フリードマンは北京と上海で行なわれた講演をふり返る。フリードマンが中国で伝えようとした最大のメッセージは、「資本主義国に暮らす一般市民が、共産主義国の一般市民に比べてどれほど良い生活をしているか」だった。[39]そこで彼は、純粋な資本主義が行なわれている地帯として香港を例に挙げる。フリードマンは長年、「個人の自由、自由貿易、低い税金、政府による最小限の介入によってもたらされた(香港の)ダイナミックで革新的な特性」を称賛し続けてきたと語った。民主主義はないにもかかわらず、香港はアメリカより自由だ。なぜなら政府が経済に介入する度合いがアメリカより小さいからだ、とフリードマンは主張した。[40]

フリードマンは規制のない商活動の自由を重視し、政治的自由は付随的なもの、あるいは不必要なものとさえみなしていたが、こうした「自由」の定義は、中国共産党指導部で形成されつつあった考え方とうまく合致した。すなわち、経済を開放して私的所有と大量消費を促す一方で、権力支配は維持し続けるという考え方である。そうすれば、国家の資産が売却されるにあたって党幹部とその親族がもっとも有利な取引をし、一番乗りで最大の利益を手にできるという筋書きだ。こうした形で「移行」が行なわれれば、共産主義政権のもとで国家を支配していたのと同じ人間が資本主義のもとでも支配者となり、生活様式を大幅にグレードアップできるというわけだった。中国政府が見習おうとしていたのはアメリカではなく、ピノチェト政権下のチリにずっと近かった――すなわち、自由市場経済と冷酷な弾圧による独裁的政治支配の組み合わせである。

鄧小平は最初から、弾圧がきわめて重要であることを明確に理解していた。毛沢東時代、中国では人民に対して残忍な抑圧政策が取られ、反対派が粛清されたり、反政府分子が再教育と称して農村部に強制移住させられたりした。だがこうした弾圧が労働者の名のもとに、ブルジョア知識分子を追放するために行なわれたのに対し、今や中国共産党は自ら反革命路線を打ち出そうとしていた。それまで労働者に与えられていた手当や保護の多くを取り上げ、少数派が膨大な利益を手にできるようにしようというのである。しかしそれは生やさしいことではなかった。そこで一九八三年、鄧小平は市場を外国資本に開放し労働者保護を削減したのに伴い、四〇万人強の人民武装警察の創設を命じる。これはストライキやデモ行進などの「経済的犯罪」のあらゆる兆候を鎮圧することを任務とする機動隊だった。中国史学者のモーリス・マイスナーによれば、「人民武装警察の武器にはアメリカのヘリコプターや電気牛追い棒《ピカーナ》も含まれていた」。そして「いくつかの部隊はポーランドに送られ、暴動鎮圧訓練を受けた。そこで彼らは、ポーランドが戒厳令下にあった時代に「連帯」の活動を封じるために使われた戦術を学んだ」(41)。

鄧小平の改革の多くは成功し、人々の支持も受けた。農民は自分の畑で作物を栽培できるようになり、都市には商業活動が復活した。だが八〇年代後半になると、国民、とりわけ都市労働者にまったく不人気の政策を導入し始める。価格規制や雇用保障の撤廃によって物価は急騰、失業が増大し、勝ち組と負け組との間の格差が拡大した。一九八八年には共産党は国民の猛烈な反発にあい、価格規制撤廃措置の一部を撤回することを余儀なくされた。共産党幹部に蔓延する腐敗や縁故主義に対する国民の怒りも増大していった。国民の多くは経済的自由の拡大を求めていたが、党幹部のなかには「改革」の名のもとに、かつて官僚時代に管理していた国家財産を違法に私物化して私腹を肥やす者が後を絶たなかった。

自由市場経済の実験が危機にさらされるなか、ミルトン・フリードマンはふたたび中国に招待された——ちょうど一九七五年にチリの経済計画が国内の反発にあったとき、シカゴ・ボーイズと「ピラニア」たちがフリードマンに助けを求めたのと同じように。(42) 世界的に有名な資本主義の導師《グル》の鳴り物入りの訪問は、中国の「改革派」にとってまさに必要な後押しだった。

一九八八年九月、上海に着いたフリードマンと妻のローズは変化のスピードの速さに驚く。中国本土はまるで香港のように変貌しつつあった。草の根レベルには怒りがくすぶっていたにもかかわらず、彼らが見たものはすべて「自由市場の持つ力に対する信頼」を裏づけるものだった。フリードマンはこのときのことを、「中国の実験のもっとも希望に満ちた時期」と表現している。

フリードマンは国営メディアの見守るなか、趙紫陽中国共産党総書記と二時間にわたり会見し、当時の上海市党委員会書記で、のちに国家主席となる江沢民とも会談した。このときフリードマンが江沢民に伝えたのは、かつてチリでのプロジェクトが挫折しそうになったときに、彼がピノチェトに伝えたのと同じメッセージ——圧力に屈するな、動揺するな——だった。「私は民営化と自由市場、そして自由化を一気に行なうことの重要性を強調した」とフリードマンはふり返る。また趙紫陽総書記に宛てた覚書のなかで、彼はショック療法を削減するのではなく、もっと行なうことが必要だと強調している。「中国の改革への第一歩は劇的な成功を収めました。ますます自由な民間市場への依存を拡大することで、中国はさらに劇的な進歩を遂げることができるのです(43)」

アメリカに帰国して間もなく、ピノチェトに助言したことで非難を浴びたことを思い出したフリードマンは、「まったくのいたずら心から」ある大学の学生新聞の編集長に手紙を書き、自分を批判する人々を二重基準《ダブルスタンダード》のご都合主義者だと非難した。そのなかで彼は中国に一二日間滞在していたことを明かし、「政府関係者に客として招かれることがほとんど」であり、共産党の最高幹部とも会見したと書いている。だが、そうした会見によってアメリカの大学キャンパスで人権活動家の抗議デモが行なわれることは一度もなかったと指摘したうえで、「ところで私はチリと中国にまったく同じ助言を与えたのです」と述べている。最後にフリードマンは、皮肉っぽくこう問いかける。「これほど邪悪な政府に進んでアドバイスしたことで、私は嵐のような抗議を受けることを覚悟するべきなのでしょうか？(44)」

数カ月後、このいたずらっぽい手紙は不吉な意味合いを帯びることになる。中国政府が、ピノチェトのもっとも悪名高い戦術を次々と真似し始めたのだ。

フリードマンの訪中は空振りに終わった。いくら大学教授が党幹部に祝福を与える様子が共産党機関紙に掲載されても、民衆を味方につけることはできなかった。その後、国民の抗議運動はますますエスカレートし、過激になっていった。なかでも象徴的だったのは、天安門広場での学生たちによるデモだった。世界中のメディアはほぼ例外なく、この歴史的な抗議運動を、欧米型の民主的な自由を求める理想主義的な学生たちと共産主義国家を守ろうとする守旧派独裁政権との間の衝突だと捉えた。ところが近年、天安門事件に関するこうした主流の考え方とは異なる見方が出されている。フリードマン理論がカギを握るとするこの見方の代表的な論客が、一九八九年の抗議運動の指揮者であり、現在は「新左派」と呼ばれる中国の有力な知識人の一人である汪暉《ワン・フイ》だ。二〇〇三年にアメリカで出版された著書『中国の新秩序』で、汪は当時抗議運動に参加したのは単にエリート学生だけでなく、工場労働者や零細企業の経営者、教員など中国社会の幅広い階層にわたる人々だったと説明する。鄧小平の「革命的な」経済改革によって賃金は下がり物価は上昇し、「解雇と失業の危機」が起きたことに対する民衆の不満が、抗議運動の発端になったというのである[45]。「これらの変化が一九八九年の社会運動の触媒となった」と汪は書く[46]。

民衆の抗議運動は、経済改革それ自体に向けられたわけではなく、改革がフリードマン的な特徴を持っていたこと——言い換えれば、急激かつ冷酷無比で、そのプロセスがきわめて反民主的であることに向けられていた。汪によれば、選挙や言論の自由に対する人々の要求は、こうした経済的な異議申し立てと密接に結びついていた。政府が民衆の同意をいっさい取りつけることなく革命的な規模の改革を断行したことが、民主化要求の起爆剤となったというのだ。「改革プロセスと社会的利益の再編成が公正に行なわれているかどうかを監視する民主的手段を求める、幅広い要求」が存在したと、彼は書いている(47)。

こうした民衆の要求が、共産党幹部を決定的な選択へと追い込んだ。その選択とは、通常指摘されているような民主主義と共産主義、あるいは「改革派」と「守旧派」の間の選択ではなく、もっと複雑な計算の絡む選択だった。すなわち、党はブルドーザーさながらに抗議のデモ隊をなぎ倒し、まっしぐらに自由市場原理を追求するべきか、あるいはデモ隊の民主化要求に屈して権力の独占を返上し、経済プロジェクトの大幅な後退のリスクを負うか、という二つの選択肢である。

党内の市場改革派のなかには民主化路線に賭けてみようという、趙紫陽総書記を中心にした一派もいて、彼らはいまだ経済的改革と政治的改革が両立可能だと信じていた。だが多数派は、そのリスクは負うべきでないという考えだった。決断は下された。政府は経済「改革」計画を守るために抗議運動を弾圧する道を選んだのだ。

一九八九年五月二〇日、中華人民共和国政府は戒厳令を布告。これにより、政府の意図は明らかになった。六月三日の深夜から四日未明にかけて、人民解放軍の戦車が天安門広場で座り込みを続ける学生や市民に突っ込み、無差別発砲した。学生たちが避難したバスにも解放軍兵士が突入して棍棒で彼らを殴打した。学生たちによって「民主の女神」が築かれた広場にはさらに多くの部隊が投入され、バリケードは崩され、デモの指揮者は逮捕された。中国全土でほぼ同時に、同様の弾圧が行なわれた。

一連の弾圧による死傷者の数について、信頼できる数字は存在しない。共産党は数百人単位としているが、目撃者の報告では死者は二〇〇〇～七〇〇〇人、負傷者は三万人にも達するとされる。事件後、中国全土で体制に批判的な者を一人残らず探し出すために魔女狩りが行なわれ、およそ四万人が逮捕された。投獄された者は数千人、処刑された者も少なくなかった（数百人に上った可能性がある）。ラテンアメリカと同様、工場労働者に対する弾圧がもっとも過酷だった。規制が撤廃された資本主義にとって、彼らがもっとも直接的な脅威となるからだ。「逮捕された者の大半、そして処刑された者は事実上すべて労働者だった。国民を恐怖に陥れるという明らかな目的のもと、逮捕者を組織的に虐待し拷問にかけることが周知の政策となった」と、モーリス・マイスナーは書く[48]。

欧米のメディアではおおむね、事件は共産主義政権の残忍さを示すまたひとつの例として取り上げられた。毛沢東が文化大革命で反対派を粛清したように、〝北京の殺戮者〟鄧小平も毛沢東の巨大な肖像写真が見下ろす天安門広場で反対派を武力鎮圧したのだ、と。『ウォールストリート・ジャーナル』紙は「中国の過酷な措置、一〇年越しの改革を後退させる恐れ」との見出しを打ち、改革のもっとも熱心な擁護者であり、さらに新たな領域へと踏み込む決意を固めた鄧小平を、まるで改革の敵であるかのように扱った[49]。

流血の武力鎮圧から五日後、鄧小平は国民に向けて演説し、自分が守ろうとしているのは共産主義ではなく資本主義であることを一点の曇りもなく明らかにした。民主化要求デモに参加した人々は「大量の社会のクズ」だと片づけたあと、鄧小平は党が全力をあげて経済的ショック療法を実施する決意であることを強調した。「ひとことで言うなら、今回のことは試験であり、われわれはそれに合格したのです」と鄧小平は言い、こう続けた。「不幸な事件ではあったが、これによってわれわれは改革および開放政策をより着実に、より良く、より速いスピードで推進できるだろう。(中略)われわれはけっして間違っていなかったのです。(経済改革の)四つの基本原則には何も問題はない。足りないものがあるとすれば、それはこれらの原則が十分に実施されていないことです(50)*」

＊　鄧小平には何人かの著名な擁護者がいた。天安門事件後、ヘンリー・キッシンジャーは新聞の論説で中国共産党には他の選択肢はなかったと主張している。「世界中どこを探しても、首都の中心にある広場が八週間にもわたって何万人ものデモ隊で占拠されることに耐えられる政府など存在しない。(中略)したがって弾圧は不可避であった」

中国研究者でジャーナリストのオーヴィル・シェルは鄧小平の選択を次のように要約している。「一九八九年の天安門事件以後、彼が言ったのは、経済改革はやめないが政治的改革は事実上中止する、ということだった(51)」

鄧小平とその共産党幹部にとって、自由市場の持つ可能性は今や無限大だった。ピノチェトがテロによって革命的な変化を起こすための道筋をつけたように、天安門事件は急進的な改革を国民の反発を招くことなく実施する道を開いた。改革によって農民や労働者の生活が苦しくなるとしても、彼らはそれを甘んじて受け入れるか、さもなければ軍や秘密警察の怒りを買うしかなかった。こうして国民を恐怖の状態に置きつつ、鄧小平はかつて行なったことのない徹底的な改革を断行したのである。

天安門事件の前、鄧小平はいくつかの過激な政策を緩和することを余儀なくされた。だが事件から三カ月を経て、彼はそれらの政策を復活させたほか、価格統制の撤廃をはじめとするフリードマンの助言のいくつかも実行する。汪暉にとって、「一九八〇年代後半に実施することができなかった市場改革が、たまたま一九八九年以降の情勢のなかで遂行された」理由は明らかだった。「一九八九年の政府による暴力が、改革によって引き起こされた社会的混乱を阻止する役割を果たし、新しい価格決定方式がようやく具体化した」からだと彼は指摘する。[52] 言い換えれば、天安門事件のショックがショック療法の実施を可能にしたのだ。

流血事件の直後からの三年間に中国は外国資本に市場を開放し、国内各地に経済特区を設置した。鄧小平はこれらの新しい政策を発表するにあたって、国民にこう警告した。「必要であれば、いかなる混乱でもその兆候があり次第、あらゆる可能な手段を使ってそれを排除する。戒厳令、あるいはそれより過酷な措置が導入される可能性もある」*[53]

＊　ニューヨーク市立大学の文化人類学者デイヴィッド・ハーヴェイが指摘するように、「中央政府が全力をあげて外国貿易と外国からの直接投資に対する開放を推進するようになった」のは、天安門事件後の一九九二年初め、鄧小平が南部の都市を視察した有名な「南巡」後のことである。

中国を世界の〝搾取工場〟——すなわち地球上のほとんどすべての多国籍企業にとって、下請工場を建設するのに適した場所へと変貌させたのは、まさにこの改革の波によるものだった。中国ほど好条件のそろった国はほかになかった。低い税金と関税、賄賂のきく官僚、そして何より低賃金で働く大量の労働力。しかもその労働者たちは残忍な報復の恐怖を体験しており、適正な賃金や基本的な職の保護を要求するというリスクを冒す恐れは、長年にわたってないと考えられた。

外国資本と共産党にとって、これは双方にメリットのある取り決めだった。二〇〇六年の調査によれば、中国の億万長者の九〇%が共産党幹部の子息だという。こうした党幹部の御曹司(中国語では「太子」と呼ばれる)およそ二九〇〇人の資産は、総計二六〇〇億ドルにも上る。[54]まるで、世界に先駆けてピノチェト政権下のチリで誕生したコーポラティズム国家そのものだ。企業エリートと政治エリートが相互に乗り入れ、両者が力を合わせて政治勢力として組織化された労働者を排除するという構図である。今日、これと同じ構図は外国の多国籍メディアと技術系企業との間に見られる。両者は手を組んで中国政府が国民を監視するのを助けるとともに、たとえば学生がインターネットで「天安門事件」あるいは「民主主義」といったキーワードを使って検索しても、なんの情報も表示されないようにするといったことが行なわれている。汪暉はこう書く。「今日の市場社会が作られたのは一連の自然発生的な出来事の結果ではなく、国家による介入と暴力の結果なのだ[55]」

天安門事件によって明らかになった真実のひとつは、共産主義独裁政権とシカゴ学派の資本主義の戦術が驚くほどよく似ているということだ。両者とも、反対派を消滅させることも辞さず、あらゆる抵抗を一掃したところに新しいものを導入しようとする。

天安門事件が起きたのは、フリードマンが中国政府当局者と会見し、国民に不人気な痛みを伴う自由市場改革を推進するよう助言してから一年にも満たないときだった。それにもかかわらず、彼は一度として「これほど邪悪な政府に進んでアドバイスしたことで、嵐のような抗議を受けること」はなかった。そしてこれまでと同じく、彼は自分が与えた助言とそれを実行するために用いられた暴力との間に関係があるとは、いっさい考えなかった。中国政府による弾圧を非難しながらも、フリードマンは事件後も中国を、「繁栄と自由の両方を促進する自由市場改革の取り組みの有効性」を示す例として称賛し続けた。(56)

天安門事件が起きた一九八九年六月四日は、奇しくもポーランドの選挙で「連帯」が圧勝した日でもあった。ポーランドと中国はともに、自由市場改革を推進するために「衝撃と恐怖」作戦となった。ある意味で、この二つはショック・ドクトリンの非常に異なる研究事例を必要としていた。中国では、国家が恐怖、拷問、暗殺という手荒な戦術を用いた結果、市場の観点からは文句なしの大成功を収めたのに対し、ポーランドでは経済的危機と急激な変化というショックだけが利用された(あからさまな暴力は用いられなかった)が、ショックの影響は次第に薄れ、中国よりはるかに曖昧な結果に終わった。

ポーランドでショック療法が実施されたのは、たしかに選挙後のことではあった。が、その内容は「連帯」に投票した大多数の有権者の望みとは正反対のものであり、その意味では民主的プロセスを踏みにじるものだった。一九九二年になっても、ポーランド国民の六〇％

は依然として重工業の民営化に反対していた。サックスは自分の指揮した政策が不人気であることについて、自身を救急救命室の外科医にたとえ、他に選択肢はなかったのだと弁解している。「救急救命室に運び込まれた患者の心臓が止まってしまったら、医者は傷が残ることなど考えずに、ただちに胸を切開するだろう。重要なのは、患者の心臓がまた動き始めるようにすること。血まみれにはなるが、それ以外に選択肢はない(57)」

だが最初の手術から回復した段階で、ポーランド国民は医師と治療法の両方に疑問を抱いた。ポーランドにおけるショック療法は、サックスが予告したような「一時的な混乱」ではなく、本格的な不況を引き起こした。改革の第一弾から二年の間に工業生産は三〇%も落ち込み、財政支出の削減と安い輸入品の大量流入によって失業率は急上昇し、一九九三年には分野によって二五%にも達した。共産主義政権のもと、さまざまな残虐行為や苦難はあったとはいえ表向きは失業ゼロだった国にとって、これは大きな痛みを伴う変化だった。経済がふたたび成長に転じてからも、失業率は高いままで推移している。世界銀行のもっとも新しい統計によれば、ポーランドの失業率は欧州連合(EU)内で最高の二〇%で、二四歳未満の若年層に限っては、二〇〇六年の失業率は四〇%と、EUの平均の二倍にも及んでいる。さらに劇的なのは貧困層の割合で、貧困ライン以下の生活を送るポーランド人は一九八九年に一五%だったのに対し、二〇〇三年にはじつに五九%に達している(58)。職の保護を損ない、日常生活のコストを高騰させるショック療法は、ポーランドを充実した労働法と寛大な社会保障を持ったヨーロッパの「普通」の国の一員へと導くことはなかった。それはチリから中国に至るまで、反革命が勝利したあらゆる国々に生じた大きな格差へと通じる道だったのである。

この永続的な底辺層を生んだ責任者が、ほかでもない労働者の政党「連帯」だったという事実は、苦々しい裏切りであり、これによってポーランド国民の間に生じた不信感と怒りは今なお完全には消えていない。「連帯」の指導者たちは党のルーツが社会主義にあることを控え目に言う傾向があり、今やワレサ自身、一九八〇年にはすでに「資本主義体制を築く必要がある」ことがわかっていたと公言している。これに対し、「連帯」の過激派で知識人でもあり、共産主義政権下で九年間投獄されていたカロル・モゼレフスキは、こう怒りをぶつける。「資本主義構築のために刑務所に入るなど、八年半どころか、たとえ一カ月、いや一週間でも私には我慢できない(59)」

「連帯」が政権を取って最初の一年半、労働者たちは、痛みは一時的なものであり、ポーランドをヨーロッパの近代国家にするために通らなければならないステップなのだ、という彼らの英雄の言葉を信じた。失業率が急上昇したときも、彼らは少々ストライキをしただけで、ショック療法の効果が現れるのを辛抱強く待った。だが約束された回復が、少なくとも職という形では見られないことがわかると、彼らは混乱した。自分たちの運動がもたらした生活水準が、共産主義政権下でのそれより低いなどということが、どうしてありうるのか、と。ある四一歳の建設労働者は言う。「一九八〇年に連合委員会を設立したときには、(「連帯」は)俺を守ってくれたよ。でも今回は、助けを求めても改革のためには我慢しろと言われるだけだ」[60]

ポーランドが「特別な政治状況」に入っておよそ一年半後、「連帯」の支持母体である労働者たちの我慢の限界がきた。もうこんな実験はたくさんだという不満が爆発し、一九九〇年には二五〇件しかなかったストライキは、一九九二年には六〇〇〇件以上へと急増した。[61] 下からの圧力を受け、政府は民営化計画の縮小を余儀なくされる。一九九三年(この年には七五〇〇件近くのストライキが行なわれた)末の時点で、ポーランドの全企業の六二％は依然として公営のままだった。[62]

ポーランドの労働者は、大規模な民営化をなんとか阻止することができたが、もしそのまま改革が続行されれば、事態ははるかに悪化していた可能性がある。これらの工場が「非効率的」との理由で閉鎖され、大幅に規模を縮小されて売却された場合には、何十万という職が失われていたはずだが、それがストライキのうねりによって回避されたのだ。興味深いことに、ポーランド経済はこの同じ時期に急速に成長し始めている。国営工場は非効率的で時代遅れだと切り捨てようとした人々は「明らかに間違っていた」と、ポーランドの著名な経済学者で「連帯」の元組合員でもあるタデウシュ・コワリクは指摘する。

ポーランドの労働者は、かつての「連帯」の同志たちに対する怒りを、ストライキ以外の方法を使って表現した。自分たちが闘い取った民主主義を使って、選挙で「連帯」を――かつては国民に愛された指導者レフ・ワレサを含めて――決定的に叩きのめしたのである。「連帯」の劇的な敗北が明らかになったのは一九九三年九月一九日のことだ。選挙の結果、かつて共産主義政権を担っていた統一労働者党を中心にした「民主左翼連合」が議会の議席の三七％を獲得、対する「連帯」は相対立する小グループに分裂し、労働組合系グループは得票率五％に満たず、議席を獲得することができなかった。マゾヴィエツキ元首相率いる民主同盟も得票率一〇・六％にとどまり、ショック療法に対する国民の反発は火を見るより明らかだった。

だがなぜか、その後も世界の何十という国々が経済改革の方法を見出せずに苦闘するなかで、ポーランドがたどった道のりの不都合な部分(多発するストライキ、選挙での敗北、政策の逆転)はないことにされてしまう。そしてポーランドは、急進的な自由市場改革が民主的かつ平和的に実施できることを証明するモデルとして奉られることになる。

移行段階にある国についての多くの物語がそうであるように、これはほとんど美化された作り話だった。現実には、ポーランドでは民主主義が、街頭においても選挙においても「自由市場」を攻撃するための武器として使われたのだ。一方の中国では、規制に縛られない自由な資本主義への衝動が天安門広場において民主主義を打倒し、「衝撃と恐怖」作戦によって、現代史でも最大規模の収益をもたらすと同時に長期間継続した投資ブームが引き起こされた。虐殺からまたしても奇跡が誕生したのである。

第10章　鎖につながれた民主主義の誕生

——南アフリカの束縛された自由

和解とは、歴史の裏面にいた人々が抑圧と自由の間の質的な違いを本当に理解したときに成立するものです。彼らにとって自由とは、清潔な水が十分あり、電気がいつでも使え、まともな家に住み、きちんとした職業に就き、子どもに教育を受けさせ、必要なときに医療を受けられることを意味します。言い換えれば、これらの人々の生活の質が改善されなければ、政権が移行する意味などどこにもないし、投票する意味もまったくないのです。

——デズモンド・ツツ大主教（南アフリカ真実和解委員会委員長、二〇〇一年）(1)

国民党は権力を移譲する前に、それを骨抜きにしようとしている。自分たちが国を治める権利を放棄する代わりに、黒人が彼らのやり方で国を治めるのをやめる権利を手に入れるという、一種の交換条件を成立させようとしているのだ。

——アリスター・スパーク（南アフリカのジャーナリスト）(2)

一九九〇年一月、七一歳のネルソン・マンデラは刑務所の独房で机に向かい、支持者に向けた覚書を書いていた。獄中にいた二七年間のほとんどを、ケープタウン沖に浮かぶロベン島にある刑務所で過ごした彼は、その間にアパルトヘイト国家南アフリカ(以下、適宜「南ア」と略記)の経済改革にかける自らの決意が鈍ったのではないか、という疑念に答えようとしていた。そこにはこう書かれていた。「鉱山、銀行および独占企業の国営化はアフリカ民族会議(ANC)の政策であり、この点に関してわれわれの見解が変化したり修正されたりすることはありえない。黒人経済の強化はわれわれが全面的に支持し促進する目標であるが、現在の状況においては、一定の経済部門を国家が統制することは避けられない」(3)

歴史はまだ――フクヤマが主張したように――終わったわけではなかった。アフリカ最大の経済国である南アでは、自分たちを抑圧した権力者が不正に得た利益の返還を要求し、再分配する権利もまた「自由」のひとつである、と今もなお信じ続ける人々が存在していた。

この考え方はANCの基本理念を謳った「自由憲章」に明記されて以来、三五年間にわたって同会議の政策の基礎となってきた。自由憲章の起草にまつわる話は南アでは伝説のように語り伝えられているが、それも当然である。起草のプロセスは一九五五年、ANCが五万人のボランティアをタウンシップや農村部に派遣したときに始まる。ボランティアたちの仕事は、各地で人々から「自由への要望」を集めてくることだった。アパルトヘイトが終結し、すべての南アフリカ人が平等な権利を手にしたときの世界はどんなものかを、人々に想像してもらったのだ。人々は自分の要望を紙に手書きで記した――「土地を持たないすべての人に土地が与えられること」「生活費が賄える賃金と、労働時間の短縮」「肌の色や人種、国籍に関係なく無償で義務教育が受けられること」「居住と自由に移動する権利」などなど。(4)こうした要望が集まると、ＡＮＣの指導者たちはそれを最終的な草案にまとめ、これが一九五五年六月二六日、クリップタウン(ヨハネスブルグの白人住民をソウェトの黒人住民から守る「緩衝地帯」として設置された黒人居住区)で開催された人民会議で正式に採択された。広場には黒人、インド人、「カラード」(主としてオランダ系白人と黒人との混血)、そして少数の白人合わせて三〇〇〇人ほどが集まり、一緒に座った。歴史的なクリップタウン会議の様子について、ネルソン・マンデラはこう書く。「憲章は各節ごとに英語、ソト語、コサ語で読み上げられた。節が終わるごとに、人々は「アフリカ！」「マイブイェ！(自由をふたたび)」と叫んで賛同の意を表した[5]」。自由憲章の最初の要求は「人民こそが統治すべきである！」だった。

五〇年代半ばの当時、この夢が実現するまでにはまだ何十年もの月日が必要だった。二日目、会場に警察が乗り込み、国家反逆の謀略だとして力ずくで会議を解散させた。

白人のアフリカーナーとイギリス人が支配する南ア政府は三〇年間、アパルトヘイトに反対するＡＮＣやその他の政党の活動を禁止した。この過酷な抑圧が数十年にわたって続く間、自由憲章は地下で活動する人々の手から手へと渡されて読み継がれ、希望と抵抗の意志を鼓舞するその力は少しも弱まることはなかった。一九八〇年代には、黒人居住区に出現した戦闘的な若い世代が自由憲章を引き継いだ。おとなしく耐えるだけの生活にうんざりした過激な若者たちは、白人支配を覆すためならどんなことでもすると公言し、その大胆さは親世代を仰天させた。あらゆる幻想を捨てた彼らは「弾丸も催涙弾も俺たちを止められない」と叫びながら街頭に繰り出し、虐殺に次ぐ虐殺に遭い、殺された同志を葬りながらも、なおも歌い、戦い続けた。何を相手に戦っているのか問われると、彼らは「アパルトヘイト」「人種差別」と答え、何のために戦っているのか問われると、「自由」と答えた。「自由憲章」と答える者も多かった。

自由憲章には仕事に就き、まともな家に住み、思想の自由を持つ権利が謳われ、さらにもっともラディカルな権利——すなわち、世界最大の金鉱をはじめ、多くの資源を持つアフリカ最大の経済国の資産を分かち合う権利が謳われている。「われわれの国の財産、すなわち南アフリカ人民の遺産はすべて人民の手に取り戻されなければならない。地下に埋蔵された鉱物資源、銀行および独占企業はすべての人民の所有に移行され、その他の産業や通商も人民の幸福を助長するために管理されなければならない」と自由憲章は述べている(6)。

自由憲章が起草された時点で、解放運動内部にはこれを良い意味で中道的だとする見方と、許しがたいほどに軟弱だとする見方があった。汎アフリカ主義者たちは、ANCが白人入植者に譲歩しすぎていると激しく非難した——なぜ南アフリカは「黒人、白人を問わず、すべての人」のものだと言うのか? ジャマイカの黒人民族主義者マーカス・ガーヴェイのように「アフリカはアフリカンのためのもの」だと主張すべきではないか、と。強硬なマルクス主義者たちは「プチブル的」だとして問題にしなかった。土地の所有権をすべての人々に分割するのは革命的ではない、レーニンはあらゆる私的財産を廃止すべきだと言ったではないか、と。

解放運動のすべてのグループが自明の理としていたのは、アパルトヘイトが単に投票と移動の自由を統制する政治システムであるだけでなく、同時に、人種差別を利用したきわめて大きな利害の絡む経済システムでもあったということだ。少数の白人エリートだけが南アの鉱山や農場、工場で上がった膨大な収益を蓄えることができ、大多数を占める黒人は土地所有を認められず、本来の価値よりずっと低い価格で労働を提供することを強いられた。恐れずに反抗すれば、暴行を受けたり投獄されたりした。鉱山では白人は黒人の一〇倍にも及ぶ賃金を得、ラテンアメリカと同様、大企業は軍部と緊密に協力して手に負えない労働者を誘拐し、「行方不明」にしていた。(7)

自由憲章に謳われているのは、単に黒人が国を治めるだけでなく、不当に没収されたこの国の資産が社会全体に再分配されたときにこそ自由が実現するという、解放運動のなかで合意された基本的な考え方である。南アはもはや、アパルトヘイト時代に言われたような「カリフォルニアのような生活水準で暮らす白人と、コンゴのような生活水準で暮らす黒人の国」であり続けることはできない。自由とは、その中間にあるものを見出すことを意味するのだ。

マンデラが獄中で、二つの文章から成る覚書を書いたときに言おうとしたのも、まさにこのことだった。彼は富の再分配なしには自由はないという基本原則をまだ信じていた。今や世界の多くの国が「移行期」にあるなか、マンデラの覚書にはきわめて大きな意味があった。もしマンデラがＡＮＣを率いて政権に就き、銀行や鉱山を国営化することができれば、他の国々のシカゴ学派の経済学者たちを不利にする前例となる。すなわち、こうした提言を過去の遺物と片づけ、深刻な不平等を是正するには歯止めのない自由市場と自由貿易を実現するしか道はないとシカゴ学派の連中が言い張ることは、ずっと困難になるはずだった。

この覚書を書いてから二週間後の一九九〇年二月一一日、マンデラは晴れて自由の身となり、世界にかつて存在したことのない〝生きた聖人〟とも呼べる人物となった。南アのタウンシップは祝福に沸き返り、人々は自由への苦闘を止めるものはもはや何もないという確信を新たにした。東欧での運動が叩きのめされたのとは異なり、南アのそれは順調に行っているると。マンデラ自身は、あまりに刑務所生活が長かったためにカルチャーショックに見舞われ、マイク付きカメラを「獄中にいる間に開発された最新式の武器」と間違えるほどだった。(8)

たしかに世界は二七年前から一変していた。一九六二年にマンデラが逮捕された当時、アフリカ大陸には第三世界ナショナリズムの波が押し寄せていたが、今や戦争によってズタズタに引き裂かれていた。彼が獄中にいた間に世界では社会主義革命に火がつき、そして消されていった。チェ・ゲバラは一九六七年、ボリビアで殺害され、サルバドール・アジェンデは一九七三年の軍事クーデターで死亡した。モザンビークの解放闘争の英雄で、一九七五年の独立後、初代大統領に就任したサモラ・マシェルは一九八六年、原因不明の飛行機事故で死亡した。八〇年代末から九〇年代初めにかけては、ベルリンの壁の崩壊、天安門事件、そして共産主義の崩壊が立て続けに起きた。だがこれらの大きな変化をじっくり検証している時間はなかった。釈放から間もなく、マンデラは南ア国民を自由へと導くとともに、内戦や経済破綻(その可能性は十分にあった)に至らないための方策を探らなければならなかった。

共産主義と資本主義の間を行く「第三の道」――民主化と富の再分配を同時に行なう方法――があるとすれば、ANCが統治する南アこそ人類が長らく抱き続けてきた夢を現実にする、またとない状況にあると思われた。それは、世界中からマンデラに対し、ほとばしるような称賛と支持が向けられていたというだけでなく、それまでに反アパルトヘイト闘争がたどってきた固有の道筋ゆえのことでもあった。八〇年代には反アパルトヘイト闘争は国際的な広がりを見せ、南ア国外で活動家たちが用いたもっとも有効な手段は、企業ボイコット（南ア製品および南アと取引している国際企業の製品の両方）だった。こうしたボイコット戦略は、企業部門に十分な圧力をかけ、非妥協的な南ア政府にアパルトヘイトを終わらせるようロビー活動を行なわせることを目的にしていた。だがこの運動には、道徳的な側面もあった。少なからぬ消費者が、白人至上主義的な法律によって利益を得ている企業は、経済的打撃を受けるに値すると考えていたからだ。

ANCに、その当時の正統理論である自由市場主義の導入を拒否するまたとない貴重な機会を与えたのも、この道徳的見地にほかならない。アパルトヘイト犯罪の責任の一端は企業にあるという考え方はすでに広く行き渡っており、なぜ南ア経済の主要部門を――自由憲章に謳われているように――国有化する必要があるのか、マンデラが説明するためのお膳立ては整っていた。彼はまた同じ論理を使って、アパルトヘイト体制下で蓄積した債務を、新たに民衆によって選ばれた政府に負わせるのは不当であると説明することもできたはずだ。もしそう主張すれば、国際通貨基金（IMF）やアメリカ財務省、欧州連合（EU）の逆鱗に触れ、大いに怒りを買っただろうが、マンデラはなんと言っても生きた聖人である。世界中の人々から大きな支持が寄せられたにちがいない。

どちらの勢力がより強力だったのか、私たちにはもはや知るよしもない。マンデラが獄中で覚書を書いてから選挙でANCが圧勝し、彼が大統領に選出される一九九四年までの数年間に何かが起こり、ANC幹部は収奪された国の財産を取り戻し再分配するという、草の根からの信望に基づく当初の方針を撤回してしまったのだ。こうしてANCはカリフォルニアとコンゴの中間を目指すのではなく、不平等と犯罪率の両方を急増させるような政策を取る。その結果、南ア国内の格差はビバリーヒルズとバグダッドほどにまで拡大してしまった。今日の南アは、経済改革が政治改革と切り離されて行なわれたときに何が起こるかを示す、生きた証となっている。政治的には、国民は選挙権と市民的自由、多数決原理を与えられているが、経済的にはブラジルをしのぐ世界最大の経済格差が存在している。

私は二〇〇五年に南アを訪れ、一九九〇年から一九九四年の重要な体制移行期にいったい何が起きたのか――マンデラ自身が「考えも及ばない」と明確に表現した道を進んだのはなぜなのか――を探った。

ANCは、一九七五年にポルトガルの植民地支配からの独立を勝ち取った隣国モザンビークで起きた悪夢のような事態をくり返してはならないとの決意のもと、支配政党である国民党との話し合いに臨んだ。モザンビークでは、ポルトガル人たちが引き揚げる際に報復としてエレベーター・シャフトにセメントを流し込んだり、トラクターを叩き潰すなどの乱暴を働き、持ち出せるものはすべて持ち去ってしまった。ANCが比較的平和的に政権移譲の交渉を行なったことは大いに評価できるが、それでもアパルトヘイト時代の支配者たちが引き際に大暴れするのを止めることはできなかった。モザンビークのような派手なことはしなかったものの、彼らは同じくらい大きな打撃を与える妨害工作を、はるかに巧妙なやり方で行なった。しかも歴史的な政権移譲の陰で、それらの事件は見過ごされそうな小さな活字でしか報じられなかったのである。

アパルトヘイト体制をどのように終わらせるか、その条件についての細部にわたる交渉は、政治と経済という平行する二本の筋道（交差することもしばしばだったが）に沿って行なわれた。当然ながら、世間の注目はもっぱらネルソン・マンデラとF・W・デクラーク国民党党首との政治的な首脳会談に集まった。

これらの交渉におけるデクラークの戦略は、可能な限り権力を保持することにあった。デクラークはありとあらゆる提案（連邦制を採用する、少数政党にも拒否権を与える、政府機構の役職のうち一定の割合を少数民族に割り当てるなど）を行なって、多数派支配を阻止しようとした。もし多数派政権ができれば、大規模な土地収用や企業の国営化が行なわれると確信していたからだ。のちにマンデラは、「国民党がやろうとしていたのは、われわれの同意のもとで白人優越主義を維持することだった」とふり返っている。デクラークの後ろには軍と財界がついていたが、マンデラ側には何百万の人々に支えられた運動があった。結果は、ほとんどすべ

ての事項に関してマンデラと主要な交渉人であるシリル・ラマフォサの勝利に終わった。(9)

しばしば議論が激することもあったこの首脳会談と並行して、はるかに目立たない形ではあるが、経済交渉が行なわれた。話し合いは主としてANC側、新星ターボ・ムベキ(一九九九年から二〇〇八年まで南ア大統領を務めた)の采配で進められた。政治交渉が進展して、議会が近いうちにANCによって掌握されることが明らかになると、南アのエリート階層を母体とする国民党はもっぱら経済交渉に精力と独創性を注ぎ始めた。黒人が政権を奪取するのを阻止することはできなかったものの、白人層はアパルトヘイト体制下で自分たちが蓄積してきた資産を、そう簡単に手放すつもりはなかった。

この経済交渉でデクラーク政権側が取った戦略は、二つの部分から成っていた。まず、当時優勢になりつつあったワシントン・コンセンサスの「経済の運営には今やたったひとつの方法しかない」という考え方に基づき、通商政策や中央銀行といった経済的な意思決定の主要な領域を「専門的」で「管理的」なものだと規定する。次に、多様な新しい政策ツール(国際通商協定や憲法における革新、構造調整プログラムなど)を使って、そうした権力中枢の管理を、建前上「中立的」とされる専門家や経済学者、IMFや世界銀行、関税および貿易に関する一般協定(GATT)、国民党の当局者(ANCの闘士以外の人間であれば誰でも)に任せようというのだ。ひとことで言えば、それは南アという国を地理的にではなく(デクラークは当初それを企んだが)、経済的に「バルカン化」する戦略だった。

この計画は、当然ながら議会の支配権をめぐる戦いに勝つことに専心していたANCの指導者たちを尻目に、首尾よく実施された。しかもその過程で、ANCはこれよりはるかに狡猾な戦略から身を守ることができなかった。デクラーク側の戦略とは、自由憲章に盛り込まれた経済条項が南アの法律になるのを阻止することだった。「人民こそが統治すべきである！」という要求は間もなく実現することになったものの、統治する領域は急速に狭まりつつあった。

こうした緊迫した交渉が敵対する陣営同士で進められる一方で、ANCは政権に就く日のために組織内部での準備にも追われていた。ANCの経済学者と法律家のチームが作業グループを形成し、自由憲章に謳われた住居施設や医療などに関する宣言をどのように具体的な政策にしていくかについて、検討を重ねた。なかでももっとも野心的だったのは、ハイレベルの交渉が行なわれている間に作成された「メイク・デモクラシー・ワーク(民主主義を機能させよう)」と題された、アパルトヘイト以後の南ア経済の青写真である。けれどもこうした野心的な計画が練られている間に、交渉チームがその実行を事実上不可能にするような妥協案を次々と受け入れていることを、当の作業グループのメンバーは知らなかった。「着手もしないうちに、(「メイク・デモクラシー・ワーク」は)死んでしまったのです」と、経済学者のヴィシュヌ・パダヤキーは私に話した。草案が完成した時点では「状況が一変していた」と彼は言う。

ANCの活動家のなかでは伝統的な経済学を学んだ数少ない経済学者であるパダヤキーは、「メイク・デモクラシー・ワーク」の立案において主要な役割(本人の言葉を借りれば「複雑な計算」)を任せられた。長時間にわたる会議で彼と一緒に作業したスタッフのなかには、ANC政権の要職に就いた者も少なくないが、彼自身はそうした道は選ばなかった。政権ポストへのオファーはすべて断り、ダーバンでの学究生活を続けたのである。そこで彼は学生を指導し、執筆に励み、南アで初めて非白人として書店を開いたアイク・メイエットにちなんで「アイクス・ブックショップ」と名づけた書店を経営して地元住民に愛されている。私が彼から南アの政権移譲に関する話を聞いたのは、すでに絶版となったアフリカ史の本が手厚く保存されているこの書店の一角だった。

五〇代前半のパダヤキーは七〇年代、南アの組合運動に対する助言者として解放闘争に加わった。「当時は誰もが、玄関のドアの内側に自由憲章を貼っていたものだ」と彼はふり返る。自由憲章に謳われた経済に関する宣言が実行に移されないことを知ったのはいつかと問うと、それは一九九三年に「メイク・デモクラシー・ワーク」の作業グループの仲間と彼が、国民党との交渉の最終段階にあったANCの交渉チームに呼ばれたときだという。交渉チームはパダヤキーらに、南ア中央銀行を政府から完全に切り離し、独立組織とした場合のプラスとマイナスについて報告書をまとめてほしいと要請した——しかも締め切りは翌日だという。

「まったく不意をつかれました」とパダヤキーはふり返る。メリーランド州ボルティモアのジョンズ・ホプキンス大学大学院で経済学を修めた彼は、当時のアメリカの自由市場経済学者の間でも、中央銀行を政府から独立させるなどというのは逸脱した考えであることを知っていた。そんなことを主張するのは、ごく少数のシカゴ学派のイデオローグ（彼らは、中央銀行は国家内の主権共和国のように、国会議員の干渉の手の届かないところに置いておくべきだと考えていた）だけだった。*(10) 新政権の「成長、雇用、再分配という大きな目的」に合致する金融政策こそが必要だと確信していたパダヤキーや仲間たちにとって、そうしたANCの立場は愚の骨頂と映った。「南アに独立した中央銀行を作るなど、ありえないことでした」

＊　ミルトン・フリードマンはしばしば冗談めかして、もし自分の思いどおりにできるのなら、中央銀行は純粋な「経済科学」に基づいて運営されるため、人間は必要なく、巨大なコンピューターがあれば事足りると言っていた。

パダヤキーたちは徹夜で報告書を書き上げた。交渉チームに、デクラーク側の投げてきたクセ球に耐えるために必要な理論を提供するのが目的だった。もし「南ア準備銀行」と呼ばれる中央銀行が政府と切り離されて運営されれば、ANCが自由憲章で宣言したことを実行する能力はそがれてしまう。それだけでなく、もし中央銀行がANC政権に対して責任を持たないというのであれば、いったい誰に対して責任を持つのか？　IMFか？　ヨハネスブルグ証券取引所か？　国民党が、選挙に負けたあとも権力を保持するための裏操作を行なうとしているのは明らかだった。これはなんとしてでも阻止しなければならない。「彼らはできるだけ多くの利益を独占しようとしていた。それは明白な戦略の一部だったのです」とパダヤキーはふり返る。

パダヤキーはでき上がった報告書をファクスで送信したが、交渉チームからは何週間も音沙汰がなかった。「そこでいったいどうなったのか尋ねると、「あの件は放棄した」と言われました」。中央銀行が南アという国家のなかの独立組織として運営され、その独立は新憲法に明記されるだけでなく、総裁にはアパルトヘイト時代と同じクリス・スタルスが就任するというのだ。ANCが放棄したのは中央銀行だけではなかった。もうひとつの大きな譲歩は、アパルトヘイト時代の白人財務相デレク・キーズの留任だった。ちょうどアルゼンチン独裁政権下の財務相と中央銀行総裁が、民主政権への移行後もなぜかその職にとどまったのと同じである。『ニューヨーク・タイムズ』紙はキーズを「財政支出を低く抑えた、企業に優しい政府を支持するこの国の有力な唱導者」だと持ち上げている(11)。

その時点までは「まだ楽天的でした。なんと言ってもこれは革命的な戦いだったわけですから。少なくともなんらかの成果はあがると思っていましたよ」とパダヤキーは言う。中央銀行と財務省のトップがアパルトヘイト時代と変わらないことがわかったとき、それは「経済改革という点ではすべては無に帰する」ことを意味した。交渉チームは損失の大きさに気づいていたのかと尋ねると、彼は少したためらってから、「率直に言ってノーです」と答えた。単純なギブ・アンド・テイクの交渉のなかで、「こちらも何かを譲らなければならなかったので、われわれの側は経済政策を譲ったのです」。

パダヤキーの見方によれば、なにもANCの指導者が大きな裏切りをしたわけではないという。ただ単に、当時はさほど重要ではないと思われた一連の問題について、相手のほうがうまく立ち回っただけだ、と。だが現実には、それらの問題は南アの解放を恒久的なものにするうえで大きなマイナス要因になってしまったのである。

　この交渉で、ＡＮＣは新たな種類の〝網〟にからめ取られてしまった。難解な規則や規制でできたこの網は、選挙によって選ばれた指導者の権力を抑制し、制限することを目的にしていた。この網が南アをすっぽり覆ったとき、その存在に気づいた者はわずかしかいなかった。だが新政権が発足し、いざ有権者に具体的な解放の恩恵――つまり、人々が投票によって得られると期待していたものを与えようとすると、網の紐がきつく締まり、政府は自らの権限が大きく制限されていたことに気づいた。新政権発足後の数年間、マンデラ政権の経済顧問を務めたパトリック・ボンドは、当時、政府内でこんな皮肉が飛び交ったと言う――「政権は取ったのに、権力はどこに行ってしまったんだ？」。新政権が自由憲章に込められた夢を具体化しようとしたとき、それを行なうための権限は別のところにあることが明らかになったのだ。

　土地の再分配は不可能になった。交渉の最終段階で、新憲法にすべての私有財産を保護する条項が付け加えられることになったため、土地改革は事実上不可能になってしまったのだ。何百万人にも上る失業者のために職を創出することもできない。ＡＮＣが世界貿易機関（ＷＴＯ）の前身であるＧＡＴＴに加盟したため、自動車工場や繊維工場に助成金を出すことは違法になったからである。ＡＩＤＳ《エイズ》が恐ろしいほどの勢いで広がっているタウンシップに、無料のＡＩＤＳ治療薬を提供することもできない。ＧＡＴＴの延長としてＡＮＣが国民の議論なしに加盟した、WTOの知的財産権保護に関する規定に違反するためだ。貧困層のためにもっと広い住宅を数多く建設し、黒人居住区に無料で電気を提供することも不可能。アパルトヘイト時代からひそかに引き継がれた巨大な債務の返済のため、予算にそんな余裕はないのだ。紙幣の増刷も、中央銀行総裁がアパルトヘイト時代と同じである以上、許可するわけはない。すべての人に無料で水道水を提供することも、できそうにない。国内の経済学者や研究者、教官など「知識バンク」を自称する人々を大量に味方につけた世銀が、民間部門との提携を公共サービスの基準にしているからだ。無謀な投機を防止するために通貨統制を行なうことも、IMFから八億五〇〇〇万ドルの融資(都合よく選挙の直前に承認された)を受けるための条件に違反するので無理。同様に、アパルトヘイト時代の所得格差を緩和するために最低賃金を引き上げることも、IMFとの取り決めに「賃金抑制」があるからできない。(12)これらの約束を無視することなど、もってのほかだ。取り決めを守らなければ信用できない危険な国とみなされ、「改革」への熱意が不足し、「ルールに基づく制度」が欠けていると受け取られてしまう。そしてもし、これらのことが実行されれば通貨は暴落し、援助はカットされ、資本は逃避する。ひとことで言えば、南アは自由であると同時に束縛されていた。一般の人々には理解しがたいこれらのアルファベットの頭文字を並べた専門用語のひとつひとつが網を構成する糸となり、新政権の手足をがんじがらめに縛っていたのだ。

長年にわたる反アパルトヘイト闘争の活動家ラスール・スナイマンは、こう言い切る。「彼らはわれわれを自由にはしなかった。首の周りから鎖を外しただけで、今度はその鎖を足に巻いたのです」。南アの著名な人権活動家ヤスミン・スーカは、私にこう話した。「(政権移譲は)「名前の上ではおまえたち(ANC)が統治者だが、われわれは何ひとつ手放さない」という取引だった。(中略)「おまえたちには政治的権力を持たせてやるし、見かけ上の統治をさせてやるが、本当の統治はどこか別の場所で行なわれる」ということだったのです」。[*13]いわゆる移行期にある国にはよく見られることだが、ANC政権は〝子ども扱い〟された――家の鍵は渡されたものの、金庫を開ける数字の組み合わせは教えてもらえなかったのである。

＊

この「防民主主義資本主義」とも言うべきものの先駆けとなったのは、(例によって)チリのシカゴ・ボーイズであり、彼らはそれを「新民主主義」と呼んだ。チリでは一七年間続いた軍政後に選挙で選ばれた政府に権力移譲するにあたり、シカゴ・ボーイズは憲法と裁判所に急遽手を回し、彼らが作った革命的な法律を覆すことが法的にほぼ不可能になるよう工作した。これは「専門化された民主主義」「保護された民主主義」などさまざまな名称で呼ばれ、ピノチェト政権の若き閣僚ホセ・ピニェーラは「政治からの絶縁」を確保する手段であるとした。同政権で経済次官を務めたアルバロ・バルドンは古典的なシカゴ学派の論理をこう説明する。「経済学が科学であると認めることは即、政府あるいは政治機構の権力を小さくすることにつながる。経済が科学なら、政府や政治機構が決断を下す責任はなくなってしまうからだ」

私が問いたかったことのひとつは、自由を獲得するための血の滲むような戦いが行なわれたにもかかわらず、なぜこんなことが起きたのか、ということだった。解放運動の指導者たちが、なぜ経済の領域を譲り渡したのか？　そしてＡＮＣの基盤をなす、これまでにあまりに多くのことを犠牲にしてきた人々が、なぜ指導者たちがそれを譲り渡すのをみすみす許したのか、ということだ。ＡＮＣが自由憲章に約束されたことを守るよう〝要求〟し、旧体制との間の譲歩に対して反対する草の根運動が、なぜ起きなかったのか？

私はこの疑問を、ＡＮＣ活動家の第三世代で、体制移行期に学生運動のリーダーとして街頭で抗議活動を行なったウィリアム・グミードにぶつけてみた。「皆、政治交渉には注目していた」と、彼はデクラークとマンデラの首脳会談についてふり返る。「何かまずいことがあれば、すぐに大きな抗議行動が起きた。ところが経済交渉の報告については、みんな専門的なことだと思い込んで、興味を持たなかったんです」。ムベキが交渉を「管理的」なものであり、民衆の関心事ではないと規定した（チリの「専門化された民主主義」と共通する部分が大きい）ことも、これに拍車をかけた。その結果、「われわれは見過ごしてしまったんです――肝心なところを！」と、彼は憤激に声を震わせる。

今日、調査報道ジャーナリストとして南アで高い評価を得るグミードは、この国の真の将来を決めたのはこうした「専門化された」会議だったことが次第にわかってきたという。だが当時、それがわかっていた者はほとんどいなかった。私が話を聞いた多くの人と同様、グミードも南アが体制移行期の間、ずっと内戦寸前の状態にあったことを指摘した。黒人居住区には国民党から武器を提供されたギャングが跋扈し、警察による虐殺が相変わらず横行し、指導者の暗殺も後を絶たず、国全体が壊滅状態に陥る可能性があちこちでささやかれていた。

「あのときは政治のことしか頭になかった——大衆行動を起こし、ビショ（デモ隊と警察との決定的な衝突が起きた場所）へ行って「ここから出て行け！」と叫ぶことばかり考えていました」と彼はふり返る。「でも本当の戦いはそこにはなかった——本当の戦いは経済にあったんです。自分があまりにも無知だったことが不甲斐ない。自分は政治的な経験を十分に積んでいて、すべての問題を理解していると思っていた。それなのにいちばん大事なことを見逃してしまうなんて……」

以来、グミードはその失敗を埋め合わせようとしてきた。私が彼と会ったとき、彼は新著『ターボ・ムベキとANCの精神を求める闘い』をめぐって南ア国内で巻き起こった、激しい論争のまっただなかにいた。この本はグミードが当時、政治活動にかまけるあまり注意を怠っている間に、ANCの交渉チームがどのようにしてこの国の経済的主権を手放してしまったかを徹底的に暴くものだ。「私にこの本を書かせたのは怒りだ」とグミードは私に語った。「私自身に対する怒り、そして党に対する怒りです」

だが、違う結果になりえたかと言えば、その可能性はほとんどなかった。パダヤキーの言うように、ANCの交渉チームは自分たちがしていることの重大さに気づいていなかったのであれば、街頭で抗議デモを行なったところで大きな影響力があったとはとうてい考えられない。

交渉が行なわれたこの重要な期間を通じて、南アの民衆は常に危機的状態に置かれていた。マンデラが自由の身になるのをこの目で見届けた熱狂と、ANCの武装部門のリーダーで、マンデラの後継者として多くの人が期待を寄せていたクリス・ハニが暗殺されたことへの怒り——その両方の間を目まぐるしく行き来していたのだ。ほんのひと握りの経済学者を除けば、中央銀行の独立などという、通常でも眠気を誘われるような話題について議論しようとする人はいなかった。ほとんどの人は、たとえ政権に就くにあたってどんな妥協を強いられたとしても、ANCがしっかり主導権を握ればそれは解消できるものだと思い込んでいたと、グミードは指摘する。皆、「自分たちの政府ができるのだから、先々いくらでも修正できる」と考えていたのだ、と。

当時、ANCの活動家たちが理解していなかったのは、交渉によって民主主義そのものの質が変質してしまったという事実だった。それによって、いったん自由を束縛する〝網〟が南アをすっぽり覆ったときには、「先々」などというものは事実上なくなってしまったのだ。

それでも政権に就いて最初の二年間、ANCは限られた資産を用いて富の再分配という約束を実行しようと努めた。立て続けに公共投資が行なわれ、貧困層向けの住宅一〇万戸以上が建設され、数百万世帯に水道、電気、電話が引かれた。(14) だがご多分に漏れず債務に圧迫され、公共サービスの民営化を求める国際的圧力がかかるなか、政府はやがて価格を上昇させ始める。ANC政権発足から一〇年経った頃には、料金を払うことのできない何百万もの人々が、せっかく引かれた水道や電気を利用できなくなった。* 二〇〇三年には、新しい電話線のうち少なくとも四〇%が使用されていなかった。(15) マンデラが国営化すると約束した「銀行、鉱山および独占産業」も、依然として白人所有の四大コングロマリットに所有されたままであり、これらのコングロマリットはヨハネスブルグ証券取引所上場企業の八〇％を支配していた。[16] 二〇〇五年には、同証券取引所上場企業のうち黒人が所有するものはたった四％にすぎなかった。[17] 二〇〇六年には、いまだに南アの土地の七割が人口の一割にすぎない白人によって独占されていた。[18] 悲惨きわまりないのは、ANC政権が五〇〇万人にも上るHIV感染者の生命を救うための薬を手に入れるより、問題の深刻さを否定するほうにはるかに多大な時間を費やしてきたことだ（二〇〇七年初めの時点では、いくらか前進の兆しが見られるが）。[19] もっとも顕著にこのことを物語るのは、おそらく次の数字だろう。マンデラが釈放された一九九〇年以降、南ア国民の平均寿命はじつに一三年も短くなっているのだ。[20]

＊　新しいサービスが利用できなくなった人のほうが利用できるようになった人より多いかどうかについては、南アでもさまざまな議論がある。利用を絶たれた人のほうが多いことを示す信頼できる研究は、少なくともひとつある。政府の発表によれば、水道を利用できるようになった人は九〇〇万人だが、この研究は水道が利用できなくなった人の数を一〇〇〇万人としている。

これらの事実や数字の根底には、経済交渉で相手の戦略に負けたことに気づいたANCが下した運命的な決断がある。その時点で、ANCには二つの選択肢があった。ひとつは、第二次解放運動を起こし、体制移行期以来ANCの首を絞めてきた〝網〟から自由になるために戦うこと。もうひとつは、制限された権力に甘んじて新経済秩序を受け入れることである。ANC指導部が選んだのは、後者の道だった。ANCは政権に就いた時点で、自らが公約に掲げた「自由憲章」の柱である富の再分配を政策の最重要項目とするのではなく、支配的な論理を受け入れた。そして新しい外国資本が新たな富を創出し、その恩恵が貧困層にまで浸透《トリクルダウン》することに唯一の望みを託した。だがそうしたトリクルダウン効果を実現するには、ANC政権は投資家を惹きつけるために、それまでの態度を一八〇度転換しなければならなかった。

これが容易ではないことは、マンデラ自身が自由の身になったとたんに思い知ったとおりである。彼が釈放されるや、南アの株式市場はパニック状態に陥って暴落し、通貨ランドは一〇%下落した。[21] 数週間後、ダイヤモンド関連企業デビアス社は、本社を南アからスイスに移した。[22] このような市場からの瞬時の反応は、マンデラが最初に投獄された三〇年前には考えられないことだった。六〇年代には、多国籍企業が思いつきで本社を別の国に移すこともなかったし、世界の通貨体制は依然として「ドル金本位制」を基礎としていた。だが今や南アの通貨は何ものにも統制されず、取引の障壁は取り除かれ、しかもその大部分は短期投機によって占められていた。

不安定な市場はマンデラの釈放を嫌ったばかりでなく、マンデラやANC幹部がほんの二言三言、見当違いの発言をしただけで、大地を轟かすような暴走を起こす可能性があった(『ニューヨーク・タイムズ』紙のコラムニスト、トーマス・フリードマンは〝電脳投資家集団〟が暴れるという、うまい表現を使っている)。[23] マンデラの釈放の際に起きた暴走は、その後ANC幹部と金融市場との間に交わされる、さながらかけあいのような関係のほんの始まりにすぎなかった。このショックを伴う対話を通じて、ANCは新しいゲームのルールを習得していくことになる。党幹部が不吉な「自由憲章」を政策にする可能性を少しでもほのめかせば、そのたびに市場はショック反応を起こし、たちまちランドは急落する。ルールは単純で明白だった――公正を目指す政策は高くつくから「売り」、現状維持は歓迎され「買い」というわけである。釈放から間もない頃、マンデラが実業界の有力者たちとの私的な昼食の席で国営化を支持する発言をすると、「ヨハネスブルグ証券取引所の金指数は五％も下落した」。(24)

金融界とは一見なんの関係もない事柄でも、潜在的なラディカリズムが透けて見えれば、市場は過剰に反応した。ANC政権の閣僚トレヴァー・マニュエルが、南アのラグビーは（チームが全員白人で構成されていたことから）「白人少数派のゲーム」だと発言したときにも、ランドは急落した。(25)

新政権を束縛するものは多々あったが、なかでももっとも強力な制約となったのは市場だった。これはある意味で、自由放任資本主義の持つ自己規制的な特質に由来する。世界の国々が気まぐれなグローバル市場に対して自国市場を開放すれば、シカゴ学派の正統理論から外れた国は瞬時に、ニューヨークやロンドンのトレーダーから通貨の下落という痛い仕打ちを受け、その結果危機は深まってさらなる債務の必要性が生じ、いっそう厳しい条件がつけられるというわけである。一九九七年、マンデラはANCの全国大会で、この罠の存在を認めて次のように述べている。「資本の流動性と資本やその他の市場のグローバル化によって、世界の国々はたとえば国内の経済政策について、これらの市場が示すと予測される反応を考慮せずに決定を下すことはもはや不可能になっているのです」[26]

ANC内部でこうしたショックを阻止する術を理解していたのは、マンデラが大統領在職中は副大統領としてその右腕となり、やがては後継者となるターボ・ムベキだった。ムベキはアパルトヘイト時代、国外追放になり長年イギリスで過ごした。サセックス大学で学んだあとロンドンに移り、祖国の黒人居住区に催涙ガスが充満していた八〇年代をサッチャリズムのもとで過ごす。ANC幹部全員のなかで実業界のリーダーたちとたやすくつき合えるのは唯一ムベキだけだったし、彼はマンデラが釈放される前、黒人多数派政権の樹立に危機感を抱く企業幹部との秘密の会合をいくつか開いてもいる。一九八五年、ザンビアの狩猟ロッジでムベキや実業家グループとともにスコッチを傾けながら一夜を過ごした南アの一流ビジネス雑誌編集者ヒュー・マレーは、「ANCのトップにいる彼は、もっとも困難なときでさえ相手に信頼を与える驚くべき能力の持ち主だ」と述べている。[27]

市場を鎮静化させるためのカギは、こうした社交的な関係に基づく信頼を、それよりずっと広い範囲に与えることだとムベキは確信していた。グミードによれば、ムベキは党内で自由市場について教示する役割を買って出たという。市場の獣はすでに放たれたのだ、とムベキは説明した。獣を飼い馴らすことはできない。ただひたすら獣が欲しがるエサ――つまり、成長に次ぐ成長を与えるしかないのだ、と。

こうしてマンデラとムベキは鉱山の国営化を提唱するのではなく、ハリー・オッペンハイマーと頻繁に会合を重ねることになる。オッペンハイマーはかつて、アパルトヘイト時代の経済的シンボルとも言うべきアングロ・アメリカンとデビアスという巨大鉱山関連企業の会長を務めた人物である。一九九四年の選挙後すぐに、マンデラとムベキはオッペンハイマーの同意を得るためにANCの経済プログラムを提示し、彼をはじめとする産業界トップの懸念事項に対応するため、いくつかの大きな修正を加えることまでしていた。(28) 市場からふたたびショックを与えられるのを回避するべく、マンデラは大統領就任後の最初のインタビューでは、国営化を支持する従来の発言から注意深く距離を置く姿勢を示した。「われわれの経済政策においては(中略)国営化などといったことについてはいっさい言及していないし、これは別に予想外のことではない」と彼は語っている。「われわれとマルクス主義イデオロギーとを結びつけるようなスローガンは、ただのひとつもありません」。*(29) 経済紙はこの路線変更を一貫して後押しした。『ウォールストリート・ジャーナル』紙はこう書く。「ANCには依然として強力な左派が存在するが、最近のマンデラ氏はかつての社会主義革命家のような口ぶりはどこへやら、むしろマーガレット・サッチャーのような発言が目につく」(30)

＊　ところが実際には、ANCの公約には「国営化などによって公共部門を戦略的領域において拡大すること」が掲げられており、さらにANCのマニフェストが「自由憲章」であることにも変わりなかった。

とは言うものの、ANCにはいまだにラディカルな過去の記憶がつきまとい、新政権がソフト路線を強調したにもかかわらず、市場は南アに手痛いショックを与え続けた。一九九六年にはわずか一カ月でランドは二〇%も下落し、不安にかられた富裕層が資産を海外に移動したため、資本の海外流出も相変わらず続いた[31]。

ムベキはマンデラに、過去ときっぱり縁を切ることが必要だと説得した。ANCにはまったく新しい経済計画が必要だ。大胆かつ衝撃的な計画、すなわち市場が理解できるような脈絡に沿って、ANCはワシントン・コンセンサスを受け入れる心づもりがあることを伝えるような計画が必要なのだ、と。

ショック療法に基づくプログラムが軍事作戦さながら秘密裏に作成されたボリビアの場合と同じく、南アにおいても新経済計画(一九九四年の選挙でのANCの公約とはまったく異なるもの)の作成が進行中であることを知っていたのは、ごく少数のムベキの側近だけだった。チームのメンバーは「全員、秘密を守ることを誓約し、左派がムベキの計画を嗅ぎつけることのないよう、策定の全プロセスは極秘のうちに進められた」とグミードは書いている[32]。新経済計画の策定に加わった経済学者のスティーヴン・ゲルブは、「これは猛烈なまでの「上からの改革」であり、政策立案者を民衆の圧力から隔離し、その独立性を守るという考えを極端に推し進めるものだった」と述懐している[33](ANCがこのように秘密と隔離を重視したことは、アパルトヘイトの圧政下で同党がきわめてオープンな参加型のプロセスによって自由憲章を作り上げたことを考えると、大いなる皮肉である。今やANCは新しい民主主義秩序のもと、党員にさえ知らせずに経済計画を作成しようとしたのである)。

一九九六年六月、ムベキはついに計画を明らかにする。それは民営化の推進、財政支出の削減、労働市場の「柔軟性」拡大、貿易のさらなる自由化、そして資金循環に対する規制の撤廃などを盛り込んだ、南アにとっての新自由主義的ショック療法プログラムにほかならなかった。ゲルブによれば、その最大の目的は「政府(とりわけANC)が現在の主流の正統理論に与していることを潜在的投資家に伝えることにあった」[34]。このメッセージがニューヨークやロンドンのトレーダーの耳にしっかり届くよう、ムベキはこの計画を公表した際にこう付け加えた――「私をサッチャー主義者と呼んでください」[35]。

ショック療法とは原理的に、常に市場のパフォーマンスそのものだと言っていい。株式市場は、大げさな宣伝を伴う、多分に人為的に操作された瞬間(このとき株価は急騰する)を大歓迎する。こうした瞬間は通常、新規株式公開や大型合併、あるいは有名人のCEO就任などといった出来事をきっかけにもたらされる。一国の政府に包括的なショック療法パッケージを発表するよう経済学者が助言する理由のひとつは、このような劇的な市場イベントに類似した状況を作り出し、それによって市場の熱狂を引き起こそうという目論見にある。しかもその目的はひとつの企業の株を売るのではなく、ひとつの国を丸ごと売ること――「アルゼンチンの株をすべて買え!」「ボリビアの債券をすべて買え!」という反応を起こすことなのだ。他方、もっと穏やかで慎重なやり方を取った場合には、こうした市場の過剰反応バブルを引き起こして大儲けすることはできない。ショック療法とは常に大きな賭けであり、南アにおける賭けは失敗に終わった。ムベキの大げさなジェスチャーは、長期的な投資を呼び込むことはできなかった。短期的な投機だけが集中した結果、南ア通貨はさらに下落することになったのである。

真実和解委員会の見過ごしたもの

「新たに改宗した者というのは、そんなもんですよ。相手を喜ばせようと躍起になるのです」と言うのは、体制移行期の回想録の著者であるダーバン在住の作家アシュウィン・デサイだ。解放闘争のさなかに獄中生活を送ったデサイは、囚人の心理と政権に就いたANCの行動との間に共通点があるという。獄中では、「看守に気に入られれば、その分待遇が良くなるでしょう。これと同じ論理が南アが取った行動の一部に明らかに見て取れる」と彼は言う。「自分たちは他の囚人よりも行ないがいいということを示そうと一生懸命だったのです。他の国より自分たちのほうがずっと規律正しいのだ、と」

しかし実際には、ANCの支持母体は明らかに規律に欠けていたため、厳しく自制しなければという空気が生まれた。南アの真実和解委員会で陪審員を務めたヤスミン・スーカによれば、この「自らを律する」メンタリティが体制移行期のあらゆる側面に浸透しており、それは正義の追求という側面にまで及んだのだという。同委員会は拷問や殺人、誘拐に関する証言を何年もかけて聴取したあと、こうした不正の数々を修復するために何が必要かという問題に取り組んだ。真実を明らかにし、罪を赦すことも重要だが、犠牲者やその家族に対する賠償も重要なはずである。しかし、新政権にこの賠償金の支払いを求めるのは理にかなわない。新政権にはなんの責任もないことだし、予算のなかからアパルトヘイト時代の人権侵害に対する賠償金を出せば、その分貧困層のための住宅や学校の建設にあてられる資金がなくなってしまう。

委員のなかには、アパルトヘイト体制により利益を得た多国籍企業こそ、賠償金を支払うべきだという考えの者もいた。けっきょく真実和解委員会は一回限りの法人税（委員会はこれを「連帯税」と名づけた）一％を企業に課し、これを犠牲者への賠償金にあてるという控え目な提言を行なった。スーカはＡＮＣが当然この提言に同意すると考えていたが、当時のムベキ政権は企業に人権侵害の賠償を求めることをいっさい拒否した。それによって、市場に反企業的メッセージを送ってしまうことを恐れたのである。「大統領は企業に責任を問うことはしないと心に決めていた。それ以外の選択はありえなかったのです」とスーカは話した。こうして政府は、求められていた賠償額の一部にあたる額を自らの予算から出すという、委員会が恐れていた結果になってしまったのである。

南アの真実和解委員会はしばしば「平和構築」の成功例として取り上げられ、スリランカからアフガニスタンに至る他の紛争地域でもモデルとして採用されている。だが、このプロセスに直接関わった人々のなかには、複雑な思いを抱く者も少なくない。二〇〇三年三月、最終報告書を発表するにあたって、同委員会の委員長デズモンド・ツツ大主教は記者団に、自由は実現しても未完の仕事が残っている事実を突きつけた。「自由な社会になってから一〇年近くも経つ今日も、荒れ果てたゲットーで目覚める黒人がいるのはなぜなのか、説明できますか？　そして彼が働きに行く街に住むのはほとんどが白人、しかも彼らは豪邸に住んでいる。一日が終わると、彼はまた薄汚れた家に帰ってくる。なぜ人々はこう言わないのでしょうか――「平和なんてクソ食らえ。ツツと真実委員会なんてクソ食らえ」と」(36)

現在は南アの人権基金の理事長の座にあるスーカは、こう指摘する。真実和解委員会の聴聞は「拷問や虐待、誘拐などアパルトヘイト体制の外面に表れたさまざまな事態」の解明には取り組んだものの、そうした人権侵害によって利益を得た経済システムについては「完全に不問に付した」のだ、と。このことは、三〇年前にオルランド・レテリエルが指摘した「人権活動家」の盲点と重なる。もしもう一度やり直すことができるのなら、「まったく違うやり方で対応すると思う」とスーカは言う。「アパルトヘイトを支えたシ、ス、テ、ム、に注目して、土地の問題、そして多国籍企業や鉱業の果たした役割について念入りに調査したい。なぜならそれこそが南アの病理の根源だからです。(中略)アパルトヘイト政策が及ぼした組織的影響こそを追及したい。拷問については一回の聴聞だけで十分。なぜなら拷問そのものだけに注目して、それが誰を利していたのかを見過ごせば、真実の歴史を歪めてしまうことになるからです」

逆の賠償

スーカによれば、企業による賠償を求めた真実和解委員会の提言をＡＮＣが拒否したことは、きわめて不公正な結果を招いたという。その結果、政府がアパルトヘイト時代の負債を払い続けることになったからだ。新政権発足から数年間、政府は毎年三〇〇億ランド(約四五億ドル)の負債を返却したが、このことは、一万九〇〇〇人以上に上るアパルトヘイト時代の拷問や殺害の犠牲者やその家族に対して、政府が最終的に支払ったのが総額八五〇〇万ドルにすぎないこととはきわだった対照をなす。ネルソン・マンデラは、自由憲章で約束されたことが守れなかった唯一最大の理由はこの債務負担だったとしている。「政権に就く以前に私たちが計画していた住宅の建設、子どもを最良の学校に通わせること、失業問題に取り組んで誰もが職に就き、まともな収入を得て愛する家族に住む家と食べる物を提供できるようにすることが果たせなかったのは、三〇〇億(ランド)のせいだ。(中略)前政権から引き継いだ債務によって大きな制約を負っていたのです」[37]

アパルトヘイト時代のツケの支払いが政府にとって膨大な負担であることをマンデラ自らが認めたにもかかわらず、ANCは債務不履行の提案にはことごとく反対した。南アの債務は「汚い債務」であることを示す法的根拠は十分あるとはいえ、もし少しでも債務不履行の動きを見せれば、投資家に南アが危険なまでにラディカルであると受け取られてしまう。その結果、ふたたび市場のショックを引き起こす恐れがあると考えられたのだ。ANCの長年のメンバーでロベン島の刑務所に収監されていたデニス・ブルータスは、この壁にもろに突き当たった。一九九八年、彼をはじめとする南アの活動家グループは、新政権を経済的重圧から解放するための最善の方法は「債務帳消し」を求める運動を始めることだと考えた。「自分の考えが甘かったと言わざるをえない」と、現在七〇代のブルータスは私に話した。

「草の根運動が債務の問題を取り上げてくれたと、政府から感謝されると思っていましたよ。政府の債務問題を助けてくれてありがとう、と」。ところが驚いたことに事実は正反対だった。「政府は私たちを拒否しました。「おまえたちの手を借りる必要はない」とね」

ANCが債務の支払いを続ける決断を下したことに、ブルータスのような活動家は猛烈な怒りを燃やす。それによって払われる犠牲があまりにも大きいからだ。たとえば一九九七年から二〇〇四年までの間に南ア政府は一八カ所の国営農場を売却し、四〇億ドルの利益を得たが、その半分近くが債務の支払いに消えている。(38) 言い換えれば、ANCは「銀行、鉱山および独占産業の国営化」というマンデラの当初の約束を反故にしたばかりでなく、自分たちを抑圧した前政権の借金を払うために国有財産を売るという、まさにその反対のことをしたのだ。

そのうえ、債務が具体的に何に使われる金なのかという問題がある。体制移行の交渉の際、デクラーク大統領側はすべての公務員に移行後も職を保障すること、退職を希望する者については多額の生涯年金を支給することを要求した。これは社会的なセーフティーネットと呼ぶべきものが存在しない国においては、まさに法外な要求だったにもかかわらず、ANCはこの要求をはじめとするいくつかの要求を「専門的」問題としてデクラーク側に委ねてしまったのだ。(39) この譲歩によって、ANCは自らの政府と、すでに退陣した影の白人政府という二つの政府のコストを負うことになり、これが膨大な国内債務としてのしかかっている。南アの年間の債務支払いのじつに四〇％は、この大規模な年金基金に振り向けられ、年金受給

者の大多数は、かつてのアパルトヘイト政権の政府職員で占められているのである。*(40)

＊　それればかりか、このアパルトヘイト時代の残した重荷は南ア全体の債務を拡大させると同時に、毎年何十億ランドもの公的資金を利用不能にしている。一九八九年に実施された「専門的」な会計上の改正により、南アの年金制度はその年に支払われた保険料で給付金を賄う方式から、支払うべき年金総額の七〇〜八〇％の資金を常に準備しておくという方式に変更になった。その結果、一九八九年に三〇〇億ランドだった年金基金は、二〇〇四年には三〇〇〇億ランド以上に膨らみ、まさに債務ショックに匹敵する状況が生じている。年金基金として別個に管理されたこの膨大な資金は、住宅や医療など基本的な社会サービスのために使うことはできない。この年金に関する取り決めの交渉をANC側で行なったのはジョー・スロヴォというかつての南ア共産党の伝説的指導者であり、この事実はいまだに今日の南ア国民の大きな憤りを買っている。

最終的に南アには、主客が逆転したねじれた状況が生じることになった。つまりアパルトヘイト時代に黒人労働者を使って膨大な利益を得た白人企業はびた一文賠償金を支払わず、アパルトヘイトの犠牲者の側が、かつての加害者に対して多額の支払いをし続けるという構図である。しかもこの多額の金額を調達するのに取られたのは、民営化によって国家の財産を奪うという方法だった。それはANCが交渉に同意するにあたって、隣国モザンビーク独立の際に起きたことをくり返さないために断固として回避しようとした「略奪」の現代版にほかならなかった。もっともモザンビークでは、旧宗主国の政府職員が機械類を破壊し、ポケットに詰められるだけのものを詰めて去って行ったのに対し、南アでは国家の解体と資産の略奪が今日に至るまで続いているのだ。

私が南アを訪れたのは、ちょうど自由憲章採択五〇周年記念日間近の時期で、ANCはメディア受けするイベントを企画していた。記念日当日には、国会の開催場所を通常のケープタウンの国会議事堂から自由憲章が採択されたクリップタウンに移動し、ムベキ大統領がクリップタウンの中心にある交差点を、もっとも敬愛されるANCの指導者の一人の名前を取って「ウォルター・シスル広場」と命名することになっていた。またこの日、自由憲章を記念するレンガ造りのモニュメントが新たに披露される。内部に設置された石板には自由憲章が刻まれ、その中央には永遠の「自由の炎」が灯されることになっていた。さらにその隣には、「フリーダム・タワー」という別の記念建造物の建設も進んでいた。この建造物に使われている黒と白のコンクリートの柱は、「南アフリカは黒人、白人を問わず、すべての人のものである」という自由憲章の有名な一節を象徴している。(41)

このイベントのメッセージはきわめて明確だった。五〇年前、ANCは南アに自由をもたらすことを宣言し、それはみごとに実現されたというメッセージである。言い換えればそれはANC自身の演出による「任務達成」のイベントだった。

しかし、このイベントには違和感がつきまとった。老朽化したあばら屋が立ち並び、道路には下水があふれ、失業率がアパルトヘイト時代をはるかに上回る七二％にも達するクリップタウンは、巧妙に仕立て上げられた祝賀行事にふさわしい場所というより、自由憲章の約束が破られたことを象徴しているかのようだった。[42] 蓋を開けてみると、記念行事の演出やアートディレクションは、ＡＮＣではなくブルーＩＱという不可解な組織が行なっていた。ブルーＩＱは建前上は州政府の一部門ということになっているが、鮮やかな青の光沢紙を使ったパンフレットによれば、「入念に構築された環境で運営されており、一見したところ自治体の一部門というより民間部門の企業のような雰囲気を持つ」のだという。ブルーＩＱの目的は南アに新たな外国資本を誘致することであり、それはＡＮＣの「成長を通じた再分配」計画の一環として位置づけられている。

ブルーＩＱは観光を新たな投資の成長分野と捉えており、市場調査の結果、南アを訪れる観光客にとってこの国の大きな魅力は、圧政に打ち勝ったとして世界的に評価されているＡＮＣの存在にあることが明らかになったという。こうしてブルーＩＱは、南アの勝利の物語のシンボルとして自由憲章に勝るものはないとの確信のもと、クリップタウンを自由憲章テーマパーク――「国内外の観光客に他では味わえないユニークな体験を提供する、国際的な観光スポットであり史跡でもある場所」――に作り変え、博物館や自由をテーマにしたショッピングモール、そして高級ホテルまで完備する一大プロジェクトに着手した。住民たちの多くを歴史的価値のあまりない別のスラムへと移住させ、この街を「豊かで望ましい」ヨハネスブルグの郊外へと変貌させようという目論見だ。[43]

クリップタウン再生計画にあたり、ブルーＩＱが採用したのはほかでもない自由市場戦略だった。企業に投資のインセンティブを提供し、近い将来雇用が創出されるのを期待するという、トリクルダウン戦略に基づくシナリオである。だが、このクリップタウン・プロジェクトが他と一線を画すのは、その目玉が五〇年前に貧困の撲滅に向けてもっと直接的な方法を提唱した一枚の紙にあるという点だ。その自由憲章では、起草者たちはこう訴えている――何百万人もの人々が自立した生活を営めるよう、土地を再分配せよ。鉱山を人々の手に取り戻し、その恵みによって住宅や社会基盤を建設し、雇用を創出せよ。そして中間業者を排除せよ、と。そんなものはユートピア的ポピュリズムにしか聞こえないという人も多いかもしれない。だがシカゴ学派の正統理論の実験がことごとく失敗したというのに、この自由憲章テーマパークのような、企業に利益をもたらす一方で貧しい人々をさらに困窮に陥れる計画が、二二〇〇万人にも上る南アの貧困層が抱える医療や経済の問題を解決できると考えるほうこそ、現実離れしているのではないか(44)。

南アが明白にサッチャリズムへと舵を切ってから一〇年以上が経過した時点で、トリクルダウン理論の実験の結果は、次のとおり目に余るものだった。

- ANCが政権に就いた一九九四年から二〇〇六年までの間に、一日一ドル未満で暮らす人の数は二〇〇〇万人から四〇〇〇万人へと倍増した(45)。
- 一九九一年から二〇〇二年までの間に南アの黒人の失業率は二三%から四八%へと、二倍以上に増加した(46)。
- 南アの黒人人口三五〇〇万人のうち、年間六万ドル以上の収入があるのはわずか五〇〇〇人にすぎない。白人ではその数は二〇倍となり、それよりはるかに高収入を得ている白人も少なくない[47]。

- ANC政権は一八〇万軒の住宅を建設したが、その間に二〇〇万人が家を失った[48]。
- 民主化から一〇年間に、農場から立ち退かされた人は一〇〇万人近くに上る[49]。
- こうした立ち退きの結果、掘っ建て小屋に住む人の数は五〇％増加した。二〇〇六年には南アの人口の四人に一人以上はスラム街の掘っ建て小屋に住み、かなりの数の人は水道も電気もない暮らしを強いられている[50]。

自由の約束が裏切られたことをもっとも如実に示すのは、今や自由憲章が南ア社会のさまざまな領域で巧妙に利用されている事実かもしれない。さほど遠くない過去、自由憲章は白人特権階級にとって究極的な脅威を意味していた。ところが今日、それは企業のラウンジやゲーテッド・コミュニティー〔フェンスで囲われた高級住宅地〕で、脅威などみじんもない耳に心地よい善意の表明——美辞麗句を並べ立てた企業の行動規範にも匹敵するような——として使われている。だが、かつてクリップタウンで採択された自由憲章に大きな可能性を見出した黒人居住区の現状は、そこに約束されたこととあまりにもかけ離れていて胸が痛む。政府主催による記念行事を完全にボイコットした国民も少なくない。ダーバンでは掘っ建て小屋の住民たちの運動が急速に拡大している。そのリーダー、スブ・ジコデは私にこう話した。「自由憲章に書かれていることは本当に素晴らしい。でもそれはことごとく裏切られてしまったんです」

結局のところ、ＡＮＣが自由憲章に謳われた再分配の約束を放棄する口実としてもっとも説得力を持ったのは、「周りは皆そうしているから」というまったく平凡なものだった。ヴィシュヌ・パダヤキーによれば、ＡＮＣ幹部は当初から、「欧米各国政府やＩＭＦ、世銀から」次のようなメッセージを受け取っていたという――「世界は様変わりした。もはやそんな左翼的な考えはなんの意味も持たない。選択の余地はないのだ」と。グミードも次のように書く。「ＡＮＣは、まったく予期していなかった猛攻撃を受けた。主要な経済指導者は頻繁に世銀やＩＭＦといった国際機関の本部に赴き、一九九二年から九三年にかけては、ＡＮＣのスタッフ数人(なかには経済的バックグラウンドをまったく持たない者もいた)が海外の経営大学院や投資銀行、経済政策シンクタンク、世銀などに派遣され、経営リーダーになるための短期訓練プログラムに参加した。そこで彼らは新自由主義の理念をしっかり叩き込まれた。それはまさに目のくらむような体験だった。一国の次期政権が、これほどまでに国際社会から秋波を送られたことはかつてなかった」(51)

マンデラが一九九二年、スイスのダボスで開催された世界経済フォーラム年次総会でヨーロッパの指導者たちと会見したとき、彼は「周囲の圧力」の強烈な一撃を食らった。南アがやろうとしているのは、第二次大戦後のマーシャル・プラン下の西ヨーロッパ諸国と同じことであり、けっして過激なことではないのだとマンデラが発言すると、オランダの財務相は言下にそのたとえを退けた。「当時は当時、今は時代が違う。世界経済は今や相互依存状態にあり、グローバル化はもはや定着している。他国の経済と無関係に経済発展できる国など存在しませんよ」(52)

マンデラのような指導者がこうした国際的な場に出て行くたびに頭に叩き込まれるのは、もっとも左寄りの政府でさえ、今やワシントン・コンセンサスを受け入れているという事実だった。ベトナムや中国のような共産主義国家しかり、ポーランドのような労働組合主義や、ピノチェトの支配から解放されたチリのような社会民主主義政権しかり。ロシアでさえ、新自由主義に光明を見出している。ＡＮＣの交渉が山場にあったとき、ロシア政府はコーポラティズム的熱狂のさなかにあり、国有財産を元共産党政治局員の起業家に売り払うのに躍起となっていた。この強力な世界的潮流にロシアまでが屈伏したのであれば、ボロをまとった南アの自由の戦士に、いったいどんな抵抗ができるというのか？

少なくともそれが、法律家や経済学者、ソーシャルワーカーなど、「体制移行」業に従事する連中が広めたメッセージだった。急速に事業を拡大しつつあったこの専門家集団は、戦争で荒廃した国や危機に苛まれる世界中の都市を飛び回っては、新米の政治家たちにブエノスアイレスでの最新の優良事業から、ワルシャワでのもっとも目を引くサクセス・ストーリー、そして恐るべき「アジアの虎」たちの急成長ぶりまで、さまざまな事例を披露しては相手を圧倒していた。これらの「体制移行専門家《トランジッショノロジスト》」(ニューヨーク大学の政治学者スティーヴン・コーエンの命名による)たちは機動性に富んでおり、生来内向き思考の政治家である解放運動の指導者に対して、もともと有利な立場にあった。[53] 国家の変革という一大事業に直面した指導者たちは、必然的に自分たちの紡ごうとしている物語や権力闘争に集中するあまり、自国以外の世界の状況にこまやかな注意を向ける余裕がない場合が多い。これは不幸なことだ。というのも、もしANC幹部が、体制移行専門家たちの垂れ流す偏った情報の怪しさを見抜き、ロシアやポーランド、アルゼンチン、韓国などで何が本当に起きているのかを自力で突きとめていれば、彼らはまったく違う光景を目にしていたはずだからである。

第11章　燃え尽きた幼き民主主義の火
――「ピノチェト・オプション」を選択したロシア

たとえ外国人には奇異に見えようとも、生きている都市には固有の伝統が存在する。それを無視して都市を切り売りすることはできない。（中略）これがわれわれの伝統であり、われわれの街なのだ。われわれは長い間共産主義者の独裁のもとで生きてきたが、実業家の独裁のもとで暮らすようになっても生活はいっこうに良くならない。彼らは自分たちがいる国のことなどまったく気にしていないのだ。

――グリゴリー・ゴーリン（ロシアの作家、一九九三年）[1]

真理を広めなければならない。経済学の法則は工学の法則と同じである。ある一連の法則があらゆるところに当てはまるのだ。

――ローレンス・サマーズ（世界銀行チーフエコノミスト、一九九一年）[2]

一九九一年七月、先進国首脳会議（G7）に初めて出席するためロンドンに向かったソ連のミハイル・ゴルバチョフ大統領には、英雄として迎えられると期待してもおかしくないだけの理由があった。それまでの三年間、ゴルバチョフは世界のメディアを魅了し、軍縮条約に署名したり、一九九〇年のノーベル賞をはじめいくつかの平和賞を受賞するなど、国際舞台を軽やかに往来して注目を集めてきた。

ゴルバチョフはまた、アメリカ国民を味方につけるという過去には想像もできなかったことをやってのけた。それまで「悪の帝国」と風刺されてきたソ連のイメージからはかけ離れたゴルバチョフに、マスコミは〝ゴルビー〟というかわいらしい愛称をつけ、一九八七年には『タイム』誌がソ連の最高指導者を「マン・オブ・ザ・イヤー」に選ぶという思い切った決断を下した。同誌編集部によれば、前任者たち(「毛皮の帽子をかぶった怪物」)とは異なり、ゴルバチョフはいわばロシアのロナルド・レーガン、つまり「偉大なコミュニケーター」(レーガン大統領のあだ名)のクレムリン版」だという。ノーベル委員会は、ゴルバチョフの功績によって「私たち人類の希望がかない、今こうして冷戦の終結を祝うことができた」と言明した。(3)

一九八〇年代後半から九〇年代初めにかけて、ゴルバチョフはグラスノスチ(情報公開)とペレストロイカ(改革)の二つの政策により、ソ連の民主化を大きく前進させた。マスコミは自由な報道ができるようになり、ロシア議会や地方議会議員、正副大統領は選挙制となり、憲法裁判所も独立した。経済面では、主要産業は国家の統制下に置きつつ自由市場と強力なセーフティーネットとを混合した社会を目指し、目標が達成されるまでには一〇〜一五年かかると予測していた。彼にとっての最終目標は、スカンジナビア・モデルに基づく社会民主主義国家の建設、すなわち「全人類のために社会主義の指針」となることだった。(4)

当初は西側諸国も、ゴルバチョフがソ連経済をスウェーデン経済に近いものへと変革することに期待を寄せていた。ノーベル委員会も、賞の授与は変革を後押しするためのひとつの手段であり、「助けが必要なときの救いの手」だと明言した。そしてゴルバチョフ自身、プラハ訪問の際に次のようなたとえを使って、独力では経済改革を行なうことは不可能だと述べた。「一本のロープでつながっている登山家たちのように、世界の国々はともに頂上まで登るか、あるいはともに奈落の底に落ちるかのどちらかなのです[5]」

したがって一九九一年のG7で起きたことは、まったく予想外だった。各国首脳がほぼ全会一致でゴルバチョフに伝えたのは、急進的な経済的ショック療法をすぐに受け入れなければ、ロープを切断して奈落に突き落とすというメッセージだったのだ。ゴルバチョフはこのときをふり返って、「改革のスピードと方法に関する彼らの提案はまさに驚くべきものだった」と書いている[6]。

当時、ちょうどポーランドが国際通貨基金(IMF)とジェフリー・サックスの助言のもと、一回目のショック療法を完了したところであり、ジョン・メージャー英首相、ジョージ・H・W・ブッシュ(父)米大統領、カナダのブライアン・マルルーニー首相、そして日本の海部俊樹首相は、ソ連もポーランドのあとに続き、さらに短期間で改革を断行すべきだとの意見で一致した。G7後、ゴルバチョフはIMFや世界銀行をはじめ、あらゆる主要貸出機関から同様の指示を受けた。同じ年、ソ連は壊滅的な経済危機を乗り切るために債務免除を申し入れたが、すげなく断られた[7]。サックスがポーランドの援助と債務救済に携わった頃に比べると政治的ムードは様変わりし、厳しさを増していたのである。

その後のソ連崩壊、エリツィンの台頭によるゴルバチョフの失脚、ロシアにおける経済的ショック療法の波乱に満ちた経過……といった出来事については、現代史の一ページとして十分に記録されてきた。だがその場合、「改革」という平凡な言葉で一般化されて語られることがあまりに多く、現代史における民主主義に対するもっとも重大な罪のひとつが覆い隠される結果となっている。中国と同様、ロシアもまた、シカゴ学派の経済プログラムか正真正銘の民主主義革命か、二つにひとつの選択を迫られた。中国の場合、指導者たちは民主主義によって自由市場化計画が邪魔されないよう、自国民に攻撃の矛先を向けた。ところがロシアの状況は中国とは異なり、民主主義革命がすでにかなり進んでいた。したがってシカゴ学派の経済プログラムを断行するには、ゴルバチョフが着手した平和的で希望に満ちた民主化プロセスを強引に中断し、さらにそれを根底から逆転させる必要があったのだ。

G7やIMFが提唱しているようなショック療法を強行するには、少なからぬ西側諸国がしてきたように力ずくでやるしかないことを、ゴルバチョフは承知していた。一九九〇年、『エコノミスト』誌は「本格的な経済改革を阻んできた抵抗勢力を打倒するために(中略)独裁的手法」を採用するようゴルバチョフに促す記事を掲載し、注目を集めた(8)。ノーベル委員会が冷戦の終結を宣言してからわずか二週間後、同誌はゴルバチョフに冷戦時代のもっとも悪名高き殺し屋の一人を手本にするよう勧めたのである。「ミハイル・セルゲイヴィッチ・ピノチェト?」と題されたこの記事は、この助言に従えば「流血の事態を招く可能性もある」としつつ、「ひょっとすると自由主義経済へのピノチェト・アプローチとも言うべき試みを行なうのは、今度はソ連なのかもしれない」と締めくくっている。一九九一年八月、『ワシントン・ポスト』紙はさらに一歩踏み込んで「ソ連経済の実践モデルはピノチェトのチリだ」と題する論評を掲載。筆者のマイケル・シュラージは、なかなか改革を進めようとしないゴルバチョフをクーデターで失脚させるというシナリオを支持しつつも、ゴルバチョフの反対勢力には「ピノチェト・オプションを採用するための知識も支持も存在しない」ことを懸念し、彼らは「クーデターの起こし方を本当に知る独裁者、すなわちチリのアウグスト・ピノチェト元将軍」をモデルにすべきだと書いている(9)。

ほどなく、ゴルバチョフはロシア版ピノチェトになることも辞さない政敵に直面する――ボリス・エリツィンである。エリツィンはロシア共和国大統領の地位にはあったものの、ソ連を率いるゴルバチョフに比べれば知名度はまだまだ低かった。だが、この状況はG7サミットから一カ月後の一九九一年八月一九日に一変する。ソ連共産党の守旧派がロシア共和国最高会議ビル(通称ホワイトハウス)に戦車を向かわせ、民主化を阻止するためにソ連初の選出議会を攻撃すると脅したのだ。エリツィンは誕生したばかりの民主主義を守ろうと集結した群衆に囲まれて戦車の上に立ち、この攻撃を「世をすねた右翼によるクーデター未遂」だと非難した(10)。市民らの抵抗のおかげで戦車は撤退し、エリツィンは勇気ある民主化の旗手としてもてはやされた。当日街頭デモに参加した人はこう話す。「わが国の状況を本当に変えられるんだということを初めて実感した。国民の魂が燃え上がったんです。素晴らしい一体感で、まさに向かうところ敵なしという感じでした[11]」

エリツィンもまたそう感じていた。彼は指導者として、常に反ゴルバチョフ的な立場を取ってきた。ゴルバチョフが礼節と節酒(もっとも物議を醸したゴルバチョフの政策のひとつは、積極的なウォッカ節酒運動だった)を提唱したのに対し、エリツィンは大食漢の大酒飲みでつとに知られていた。クーデター前には、エリツィンの資質に不安を抱くロシア人も少なくなかったが、共産主義者のクーデターから民主主義を救うという功績により――少なくともしばらくの間は――国民の英雄となったのである。

エリツィンはすぐさまこの勝利を利用して政治権力の拡大を図った。ソ連がそのまま存続していれば、エリツィンがゴルバチョフより強い支配力を持つことはなかっただろう。だが、このクーデターの失敗から四カ月後の一九九一年一二月、エリツィンは政治的手腕を発揮する。ベラルーシ、ウクライナという他の二つの共和国と手を組んで一気にソ連を崩壊へと向かわせ、ゴルバチョフを辞職に追いやったのだ。「ほとんどのロシア人が知る唯一の国」であるソ連の崩壊がロシア人に与えた精神的衝撃は強烈だった。この衝撃が、政治学者のスティーヴン・コーエンが言うように、その後三年間ロシア人が苛まれることになる「三つの外傷性ショック」の第一番目だった[12]。

エリツィンがソ連の崩壊を宣言した日、ジェフリー・サックスはクレムリン宮殿の一室にいた。サックスはこの日のことを次のようにふり返る。「「皆さん、ソビエト連邦は消滅しました」とエリツィンが話し始めたとき、私はこう思った――「一〇〇年に一度しかない大事件だ！　こんな信じられないことが起きるなんて。これこそ真の解放だ。この国の人々を助けなくては」と(13)」。サックスはエリツィンに、経済顧問としてロシアに招かれていたのだ。サックスは本気だった。「ポーランドにできたのだから、ロシアにもできるはずだ」と彼は断言した(14)。

だが、エリツィンが求めていたのは単なる助言以上のものだった。エリツィンはポーランドでサックスが成功したような、多額の資金調達を期待していた。「唯一の望みは、G７から即座に巨額の金融支援の約束を取りつけることだった」とエリツィンは語っている(15)。もしロシア政府が資本主義経済の確立という「ビッグバン」アプローチを受け入れさえすれば、一五〇億ドルぐらいは集められるはずだとサックスは請け合った(16)。そのためには意欲的かつ迅速に事を進める必要がある、と。だが、サックスの運がもはや尽きようとしていたことをエリツィンは知るよしもなかった。

ロシアの資本主義への転換策は、その二年前に天安門での抗議運動に火をつけた中国政府の腐敗した政策と共通する部分が多かった。モスクワ市長ガブリール・ポポフによれば、国家統制経済を解体させるには二つの方法しかなかった。それは「資産を社会全体で分かち合うか、指導者がおいしい部分を独占するかのどちらかだ。（中略）言い換えれば民主的方法か、共産党幹部に都合のいい方法かだった」という(17)。エリツィンが選んだのは後者だった。しかも彼は急いでいた。一九九一年末、エリツィンは議会で異例の提案を行なう。議会の決定によらず、大統領令により法律を公布できる特別権限を一年間与えられれば、ロシアを経済危機から脱却させ、繁栄する健全な経済を取り戻すというのだ。エリツィンが求めたのは、民主的指導者ではなく独裁者が持つような権限だったが、議会にはクーデターを未遂に終わらせた大統領の功績に対する感謝の念がいまだに残っていた。加えてロシアは、外国からの救済を喉から手が出るほど求めていた。議会の答えはイエス。こうしてエリツィンは、ロシア経済を立て直すために一年間の絶対的権力を手にした。

エリツィンはすぐさま経済学者を招集したが、そのなかには共産主義の最後の日々に自由市場経済に関する勉強会を結成し、シカゴ学派の基本文献を読んではその理論をロシアにどう適用すべきかについて議論を重ねていた者も多くいた。アメリカで学んだ経験こそなかったものの、彼らはミルトン・フリードマンの熱烈なファンであったことから、ロシアのメディアはこの経済学者チームを本家チリにならって「シカゴ・ボーイズ」と呼んだ（闇経済が活況を呈するロシアにはうってつけのチームだ）。西側では「若き改革者」と呼ばれたこのチームの名目上のリーダーは、エリツィンが二人の副首相のうちの一人に任命したエゴール・ガイダルだった。一九九一〜九二年にエリツィン政権の閣僚を務め、このチームの一員でもあったピョートル・アーヴェンは、かつての仲間についてこうふり返る。「われわれ改革者たちは、不幸なことにまるで自分を神であるかのように思っていた。自分たちがあらゆる方面で優越だという意識を持っていたから、そう思うのはごく自然なことでした」(18)

ロシアの独立系新聞『ネザビシマヤ・ガゼッタ』紙は、ロシア政府内で突如、権力を手にしたこのチームを取材し、「ロシアが初めてフリードリヒ・フォン・ハイエクや、ミルトン・フリードマンの「シカゴ学派」の信奉者を自認する自由主義者を政府に迎え入れる」のはまさに驚くべき展開であると書いた。記事によれば、彼らの政策は「『ショック療法』の処方箋に従って『徹底した金融安定化』を図るという、きわめて明確なもの」であった。また、エリツィンが彼らを任命したのと同時に、悪名高い猛者ユーリ・スココフを「陸軍、内務省、国家保安委員会など防衛と弾圧に関連する部門の責任者」に任命したことを取り上げ、これらの決定には明らかに関連性が見られるとしている。「おそらく『有能な』スココフが政治面での徹底した安定化を「確保」し、「有能な」経済学者たちが経済面での安定化を保証する」のであろう、と。最後に記事はこう結んでいる。「彼らが自家製ピノチェト・システムといったものを作り上げ、ガイダルのチームが『シカゴ・ボーイズ』の役目を果たしたとしても、まったく驚くにはあたらない[19]」

アメリカ政府はエリツィンのシカゴ・ボーイズを思想面と技術面の両方で支援するべく、民営化の法令の起草からニューヨーク式の証券取引所の立ち上げ、さらにはロシアの投資信託市場の設計に至るまで、移行に関連する国内のさまざまな分野の専門家に資金を提供した。一九九二年秋、米国際開発庁(USAID)と二一〇万ドルの契約を結んだハーバード大学国際開発研究所は、ガイダルのチームを支援するため、若い法律家と経済学者から成るチームを派遣した。一九九五年五月、ハーバード大学はサックスを同研究所の所長に任命。これによってサックスはロシアの改革期に、最初は自由契約でエリツィンの顧問に、次には米政府の資金によりロシアで活動するハーバード大学チームの監視役に、という二つの任務を負うこととなった。

こうして自称革命家たちは、ふたたび徹底的な経済プログラムを作成するためにひそかに会合を重ねた。主要メンバーの一人、ディミトリ・ヴァシリエフはこうふり返る。「当初、職員は一人も雇っていなかったし、秘書だっていなかった。備品もなく、ファクスすらなかった。そんな状況で、わずか一カ月半の間に包括的な民営化プログラムと二〇件の規範的法律を書き上げなければならなかった。(中略)まったくもって現実離れしていましたよ」[20]

一九九一年一〇月二八日、エリツィンはロシア人民代議員大会で演説し、「価格を自由化すれば、あらゆることがしかるべきところに収まる」と述べて、価格統制廃止の方針を打ち出した。[21]そしてゴルバチョフの辞職からわずか一週間後、エリツィン新政権の「改革者」たちは経済的ショック療法プログラム——三つの外傷性ショックの二つ目——に着手する。ショック療法プログラムには、価格統制の廃止のほか、貿易自由化や国有企業約二二万五〇〇〇社を立て続けに民営化する計画の第一段階も含まれていた。[22]

「「シカゴ学派」のプログラムには国中が仰天した」と、エリツィンの当初の経済顧問たちは当時を回想する。[23]だがこの驚きは意図されたものであり、突然、急激な変化を起こすことで抵抗を封じるという、ガイダルの戦略のうちだった。彼のチームが直面したのは、民主主義の脅威による計画の妨害というお決まりの問題だった。国民はロシア経済が共産党の中央委員会に管理されることを望んでいなかったが、ほとんどの人は依然として富の再分配や、政府が積極的な役割を果たすのは良いことだと固く信じていた。一九九二年の世論調査では、連帯を支持するポーランド国民と同様、ロシア国民の六七％が共産主義国家の資産を民営化するもっとも公平な方法は労働者の協同組合の結成だと考え、七九％が完全雇用を維持することが政府の重要な役目だと考えていた。(24) 言い換えれば、もしエリツィンのチームが、すでに極度の混乱に陥っていた国民に不意打ちを食らわすのではなく、計画を民主的な討論の場にかけていたら、シカゴ学派式の改革は実行されることはなかったはずである。

この時期にエリツィンの顧問を務めたウラジーミル・マウは、「改革にもっとも好ましい条件」は「それまでの政治的苦難に疲れ果てた国民」の存在だと説明する。「だから政府は価格自由化を実施するに先立って、激しい社会的衝突は起こらないし、民衆の暴動によって政府が倒されることもないと確信していた」。ロシア人の大多数にあたる七〇％は、価格統制の廃止に反対していた。だが「国民というのは当時も今も、自分の畑の収穫量はどのくらいかだけを考え、一般に自らの個人的な経済状況だけを気にするものだ」とマウは書く。(25)

当時、世銀のチーフエコノミストの座にあったジョセフ・スティグリッツは、ショック療法を実施する人々を動かしていた心理を次のように表現している（読者にとってはもうお馴染みのたとえだろう）。「『移行期の混乱』によって生じた『またとないチャンス』に電撃戦をしかけること――国民がそれまで手にしていた権利を守ろうとして団結する前に変化を起こす方法は、それしかない」(26)。まさにショック・ドクトリンそのものである。

スティグリッツは急激な革命を志向するロシアの改革者たちを、「市場ボルシェビキ」と呼んだ(27)。だが、もともとのボルシェビキが古い体制が崩壊したあとに中央計画経済国家を建設しようとしたのに対し、市場ボルシェビキは、利益を上げるための最適な条件さえ整えば、計画などしなくても国は自らを再建するという、魔法のようなことを信じていた(これと同じ考え方は一〇年後のイラクにふたたび登場する)。

エリツィンは大胆にもこう約束した。「半年ほどは事態が悪化する」が、その後は回復に向かい、近い将来ロシアは世界で四本の指に入る経済大国になる、と。[28] だが、この「創造的破壊」とも言うべき論理がもたらしたのは、ごくわずかな創造と進む一方の破壊だった。わずか一年後、ショック療法の打撃は壊滅的なものとなっていた。インフレによる貨幣価値の急速な低下によって何百万というロシアの中産階級は老後の蓄えを失い、突然の補助金削減は、何百万人もの労働者を何カ月にもわたる賃金未払いの状態に追い込んだ。[29] 一九九二年の平均的ロシア人の消費は前年比四〇%も減少し、貧困ラインを下回る生活を強いられる国民は全体の三分の一にも達した。中産階級は路上に机を置いて私物を売るところまで追い詰められていた。ところがシカゴ学派の経済学者たちは、これを資本主義の復興がたしかに進んでいることの証だと称賛した。いわく、一家の家宝と古着のブレザーを一緒に並べて売るのは、まさに「起業家精神にあふれる」行為だ、と。[31]

だがポーランドと同様、ロシア国民も次第に自分たちの置かれた状況を認識するに至る。彼らはこの残酷な経済の冒険をやめるよう要求し始めた(当時のモスクワでは、「実験はもうたくさん」という落書きがあちこちに見られた)。選挙によって選ばれたロシア議会(エリツィンの権力掌握を支持したのと同じ議会である)は有権者からの圧力を受け、大統領とシカゴ・ボーイズの暴走を抑えるべき時が来たと判断。一九九二年一二月、議会はエゴール・ガイダルの解任を決議し、三カ月後の一九九三年三月には、エリツィンに付与した特別権限（大統領令により経済関連法を公布できる権限）の無効化を決議した。こうしてエリツィンに与えられた猶予期間は終わりを迎え、惨憺たる結果が残された。以後、法律を成立させるには議会での議決を必要とするという自由民主主義国ではごく当たり前の方法が取られ、ロシア憲法に規定された手順が採用されることになった。

自らの権限の範囲内で行動した議員たちに対し、拡大した権力に慣れっこになったエリツィンは自らを「ボリス一世」と称し、大統領というよりまるで皇帝のように振る舞った。議会の〝反逆〟に報復するべく、エリツィンはテレビ出演や非常事態宣言の発令によって皇帝の権力の回復を図る。ところがその三日後、独立機関であるロシア憲法裁判所（ゴルバチョフが行なったもっとも重要な民主化の成果のひとつ）は九対三で、この非常事態宣言がエリツィンが自ら守ると宣誓した憲法に八つの訴因で違反するとの裁決を下した。

この時点までは、「経済改革」と民主改革をロシアにおける同一のプロジェクトの一環として示すことは可能だった。しかしエリツィンが非常事態宣言を出したことで、両者は相反するものとなり、エリツィンとショック療法を実施する人々は、選挙によって選ばれた議会と憲法に真っ向から対立することになった。

それでも西側諸国は、エリツィンを「自由と民主主義のために真に尽力し、改革のために真に尽力する」（ビル・クリントン米大統領）進歩主義者とみなし、彼を支持した。[32] 西側のマスコミの大半も同様で、議会の議員たちを民主改革阻止を目論む「強硬派」とみなし、議会全体を悪者扱いした[33]。『ニューヨーク・タイムズ』紙のモスクワ支局長は、議員らが「改革に懐疑的で民主主義に無知であり、知識人や「民主主義者」を軽蔑するソ連的メンタリティー」にあるとこきおろした[34]。

だが実際には、彼らは欠点こそあれ、一九九一年の強硬派によるクーデターではエリツィンやゴルバチョフとともに立ち上がり、ソ連の解体に賛成票を投じ、最近までエリツィンを支持していた政治家にほかならない(一〇四一人という議員数を考えれば、その数も多かった)。にもかかわらず『ワシントン・ポスト』紙は、ロシア議会の議員を「反政府」分子とみなし、政府の一員ではなく、まるで侵入者であるかのように書いた[35]。

一九九三年春、厳しい緊縮財政を求めるIMFの条件を無視した予算案を議会が提出すると、衝突はいよいよ時間の問題になった。マスコミの全体主義的支援のもと、エリツィンは議会を排除するべく、議会の解散と総選挙の実施について賛否を問う国民投票を急遽実施する。が、エリツィンが望む権能を手にできるだけの票は集まらなかった。それでもエリツィンは勝利宣言を行ない、この投票でロシア国民が自分を支持していることが証明されたと主張した。というのも、エリツィンは質問表のなかに自分の改革を支援するかという、まったく法的拘束力のない問いを紛れ込ませており、イエスの回答がかろうじて過半数を超えていたのだ[36]。

ロシア国内では、この国民投票は宣伝活動のひとつであり、しかも失敗に終わったと広く受けとめられていた。だが現実には、エリツィンもアメリカ政府もいまだに、憲法に定められた権限をもってショック療法による変革を妨害しようとする議会に手をこまぬいていた。こうして強力なキャンペーンが始まる。当時のローレンス・サマーズ米財務次官は、「持続的な多国間支援を確保するために、ロシアの改革の勢いを回復させ、さらに加速させなければならない」と述べた[37]。ＩＭＦも同様の見方に立っていた。匿名の職員はマスコミに、約束されていた一五億ドルの融資はＩＭＦが「ロシアの改革の逆行に不満」であるため撤回される予定だとリークしている[38]。エリツィン政権の元閣僚ピョートル・アーヴェンは「ＩＭＦが予算や金融政策に神経質すぎるほどこだわる一方で、他のすべてに関してまったく皮相的で形式的な態度を取ったこと、(中略)それがああいう事態を招いた少なからぬ原因だった」と話す[39]。

「ああいう事態」とは、ＩＭＦ職員のコメントがリークされた翌日の九月二一日、西側諸国の支持を確信したエリツィンが、後戻りできない最初の一歩──その頃には公然と「ピノチェト・オプション」と呼ばれていた──を踏み出したことを指す。彼は大統領令一四〇〇号を公布し、憲法を停止したうえで議会の解散を発表したのだ。二日後、特別議会はこの常軌を逸した行動(アメリカの大統領が一方的に連邦議会を解散するのに匹敵する)に出たエリツィンを弾劾する決議を六三六対二で可決。アレクサンドル・ルツコイ副大統領は、ロシアはすでにエリツィンと改革者たちによる「政治的冒険の高い代償を払った」と言明した[40]。

エリツィンと議会との間になんらかの武力衝突が起きることは、もはや避けられなかった。

憲法裁判所が再度エリツィンの行動に違憲裁定を下したにもかかわらず、クリントン米大統領はエリツィン支持の立場を取り続け、米連邦議会はエリツィン政権に対する二五億ドルの援助を可決した。勢いづいたエリツィンは軍隊に議会を包囲させ、「ホワイトハウス」と呼ばれる議会ビルの電気や暖房、電話を遮断。モスクワにあるグローバリゼーション研究所のボリス・カガルリツキー所長によると、民主化を支持する市民が「何千人も押し寄せ、封鎖を破ろうとした。二週間にわたって軍隊や警察とにらみ合う平和的なデモが続き、その結果ホワイトハウスの封鎖が一部破られ、食料や水を中に運び込むことができた。平和的な抵抗に参加する人は日を追うごとに増え、より広い支援を得るようになった」という。

ともに一歩も譲らない状況が続くなか、膠着状態を解決するには両者合意のうえで早期に選挙を行ない、すべてを国民の審査に任せるしか方法はないと思われた。多くの人がこの方法を強く勧め、エリツィンの気持ちが選挙に傾いたとされるまさにそのとき、ポーランドからニュースが飛び込んできた。ショック療法によって裏切られたと感じた有権者が、選挙で「連帯」に厳しい審判を下したというのだ。

「連帯」が選挙で惨敗したのを目の当たりにしたエリツィンと西側の顧問たちにとって、早期の選挙実施はリスクが大き過ぎることは明らかだった。ロシア国内には、あまりにも巨大な富が未決の状態のまま宙に浮いていた。兵器工場やかつて共産党が民衆を支配するのに利用していた国営メディアはもちろんのこと、膨大な油田、世界の埋蔵量の約三〇%を占める天然ガス、世界の生産量の二〇%を占めるニッケルなどである。

エリツィンは交渉を放棄して戦闘態勢に入った。軍人の給料を倍増した直後だったため、陸軍の大半がエリツィン側についた。「数千人規模の内務省軍、それに有刺鉄線や放水砲が議会を包囲し、水も漏らさぬ警戒網が敷かれた」と、『ワシントン・ポスト』紙は書く[41]。議会でのエリツィンの最大のライバルであるルツコイ副大統領は、この時点で警護隊を武装させ、筋金入りファシストとも言うべき国家主義者たちを自らの陣営に迎え入れていた。また支持者に向けては、エリツィンの「独裁政権」に「一瞬たりとも平和を与えてはならない」と訴えた[42]。抗議行動に参加し、その顚末を記した著書もあるカガルリツキーは、当時をふり返って私にこう話した。一〇月三日、議会を支持する群衆が「国営オスタンキノ・テレビ局に向かって行進し、ニュースを流すよう求めました。なかには武装した者もいたけれどほとんどは丸腰で、子どももいた。彼らに向かってエリツィンの部隊は機関銃を発射したのです」。この騒乱で、デモ参加者約一〇〇人と兵士一人が犠牲になった。エリツィンは次に、ロシア全土の市議会と地方議会すべてを解散する。こうして誕生して間もないロシアの民主主義は、少しずつ破壊されていったのである。

たしかに議員のなかには、群衆を扇動する平和的解決では手ぬるいと息巻く者もいるにはいた。だが、元米国務省高官レスリー・ゲルブでさえ書いているように、議会は「過激な右派が多数を占めていたわけではなかった[43]」。危機の引き金となったのは、エリツィンが違法に議会を解散し、最高裁判所を軽視したことであり、手にしたばかりの民主主義をけっして手放そうとしないこの国で、非常措置が取られるのは必然のなりゆきだった*。

＊　きわだってセンセーショナルな報道のひとつに、『ワシントン・ポスト』紙の記事がある。「デモ隊のうち約二〇〇人が国防省に押し寄せたが、ここにはロシアの核管理部門が置かれ、その幹部らが会議を開いていた」と、まるで民主主義を守ろうとする群衆が核戦争を勃発させる可能性があるかのような書きぶりである。「国防省はドアに鍵をかけ、群衆を締め出したため何事も起きなかった」と記事は続けている。

もしアメリカ政府や欧州連合(EU)から明確なストップの合図が送られていれば、エリツィンも議会とまともに交渉せざるをえなかったはずである。だが、彼が欧米各国政府から受け取ったのは激励だけだった。一九九三年一〇月四日の朝、ついにエリツィンは前々から定められていた運命に身を委ねる。ロシア版ピノチェトとして、ちょうど二〇年前にチリで起きたクーデターを彷彿させる一連の暴力的事件――彼がロシア国民に与えた三つ目の外傷性ショック――を引き起こしたのだ。彼は躊躇する陸軍にホワイトハウス襲撃を命じ、わずか二年前それを守り抜くことで自らの名声を築いた、まさにそのビルに火を放ち、黒焦げにした。共産主義は一発の発砲もなく崩壊したかもしれないが、シカゴ学派流の資本主義は自らを守るのに大量の発砲を必要とした。エリツィンが投入した兵士五〇〇〇人や戦車数十台、装甲車、ヘリコプター、自動小銃で武装したエリート突撃部隊――これらはすべて、ロシアの新しい資本主義経済を民主主義という名のゆゆしき脅威から守るためのものだったのである。

『ボストン・グローブ』紙はエリツィンの議会包囲攻撃について次のように報じた。「昨日一〇時間にわたって、約三〇台の陸軍戦車と装甲車がモスクワ市内のホワイトハウスと呼ばれる最高会議ビルを包囲して砲撃を加え、歩兵隊が機関銃を乱射した。午後四時一五分、警備員や議会議員、議会スタッフら約三〇〇人が両手を上げ、一列になってビルから出てきた[44]」

日付が変わるまでに軍の総力攻撃による死者は約五〇〇人、負傷者は一〇〇〇人近くに上り、一九一七年以来モスクワで起きたもっとも暴力的な事件になった[45]。ピーター・レダウェイとドミトリ・グリンスキーは、エリツィン政権を総括した決定版とも言うべき著書『ロシア改革の悲劇――民主主義対市場ボルシェビズム』のなかで、こう書いている。「ホワイトハウス内や周辺での掃討作戦で一七〇〇人が逮捕され、武器一一点が押収された。逮捕者の何人かは競技場に拘留され、一九七三年、チリのクーデター後にピノチェト政権が取った措置を思い起こさせた[46]」。警察へ連行され、ひどい暴行を受けた者も少なくない。カガルリツキーは警官に「民主主義が望みなのか、このクソ野郎。これが民主主義だ！」と大声で怒鳴りつけられ、頭を殴打されたという[47]。

だが、ロシアはチリと同じではなかった――順序が逆だったのだ。ピノチェトはクーデターを起こし、民主主義制度を崩壊させたあとにショック療法を強行した。一方のエリツィンは、まず民主主義制度のなかでショック療法を強行し、その後民主主義を崩壊させ、クーデターを起こすことでショック療法を守った。共通するのは、西側諸国からの熱心な支援があったことだ。

クーデター翌日の『ワシントン・ポスト』紙には「エリツィンの強攻作戦に幅広い支持」「民主主義にとっての勝利との見方」、『ボストン・グローブ』紙には「ロシア、かつての地下牢への逆戻りを回避」との見出しが躍った。ウォレン・クリストファー米国務長官はモスクワへ飛び、エリツィンとガイダルと肩を並べてこう言い切った。「アメリカはそう簡単に議会の一時停止を支持したりはしない。今は非常事態なのです」[48]

だがロシア国民の受けとめ方はそれとは違っていた。議会を守ることによって権力の座に就いたエリツィンが、文字どおり議会に火を放ち、ホワイトハウスを〝ブラックハウス〟にしてしまったのだ。ある中年のモスクワ市民は、外国の報道記者に怯えた表情でこう語った。「国民が(エリツィンを)支持したのは、彼が民主主義を約束したからです。それなのに彼は、その民主主義を銃殺してしまった。エリツィンは民主主義を侵害したばかりか、銃殺したのです」[49]。一九九一年のクーデターの際、ホワイトハウスの入口を警備していたヴィタリー・ネイマンは、この裏切りに怒りをぶつける。「今あるのは僕たちが夢見ていたこととと正反対のものだ。あの連中のために命がけでバリケードに参加したのに、約束は守られなかった」[50]

急激な自由市場改革が民主主義と両立することを証明したとして称賛を受けていたジェフリー・サックスは、議会砲撃後もエリツィンを公然と支持し続け、反対勢力を「権力中毒にかかった旧共産主義者の一団」と一蹴した[51]。サックスは著書『貧困の終焉』のなかでロシアとの自身の関わりを明らかにしているが、ボリビアで彼のショック療法プログラムが招いた非常事態や労働組合幹部への攻撃について述べていないのと同様、この劇的な出来事についてはただの一度も触れずに通している。[52]

クーデター後、ロシアは野放しの独裁支配下に置かれた。選出された議会は解散され、憲法裁判所は一時的に閉鎖、憲法も停止された。戦車が街を巡回し、外出禁止令が発令され、マスコミは広範囲にわたる検閲を受けたが、市民的自由は間もなく回復した。

ではこの重要な局面で、シカゴ・ボーイズと西側の顧問たちは何をしたのか？　サンティアゴがくすぶり、バグダッドが燃えたときと同じく、民主主義の干渉から解放された彼らは手当たり次第に法律の作成に着手した。クーデターから三日後、サックスはショック療法はいまだにまったく行なわれていないと指摘。それは計画が「ちぐはぐで気まぐれ的にしか実施されていない」からであり、「今こそ事を起こすチャンスだ」と述べた。[53]

そして彼らは行動に出た。『ニューズウィーク』誌は書く。「ここのところ、エリツィンの自由経済チームの動きが活発になっている。ロシア大統領が議会を解散させた翌日、市場改革者たちに、法令の作成を始めよとの指示が下されたのだ」。さらに同誌は、「嬉々として政府と密接に協力する西側の経済学者」のコメントを引用する。この経済学者は、ロシアではこれまでずっと、民主主義が自由市場の実現計画にとって障害だったことを明確にし、次のように述べたという。「議会が機能していない今こそ、改革の好機です。（中略）ここの経済学者たちはかなり落ち込んでいた。それが今では、昼も夜もなく働いていますよ」。それどころか、クーデターほど元気の出るものはないようだ。世銀のロシア担当チーフエコノミスト、チャールズ・ブリッツァーは『ウォールストリート・ジャーナル』紙に、いみじくも「人生でこんなに楽しかったことはない」と語っている。(54)

しかも、楽しみは始まったばかりだった。国中が議会砲撃のショックから覚めやらぬなか、エリツィンのシカゴ・ボーイズたちは、彼らのプログラムのなかでももっとも異論の多い予算の大幅削減、パンなど基本食品の価格統制の廃止、さらなる民営化のより急速な推進などの法案を強引に可決した。これらは即座に国民の生活の窮状を招き、暴動を抑えるために警察国家化を必要とするような政策である。

エリツィンのクーデター後、ＩＭＦのスタンレー・フィッシャー筆頭副専務理事（一九七〇年代のシカゴ・ボーイでもある）は、「あらゆる領域で可能な限り早急に事を進める」よう提言した。(55) 当時、クリントン政権下でロシアの政策策定に協力していたローレンス・サマーズ財務次官も同じく、「民営化、安定化、自由化の三つの「促進」をすべて、できるだけ早く行なうべきだ」と助言した。(56)

だが変化のスピードがあまりに速すぎて、国民はついていけなかった。多くの労働者は、自分の働く工場や炭鉱が売却されたことすら知らず、ましてやどのような形で誰に売られたのかなど知るよしもなかった（一〇年後、私はこれと同様の深刻な混乱をイラクの国営工場で目にすることになる）。理論上はこれらの戦略が好景気をもたらし、ロシアを不況から脱却させるはずだった。ところが実際には、共産主義国家がコーポラティズム国家に取って代わられただけだった。にわか景気から利益を得たのはごく少数のロシア人（元共産党政治局員も少なくなかった)と、ひと握りの西側の投資信託のファンドマネージャーで、彼らは新たに民営化されたロシア企業に投資して、目もくらむような利益を手にしていた。新興億万長者たち(その多くは絶大な富と権力で「新興財閥《オリガルヒ》」と呼ばれる集団を形成するようになった)は、エリツィンのシカゴ・ボーイズと手を組んで価値ある国家資産をほぼすべて略奪し、一カ月に二〇億ドルのペースで膨大な利益を海外に移していった。ショック療法実施前には、ロシアには百万長者すら存在していなかったが、『フォーブス』誌の長者リストによると、二〇〇三年には一七人もの億万長者が誕生した。[57]

その理由のひとつは、エリツィンとそのチームが他のケースとは異なり、シカゴ学派の正統理論から逸脱したことだった。ロシアの場合、外国の多国籍企業が国家資産を直接買収することを認めず、まずロシア人に買収させた。その後、いわゆるオリガルヒが所有する新たに民営化された企業の株を、外国の投資家に公開したのである。それでも利益は天文学的なものだった。『ウォールストリート・ジャーナル』紙は書く。「たった三年間で二〇〇〇％の利益が得られる投資をお探しだろうか？　その望みをかなえるのは世界でひとつの株式市場しかない。(中略)ロシアだ」。[58]クレディ・スイス・ファースト・ボストンなど少なからぬ投資銀行や潤沢な資金を持ついくつかの金融業者は、すぐにロシアに特化した投資信託を設置した。

ロシアのオリガルヒと外国の投資家にとって唯一の気がかりは、急降下するエリツィンの人気だった。経済プログラムは一般のロシア人に過酷な影響をもたらし、そのプロセスも明らかに不正まみれだったため、エリツィンの支持率は一桁台にまで落ち込んでいた。もしエリツィンが大統領の座を追われれば、誰が後任者になっても極端な資本主義化路線にストップをかける可能性が高い。それ以上にオリガルヒと「改革者」たちが心配していたのは、こうした反憲法的な政治状況のもとで分配された資産の多くを再国有化すべきとの主張が強まることだった。

一九九四年一二月、エリツィンは、いつの時代でも必死で権力にしがみつこうとする多くの指導者がやったのと同じことを実行する——戦争である。オレグ・ロボフ安全保障会議書記はある議員に、「大統領の支持率を上げるために、ちょっとした戦争をして勝つ必要がある」と漏らした。国防大臣は、分離独立を主張するチェチェン共和国に連邦軍を派遣すれば、ものの数時間で制圧は可能だという見通しを語った。(59)

少なくともしばらくの間は、この目論見は順調に進んでいるように見えた。第一段階としてチェチェンの独立運動は部分的に鎮圧され、ロシア軍が首都グロズヌイの、すでに放棄された大統領官邸を占拠すると、エリツィンは勝利を宣言する。だが、チェチェンでもモスクワでも勝利は長くは続かなかった。再選をかけた一九九六年の大統領選でもエリツィンの支持率は低迷を続け、落選は確実に見えたため、顧問たちは選挙の中止まで考えたほどだった。すべての全国紙に掲載されたロシアの銀行家たちの署名入り書簡には、その可能性が強くほのめかされていた。(60)エリツィン政権で民営化担当大臣を務めたアナトリー・チュバイス（サックスはかつて彼を「自由の戦士」と呼んだ)は、ピノチェト・オプションを誰よりも積極的に支持した。[61]「社会に民主主義を根づかせるためには、独裁的権力が必要だ」とチュバイスは言い切る。[62] ここにはチリのシカゴ・ボーイズがピノチェトを擁護し、鄧小平が自由を剝奪してフリードマン主義を貫こうとしたのと、まったく同じ考え方が見て取れる。

けっきょく選挙は実施され、オリガルヒから受けた推定約一億ドルの資金(合法的な金額の三三倍)と、オリガルヒ傘下のテレビ局で対立候補より八〇〇回も多く報道されたおかげで、エリツィンは再選を果たす。[63] 政権が突然交代する心配がなくなったところで、ロシア版シカゴ・ボーイズは彼らの経済プログラムのなかでももっとも議論が分かれ、もっともカネになる部分に着手する。レーニンがかつて「管制高地」(経済のもっとも重要な部分)と呼んだ国営企業の売却である。

フランスのトタル社と同規模のある石油企業は、その四〇%が八八〇〇万ドルで売却された(トタル社の二〇〇六年度売上高は一九三〇億ドルにも上る)。世界のニッケル生産高の五分の一を生産するノリリスク・ニッケル社は一億七〇〇〇万ドルで売却されたが、それから間もなく年間収益は一五億ドルに達した。クウェートより多くの石油を生産する巨大石油企業ユコスは三億九〇〇〇万ドルで売却され、現在の収益は年間三〇億ドルを超える。石油大手シダンコは五一%が一億三〇〇〇万ドルで売却されたが、わずか二年後にはその株式価値が国際市場で二八億ドルと評価されることになる。大規模な兵器工場は三〇〇〇万ドルで売却されたが、これはコロラド州アスペンの別荘価格にほぼ匹敵する。[64]

言語道断なのは、ロシアの国家資産が本来の価値の何分の一という値段で競売にかけられたことだけではない。それらはまさにコーポラティズム流に、公的資金で購入されたのだ。『モスクワ・タイムズ』紙のマット・ビヴェンズ、ジョナス・バーンスタイン両記者が書いているように、「ごく少数の選ばれた者だけが、ロシアの国家が開発した油田を無料《ただ》で自分のものにした」のであり、「すべては政府の一部門が別の部門に金を払うという大がかりな詐欺」だった。国営企業を売る政治家とそれを買う実業家との協力という大胆不敵なことが行なわれ、エリツィン政権の閣僚数人が、国営銀行や国庫に入るはずだった巨額の公的資金を、オリガルヒがあわてて法人化した民間銀行に移動。* 次に国はこれらの銀行と、油田や炭鉱を民営化するための競売を行なう契約を結んだ。競売は銀行が取りしきったが銀行自身も入札に参加し、案の定オリガルヒが所有する銀行が、かつての国家資産の誇り高き新所有者となったのである。これら国営企業の株式購入にあてた資金は、おそらくエリツィン政権の閣僚たちがかつてそこに預けた公金にほかならない(65)。言い換えれば、ロシア国民は自分たちの国が略奪されるための金を自ら提供したということになる。

* オリガルヒ傘下の二大銀行は、ミハイル・ホドルコフスキーの経営するメナテプ銀行とウラジーミル・ポターニンの経営するオネクシム銀行である。

ロシアの「若き改革者」の一人の言葉によれば、ロシアの共産主義者はソ連の崩壊を決めた際、「権力と財産を交換した」のだという(66)。師ピノチェトの場合と同様、エリツィンの親族も巨万の富を手にし、彼の子どもやその配偶者は民営化された大企業の幹部のポストに就任した。

ロシアの主要な国家資産をがっちりと支配下に置いたオリガルヒが、新しい会社を優良多国籍企業に向けて公開すると、たちまちその大半は先を争って買い上げられた。一九九七年、ロイヤル・ダッチ・シェルとブリティッシュ・ペトロリアム(BP)はロシアの二大石油企業ガスプロムとシダンコと提携。[67] これらはたしかにかなりの利益を見込める投資だったが、それでも最大の利益は外国のパートナーではなく、ロシア人の手に渡った。のちにボリビアとアルゼンチンで国営企業が民営化され、競売に出されたときには、IMFとアメリカ財務省はこの手落ちを修正することに成功している。侵攻後のイラクでは、アメリカはさらに進んで、大きな利益の見込める民営化取引にはいっさいイラク国内の資産家を参加させないよう、締め出しを図った。

一九九〇年から九四年までの重要な時期にモスクワのアメリカ大使館で主任政治アナリストを務めたウェイン・メリーは、ロシアにおいて民主主義か市場利益かの二者択一はきわめて厳しい選択だったことを認める。「アメリカ政府は政治より経済を優先すべきだと考えていました。価格自由化や国営企業の民営化、何にも規制されない自由な資本主義の創出を優先し、法治国家や市民社会、議会制民主主義などはその結果として自然に発達するように望むというのが基本的なスタンスだった。(中略)でも不幸なことに、この選択によって民意を無視し、政府の政策を強引に進めることになってしまったのです[68]」

この時期、ロシアに創出された膨大な富を目の当たりにした「改革者」のなかには、自分もそこに一枚加わろうとする者もいた。その時点でロシアほど、テクノクラート(本来は、純然たる確信に基づいて教科書どおりのモデルを実行する、頭でっかちの自由市場経済学者であるはずだった)の虚像が暴露された国はほかにはなかった。経済的ショック療法と汚職の横行がワンセットになっていたチリや中国と同様、シカゴ学派に忠実なエリツィン政権の閣僚や次官のなかには、あからさまな汚職スキャンダルで辞職に追い込まれる者が何人もいた。(69)

さらに、ロシアの民営化と投資信託市場の準備を任されたハーバード大学ロシア・プロジェクトを率いる若いやり手、アンドレイ・シュレイファー同大学経済学教授と助手のジョナサン・ヘイも同じ穴のむじなだった。自分たちが忙しく創設に取り組んでいた市場から、二人が直接利益を得ていたことが明らかになったのだ。シュレイファーが民営化政策に関するガイダル・チームの主任顧問を務めていたとき、彼の妻は民営化されたロシア企業に多額の投資をしていた。ハーバード大学法科大学院卒の三〇歳のヘイも、民営化されたロシアの石油株に個人的に投資し、ハーバードとUSAIDとの契約に直接違反していたとされる。また、ヘイが新たな投資信託市場の創設でロシア政府に協力していた間、ヘイの恋人(のちの妻)が設立した投信会社がロシアでの認可第一号となり、創業時には米政府の資金を得て設立されたハーバード大学のオフィスで管理業務を行なっていた(厳密に言えば、ロシア・プロジェクトはサックスが所長を務めていたハーバード大学国際開発研究所のプロジェクトであり、サックスは一時期シュレイファーとヘイの上司だったことになる。だが、サックスはすでにロシアの現場から離れており、疑惑行為のいずれにも関わっていない[70]。

こうしたごたごたが明るみに出ると、アメリカ司法省はシュレイファーとヘイの商取引は、専門的な職務から個人的利益を得ないことに合意して署名した契約に違反するとして、ハーバード大学を訴えた。七年に及ぶ捜査と法廷闘争を経て、ボストン地裁は同大学が契約に違反し、二人の研究者が「共謀して米国に詐欺行為を働き」、「シュレイファーは明らかな自己取引に関与し」、「ヘイは父親と恋人を通じて四〇万ドルの資金浄化を図った」事実を確認[71]。ハーバード大学は設立以来最高額となる二六五〇万ドルの和解金を支払い、シュレイファーは二〇〇万ドル、ヘイは一〇〇万〜二〇〇万ドル(収益によって決定)の支払いに同意したが、二人とも法的責任は認めなかった[*72]。

＊　不幸なことに、この金は不正な民営化プロセスの真の犠牲者であるロシア国民ではなく、アメリカ政府の手に戻った。イラクにおけるアメリカの請負業者の不正に対する「内部告発」による訴訟で、和解金を米政府とアメリカ人内部告発者との間で山分けするのと同じである。

ロシアで行なわれた「実験」の性質を考えれば、この種の「自己取引」は不可避だったのかもしれない。当時ロシアで活動していた西側の著名なエコノミストの一人、アンダース・オスルンドは、ショック療法がうまく行くのは、「資本主義の持つ抗しがたい誘惑やとてつもないインセンティブ」のせいだと指摘する[73]。したがって、もし強欲がロシア再建の原動力になるのであれば、ハーバードの学者とその妻や恋人、そしてエリツィンのスタッフや親族は、自ら金儲けの熱狂に加わることによってまさしく国民に模範を示していたことになる。

ここから浮かび上がるのは、自由市場経済イデオロギーの信奉者たちに関してつきまとう重要な疑問だ。彼らは、しばしばそう主張されるように、自由市場経済が発展途上国にとっての特効薬になるというイデオロギーや信念に突き動かされた「心底からの信奉者」なのか？　それとも理念や理論を巧妙な口実にして、利他的な動機によることを装いつつ無制限の欲望に従って行動しているにすぎないのか？　言うまでもなく、あらゆるイデオロギーは堕落しやすいものだし（それは共産党政権下のロシアで、党の政治局員がさまざまな特権を行使していたことにも明確に見て取れる）、新自由主義者のなかにも誠実な人間がいるのはたしかだ。だが、とりわけシカゴ学派の経済学は腐敗を助長しやすいように思われる。収益や欲望を大規模に駆り立てることが、いかなる社会においても可能な限り最大の利益をもたらすという考え方をいったん受け入れると、個人を豊かにするほとんどすべての活動は、それがたとえ自分や仲間だけを利するものであっても、富を生み経済成長を促す創造的な資本主義の活動に貢献するものとして正当化することが可能になってしまうからだ。

東欧でジョージ・ソロスが行なった慈善活動（東欧を駆け回るサックスの個人的費用を提供したことも含めて）にも議論の余地がある。ソロスが東欧圏における民主化運動に精力的に打ち込んでいたことはたしかだとしても、彼がそうした民主化に伴う経済改革に経済的関心を寄せていたことも明らかだ。世界一の為替投機家であるソロスであれば、各国が兌換通貨を導入し、資本規制を廃止した際には膨大な利益を手にすることになり、国営企業が競売にかけられた際には買い手となる可能性が十分にあった。

ソロスが――慈善家として――創設に手を貸していた市場から直接利益を得ることは、法的にはなんら問題はなかったものの、けっして良い印象を与えるものではなかった。しばらくの間、ソロスは自らの慈善財団が活動する国に自分の会社が投資するのを禁じることで、利害衝突が生じないように配慮した。だが、ロシアの国営企業が売りに出されると、もはや誘惑に抗することはできなかった。一九九四年、ソロスは自らの方針を修正した理由をこう釈明した。「この地域では確実に市場が成長しており、私のファンドや株主がここに投資することを拒否したり、これらの国がそうしたファンドを入手することを拒否する道理もなければ権利もない」。ソロスは、たとえば民営化されたロシアの電話会社の株式をその年にすでに購入しており（結果的に投資は大失敗だった）、ポーランドの巨大食品企業の一部も取得していた。(74) 共産主義崩壊の初期には、ソロスはサックスを支持することでショック療法による経済改革を背後で強く推進する側にいた。しかし一九九〇年代後半になると、彼は明らかに心変わりする。ソロスは先頭に立ってショック療法を批判する立場に回り、自らの財団に対して、民営化の前に適切な不正対策を講じることに取り組むNGOに資金を提供するよう指示している。

だが、ロシアをカジノ資本主義から救うには遅きに失した。ショック療法はすでにロシアに、〝ホットマネー〟、すなわち大きな儲けを求めて短期間で移動する投機や為替取引の資金を流れ込ませていた。こうした集中的な投機が行なわれたことは、アジアの金融危機（第13

章で取り上げる）が拡大し始めた一九九八年に、ロシアがまったく無防備だったことを意味する。すでに危機的状況にあったロシア経済の崩壊は決定的になった。国民はエリツィンを非難し、支持率は六％という容認しがたい数字にまで落ち込んだ(75)。オリガルヒの将来はふたたび危うくなった。経済プログラムを維持し、迫りくる真の民主主義の脅威を食い止めるために、ロシアはさらにもうひとつの大きなショックを利用することになる。

一九九九年九月、ロシアできわめて残虐な一連のテロ事件が勃発した。なんの前触れもなく四軒のアパートが深夜に次々と爆弾攻撃を受け、三〇〇人近くが犠牲になった。9・11を経験したアメリカにとっては聞き慣れた話だが、この事件のおかげで他の問題はことごとく政治地図から吹き飛ばされてしまった。ロシア人ジャーナリスト、エフゲニア・アルバツはこう話す。「まさに恐怖そのものという感じだった。事件を境に突然、民主主義とかオリガルヒとかについての議論など、自分のアパートで死ぬ恐怖に比べたらどうでもよくなってしまったのです(76)」

〝獣〟どもを見つけ出してやっつける役目を負ったのは、八月に首相に就任したばかりの、冷酷でどこか陰険さを漂わせるウラジーミル・プーチンだった*(77)。アパート爆破事件直後の九月半ば過ぎ、プーチンはチェチェンへの空爆を開始、民間人居住地域を攻撃した。新たなテロの恐怖に怯えるロシア国民の多くにとって、プーチンが一七年間にもわたって共産主義時代の最大の恐怖のシンボルであるKGBに在籍していた事実は、突如として頼もしく映った。アルコール依存のエリツィン大統領が徐々に機能不全に陥る一方で、国家の守り手たるプーチンは着々と次期大統領の座に就く準備を整えていった。チェチェン紛争が本格的な議論を阻むなか、一九九九年一二月三一日、数人のオリガルヒの画策によってエリツィンからプーチンへの選挙なしでの静かな政権交代が行なわれた。政権を去る前、エリツィンは最後に今一度ピノチェトのやり口を採用し、刑事免責特権を要求する。プーチンの大統領としての初仕事は、汚職であれ、エリツィン政権下で起きた軍による民主化運動活動家の殺害であれ、エリツィンが刑事訴追を受けないことを保証する大統領令に署名することだった。

＊　ロシアの支配層に見られる大胆なまでの犯罪性を考えると、これらの出来事に陰謀説がついて回るのは驚くに値しない。ロシア国民のなかには、チェチェンは一連の爆破事件とは無関係であり、事件はプーチンをエリツィンの後釜に確実に据えるための秘密工作だったとする見方も根強くある。

歴史的視点からは、エリツィンは恐ろしい独裁者というより、むしろ堕落した愚か者とみなされている。しかしエリツィンの経済政策や、それを維持するために行なった戦争は、シカゴ学派の改革運動によって一九七〇年代のチリ以降着実に増え続けてきた死者数を大幅に増やすことになった。エリツィンによる一〇月クーデターの犠牲者に加え、たび重なるチェチェン紛争では一〇万人に上る民間人が殺害されたと推定される。(78) 虐殺はこれにとどまらない。エリツィンはもっとゆっくりとした速度で、数のうえではこれらをはるかに上回る大量虐殺――言い換えれば、経済的ショック療法の「付随的損害」を引き起こしたのである。

大飢饉や天災、戦闘もないのに、これほど短期間に、これほど多くの人がこれほど多くのものを失ったことはなかった。一九九八年にはロシアの農場の八割以上が破産し、およそ七万の国営工場が閉鎖、大量の失業者が生まれた。ショック療法が実施される前の一九八九年、ロシアでは約二〇〇〇万人が一日当たりの生活費四ドル未満の貧困状態にあったが、世銀の報告によれば、ショック療法の「苦い薬」が投与された九〇年代半ばには、貧困ラインを下回る生活を送る人は七四〇〇万人にも上った。ロシアの「経済改革」によって、たった八年間で七二〇〇万人が貧困に追いやられたことになる。一九九六年にはロシア人の二五%、約三七〇〇万人が、貧困のなかでも「極貧」とされるレベルの生活を送っていた[79]。

　近年、おもに石油と天然ガスの価格が急騰したおかげで、数百万人のロシア人が貧困から脱した。だが極端に貧しい底辺層は、社会から切り捨てられたゆえにさまざまな病を抱え、いつまでも貧困から抜け出せずにいる。共産主義時代には、暖房のないアパートに一家がすし詰めで暮らすという悲惨な状況ではあったものの、少なくとも住む場所はあった。二〇〇六年、ロシア政府はホームレスの子どもが七一万五〇〇〇人いることを認めたが、ユニセフの推定では三五〇万人にも達する可能性があるという[80]。

　冷戦期には、ロシアにアルコール依存症が蔓延するのは、共産主義国家の生活があまりに陰鬱で大量のウォツカなしには日々を過ごすことができないことの証だと、西側では考えられていた。ところが資本主義に転換後、ロシア人のアルコール摂取量はかつての二倍に増えた。そのうえ彼らはもっと強い薬物にも手を伸ばしている。ロシアの麻薬問題担当長官アレクサンドル・ミハイロフによれば、一九九四年から二〇〇四年の間に麻薬使用者の数は九倍に増えて四〇〇万人を超え、ヘロイン中毒も少なくないという。また、麻薬の蔓延はもうひとつの病魔も招き入れた。一九九五年、ロシアのＨＩＶ感染者は五万人だったが、わずか二年間でその数は倍増し、国連合同エイズ計画（ＵＮＡＩＤＳ）によれば、二〇〇七年にはほぼ一〇〇万人に達した。(81)

ゆっくりとした死だけでなく、突然の死もある。一九九二年にショック療法が実施されるや、すでに高かったロシアの自殺率は上昇し始め、エリツィンの「改革」がピークを迎えた一九九四年には、八年前に比べてほぼ倍になった。殺人の件数も急増し、一九九四年の暴力犯罪の件数は改革前の四倍以上に膨れ上がった。(82)

「私たちの祖国と国民は、犯罪に満ちたこの一五年間でいったい何を得たのでしょうか？」。二〇〇六年に行なわれた民主化要求デモで、モスクワ在住の研究者ウラジーミル・グセフはこう叫んだ。「この犯罪的な資本主義の時代に、国民の一〇％が殺されたのです」。実際、ロシアの人口は毎年約七〇万人という劇的な勢いで減少している。ショック療法が年間通じて行なわれた最初の年である一九九二年から二〇〇六年の間には、六六〇万人の人口が減少した。(83)三〇年前、シカゴ・ボーイズの一人でありながらフリードマンに反旗を翻した経済学者アンドレ・グンダー・フランクは彼に書簡を送り、「経済的ジェノサイド」の罪を犯したとしてフリードマンを糾弾した。今日、仲間の市民が少しずつ姿を消していく様子を同じような言葉で語るロシア人は少なくない。

この企まれた悲劇をいっそうおぞましいものにしているのは、モスクワのエリートたち——自らが蓄えた富を、ごく一部の石油産出国にしか見られないような形で誇示している人々だ。富の階層化が進む今日のロシアでは、まるで富裕層と貧困層が別の国どころか、別々の時代に生きているようにさえ見える。一方のタイムゾーンは、未来的な二一世紀の歓楽都市《シン・シティー》へと急速に変貌したモスクワの中心街。オリガルヒたちが最精鋭のガードマンに守られて黒塗りのベンツを乗り回す一方、欧米の投資家は日中は投資話に浮かれ、夜には無料《ただ》であてがわれた娼婦にうつつを抜かす。片やもう一方のタイムゾーンである農村では、一七歳の少女に将来の夢はと尋ねると、こんな答えが返ってくる。「ロウソクの灯りで本を読んでる私に二一世紀のことなんて話せるわけがない。二一世紀なんて私には関係ない。ここはまだ一九世紀なんだから(84)」

ロシアほどの資産に恵まれた国を略奪するには、議会への放火からチェチェン侵攻に至るまで過激なテロ行為が必要だった。エリツィンの当初の経済顧問で、その後冷遇された一人、ゲオルギ・アルバトフは、「貧困と犯罪を生む政策は(中略)民主主義が抑圧された場合にのみ存続できる」と書く(85)。これは南米南部地域や非常事態下のボリビア、天安門事件の際の中国でも起きたことだった。そしてイラクでも、それがくり返されることになる。

疑わしきは腐敗のせいにせよ

ロシアでショック療法が実施された時期の欧米のニュース記事を読み返していると、当時の議論が一〇年以上あとに展開されるイラクについての議論とそっくりなことに驚かされる。

EUやG7、IMFは言うまでもなく、クリントンとブッシュ(父)両政権にとっての対ロシア政策の明白な目標は、既存の国家を消し去って弱肉強食の資本主義社会が成立する条件を整え、活況に沸く自由市場経済に基づく民主主義(それを管理するのは自信過剰なアメリカ人の青二才たちだ)をスタートさせることだった。武力攻撃を別にすれば、対イラク政策とまったく同じである。

ショック療法に対する情熱がロシアで最高潮に達したとき、推進派の人々は既存の制度をひとつ残らず破壊することによってのみ、国家再生の条件が生まれると信じて疑わなかった。これはのちにバグダッドで「白紙状態」という夢物語として反復される。ハーバード大学の歴史学者リチャード・パイプスは当時、「ロシアにとって、制度的構造が跡形もなく消え去るまで解体し続けることは望ましいことだ」と書いている(86)。また、コロンビア大学の経済学者リチャード・エリクソンは一九九五年、次のように書いた。「いかなる改革も過去に例を見ないほど破壊的でなければならない。すべての経済制度と大部分の社会・政治制度、さらには生産や資本、技術などの物理的構造まで含めて、社会全体を一掃する必要がある(87)」

イラクとのもうひとつの類似点は、エリツィンが民主主義と名のつくものをいかに不当に拒否しようと、西側諸国は依然として彼のやり方を「民主主義への移行」の一部として位置づけたことである。こうした見方は、プーチンが何人かのオリガルヒの違法行為に対して厳しい措置を取るようになるまで変わらなかった。ブッシュ政権もこれと同様、はびこる拷問や暗殺部隊の暗躍、広範囲にわたる検閲などを示す山のような証拠を前にしても、イラクは自由への途上にあると言い続けた。ロシアの経済プログラムは常に「改革」と表現されたが、これは破壊が進み、壊滅状態のインフラを残してアメリカの請負業者がこぞって逃げ出したあとも、イラクが常に「復興」の途上にあるとされたのとまったく同じである。九〇年代半ば、ロシアの「改革者」の分別に勇気を持って疑問を投げかけた人々は、ことごとくスターリニズムへの郷愁だと一蹴されたが、これもまた、イラク侵攻を批判する人々がフセイン時代を懐かしんでいるにすぎないと非難されてきたことと相通じるものがある。

ところが、ロシアのショック療法プログラムの失敗がもはや隠し切れなくなると、今度はロシア社会が「腐敗体質」であるとか、専制的支配を長らく受けてきたロシア人は真の民主主義を受け入れる「段階にまだない」などと、巧みに論点がずらされた。ワシントンのシンクタンクのエコノミストは、自分たちがその創出の手助けをした〝フランケンシュタイン〟経済をあわてて否定にかかり、〝マフィア資本主義〟だとあざ笑った。ロシア人特有の気質の産物だというわけだ。二〇〇一年、『アトランティック・マンスリー』誌は、「ロシアからは絶対に良いものは生まれない」というロシア人会社員の言葉を引用。『ロサンゼルス・タイムズ』紙に寄稿したジャーナリストで作家のリチャード・ルーリーは、こう断じた。「ロシア人はじつに惨めな国民であり、選挙とか金儲けといったごく健全でありふれたことでさえ、とことん台無しにしてしまう」(88)。エコノミストのアンダース・オスルンドは「資本主義の誘惑」だけがロシアを変え、純然たる欲望がロシア再建の原動力になると言い切っていた。数年後、何がいけなかったのかと問われたオスルンドは、「腐敗、腐敗、そして腐敗だ」と、かつて彼が熱っぽく称賛した「資本主義の誘惑」が「腐敗」などとは無関係のごとき口調で答えている(89)。

この見え透いた言い訳は、そっくりそのまま一〇年後のイラクで、数十億ドルの復興支援金の行方がわからなくなったことの言い逃れとしてくり返される(違うのは、ロシアでは共産主義と専制政治の遺産と言われたものが、イラクではフセインの残した醜悪な遺産と「イスラム過激派」という病理に取って代わられたことだけだ)。そしてイラクでも、銃口を突きつけられての「自由」の贈り物を受け入れようとしないイラク国民に対するアメリカの怒りは、口汚い罵りに変わっていく。ただしイラクの場合、その怒りは「感謝しない」イラク国民についての底意地の悪い論説に表れただけでなく、米英軍の兵士によって一般市民にも直接向けられた。

ロシアを悪者に仕立て上げることの最大の問題は、歯止めのない自由市場経済を目指す改革運動という、過去三〇年で最強の政治的潮流の正体について、ロシアでの一連の出来事から何が学べるのかを真剣に議論するチャンスを封じてしまうことだ。いまだにオリガルヒの腐敗は、本来は意義あるものだった自由市場経済計画に、外部から悪影響が及んだ結果だという言い方がされる。だが腐敗は、ロシアの自由市場経済改革に外から侵入してきたわけではない。西側諸国はあらゆる段階で、手っとり早く利益の上がる取引こそ景気に弾みをつけるいちばんの近道だとして積極的に奨励していた。ロシアのシカゴ・ボーイズとその顧問たちが、社会の諸制度をことごとく破壊したあとに目論んでいたのは、まさに欲望を利用して国家を救済することだったのである。

こうした壊滅的な結果になったのも、ロシアだけに限ったことではなかった。チリの「ピラニア」からアルゼンチンの縁故主義による民営化、ロシアのオリガルヒ、エンロンのエネルギー詐欺、そしてイラクの〝自由詐欺ゾーン〟に至るまで、三〇年に及ぶシカゴ学派のあらゆる実験は、大規模な腐敗と、セキュリティー国家と大企業とのコーポラティズム的共謀の歴史だった。ショック療法の核心は、莫大な利益を――無法状態にもかかわらず、ではなくまさに無法状態であるからこそ――まったく間に生み出すチャンスを切り開くことである。一九九七年、ロシアの新聞には「ロシア、国際投機家にとってのクロンダイク〔カナダ中西部の金の産地〕に」との見出しが躍り、『フォーブス』誌はロシアと中欧を「ニュー・フロンティア」と表現した。(90) 植民地時代の用語がまさにおあつらえ向きだったのだ。

一九五〇年代にミルトン・フリードマンが着手した運動をひとことで言えば、膨大な利益を生む無法状態のフロンティア――今日の新自由主義の父祖アダム・スミスがきわめて高く評価していた――を奪回しようとする多国籍資本の目論見、となるが、事はもう少し複雑だ。スミスの言うような西洋の法律が存在しない「未開で野蛮な国」をあさり回る(これはもはや現実的な選択肢ではない)のではなく、既存の法や規制を組織的に取り除いて、はるか昔の無法状態を再現しようというのである。スミスの時代の入植者は、彼の言う「未開拓の地」を「ごくわずかな金」で手に入れ莫大な利益を得たが、今日の多国籍資本は政府プログラムや公共資産など、売りに出されていないあらゆるもの――郵便局から国立公園、学校、社会保障、災害救済など公的な管理のもとにあるものすべて——を征服し奪い取る対象とみなす(91)。

シカゴ学派の経済学のもとでは、植民地のフロンティアにあたるのが国家であり、今日の征服者は、かつて先祖たちがアンデスの山々から金や銀を持ち帰ったときと同じ非情な決意とエネルギーを持って国家を略奪する。スミスは大草原の肥沃な未開発の地が利益を生む農地に変わるのを目にしたが、金融市場はチリの電話事業やアルゼンチンの航空路線、ロシアの油田、ボリビアの水道事業、アメリカの公共電波、ポーランドの工場など公共資産によって築かれ、二束三文で売却されたものすべてを「未開の土地の好機」と見た(92)。さらには、種子や遺伝子、大気中の二酸化炭素など、これまで商品になるとは考えられもしなかった生命体や自然資源を特許の対象にし、値段をつけるよう国家に要請することで生まれた富もある。さながら植民地時代の地図作成者がアマゾンの新しい水路を突きとめ、黄金の隠されたインカの寺院に印をつけたように、シカゴ学派の経済学者たちは公的領域に新たな利益の見込めるフロンティアを執拗に探し求めたのである。

植民地時代のゴールドラッシュのさなかと同様、こうした現代のフロンティアにも腐敗はつきものだった。もっとも重要な民営化契約は、経済あるいは政治危機による混乱のまっただなかで結ばれるのが常であり、そこでは明確な法律や有効な監督機関が整備されていることはありえない。混沌とした状況のなかで価格はどのようにでも融通がきくし、政治家もまたしかりである。この三〇年間世界が追い求めてきたのは、この〝フロンティア資本主義〟と呼ぶべきものだった。フロンティアはひとつの危機から別の危機へと絶えず移動し、法が整備されると見るや別の場所へと移動するのだ。

というわけで、ロシアの億万長者オリガルヒの台頭は、戒めとしての役目を果たすどころか、工業国での〝お宝探し〟がいかに大きな利益をもたらすかの動かぬ証拠となった。そして金融市場は、もっと欲を出した。ソ連崩壊直後、米財務省とIMFは危機に苦しむソ連以外の国々に対して迅速な民営化の要求をいっそう強めたのだ。なかでも劇的だったのは、エリツィンのクーデターの翌年の一九九四年、メキシコ経済が「テキーラ危機」と呼ばれる深刻な通貨危機に陥ったときのことである。アメリカは救済措置の条件として立て続けに民営化を行なうことを要求。『フォーブス』誌は、このプロセスで二三人の新たな億万長者が生まれたと報じた。「ここから学べる教訓は明らかである。次に億万長者が生まれる場所を知りたければ、市場が開放されつつある国を探せばいい」。この通貨危機で、メキシコは前代未聞の外資による所有を受け入れることにもなる。一九九〇年、メキシコの銀行のうち外国企業が所有するのは一行のみだったが、「二〇〇〇年には、三〇行のうち二四行が外国企業の所有するところとなった」(93)。ロシアの例がもたらした唯一の教訓は、富の移転がよりすばやく、より法の規制を受けずに行なわれれば、それだけ大きな利益が生まれるということだけだった。

このことをよく理解していた人物に、〝ゴニ〟ことゴンサロ・サンチェス・デ・ロサーダがいる。一九八五年、ボリビアのショック療法プログラムは、ビジネスマンだった彼の自宅居間で作成された。その後ボリビア大統領に就任したサンチェス・デ・ロサーダは、一九九〇年代半ばに石油、航空、鉄道、電気、電話などの国営企業を売却。民営化による最大の利益がロシア人の手に渡ったロシアとは異なり、ボリビアの〝大特売〟で得をしたのはエンロン、ロイヤル・ダッチ・シェル、アモコ（現BP）、シティコープといった外国企業だった。しかも売買は直接行なわれた。地元企業と提携する必要はなかったのだ。[94]『ウォールストリート・ジャーナル』紙は、一九九五年にボリビアの首都ラパスでくり広げられた、開拓時代のアメリカ西部さながらの一場面を次のように書く。「ラディソン・プラザ・ホテルは、AMRコープの子会社アメリカン航空やMCIコミュニケーションズ、エクソン、ソロモン・ブラザーズ証券などアメリカ大手企業の幹部で満杯だった。彼らは民営化される部門に適用される法律の書き換えや、売りに出された企業の入札参加のためにボリビアに招かれていた」――ぬかりない手際である。サンチェス・デ・ロサーダ大統領は「重要なのはこうした改革を逆戻りさせないこと、そして抗体が活動し始める前にそれを終わらせることだ」とショック療法のアプローチについて説明した。この「抗体」の活動を確実に封じるため、ボリビア政府は過去にも同様の状況下で行なったことをくり返した――またしても長期に及ぶ「非常事態」を宣言し、政治集会を禁止して民営化に反対する者全員の逮捕を許可したのである。[95]

同じ時期、アルゼンチンでも悪名高き腐敗まみれの民営化による大混乱が生じていた（ゴールドマン・サックスは投資報告書で、これを「ブラボー・ニュー・ワールド」と歓迎した）。この時期、労働者の代弁者になると約束して権力の座に就いたペロン党のカルロス・メネム大統領は、油田、電話、航空、空港、鉄道、道路、水道、銀行、ブエノスアイレス動物園、さらには郵便局や年金制度に至るまで、国営企業を片っ端から規模縮小し、売却した。アルゼンチンの国家資産が国外に移されるに伴い、政治家の生活はどんどん贅沢になっていった。かつて革のジャケットと労働者階級を象徴するもみあげで知られたメネムは、イタリア製のスーツを着込み、整形手術まで受けたと言われている(本人は腫れ上がった顔を「ハチに刺された」と説明していた)。メネム政権で民営化大臣を務めたマリア・フリア・アルソガライは、素肌の上に豪華な毛皮のコートだけをまとった姿で大衆雑誌の表紙を飾り、メネムはメネムで実業家からの感謝の「プレゼント」だという真っ赤なフェラーリ・テスタロッサを乗り回していた。(96)

ロシアの民営化を手本とした国々は、エリツィンの〝逆クーデター〟も、より穏やかな形ではあるが踏襲している。選挙によって平和的に権力の座に就いたのち、政権が権力を維持し、自分たちの進める改革を貫徹するために次第に残虐性を増していくというパターンである。アルゼンチンでは二〇〇一年一二月一九日、歯止めのない新自由主義の統治が終わりを迎えた。フェルナンド・デ・ラ・ルア大統領とドミンゴ・カバーロ経済相が、IMFが融資の条件として求めた緊縮財政を強引に実施しようとすると、これに反対する国民が暴動を起こし、デ・ラ・ルアは連邦警察を動員してあらゆる手段を使って暴動を鎮圧するよう命じた。その後デ・ラ・ルアは官邸からヘリコプターで脱出したが、すでに抗議行動に参加した市民二一人が警察に殺害され、一三五〇人が負傷したあとだった。(97) ボリビアのゴニ政権の最後の数カ月はさらに血なまぐさかった。ゴニが実施した民営化が引き金となって、一連の「戦争」が起きたのだ。民営化を請け負ったベクテル社が水道料金を三倍に引き上げたことによる「水の戦争」に始まり、ワーキングプアに税金を課して財政不足を補うというIMF主導の政策に対する「税金戦争」、さらに天然ガスをアメリカに輸出する計画に対して起きた「ガス戦争」と続く。最後にはゴニも官邸を去り、アメリカに亡命することになるが、デ・ラ・ルアのケースと同様、そのときにはすでに多くの命が失われていた。ゴニは軍に抗議行動の鎮圧を命じ、七〇人近く(見物人も少なくなかった)が殺害され、四〇〇人が負傷した。二〇〇七年初めの時点でゴニはボリビア検察当局により大量虐殺で起訴され、最高裁から身柄の引き渡しを求められている(98)。

アルゼンチンとボリビアで大規模な民営化を推進した政権はともに、ショック療法がクーデターや弾圧を伴わず、平和的かつ民主的に実施できる例としてアメリカ政府によって支持された。砲火の雨で始まらなかったのは事実であるにしても、どちらのケースも最後は流血の事態を迎えた。このことはきわめて重要な意味を持つ。

南半球の多くの地域では、新自由主義はしばしば「第二の植民地略奪」と呼ばれる。第一の略奪では土地から富が奪われ、第二の略奪では国から富が奪われた。この熱狂的な利益獲得のあとに決まってなされる約束がある――次の機会には国家資産を売却する前にしっかりした法を整備し、すべてのプロセスは非の打ちどころのない倫理観を持つ厳しい監督機関と調査機関に監視させよう、と。次こそ、民営化の前に——ソ連崩壊後の用語を使えば——「制度構築」がなされるというのだ。だが、すべての利得が国外に移されたあとで法と秩序を求めたところで、しょせん泥棒行為を事後に合法化することにしかならず、植民地に入植したヨーロッパ人が略奪した土地を条約で縛りつけたのとなんら変わらない。アダム・スミスも理解していたとおり、フロンティアの無法状態は問題ではなく利点であり、後悔の念を示したり、次はもっとうまくやると約束するのと同様、ゲームの一部なのである。

本書は二〇一一年九月、岩波書店より刊行された。岩波現代文庫への収録にあたり、訳文を若干改訂した。なお、本文中の「現在」は、すべて原書刊行当時(二〇〇七年)のことを示す。

原　注

- 著者のインタビューに基づく引用や事実は原則として注から省いた.
- スペイン語からの英訳は, 断りのない限りシャナ・ヤエル・シャブスによる.
- ドル換算はすべて米国ドル.
- 1段落中に複数の出典先がある場合は, 各出典に番号は付けず, 段落の終わりに示した番号で一括した. なお, 注の出典の順番は本文に即した.
- 後注内に出典がある場合は, 本文中の＊マークの直後の番号の注の文中に「＊後注」として記載した.
- ウェブサイトの流動性を鑑み, ネット上で閲覧可能なニュース記事のURLの記載は省いた. 同様にネット上で閲覧可能な資料に関しても, 資料を特定した詳しいURLは頻繁に変わることからサイトのホームページのみ挙げておいた.
- 本文で引用した第一次資料の多くやウェブのリンク先, 参考文献とフィルモグラフィーの詳細は, www.naomiklein.org. に掲載してある.

序 章

(1) Bud Edney, "Appendix A: Thoughts on Rapid Dominance," in Harlan K. Ullman and James P. Wade, *Shock and Awe: Achieving Rapid Dominance* (Washington, DC: NDU Press Book, 1996), 110.

(2) John Harwood, "Washington Wire: A Special Weekly Report from The Wall Street Journal's Capital Bureau," *Wall Street Journal*, September 9, 2005.

(3) Gary Rivlin, "A Mogul Who Would Rebuild New Orleans," *New York Times*, September 29, 2005.

(4) "The Promise of Vouchers," *Wall Street Journal*, December 5, 2005.

(5) Ibid.

(6) Milton Friedman, *Capitalism and Freedom* (1962, repr. Chicago:

University of Chicago Press, 1982), 2［ミルトン・フリードマン『資本主義と自由』熊谷尚夫他訳(マグロウヒル好学社，1975)／村井章子訳(日経 BP 社，2008)］.
(7) Interview with Joe DeRose, United Teachers of New Orleans, September 18, 2006; Michael Kunzelman, "Post-Katrina, Educators, Students Embrace Charter Schools," Associated Press, April 17, 2007.
(8) Steve Ritea, "N. O. Teachers Union Loses Its Force in Storm's Wake," *Times-Picayune* (New Orleans), March 6, 2006.
(9) Susan Saulny, "U. S. Gives Charter Schools a Big Push in New Orleans," *New York Times*, June 13, 2006; Veronique de Rugy and Kathryn G. Newmark, "Hope after Katrina" *Education Next*, October 1, 2006, www.aei.org.
(10) "Educational Land Grab," *Rethinking Schools*, Fall 2006.
(11) Milton Friedman, *Inflation: Causes and Consequences* (New York: Asia Publishing House, 1963), 1.
(12) Friedman, *Capitalism and Freedom*, ix.
(13) Milton Friedman and Rose Friedman, *Tyranny of the Status Quo* (San Diego: Harcourt Brace Jovanovich, 1984), 3［M&R・フリードマン『奇跡の選択』加藤寛監訳(三笠書房，1984)］.
(14) Milton Friedman and Rose D. Friedman, *Two Lucky People: Memoirs* (Chicago: University of Chicago Press, 1998), 592.
(15) Eduardo Galeano, *Days and Nights of Love and War*, trans. Judith Brister (New York: Monthly Review Press, 1983), 130.
(16) Ullman and Wade, *Shock and Awe*, xxviii.
(17) Thomas Crampton, "Iraq Official Warns on Fast Economic Shift," *International Herald Tribune* (Paris), October 14, 2003.
(18) Alison Rice, *Post-Tsunami Tourism and Reconstruction: A Second Disaster?* (London: Tourism Concern, October 2005), www.tourismconcern.org.uk.
(19) Nicholas Powers, "The Ground below Zero," *Indypendent*, August 31, 2006, www.indypendent.org.
(20) Neil King Jr. and Yochi J. Dreazen, "Amid Chaos in Iraq, Tiny

Security Firm Found Opportunity," *Wall Street Journal*, August 13, 2004.

(21) Eric Eckholm, "U. S. Contractor Found Guilty of $3 Million Fraud in Iraq," *New York Times*, March 10, 2006.

(22) Davison L. Budhoo, *Enough Is Enough: Dear Mr. Camdessus... Open Letter of Resignation to the Managing Director of the International Monetary Fund* (New York: New Horizons Press, 1990), 102.

(23) Michael Lewis, "The World's Biggest Going-Out-of-Business Sale," *The New York Times Magazine*, May 31, 1998.

(24) Bob Sipchen, "Are Public Schools Worth the Effort?" *Los Angeles Times*, July 3, 2006.

(25) Paul Tough, David Frum, William Kristol et al., "A Revolution or Business as Usual?: A Harper's Forum," *Harper's*, March 1995.

(26) Rachel Monahan and Elena Herrero Beaumont, "Big Time Security," *Forbes*, August 3, 2006; Gary Stoller, "Homeland Security Generates Multibillion Dollar Business," *USA Today*, September 10, 2006.

(27) Evan Ratliff, "Fear, Inc.," *Wired*, December 2005.

(28) Veronique de Rugy, American Enterprise Institute, "Facts and Figures about Homeland Security Spending," December 14, 2006, www.aei.org.

(29) Bryan Bender, "Economists Say Cost of War Could Top $2 Trillion," *Boston Globe*, January 8, 2006.

(30) Thomas L. Friedman, "Big Mac I," *New York Times*, December 8, 1996.

(31) Steve Quinn, "Halliburton's 3Q Earnings Hit $611M," Associated Press, October 22, 2006.

(32) Steven R. Hurst, "October Deadliest Month Ever in Iraq," Associated Press, November 22, 2006.

(33) James Glanz and Floyd Norris, "Report Says Iraq Contractor Is Hiding Data from U. S.," *New York Times*, October 28, 2006.

(34) Wency Leung, "Success Through Disaster: B. C.-Made Wood

Houses Hold Great Potential for Disaster Relief," *Vancouver Sun*, May 15, 2006.

(35) Joseph B. Treaster, "Earnings for Insurers Are Soaring," *New York Times*, October 14, 2006.

(36) Central Intelligence Agency, *Kubark Counterintelligence Interrogation*, July 1963, 1, 101. Declassified manual is available in full, www.gwu.edu/~nsarchiv.

(37) Ibid., 66.

(38) Mao Tse-Tung, "Introducing a Cooperative," *Peking Review* 1, no. 15 (June 10, 1958): 6.

(39) Friedman and Friedman, *Two Lucky People*, 594.

(40) Ibid.

(41) "The Rising Risk of Recession," *Time*, December 19, 1969.

(42) George Jones, "Thatcher Praises Friedman, Her Freedom Fighter," *Daily Telegraph* (London), November 17, 2006; Friedman and Friedman, *Two Lucky People*, 388–89.

(43) Francis Fukuyama, "The End of History?" *The National Interest*, Summer 1989［後に単行本化した *The End of History and the Last Man* (New York: Free Press, 1992)の邦訳として，フランシス・フクヤマ『歴史の終わり』渡部昇一訳(三笠書房，1992)］.

(44) Justin Fox, "The Curious Capitalist," *Fortune*, November 16, 2006; House of Representatives, 109th Congr., 2nd Sess., "H. Res. 1089: Honoring the Life of Milton Friedman," December 6, 2006; Jon Ortiz, "State to Honor Friedman," *Sacramento Bee*, January 24, 2007; Thomas Sowell, "Freedom Man," *Wall Street Journal*, November 18, 2006.

(45) Stéphane Courtois et al., *The Black Book of Communism: Crimes, Terror, Repression*, trans. Jonathan Murphy and Mark Kramer (Cambridge, MA: Harvard University Press, 1999), 2［ステファヌ・クルトワ他著『共産主義黒書――犯罪・テロル・抑圧―〈ソ連篇〉』外川継男訳(恵雅堂出版，2001)］.

第1章

(1) Cyril J. C. Kennedy and David Anchel, "Regressive Electric-Shock in Schizophrenics Refractory to Other Shock Therapies," *Psychiatric Quarterly* 22, no. 2 (April 1948): 318.
(2) Ugo Cerletti, "Electroshock Therapy," *Journal of Clinical and Experimental Psychopathology and Quarterly Review of Psychiatry and Neurology* 15 (September 1954): 192–93.
(3) Judy Foreman, "How CIA Stole Their Minds," *Boston Globe*, October 30, 1998; Stephen Bindman, "Brainwashing Victims to Get $100,000," *Gazette* (Montreal), November 18, 1992.
(4) Gordon Thomas, *Journey into Madness* (New York: Bantam Books, 1989), 148 [ゴードン・トーマス『拷問と医者 —— 人間の心をもてあそぶ人々』吉本晋一郎訳(朝日新聞社, 1991)].
(5) Harvey M. Weinstein, *Psychiatry and the CIA: Victims of Mind Control* (Washington, DC: American Psychiatric Press, 1990), 92, 99 [ハービー・ワインスタイン『CIA 洗脳実験室 —— 父は人体実験の犠牲になった』苫米地英人訳(デジタルハリウッド出版局, 2000)/同新装版(WAVE 出版, 2010)].
(6) D. Ewen Cameron, "Psychic Driving," *American Journal of Psychiatry* 112, no. 7 (1956): 502–509.
(7) D. Ewen Cameron and S. K. Pande, "Treatment of the Chronic Paranoid Schizophrenic Patient," *Canadian Medical Association Journal* 78 (January 15, 1958): 95.
(8) Aristotle, "On the Soul, Book III," in *Aristotle I, Great Books of the Western World*, vol. 8, ed. Mortimer J. Adler, trans. W. D. Ross (Chicago: Encyclopaedia Britannica, 1952), 662 [『アリストテレス全集第6巻』「霊魂論・自然学小論集・気息について」山本光雄他訳(岩波書店, 1994)].
(9) Berton Rouché, "As Empty as Eve," *The New Yorker*, September 9, 1974.
(10) D. Ewen Cameron, "Production of Differential Amnesia as a Factor in the Treatment of Schizo phre nia," *Comprehensive Psychiatry* 1, no. 1 (1960): 32–33.

(11) D. Ewen Cameron, J. G. Lohrenz and K. A. Handcock, "The Depatterning Treatment of Schizo phre nia," *Comprehensive Psychiatry* 3, no. 2 (1962): 67.
(12) Cameron, "Psychic Driving," 503–504.
(13) Weinstein, *Psychiatry and the CIA*, 120. ＊後注 Thomas, *Journey into Madness*, 129.
(14) "CIA, Memorandum for the Record, Subject: Project ARTICHOKE," January 31, 1975, www.gwu.edu/~nsarchiv.
(15) Alfred W. McCoy, "Cruel Science: CIA Torture & Foreign Policy," *New England Journal of Public Policy* 19, no. 2 (Winter 2005): 218.
(16) Alfred W. McCoy, *A Question of Torture: CIA Interrogation, from the Cold War to the War on Terror* (New York: Metropolitan Books, 2006), 22, 30.
(17) この実験期にLSDを投与されたことが判明した者には，朝鮮民主主義人民共和国(北朝鮮)の戦争捕虜，ケンタッキー州レキシントンの薬物療法センターの患者グループ，メリーランド州エッジウッド化学兵器保存施設の兵士7000人，カリフォルニア州ヴァカヴィル刑務所の服役者などがいる．前掲書，27-29ページ．
(18) "[A]n anonymous handwritten note found in the archives identifies Dr. Caryl Haskins and Commander R. J. Williams as CIA representatives at the meeting." David Vienneau, "Ottawa Paid for '50s Brainwashing Experiments, Files Show," *Toronto Star*, April 14, 1986; "Minutes of June 1, 1951, Canada/US/UK Meeting Re: Communist 'Brainwashing' Techniques during the Korean War," meeting at Ritz-Carlton Hotel, Montreal, June 1, 1951, page 5.
(19) D. O. Hebb, W. Heron and W. H. Bexton, *Annual Report*, Contract DRB X38, Experimental Studies of Attitude, 1953.
(20) *Defense Research Board Report to Treasury Board*, August 3, 1954, declassified, 2.
(21) "Distribution of Proceedings of Fourth Symposium, Military Medicine, 1952," declassified.
(22) Zuhair Kashmeri, "Data Show CIA Monitored Deprivation Ex-

periments," *Globe and Mail* (Toronto), February 18, 1984.
(23) Ibid.
(24) Hebb, Heron and Bexton, *Annual Report*, Contract DRB X38, 1–2.
(25) Juliet O'Neill, "Brain Washing Tests Assailed by Experts," *Globe and Mail* (Toronto), November 27, 1986.
(26) *Weinstein, Psychiatry and the CIA*, 122; Thomas, *Journey into Madness*, 103; John D. Marks, *The Search for the Manchurian Candidate: The CIA and Mind Control* (New York: Times Books, 1979), 133.
(27) R. J. Russell, L. G. M. Page and R. L. Jillett, "Intensified Electro-convulsant Therapy," *Lancet* (December 5, 1953): 1178.
(28) Cameron, Lohrenz and Handcock, "The Depatterning Treatment of Schizophrenia," 68.
(29) Cameron, "Psychic Driving," 504.
(30) Thomas, *Journey into Madness*, 180.
(31) D. Ewen Cameron et al., "Sensory Deprivation: Effects upon the Functioning Human in Space Systems," *Symposium on Psychophysiological Aspects of Space Flight*, ed. Bernard E. Flaherty (New York: Columbia University Press, 1961), 231; Cameron, "Psychic Driving," 504.
(32) Marks, *The Search for the Manchurian Candidate*, 138.
(33) Cameron and Pande, "Treatment of the Chronic Paranoid Schizophrenic Patient," 92.
(34) D. Ewen Cameron, "Production of Differential Amnesia as a Factor in the Treatment of Schizophrenia," 27.
(35) Thomas, *Journey into Madness*, 234.
(36) Cameron et al., "Sensory Deprivation," 226, 232.
(37) Lawrence Weschler, *A Miracle, a Universe: Settling Accounts with Torturers* (New York: Pantheon Books, 1990), 125.
(38) Interview appeared in the Canadian magazine Weekend, quoted in Thomas, *Journey into Madness*, 169.
(39) Cameron, "Psychic Driving," 508.

(40) キャメロンは自論の裏づけとして，もう一人の研究者ノーマン・ローゼンツワイクに言及している．Cameron et al., "Sensory Deprivation," 229.

(41) Weinstein, *Psychiatry and the CIA*, 222.

(42) "Project MKUltra, The CIA's Program of Research in Behavioral Modification," *Joint Hearings Before the Select Committee on Intelligence and the Subcommittee on Health and Scientific Research of the Committee on Human Resources*, United States Senate, 95th Congr., 1st Sess., August 3, 1977. Quoted in Weinstein, *Psychiatry and the CIA*, 178.

(43) Ibid., 143.

(44) James LeMoyne, "Testifying to Torture," *New York Times*, June 5, 1988.

(45) Jennifer Harbury, *Truth, Torture and the American Way: The History and Consequences of U. S. Involvement in Torture* (Boston: Beacon Press, 2005), 87.

(46) Senate Select Committee on Intelligence, "Transcript of Proceedings before the Select Committee on Intelligence: Honduran Interrogation Manual Hearing," June 16, 1988 (Box 1 CIA Training Manuals, Folder: Interrogation Manual Hearings, National Security Archives). Quoted in McCoy, *A Question of Torture*, 96.

(47) Tim Weiner, "Interrogation, C. I. A.-Style," *New York Times*, February 9, 1997; Steven M. Kleinman, "KUBARK Counterintelligence Interrogation Review: Observations of an Interrogator," February 2006 in Intelligence Science Board, *Educing Information* (Washington D. C.: National Defense Intelligence College, December 2006), 96.

(48) Central Intelligence Agency, *Kubark Counterintelligence Interrogation*, July 1963, pages 1 and 8. Declassified manual is available in full from the National Security Archives, www.gwu.edu/~nsarchiv. Emphasis added.

(49) Ibid., 1, 38.

(50) Ibid., 1–2.

(51) Ibid., 88.
(52) Ibid., 90.
(53) Central Intelligence Agency, *Human Resource Exploitation Training Manual—1983*. Declassified manual is available in full from the National Security Archives, www.gwu.edu/~nsarchiv. ＊後注 Ibid.
(54) Central Intelligence Agency, *Kubark Counterintelligence Interrogation*, July 1963, 49–50, 76–77.
(55) Ibid., 41, 66.
(56) McCoy, *A Question of Torture*, 8.
(57) McCoy, "Cruel Science," 220.
(58) Frantz Fanon, *A Dying Colonialism*, trans. Haakon Chevalier (1965, repr. New York: Grove Press, 1967), 138［フランツ・ファノン『革命の社会学 ── アルジェリア革命第5年』宮ヶ谷徳三他訳（みすず書房，1969)］.
(59) 1960〜69年に仏国防相を務めたピエール・メスメルによれば，アメリカ側からフランスに米軍人訓練の要請があったという．要請に応え，フランスの拷問エキスパートとしてもっとも悪名高く鉄面皮として知られるポール・オサレス将軍がフォートブラッグへ赴き，「逮捕，尋問，拷問」のテクニックを米軍人に教示した．*Death Squadrons: The French School*, documentary directed by Marie-Monique Robin (Idéale Audience, 2003).
(60) McCoy, *A Question of Torture*, 65.
(61) Dianna Ortiz, *The Blindfold's Eyes* (New York: Orbis Books, 2002), 32.
(62) Harbury, *Truth, Torture and the American Way*.
(63) United Nations, *Geneva Convention Relative to the Treatment of Prisoners of War*, Adopted August 12, 1949, www.ohchr.org; Uniform Code of Military Justice, Subchapter 10: Punitive Articles, Section 893, Article 93, www.au.af.mil.
(64) Central Intelligence Agency, *Kubark Counterintelligence Interrogation*, 2; Central Intelligence Agency, *Human Resource Exploitation Training Manual—1983*.

(65) Craig Gilbert, "War Will Be Stealthy," *Milwaukee Journal Sentinel*, September 17, 2001; Garry Wills, *Reagan's America: Innocents at Home* (New York: Doubleday, 1987), 378.

(66) Katharine Q. Seelye, "A Nation Challenged," *New York Times*, March 29, 2002; Alberto R. Gonzales, *Memorandum for the President*, January 25, 2002, www.nsbc.msn.com.

(67) Jerald Phifer, "Subject: Request for Approval of Counter-Resistance Strategies," *Memorandum for Commander, Joint Task Force 170*, October 11, 2002: 6. Declassified, www.npr.org.

(68) U. S. Department of Justice, Office of Legal Counsel, Office of the Assistant Attorney General, *Memorandum for Alberto R. Gonzales, Counsel to the President*, August 1, 2002, www.washingtonpost.com. ＊後注 "Military Commissions Act of 2006," Subchapter VII, Sec. 6, thomas.loc.gov; Alfred W. McCoy, "The U. S. Has a History of Using Torture," History News Network, George Mason University, December 4, 2006, www.hnn.us; "The Imperial Presidency at Work," *New York Times*, January 15, 2006.

(69) Kleinman, "KUBARK Counterintelligence Interrogation Review," 95.

(70) Dan Eggen, "Padilla Case Raises Questions about Anti-Terror Tactics," *Washington Post*, November 19, 2006.

(71) Curt Anderson, "Lawyers Show Images of Padilla in Chains," Associated Press, December 4, 2006; John Grant, "Why Did They Torture Jose Padilla," *Philadelphia Daily News*, December 12, 2006.

(72) AAP, "US Handling of Hicks Poor: PM," *Sydney Morning Herald*, February 6, 2007.

(73) Shafiq Rasul, Asif Iqbal and Rhuhel Ahmed, *Composite Statement: Detention in Afghanistan and Guantánamo Bay* (New York: Center for Constitutional Rights, July 26, 2004), 95, www.ccr-ny.org.

(74) Adam Zagorin and Michael Duffy, "Inside the Interrogation of Detainee 063," *Time*, June 20, 2005.

(75) James Yee and Aimee Molloy, *For God and Country: Faith

and Patriotism under Fire (New York: Public Affairs, 2005), 101–102; Tim Golden and Margot Williams, "Hunger Strike Breaks Out at Guantánamo," *New York Times*, April 8, 2007.
(76) Craig Whitlock, "In Letter, Radical Cleric Details CIA Abduction, Egyptian Torture," *Washington Post*, November 10, 2006.
(77) Ibid.
(78) Amnesty International, "Italy, Abu Omar: Italian Authorities Must Cooperate Fully with All Investigations," Public Statement, November 16, 2006, www.amnesty.org.
(79) Jumah al-Dossari, "Days of Adverse Hardship in U. S. Detention Camps—Testimony of Guantánamo Detainee Jumah al-Dossari," Amnesty International, December 16, 2005.
(80) Mark Landler and Souad Mekhennet, "Freed German Detainee Questions His Country's Role," *New York Times*, November 4, 2006.
(81) A. E. Schwartzman and P. E. Termansen, "Intensive Electroconvulsive Therapy: A Follow-Up Study," *Canadian Psychiatric Association Journal* 12, no. 2 (1967): 217.
(82) Erik Eckholm, "Winning Hearts of Iraqis with a Sewage Pipeline," *New York Times*, September 5, 2004.

第2章

(1) Arnold C. Harberger, "Letter to a Younger Generation," *Journal of Applied Economics* 1, no. 1 (1998): 2.
(2) Katherine Anderson and Thomas Skinner, "The Power of Choice: The Life and Times of Milton Friedman," aired on PBS on January 29, 2007.
(3) Jonathan Peterson, "Milton Friedman, 1912–2006," *Los Angeles Times*, November 17, 2006.
(4) Frank H. Knight, "The Newer Economics and the Control of Economic Activity," *Journal of Political Economy* 40, no. 4 (August 1932): 455.
(5) Daniel Bell, "Models and Reality in Economic Discourse," *The Crisis in Economic Theory*, eds. Daniel Bell and Irving Kristol

(New York: Basic Books, 1981), 57–58.
(6) Milton Friedman and Rose D. Friedman, *Two Lucky People: Memoirs* (Chicago: University of Chicago Press, 1998), 24.
(7) Larry Kudlow, "The Hand of Friedman," The Corner web log on the National Review Online, November 16, 2006, www.nationalreview.com.
(8) Friedman and Friedman, *Two Lucky People*, 21.
(9) Milton Friedman, *Capitalism and Freedom* (1962, repr. Chicago: University of Chicago Press, 1982), 15.
(10) Don Patinkin, *Essays on and in the Chicago Tradition* (Durham, NC: Duke University Press, 1981), 4.
(11) Friedrich A. Hayek, *The Road to Serfdom* (Chicago: University of Chicago Press, 1944) [フリードリヒ・A・ハイエク『隷属への道』西山千明訳(春秋社, 1992)/同新装版(ハイエク全集第I期, 春秋社, 2008)].
(12) Interview with Arnold Harberger conducted October 3, 2000, for *Commanding Heights: The Battle for the World Economy* [television series for PBS], executive producers Daniel Yergin and Sue Lena Thompson, series producer William Cran (Boston: Heights Productions, 2002), full interview transcript available at www.pbs.org.
(13) John Maynard Keynes, *The End of Laissez-Faire* (London: L & Virginia Woolf, 1926) [J. M. ケインズ『自由放任の終焉』宮崎義一訳(『世界の名著 69　ケインズ, ハロッド』中公バックス, 1980)].
(14) John Maynard Keynes, "From Keynes to Roosevelt: Our Recovery Plan Assayed," *New York Times*, December 31, 1933.
(15) John Kenneth Galbraith, *The Great Crash of 1929* (1954, repr. New York: Avon, 1979), 168 [ジョン・ケネス・ガルブレイス『大暴落 1929』村井章子訳(日経BP社, 2008)].
(16) John Maynard Keynes, *The Economic Consequences of the Peace* (1919, repr. Westminster, UK: Labour Research Department, 1920), 251 [ケインズ『平和の経済的帰結』早坂忠訳(ケインズ全集第2巻, 東洋経済新報社, 1977)].

(17) Friedman and Friedman, *Two Lucky People*, 594.

(18) Stephen Kinzer, *All the Shah's Men: An American Coup and the Roots of Middle East Terror* (Hoboken, NJ: John Wiley & Sons, 2003), 153–54; Stephen Kinzer, *Overthrow: America's Century of Regime Change from Hawaii to Iraq* (New York: Times Books, 2006), 4.

(19) *El Imparcial*, March 16, 1951, cited in Stephen C. Schlesinger, Stephen Kinzer and John H. Coatsworth, *Bitter Fruit: The Story of the American Coup in Guatemala* (Cambridge, MA: Harvard University Press, 1999), 52.

(20) パターソンはフアン・ガブリエル・バルデスとのインタビューのなかでアルゼンチンとブラジルの経済学者を「左翼がかっている」と述べ，駐チリ米国大使ウィラード・ボーラクに「人間形成のあり方を変える」必要性を語った．Juan Gabriel Valdés, *Pinochet's Economists: The Chicago School in Chile* (Cambridge: Cambridge University Press, 1995), 110–13.

(21) Ibid., 89.

(22) 当時チリ大学で教えていたコロンビア大学の経済学者ジョゼフ・グランワルドの証言からの引用．Valdés, *Pinochet's Economists*, 135.

(23) Harberger, "Letter to a Younger Generation," 2.

(24) André Gunder Frank, *Economic Genocide in Chile: Monetarist Theory Versus Humanity* (Nottingham, UK: Spokesman Books, 1976), 7–8.

(25) Kenneth W. Clements, "Larry Sjaastad, The Last Chicagoan," *Journal of International Money and Finance* 24 (2005): 867–69.

(26) Gunder Frank, *Economic Genocide in Chile*, 8.

(27) Memorandum to William Carmichael, via Jeffrey Puryear, from James W. Trowbridge, October 24, 1984, page 4, cited in Valdés, *Pinochet's Economists*, 194.

(28) Ibid., 206. *後注 "The Rising Risk of Recession," *Time*, December 19, 1969.

(29) 1963 年当時，カストロ本人はサンティアゴを離れてシカゴ大学

で研究生活を送っていたが，1965年に学部長に就任した．Valdés, *Pinochet's Economists*, 140, 165.

(30) Ibid., 159. The quotation comes from Ernesto Fontaine, a Chicago grad and a professor at the Catholic University in Santiago.

(31) Ibid., 6, 13.

(32) Third report to the Catholic University of Chile and the International Cooperation Administration, August 1957, signed by Gregg Lewis, University of Chicago, page 3, cited in Valdés, *Pinochet's Economists*, 132.

(33) Interview with Ricardo Lagos conducted January 19, 2002, for *Commanding Heights: The Battle for the World Economy*, www.pbs.org.

(34) Friedman and Friedman, *Two Lucky People*, 388.

(35) Central Intelligence Agency, *Notes on Meeting with the President on Chile*, September 15, 1970, declassified, www.gwu.edu/~nsarchiv.

(36) "The Last Dope from Chile," mimeo signed "Al H.," dated Santiago, September 7, 1970, cited in Valdés, *Pinochet's Economists*, 242–43.

(37) Sue Branford and Bernardo Kucinski, *Debt Squads: The U. S., the Banks, and Latin America* (London: Zed Books, 1988), 40, 51–52.

(38) Subcommittee on Multinational Corporations, "The International Telephone and Telegraph Company and Chile, 1970–71," *Report to the Committee on Foreign Relations United States Senate by the Subcommittee on Multinational Corporations*, June 21, 1973, 13.

(39) Ibid., 15.

(40) Francisco Letelier, interview, *Democracy Now!* September 21, 2006.

(41) Subcommittee on Multinational Corporations, "The International Telephone and Telegraph Company and Chile, 1970–71," 4, 18.

(42) Ibid., 11, 15.
(43) Ibid., 17.
(44) Archdiocese of São Paulo, *Torture in Brazil: A Shocking Report on the Pervasive Use of Torture by Brazilian Military Governments*, 1964–79, ed. Joan Dassin, trans. Jaime Wright (Austin: University of Texas Press, 1986), 53.
(45) William Blum, *Killing Hope: U. S. Military and CIA Interventions Since WWII* (Monroe, ME: Common Courage Press, 1995), 195; "Times Diary: Liquidating Sukarno," *Times* (London), August 8, 1986.
(46) Kathy Kadane, "U. S. Officials' Lists Aided Indonesian Bloodbath in '60s," *Washington Post*, May 21, 1990.
(47) カデインは最初，当時インドネシアに赴任していた米政府高官と公表を前提として行なったインタビューのテープをもとに「銃撃リスト」の記事を『ワシントン・ポスト』紙に発表した．同インタビューから得た野外無線機と武器の情報は，1997年4月10日付の『ニューヨーク・レビュー・オブ・ブックス』の投書欄で公表した．カデインのインタビューの記録は現在，ワシントンの[非営利団体]米国家安全保障公文書館に保管されている．Kadane, "U. S. Officials' Lists Aided Indonesian Bloodbath in '60s."
(48) John Hughes, *Indonesian Upheaval* (New York: David McKay Company, Inc., 1967), 132.
(49) 50万人という数字は1966年の『ワシントン・ポスト』紙をはじめ，もっとも一般的に用いられている．駐インドネシア英国大使は40万人と推定しながらも，追加調査を行なったスウェーデン大使がそれを「重大な過小評価」とみなしていると報告している．1968年のCIA報告書は殺害者数を25万人としているが，一方では100万人という高い数字を挙げ「20世紀における最悪の大量殺戮のひとつ」だとする見方もある．"Silent Settlement," *Time*, December 17, 1965; John Pilger, *The New Rulers of the World* (London: Verso, 2002), 34; Kadane, "U. S. Officials' Lists Aided Indonesian Bloodbath in '60s."
(50) "Silent Settlement."

(51) David Ransom, "Ford Country: Building an Elite for Indonesia," *The Trojan Horse: A Radical Look at Foreign Aid*, ed. Steve Weissman (Palo Alto, CA: Ramparts Press, 1975), 99.
(52) ＊後注 Ibid., 100.
(53) Robert Lubar, "Indonesia's Potholed Road Back," *Fortune*, June 1, 1968.
(54) Goenawan Mohamad, *Celebrating Indonesia: Fifty Years with the Ford Foundation 1953–2003* (Jakarta: Ford Foundation, 2003), 59.
(55) "Recollections of My Career," *Bulletin of Indonesian Economic Studies* 29, no. 1 (April 1993): 40.
(56) フォード財団プログラムの卒業生によって占められたポストは，財務相，貿易相，国土計画委員会委員長および副委員長，市場・通商調査局局長，外国投資専門委員会委員長，産業庁長官，駐米大使. Ransom, "Ford Country," 110.
(57) Richard Nixon, "Asia After Vietnam," *Foreign Affairs* 46, no. 1 (October 1967): 111. ＊後注 Arnold C. Harberger, *Curriculum Vitae*, November 2003, www.econ.ucla.edu.
(58) Pilger, *The New Rulers of the World*, 36–37［ジョン・ピルジャー『世界の新しい支配者たち』井上礼子訳(岩波書店，2004)］.
(59) CIA, "Secret Cable from Headquarters [Blueprint for Fomenting a Coup Climate], September 27, 1970," in Peter Kornbluh, *The Pinochet File: A Declassified Dossier on Atrocity and Accountability* (New York: New Press, 2003), 49–56.
(60) Valdés, *Pinochet's Economists*, 251.
(61) Ibid., 248–49.
(62) Ibid., 250.
(63) Select Committee to Study Governmental Operations with Respect to Intelligence Activities, United States Senate, *Covert Action in Chile 1963–1973* (Washington, DC: U. S. Government Printing Office, December 18, 1975), 30.
(64) Ibid., 40.
(65) Eduardo Silva, *The State and Capital in Chile: Business Elites,*

Technocrats, and Market Economics (Boulder, CO: Westview Press, 1996), 74.

(66) Orlando Letelier, "The Chicago Boys in Chile: Economic Freedom's Awful Toll," *The Nation*, August 28, 1976.

第3章

(1) Niccolò Machiavelli, *The Prince*, trans. W. K. Marriott (Toronto: Alfred A. Knopf, 1992), 42［マキアヴェッリ『君主論』河島英昭訳(岩波書店, 1998)／マキアヴェリ『君主論』池田廉訳(中央公論新社, 2001)／ニッコロ・マキアヴェッリ『君主論』佐々木毅訳(講談社, 2004)］.

(2) Milton Friedman and Rose D. Friedman, *Two Lucky People: Memoirs* (Chicago: University of Chicago Press, 1998), 592.

(3) *Batalla de Chile* [three-part documentary film series] compiled by Patricia Guzmán, originally produced 1975–79 (New York: First Run/Icarus Films, 1993).

(4) John Dinges and Saul Landau, *Assassination on Embassy Row* (New York: Pantheon Books, 1980), 64.

(5) *Report of the Chilean National Commission on Truth and Reconciliation*, vol. 1, trans. Phillip E. Berryman (Notre Dame: University of Notre Dame Press, 1993), 153; Peter Kornbluh, *The Pinochet File: A Declassified Dossier on Atrocity and Accountability* (New York: New Press, 2003), 153–54.

(6) Kornbluh, *The Pinochet File*, 155–56.

(7) チリ軍事政権は自らの犯罪を隠蔽したり否定することにかけては悪名高かったことから，こうした数字には論争がある. Jonathan Kandell, "Augusto Pinochet, 91, Dictator Who Ruled by Terror in Chile, Dies," *New York Times*, December 11, 2006; *Chile Since Independence*, ed. Leslie Bethell (New York: Cambridge University Press, 1993), 178; Rupert Cornwell, "The General Willing to Kill His People to Win the Battle against Communism," *Independent* (London), December 11, 2006.

(8) Juan Gabriel Valdés, *Pinochet's Economists: The Chicago School*

in Chile (Cambridge: Cambridge University Press, 1995), 252.

(9) Pamela Constable and Arturo Valenzuela, *A Nation of Enemies: Chile Under Pinochet* (New York: W. W. Norton & Company, 1991), 187.

(10) Robert Harvey, "Chile's Counter-Revolution: The Fight Goes On," *The Economist*, February 2, 1980.

(11) José Piñera, "How the Power of Ideas Can Transform a Country," www.josepinera.com.

(12) Constable and Valenzuela, *A Nation of Enemies*, 74–75.

(13) Ibid., 69.

(14) Valdés, *Pinochet's Economists*, 31.

(15) Constable and Valenzuela, *A Nation of Enemies*, 70.

(16) ピノチェトが課した唯一の貿易障壁は輸入品に対する 10% の関税だったが，これはごく低率の輸入税にすぎず，貿易上の障壁とはならなかった．André Gunder Frank, *Economic Genocide in Chile: Monetarist Theory versus Humanity* (Nottingham, UK: Spokesman Books, 1976), 81.

(17) この数字はごく控えめな見積りである．グンダー・フランクは，軍事政権支配の初年度にインフレ率は 508% に達し，「生活必需品」に関しては 1000% 近くに達した可能性がある，と書いている．アジェンデ政権の崩壊前年である 1972 年のインフレ率は 163% だった．Constable and Valenzuela, A Nation of Enemies, 170; Gunder Frank, *Economic Genocide in Chile*, 62.

(18) *Que Pasa* (Santiago), January 16, 1975, cited in Gunder Frank, *Economic Genocide in Chile*, 26.

(19) *La Tercera* (Santiago), April 9, 1975, cited in Orlando Letelier, "The Chicago Boys in Chile," *The Nation*, August 28, 1976.

(20) *El Mercurio* (Santiago), March 23, 1976, cited in ibid.

(21) Que Pasa (Santiago), April 3, 1975, cited in ibid.

(22) Friedman and Friedman, *Two Lucky People*, 399.

(23) Ibid., 593–94.

(24) Ibid., 592–94.

(25) Ibid., 594.

(26) Gunder Frank, *Economic Genocide in Chile*, 34.
(27) Constable and Valenzuela, *A Nation of Enemies*, 172–73.
(28) 「1980年の公的医療費支出は1970年対比で17.6%減，また教育支出は11.3%減となった」Valdés, *Pinochet's Economists*, 23, 26; Constable and Valenzuela, *A Nation of Enemies*, 172–73; Robert Harvey, "Chile's Counter-Revolution," *The Economist*, February 2, 1980.
(29) Valdés, *Pinochet's Economists*, 22.
(30) Albert O. Hirschman, "The Political Economy of Latin American Development: Seven Exercises in Retrospection," *Latin American Research Review* 12, no. 3 (1987): 15.
(31) Public Citizen, "The Uses of Chile: How Politics Trumped Truth in the Neo-Liberal Revision of Chile's Development," discussion paper, September 2006, www.citizen.org.
(32) "A Draconian Cure for Chile's Economic Ills?" *BusinessWeek*, January 12, 1976.
(33) Peter Dworkin, "Chile's Brave New World of Reaganomics," *Fortune*, November 2, 1981; Valdés, *Pinochet's Economists*, 23; Letelier, "The Chicago Boys in Chile."
(34) Hirschman, "The Political Economy of Latin American Development," 15.
(35) 軍事政権のホルヘ・カウアス財務相の発言．Constable and Valenzuela, *Nation of Enemies*, 173.
(36) Ann Crittenden, "Loans from Abroad Flow to Chile's Rightist Junta," *New York Times*, February 20, 1976.
(37) "A Draconian Cure for Chile's Economic Ills?" *BusinessWeek*, January 12, 1976.
(38) Gunder Frank, *Economic Genocide in Chile*, 58.
(39) Ibid., 65–66.
(40) Harvey, "Chile's Counter-Revolution"; Letelier, "The Chicago Boys in Chile."
(41) Gunder Frank, *Economic Genocide in Chile*, 42.
(42) Piñera, "How the Power of Ideas Can Transform a Country."

(43) Robert M. Bleiberg, "Why Attack Chile?" *Barron's*, June 22, 1987.
(44) Jonathan Kandell, "Chile, Lab Test for a Theorist," *New York Times*, March 21, 1976.
(45) Kandell, "Augusto Pinochet, 91, Dictator Who Ruled by Terror in Chile, Dies"; "A Dictator's Double Standard," *Washington Post*, December 12, 2006.
(46) Greg Grandin, *Empire's Workshop: Latin America and the Roots of U. S. Imperialism* (New York: Metropolitan Books, 2006), 171 [グレッグ・グランディン『アメリカ帝国のワークショップ──米国のラテンアメリカ・中東政策と新自由主義の深層』松下冽監訳，山根健至他訳(明石書店，2008)].
(47) Ibid., 171.
(48) Constable and Valenzuela, *A Nation of Enemies*, 197–98.
(49) José Piñera, "Wealth through Ownership: Creating Property Rights in Chilean Mining," *Cato Journal* 24, no. 3 (Fall 2004): 296.
(50) Interview with Alejandro Foxley conducted March 26, 2001, for Commanding Heights: *The Battle for the World Economy*, www.pbs.org.
(51) Constable and Valenzuela, *A Nation of Enemies*, 219.
(52) Central Intelligence Agency, "Field Listing—Distribution of family income—Gini index," *World Factbook* 2007, www.cia.gov.
(53) Letelier, "The Chicago Boys in Chile."
(54) Milton Friedman, "Economic Miracles," *Newsweek*, January 21, 1974.
(55) Glen Biglaiser, "The Internationalization of Chicago's Economics in Latin America," *Economic Development and Cultural Change* 50 (2002): 280.
(56) Lawrence Weschler, *A Miracle, a Universe: Settling Accounts with Torturers* (New York: Pantheon Books, 1990), 149.
(57) 当時の駐アルゼンチン・ブラジル大使，ジョアン・バプティスタ・ピンヘイロのメモからの引用．Reuters, "Argentine Military Warned Brazil, Chile of '76 Coup," CNN, March 21, 2007.

(58) アルゼンチン独裁政権で財務相を務めたマリオ・I・ブレヘルは，クーデター前年にシカゴ大学で経済学博士号を取得．シカゴ大学で博士号を取得したアドルフォ・ディズは独裁政権下で中央銀行総裁を務め，同じく同大で博士号を取得したフェルナンド・デ・サンティバネスも独裁政権時代の中央銀行で職に就いた．同大で修士号を取得したリカルド・ロペス・マーフィーは1974〜83年に財務省国庫課経済調査財務分析部部長を務めた．その他何人かのシカゴ大学卒業生も独裁政権下で相談役や顧問といった経済関連職に就いた．

(59) Michael McCaughan, *True Crimes: Rodolfo Walsh* (London: Latin America Bureau, 2002), 284–90; "The Province of Buenos Aires: Vibrant Growth and Opportunity," *BusinessWeek*, July 14, 1980, special advertising section.

(60) Henry Kissinger and César Augusto Guzzetti, Memorandum of Conversation, June 10, 1976, declassified, www.gwu.edu/~nsarchiv.

(61) "The Province of Buenos Aires." ＊後注 Ibid.

(62) McCaughan, *True Crimes*, 299.

(63) Reuters, "Argentine Military Warned Brazil, Chile of '76 Coup."

(64) *Report of the Chilean National Commission on Truth and Reconciliation*, vol. 2, trans. Phillip E. Berryman (Notre Dame: University of Notre Dame Press, 1993), 501.

(65) Marguerite Feitlowitz, *A Lexicon of Terror: Argentina and the Legacies of Torture* (New York: Oxford University Press, 1998), ix.

(66) Ibid., 149, 175.

(67) Feitlowitz, *A Lexicon of Terror*, 165.

(68) Weschler, *A Miracle, a Universe*, 170.

(69) Amnesty International, *Report on an Amnesty International Mission to Argentina 6–15 November 1976* (London: Amnesty International Publications, 1977), 35; Feitlowitz, *A Lexicon of Terror*, 158.

(70) Alex Sanchez, Council on Hemispheric Affairs, "Uruguay: Keeping the Military in Check," November 20, 2006, www.coha.org.

(71) Gunder Frank, *Economic Genocide in Chile*, 43; *Batalla de Chile*.

(72) United States Senate, Select Committee to Study Governmental Operations with Respect to Intelligence Activities, *Covert Action in Chile 1963–1973* (Washington, DC: U. S. Government Printing Office, December 18, 1975), 40.

(73) Archdiocese of São Paulo, *Brasil: Nunca Mais/Torture in Brazil: A Shocking Report on the Pervasive Use of Torture by Brazilian Military Governments, 1964–1979*, ed. Joan Dassin, trans. Jaime Wright (Austin: University of Texas Press, 1986), 13–14.

(74) Eduardo Galeano, "A Century of Wind," *Memory of Fire*, vol. 3, trans. Cedric Belfrage (London: Quartet Books, 1989), 208.

(75) *Report of the Chilean National Commission on Truth and Reconciliation*, vol. 1, 153.

(76) Kornbluh, *The Pinochet File*, 162.

(77) Weschler, *A Miracle, a Universe*, 145. *後注 Jane Mayer, "The Experiment," *The New Yorker*, July 11, 2005.

(78) この推計は，この時期のブラジルで8400人の政治犯が収容され，そのうちの数千人が拷問を受けていた事実に基づく．ウルグアイには6万人の政治犯が収容されており，赤十字社によると刑務所内の拷問は組織的に行なわれていた．チリでは推定5万人が，アルゼンチンでも少なくとも3万人が拷問を受けていたとみられることを考えると，10万人というのはごく控えめな数字である．Larry Rohter, "Brazil Rights Group Hopes to Bar Doctors Linked to Torture," *New York Times*, March 11, 1999; Organization of American States, Inter-American Commission on Human Rights, *Report on the Situation of Human Rights in Uruguay*, January 31, 1978, www.cidh.org; Duncan Campbell and Jonathan Franklin, "Last Chance to Clean the Slate of the Pinochet Era," *Guardian* (London), September 1, 2003; Feitlowitz, *A Lexicon of Terror*, ix.

(79) McCaughan, *True Crimes*, 290.

(80) Ibid., 274.

(81) Ibid., 285–89.

(82) Ibid., 280–82.
(83) Feitlowitz, *A Lexicon of Terror*, 25–26.
(84) "Covert Action in Chile 1963–1973," 45.
(85) Weschler, *A Miracle, a Universe*, 110; Department of State, "Subject: Secretary's Meeting with Argentine Foreign Minister Guzzetti," Memorandum of Conversation, October 7, 1976, declassified, www.gwu.edu/~nsarchiv.
(86) In Attendance—Friday, March 26, 1976, declassified document available from the National Security Archive, www.gwu.edu/~nsa rchiv.

第 4 章

(1) Daniel Feierstein and Guillermo Levy, *Hasta que la muerte nos separe: Prácticas sociales genocidas en América Latina* (Buenos Aires: Ediciones al margen, 2004), 76.
(2) Marguerite Feitlowitz, *A Lexicon of Terror: Argentina and the Legacies of Torture* (New York: Oxford University Press, 1998), xii.
(3) Orlando Letelier, "The Chicago Boys in Chile," *The Nation*, August 28, 1976.
(4) Ibid.
(5) John Dinges and Saul Landau, *Assassination on Embassy Row* (New York: Pantheon Books, 1980), 207–10.
(6) Pamela Constable and Arturo Valenzuela, *A Nation of Enemies: Chile Under Pinochet* (New York: W. W. Norton & Company, 1991), 103–107; Peter Kornbluh, *The Pinochet File: A Declassified Dossier on Atrocity and Accountability* (New York: New Press, 2003), 167.
(7) Eduardo Gallardo, "In Posthumous Letter, Lonely Ex-Dictator Justifies 1973 Chile Coup," Associated Press, December 24, 2006.
(8) "Dos Veces Desaparecido," *Página* 12, September 21, 2006.
(9) 判決文の主執筆者はカルロス・ロザンスキー判事，共同執筆者はノルベルト・ロレンツォ判事とオラシオ・A・インサウラルデ判事

だった. Federal Oral Court No. 1, Case NE 2251/06, September 2006, www.rodolfowalsh.org.

(10) Federal Oral Court No. 1, Case NE 2251/06, September 2006, www.rodolfowalsh.org.

(11) Ibid.

(12) United Nations Office of the High Commissioner for Human Rights, "Convention on the Prevention and Punishment of the Crime of Genocide," approved December 9, 1948, www.ohchr.org.

(13) Leo Kuper, "Genocide: Its Political Use in the Twentieth Century," in Alexander Laban Hinton, ed., *Genocide: An Anthropological Reader* (Malden, MA: Blackwell, 2002), 56.

(14) Beth Van Schaack, "The Crime of Political Genocide: Repairing the Genocide Convention's Blind Spot," *Yale Law Journal* 107, no. 7 (May 1997).

(15) "Auto de la Sala de lo Penal de la Audiencia Nacional confirmando la jurisdicción de España para conocer de los crimines de genocidio y terrorismo cometidos durante la dictadura argentina," Madrid, November 4, 1998, www.derechos.org. ＊後注 Van Schaack, "The Crime of Political Genocide."

(16) Baltasar Garzón, "Auto de Procesamiento a Militares Argentinos," Madrid, November 2, 1999, www.derechos.org.

(17) Michael McCaughan, *True Crimes: Rodolfo Walsh* (London: Latin America Bureau, 2002), 182.

(18) Constable and Valenzuela, *A Nation of Enemies*, 16.

(19) Guillermo Levy, "Considerations on the Connections between Race, Politics, Economics, and Genocide," *Journal of Genocide Research* 8, no. 2 (June 2006): 142.

(20) Juan Gabriel Valdés, *Pinochet's Economists: The Chicago School in Chile* (Cambridge: Cambridge University Press, 1995), 7–8 and 113.

(21) Constable and Valenzuela, *A Nation of Enemies*, 16.

(22) Ibid., 39; Alfred Rosenberg, *Myth of the Twentieth Century: An Evaluation of the Spiritual-Intellectual Confrontations of Our*

Age (1930, repr. Newport Beach, CA: Noontide Press, 1993), 333 [アルフレット・ローゼンベルク『二十世紀の神話 —— 現代の心霊的・精神的な価値争闘に対する一つの評価』上村清延他訳(中央公論社, 1938)].

(23) André Gunder Frank, *Economic Genocide in Chile: Monetarist Theory Versus Humanity* (Nottingham, UK: Spokesman Books, 1976), 41.

(24) Ibid.

(25) Amnesty International, *Report on an Amnesty International Mission to Argentina 6–15 November 1976* (London: Amnesty International Publications, 1977), 65.

(26) Ibid.

(27) Marguerite Feitlowitz, *A Lexicon of Terror: Argentina and the Legacies of Torture* (New York: Oxford University Press, 1998), 159.

(28) Diana Taylor, *Disappearing Acts: Spectacles of Gender and Nationalism in Argentina's "Dirty War"* (Durham, NC: Duke University Press, 1997), 105.

(29) *Report of the Chilean National Commission on Truth and Reconciliation*, vol. 1, trans. Phillip E. Berryman (South Bend, IN: University of Notre Dame Press, 1993), 140.

(30) The editorial appeared in La Prensa (Buenos Aires). Cited in Feitlowitz, *A Lexicon of Terror*, 153.

(31) Constable and Valenzuela, *A Nation of Enemies*, 153.

(32) Archdiocese of São Paulo, *Brasil: Nunca Mais/Torture in Brazil: A Shocking Report on the Pervasive Use of Torture by Brazilian Military Governments, 1964–1979*, ed. Joan Dassin, trans. Jaime Wright (Austin: University of Texas Press, 1986), 106–10.

(33) *Report of the Chilean National Commission on Truth and Reconciliation*, vol. 1, 149.

(34) Letelier, "The Chicago Boys in Chile."

(35) Nunca Más (Never again): *The Report of the Argentine National Commission of the Disappeared* (New York: Farrar, Straus

and Giroux, 1986), 369.

(36) Ibid., 371.

(37) Amnesty International, *Report on an Amnesty International Mission to Argentina 6–15 November 1976*, 9.

(38) Taylor, *Disappearing Acts*, 111.

(39) Archdiocese of São Paulo, *Torture in Brazil*, 64.

(40) Karen Robert, "The Falcon Remembered," *NACLA Report on the Americas* 39, no. 3 (November–December 2005): 12.

(41) Victoria Basualdo, "Complicidad patronal-militar en la última dictadura argentina," *Engranajes: Boletín de FETIA*, no. 5, special edition, March 2006.

(42) 近日公開のフォード社ファルコンに関するドキュメンタリー映画『ファルコン』で，フォード工場で働いていた元労組活動家ペドロ・トロイアニとカルロス・アルベルト・プロパトに監督ロドリゴ・グティエレスが行なったインタビューより[訳者注・この映像は http://www.youtube.com/watch?v=amh6QSP2mtc で視聴可].

(43) "Demandan a la Ford por el secuestro de gremialistas durante la dictadura," *Página 12*, February 24, 2006.

(44) Robert, "The Falcon Remembered," 13–15; transcript of Gutiérrez's interviews with Troiani and Propato.

(45) "Demandan a la Ford por el secuestro de gremialistas durante la dictadura."

(46) Ibid.

(47) Larry Rohter, "Ford Motor Is Linked to Argentina's 'Dirty War,'" *New York Times*, November 27, 2002.

(48) Ibid.; Sergio Correa, "Los desaparecidos de Mercedes-Benz," *BBC: Mundo*, November 5, 2002.

(49) Robert, "The Falcon Remembered," 14.

(50) McCaughan, *True Crimes*, 290.

(51) *Nunca Más: The Report of the Argentine National Commission of the Disappeared*, 22.

(52) Quoting Padre Santano. Patricia Marchak, *God's Assassins: State Terrorism in Argentina in the 1970s* (Montreal: McGill-Queen's

University Press, 1999), 241.
(53) Marchak, *God's Assassins*, 155.
(54) Levy, "Considerations on the Connections between Race, Politics, Economics, and Genocide," 142.
(55) Marchak, *God's Assassins*, 161.
(56) Feitlowitz, *A Lexicon of Terror*, 42.
(57) Constable and Valenzuela, *A Nation of Enemies*, 171, 188.
(58) Ibid., 147.
(59) The editorial appeared in La Prensa (Buenos Aires), cited in Feitlowitz, *A Lexicon of Terror*, 153.
(60) Constable and Valenzuela, *A Nation of Enemies*, 78. *後注 L. M. Shirlaw, "A Cure for Devils," *Medical World* 94 (January 1961): 56, cited in Leonard Roy Frank, ed., *History of Shock Treatment* (San Francisco: Frank, September 1978), 2.
(61) McCaughan, *True Crimes*, 295.
(62) Feitlowitz, *A Lexicon of Terror*, 77.
(63) David Rose, "Guantanamo Briton 'in Handcuff Torture,'" *Observer* (London), January 2, 2005.
(64) Milton Friedman and Rose D. Friedman, *Two Lucky People: Memoirs* (Chicago: University of Chicago Press, 1998), 596. *後注 David Rose, "Guantanamo Briton 'in Handcuff Torture,'" *Observer* (London), January 2, 2005.
(65) Arnold C. Harberger, "Letter to a Younger Generation," *Journal of Applied Economics* 1, no. 1 (1998): 4.
(66) Amnesty International, *Report on an Amnesty International Mission to Argentina 6–15 November 1976*, 34–35.
(67) Robert Jay Lifton, *The Nazi Doctors: Medical Killing and the Psychology of Genocide* (1986, repr. New York: Basic Books, 2000), 16; François Ponchaud, *Cambodia Year Zero*, trans. Nancy Amphoux (1977, repr. New York: Rinehart and Winston, 1978), 50.
(68) United Nations Office of the High Commissioner for Human Rights, "Convention on the Prevention and Punishment of the

Crime of Genocide," approved December 9, 1948, www.ohchr.org.
(69) 行方不明者の子どもの人権擁護団体 HIJOS では 500 人以上と推定している．HIJOS, "Lineamientos," www.hijos.org.ar; ヒューマン・ライツ・ウォッチの報告書はこうした事例が 200 件あったと述べている．Annual Report 2001, www.hrw.org.
(70) Silvana Boschi, "Desaparición de menores durante la dictadura militar: Presentan un documento clave," *Clarín* (Buenos Aires), September 14, 1997.
(71) Feitlowitz, *A Lexicon of Terror*, 89.

第5章

(1) Donald Rumsfeld, *Secretary of Defense Donald H. Rumsfeld Speaking at Tribute to Milton Friedman*, White House, Washington, DC, May 9, 2002, www.defenselink.mil.
(2) Lawrence Weschler, *A Miracle, a Universe: Settling Accounts with Torturers* (New York: Pantheon Books, 1990), 147.
(3) Anthony Lewis, "For Which We Stand: II," *New York Times*, October 2, 1975.
(4) "A Draconian Cure for Chile's Economic Ills?" *BusinessWeek*, January 12, 1976; Milton Friedman and Rose D. Friedman, *Two Lucky People: Memoirs* (Chicago: University of Chicago Press, 1998), 601.
(5) Milton Friedman, "Free Markets and the Generals," *Newsweek*, January 25, 1982; Juan Gabriel Valdés, *Pinochet's Economists: The Chicago School in Chile* (Cambridge: Cambridge University Press, 1995), 156.
(6) Friedman and Friedman, *Two Lucky People*, 596.
(7) Ibid., 398.
(8) Interview with Milton Friedman conducted October 1, 2000, for *Commanding Heights: The Battle for the World Economy*, www.pbs.org.
(9) ノーベル経済学賞は他部門の賞とは異なり，ノーベルの死後 1969 年に創設された．物理学賞・化学賞とともにスウェーデン王

立アカデミーが選考する．正式名称は「アルフレッド・ノーベル記念経済学スウェーデン国立銀行賞」．

(10) Milton Friedman, "Inflation and Unemployment," Nobel Memorial Lecture, December 13, 1976, www.nobelprize.org.

(11) Orlando Letelier, "The Chicago Boys in Chile," *The Nation*, August 28, 1976.

(12) Neil Sheehan, "Aid by CIA Groups Put in the Millions," *New York Times*, February 19, 1967.

(13) Amnesty International, *Report on an Amnesty International Mission to Argentina 6–15 November 1976* (London: Amnesty International Publications, 1977), copyright page; Yves Dezalay and Bryant G. Garth, *The Internationalization of Palace Wars: Lawyers, Economists, and the Contest to Transform Latin American States* (Chicago: University of Chicago Press, 2002), 71.

(14) Amnesty International, *Report on an Amnesty International Mission to Argentina 6–15 November 1976*, 48.

(15) フォード財団が資金提供を始めた当時，平和委員会は「ヴィカリアテ」と改称されていた．アメリカズ・ウォッチは，ヘルシンキ・ウォッチの名でフォード財団から50万ドルの助成金を得てスタートしたヒューマン・ライツ・ウォッチの一組織である．3000万ドルという数字は，フォード財団広報室で行なったアルフレッド・アイアンサイドとのインタビューで出てきたもので，その大半は80年代に投入された．「50年代にはラテンアメリカの人権活動に資金が投入されたことはほとんどない」が，「60年代には人権活動に向けた助成がいくつか行なわれ，およそ70万ドルに及んだ」という．

(16) Dezalay and Garth, *The Internationalization of Palace Wars*, 69.

(17) David Ransom, "Ford Country: Building an Elite for Indonesia," *The Trojan Horse: A Radical Look at Foreign Aid*, ed. Steve Weissman (Palo Alto, CA: Ramparts Press, 1975), 96.

(18) Valdés, *Pinochet's Economists*, 158, 186, 308.

(19) Ford Foundation, "History," 2006, www.fordfound.org.

(20) Goenawan Mohamad, *Celebrating Indonesia: Fifty Years with the Ford Foundation 1953–2003* (Jakarta: Ford Foundation, 2003), 56.
(21) Dezalay and Garth, *The Internationalization of Palace Wars*, 148.
(22) Ford Foundation, "History," 2006, www.fordfound.org. ＊後注 Frances Stonor Saunders, *The Cultural Cold War: The CIA and the World of Arts and Letters* (New York: New Press, 2000).
(23) Archdiocese of São Paulo, *Torture in Brazil: A Shocking Report on the Pervasive Use of Torture by Brazilian Military Governments, 1964–1979*, ed. Joan Dassin, trans. Jaime Wright (Austin: University of Texas Press, 1986), 50.
(24) Simone de Beauvoir and Gisèle Halimi, *Djamila Boupacha*, trans. Peter Green (New York: Macmillan, 1962), 19, 21, 31［ジゼル・アリミ，シモーヌ・ド・ボーヴォワール『ジャミラよ朝は近い――アルジェリア少女拷問の記録』手塚伸一訳(集英社，1963)］.
(25) Marguerite Feitlowitz, *A Lexicon of Terror: Argentina and the Legacies of Torture* (New York: Oxford University Press, 1998), 113.
(26) 正確を期すため，フェイトロウィッツの訳文に若干変更を加えた．Feitlowitz, *A Lexicon of Terror*, 113–15. 傍点は原文のまま．

第6章

(1) Translated by Peter Sillem. Carl Schmitt, *Politische Theologie: Vier Kapitel zur Lehre von der Souveränität* (1922, repr. Berlin: Duncker & Humblot, 1993), 13［C. シュミット『政治神学』田中浩他訳(未来社，1971)］.
(2) Correspondence in the Hayek Collection, box 101, folder 26, Hoover Institution Archives, Palo Alto, CA. Thatcher's letter is dated February 17. グレッグ・グラディンに謝意を表す．
(3) Peter Dworkin, "Chile's Brave New World of Reaganomics," *Fortune*, November 2, 1981.
(4) Milton Friedman and Rose D. Friedman, *Two Lucky People: Memoirs* (Chicago: University of Chicago Press, 1998), 387.

(5) Donald Rumsfeld, *Secretary of Defense Donald H. Rumsfeld Speaking at Tribute to Milton Friedman*, White House, Washington, DC, May 9, 2002, www.defenselink.mil.
(6) Milton Friedman, "Economic Miracles," *Newsweek*, January 21, 1974.
(7) 出典元の表記では，ラムズフェルドが引用したフリードマンの発言箇所で「植えつけることに」の部分が重複しているので，混乱を避けるために訂正した．Rumsfeld, *Secretary of Defense Donald H. Rumsfeld Speaking at Tribute to Milton Friedman.*
(8) Henry Allen, "Hayek, the Answer Man," *Washington Post*, December 2, 1982.
(9) Interview with Milton Friedman conducted October 1, 2000, for *Commanding Heights: The Battle for the World Economy*, www.pbs.org.
(10) Arnold C. Harberger, *Curriculum Vitae*, November 2003, www.econ.ucla.edu.
(11) Ibid.; Friedman and Friedman, *Two Lucky People*, 607–609.
(12) *The Political Economy of Policy Reform*, ed. John Williamson (Washington, DC: Institute for International Economics, 1994), 467.
(13) Carmen DeNavas-Walt, Bernadette D. Proctor, Cheryl Hill Lee, U. S. Census Bureau, *Income, Poverty and Health Insurance Coverage in the United States: 2005*, August 2006, www.census.gov; Central Intelligence Agency, *World Factbook 2007*, www.cia.gov.
(14) Allan H. Meltzer, "Choosing Freely: The Friedmans' Influence on Economic and Social Policy," in *The Legacy of Milton and Rose Friedman's Free to Choose*, eds. M. Wynne, H. Rosenblum and R. Formaini (Dallas: Federal Reserve Bank of Dallas, 2004), 204, www.dallasfed.org.
(15) John Campbell, *Margaret Thatcher: The Iron Lady*, vol. 2 (London: Jona-than Cape, 2003), 174–75; Patrick Cosgrave, *Thatcher: The First Term* (London: Bodley Head, 1985), 158–59［パトリック・コスグレーブ『マーガレット・サッチャー』浅井泰範訳(朝日

イブニングニュース社, 1978)].

(16) Kevin Jefferys, *Finest & Darkest Hours: The Decisive Events in British Politics from Churchill to Blair* (London: Atlantic Books, 2002), 208.

(17) MORI の世論調査による(ギャラップ調査によればサッチャー支持率は 23%). "President Bush: Overall Job Rating," www.pollingreport.com, accessed May 12, 2007; Malcolm Rutherford, "1982: Margaret Thatcher's Year," *Financial Times* (London), December 31, 1982.

(18) Samuel P. Huntington, *The Third Wave: Democratization in the Late Twentieth Century* (Norman, OK: University of Oklahoma Press, 1991) [S. P. ハンチントン『第三の波 ── 20 世紀後半の民主化』坪郷實他訳(三嶺書房, 1995)].

(19) Hossein Bashiriyeh, *The State and Revolution in Iran, 1962–1982* (New York: St. Martin's Press, 1984), 170–71.

(20) "On the Record," *Time*, February 14, 1983.

(21) Campbell, *Margaret Thatcher: The Iron Lady*, vol. 2, 128.

(22) Leonard Downie Jr. and Jay Ross, "Britain: South Georgia Taken," *Washington Post*, April 26, 1982; "Jingoism Is Not the Way," *Financial Times* (London), April 5, 1982.

(23) Tony Benn, *The End of an Era: Diaries 1980–90*, ed. Ruth Winstone (London: Hutchinson, 1992), 206.

(24) Angus Deming, "Britain's Iron Lady," *Newsweek*, May 14, 1979; Jefferys, *Finest & Darkest Hours*, 226.

(25) BBC News, "1982: First Briton Dies in Falklands Campaign," *On This Day, 24 April*, news.bbc.co.uk.

(26) Rutherford, "1982."

(27) Michael Getler, "Dockers' Union Agrees to Settle Strike in Britain," *Washington Post*, July 21, 1984.

(28) "TUC at Blackpool (Miners' Strike): Labour Urged to Legislate on NUM Strike Fines," *Guardian* (London), September 4, 1985; Seumas Milne, *The Enemy Within: Thatcher's Secret War against the Miners* (London: Verso, 2004); Seumas Milne, "What

Stella Left Out," *Guardian* (London), October 3, 2000.
(29) Seumas Milne, "MI5's Secret War," *New Statesman & Society*, November 25, 1994.
(30) *Coal War: Thatcher vs. Scargill*, director Liam O'Rinn, episode 8093 of the series *Turning Points of History*, telecast June 16, 2005.
(31) Ibid.
(32) Warren Brown, "U. S. Rules Out Rehiring Striking Air Controllers," *Washington Post*, August 7, 1981; Steve Twomey, "Reunion Marks 10 Years Outside the Tower," *Washington Post*, August 2, 1991.
(33) Milton Friedman, Preface, *Capitalism and Freedom* (1962, repr. Chicago: University of Chicago Press, 1982), ix.
(34) J. McLane, "Milton Friedman's Philosophy of Economics and Public Policy," *Conference to Honor Milton Friedman on His Ninetieth Birthday*, November 25, 2002, www.chibus.com.
(35) N. Bukharin and E. Preobrazhensky, *The ABC of Communism: A Popular Explanation of the Program of the Communist Party of Russia*, trans. Eden and Cedar Paul (1922, repr. Ann Arbor: University of Michigan Press, 1967), 340–41 [ブハーリン，プレオブラジェンスキー『共産主義 ABC』足立一夫訳(共和社, 1946)].
(36) *The Political Economy of Policy Reform*, 19.
(37) Friedman and Friedman, *Two Lucky People*, 603.

第7章

(1) "U. S. Operations Mission to Bolivia," *Problems in the Economic Development of Bolivia, La Paz: United States Operation Mission to Bolivia*, 1956, 212.
(2) Susan Sontag, *Illness as Metaphor* (New York: Farrar, Straus and Giroux, 1977), 84 [スーザン・ソンタグ『隠喩としての病い』富山太佳夫訳(みすず書房，1982)／『隠喩としての病い・エイズとその隠喩』富山太佳夫訳(同新装版 2006)].

(3) "Bolivia Drug Crackdown Brews Trouble," *New York Times*, September 12, 1984; Joel Brinkley, "Drug Crops Are Up in Export Nations, State Dept. Says," *New York Times*, February 15, 1985.
(4) Jeffrey D. Sachs, *The End of Poverty: Economic Possibilities for Our Time* (New York: Penguin, 2005), 90–93［ジェフリー・サックス『貧困の終焉――2025年までに世界を変える』鈴木主税他訳(早川書房, 2006)］.
(5) John Maynard Keynes, *The Economic Consequences of the Peace* (1919, repr. London: Labour Research Department, 1920), 220–21.
(6) Interview with the author, October 2006, New York City.
(7) Robert E. Norton, "The American Out to Save Poland," *Fortune*, January 29, 1990.
(8) Interview with Jeffrey Sachs conducted June 15, 2000, for *Commanding Heights: The Battle for the World Economy*, www.pbs.org.
(9) "A Draconian Cure for Chile's Economic Ills?" *BusinessWeek*, January 12, 1976.
(10) Sachs, *The End of Poverty*, 93.
(11) Sachs, *Commanding Heights*.
(12) Catherine M. Conaghan and James M. Malloy, *Unsettling Statecraft: Democracy and Neoliberalism in the Central Andes* (Pittsburgh, PA: University of Pittsburgh Press, 1994), 127.
(13) Sachs, *The End of Poverty*, 95.
(14) Susan Velasco Portillo, "Víctor Paz: Decreto es coyuntural, pero puede durar 10 ó 20 años," *La Prensa* (La Paz), August 28, 2005.
(15) Ibid.
(16) Conaghan and Malloy, *Unsettling Statecraft*, 129.
(17) Alberto Zuazo, "Bolivian Labor Unions Dealt Setback," United Press International, October 9, 1985; Juan de Onis, "Economic Anarchy Ends," *Los Angeles Times*, November 6, 1985.
(18) IMFボリビア代表のコメントは緊急経済チームのメンバーの記憶に基づく. Velasco Portillo, "Víctor Paz: Decreto es coyuntural,

pero puede durar 10 ó 20 años."

(19) Ibid.

(20) Harlan K. Ullman and James P. Wade, *Shock and Awe: Achieving Rapid Dominance* (Washington, DC: NDU Press, 1996), xxv.

(21) Conaghan and Malloy, *Unsettling Statecraft*, 186.

(22) Peter McFarren, "48-hour Strike Hurts Country," Associated Press, September 5, 1985; Mike Reid, "Sitting Out the Bolivian Miracle," *Guardian* (London), May 9, 1987.

(23) Robert J. Alexander, *A History of Organized Labor in Bolivia* (Westport, CT: Praeger, 2005), 169.

(24) Sam Zuckerman, "Bolivian Bankers See Some Hope After Years of Economic Chaos," *American Banker*, March 13, 1987; Waltraud Queiser Morales, *Bolivia: Land of Struggle* (San Francisco: Westview Press, 1992), 159.

(25) Statistics come from the Inter-American Development Bank. Morales, *Bolivia*, 159.

(26) Erick Foronda, "Bolivia: Paz Has Trouble Selling 'Economic Miracle,'" *Latinamerica Press* 21, no. 5 (February 16, 1989): 7, cited in Morales, *Bolivia*, 160.

(27) Alexander, *A History of Organized Labor in Bolivia*, 169.

(28) Interview with Gonzalo Sánchez de Lozada conducted March 20, 2001, for *Commanding Heights: The Battle for the World Economy*, www.pbs.org.

(29) Peter McFarren, "Farmers' Siege of Police Points Up Bolivia's Drug-Dealing Problems," Associated Press, January 12, 1986.

(30) Peter McFarren, "Bolivia—Bleak but Now Hopeful," Associated Press, May 23, 1989.

(31) コナハンとマロイは共著のなかで，「麻薬取引が(エステンソロの受けた国際援助と同じく)安定化プログラムの衝撃を和らげる助けになったのは疑問の余地がない．金融機関への“コカ・ドル”の流入は，収益の増大に加え，80 年代後半の通貨の安定化に寄与したと考えられている」と書いている．Conaghan and Malloy, *Unsettling Statecraft*, 198.

(32) Tyler Bridges, "Bolivia Turns to Free Enterprise Among Hard Times," *Dallas Morning News*, June 29, 1987; Conaghan and Malloy, *Unsettling Statecraft*, 198.
(33) John Sedgwick, "The World of Doctor Debt," *Boston Magazine*, May 1991.
(34) "Taming the Beast," *The Economist*, November 15, 1986.
(35) Sachs, *Commanding Heights*.
(36) Peter Passell, "Dr. Jeffrey Sachs, Shock Therapist," *New York Times*, June 27, 1993.
(37) "New Austerity Package Revealed," *Latin American Regional Reports: Andean Group*, December 13, 1985.
(38) 引用の銀行家は匿名．Zuckerman, "Bolivian Bankers See Some Hope after Years of Economic Chaos."
(39) *The Political Economy of Policy Reform*, ed. John Williamson (Washington, DC: Institute for International Economics, 1994), 479.
(40) Associated Press, "Bolivia Now Under State of Siege," *New York Times*, September 20, 1985.
(41) "Bolivia to Lift State of Siege," United Press International, December 17, 1985; "Bolivia Now Under State of Siege."
(42) Conaghan and Malloy, *Unsettling Statecraft*, 149.
(43) Reuters, "Bolivia Strike Crumbling," *Globe and Mail* (Toronto), September 21, 1985.
(44) Peter McFarren, "Detainees Sent to Internment Camps," Associated Press, August 29, 1986; "Bolivia: Government Frees Detainees, Puts Off Plans for Mines," Inter Press Service, September 16, 1986.
(45) Sachs, *The End of Poverty*, 96.
(46) Sánchez de Lozada, *Commanding Heights*.
(47) Conaghan and Malloy, *Unsettling Statecraft*, 149.

第8章

(1) A. E. Hotchner, *Papa Hemingway* (1966, repr. New York: Car-

roll & Graf, 1999), 280［A. E. ホッチナー『パパ・ヘミングウェイ』中田耕治訳(早川書房，1967)／同文庫版(1989)］.

(2) Jim Shultz, "Deadly Consequences: The International Monetary Fund and Bolivia's 'Black February,'" (Cochabamba, Bolivia: The Democracy Center, April 2005), 14, www.democracyctr.org.

(3) Albert O. Hirschman, "Reflections on the Latin American Experience," in *The Politics of Inflation and Economic Stagnation: Theoretical Approaches and International Case Studies*, ed. Leon N. Lindberg and Charles S. Maier (Washington, DC: Brookings Institution, 1985), 76.

(4) Banco Central de la República Argentina, Memoria Anual 1985, www.bcra.gov.ar; Lawrence Weschler, *A Miracle, a Universe: Settling Accounts with Torturers* (New York: Pantheon Books, 1990), 152; "Brazil Refinancing Foreign Debt Load," *New York Times*, July 2, 1964; Alan Riding, "Brazil's Leader Urges Negotiations on Debt," *New York Times*, September 22, 1985.

(5) Robert Harvey, "Chile's Counter-Revolution," *The Economist*, February 2, 1980; World Bank, *Economic Memorandum: Argentina* (Washington, DC: World Bank, 1985), 17.

(6) 米政府顧問はフランクリン・ウィリス．Michael Hirsh, "Follow the Money," *Newsweek*, April 4, 2005.

(7) Terence O'Hara, "6 U. S. Banks Held Pinochet's Accounts," *Washington Post*, March 16, 2005.

(8) United Press International, "Former Cabinet Minister Arrested in Argen-tina," *Seattle Times*, November 17, 1984.

(9) World Bank, *Economic Memorandum: Argentina*, page 17; "Documentación que prueba los ilícitos de Martínez de Hoz," *La Voz del Interior*, October 6, 1984, cited in H. Hernandez, *Justicia y Deuda Externa Argentina* (Santa Fe, Argentina: Editorial Universidad de Santa Fe, 1988), 36.

(10) Hernandez, *Justicia y Deuda Externa Argentina*, 37.

(11) Ibid.

(12) ダレオによればその仕事は「バハマ，ルクセンブルク，パナマ，

スイス，リヒテンシュタインへの投資方法に関する報告だった．また，これらの国の税制状況を調査するごく専門的な部署もあった」と述べている．Marguerite Feitlo-witz, *A Lexicon of Terror: Argentina and the Legacies of Torture* (New York: Oxford University Press, 1998), 57.

(13) Norberto Galasso, *De la Banca Baring al FMI* (Buenos Aires: Ediciones Colihue, 2002), 246; Adolfo Pérez Esquivel, "¿Cuándo comenzo el terror del 24 de marzo de 1976?" *La Fogata*, March 24, 2004, www.lafogata.org.

(14) U. S. State Department, Memorandum of Conversation, Subject: Secretary's Meeting with Argentine Foreign Minister Guzzetti, October 7, 1976, declassified, www.gwu.edu/~nsarchiv.

(15) Sue Branford and Bernardo Kucinski, *The Debt Squads: The US, the Banks, and Latin America* (London: Zed Books, 1988), 95.

(16) Matthew L. Wald, "A House, Once Again, Is Just Shelter," *New York Times*, February 6, 1983.

(17) Jaime Poniachik, "Cómo empezó la deuda externa," *La Nación* (Buenos Aires), May 6, 2001.

(18) Donald V. Coes, *Macroeconomic Crises: Politics and Growth in Brazil, 1964–1990* (Washington, DC: World Bank, 1995), 187; Eghosa E. Osaghae, *Structural Adjustment and Ethnicity in Nigeria* (Uppsala, Sweden: Nordiska Afrikainstitutet, 1995), 24; T. Ademola Oyejide and Mufutau I. Raheem, "Nigeria," in *The Rocky Road to Reform: Adjustment, Income Distribution, and Growth in the Developing World*, ed. Lance Taylor (Cambridge, MA: MIT Press, 1993), 302.

(19) International Monetary Fund, *Fund Assistance for Countries Facing Exogenous Shock*, August 8, 2003, page 37, www.imf.org.

(20) Banco Central de la República Argentina, *Memoria Anual 1989*, www.bcra.gov.ar.

(21) "Interview with Arnold Harberger," *The Region*, Federal Reserve Bank of Minneapolis, March 1999, www.minneapolisfed.org.

(22) 元シカゴ大学教授で特別研究員のスタンレー・フィッシャーは

1994年にIMFの筆頭副専務理事に，ラグラム・ラジャンは2003年にチーフエコノミストに，マイケル・ムサは1991年に調査局長に，謝丹阳は2003年にアフリカ担当シニアエコノミストにそれぞれ就任した．

(23) International Monetary Fund, "Article I—Purposes," *Articles of Agreement of the International Monetary Fund*, www.imf.org.

(24) "Speech by Lord Keynes in Moving to Accept the Final Act at the Closing Plenary Session, Bretton Woods, 22 July, 1944," *Collected Writings of John Maynard Keynes*, vol. 26, ed. Donald Moggridge (London: Macmillan, 1980), 103［『ケインズ全集』(東洋経済新報社，1977-)］.

(25) John Williamson, "In Search of a Manual for Technopols," in John Williamson, ed., *The Political Economy of Policy Reform* (Washington, DC: Institute for International Economics, 1994), 18.

(26) "Appendix: The 'Washington Consensus,'" in *The Political Economy of Policy Reform*, 27.

(27) Williamson, *The Political Economy of Policy Reform*, 17.

(28) Joseph E. Stiglitz, *Globalization and Its Discontents* (New York: W. W. Norton & Company, 2002), 13［ジョセフ・E. スティグリッツ『世界を不幸にしたグローバリズムの正体』鈴木主税訳(徳間書店，2002)］.

(29) Davison L. Budhoo, *Enough Is Enough: Dear Mr. Camdessus... Open Letter of Resignation to the Managing Director of the International Monetary Fund*, foreword by Errol K. McLeod (New York: New Horizons Press, 1990), 102.

(30) Dani Rodrik, "The Rush to Free Trade in the Developing World: Why So Late? Why Now? Will It Last?" in *Voting for Reform: Democracy, Political Liberalization and Economic Adjustment*, ed. Stephan Haggard and Steven B. Webb (New York: Oxford University Press, 1994), 82. 傍点引用者.

(31) Ibid., 81.

(32)「……貿易改革のメリットがどうであれ，貿易体制とマクロ経済危機へと陥る傾向の間に因果関係があるのは悪しき経済学だ」

Dani Rodrik, "The Limits of Trade Policy Reform in Developing Countries," *Journal of Economic Perspectives* 6, no. 1 (Winter 1992): 95.
(33) Herasto Reyes, "Argentina: historia de una crisis," *La Prensa* (Panama City), January 12, 2002.
(34) Nathaniel C. Nash, "Turmoil, Then Hope in Argentina," *New York Times*, January 31, 1991.
(35) "Interview with Arnold Harberger."
(36) José Natanson, *Buenos muchachos: Vida y obra de los economistas del establishment* (Buenos Aires: Libros del Zorzal, 2004).
(37) Paul Blustein, *And the Money Kept Rolling In* (and Out): *Wall Street, the IMF, and the Bankrupting of Argentina* (New York: PublicAffairs, 2005), 21.
(38) Ibid., 24; interview with Domingo Cavallo conducted January 30, 2002, for *Commanding Heights: The Battle for the World Economy*, www.pbs.org; César V. Herrera and Marcelo García, "A 10 años de la privatización de YPF—Análisis y consecuencias en la Argentina y en la Cuenca del Golfo San Jorge (versión ampliada)," Centro Regional de Estudios Económicos de la Patagonia Central, January 23, 2003, www.creepace.com.ar; Antonio Camou, "Saber técnico y política en los orígenes del menemismo," *Perfiles Latinoamericanos* 7, no. 12 (June 1998); Carlos Saúl Menem, speech given during a lunch with Mexican president Ernesto Zedillo, November 26, 1997, zedillo.presidencia.gob.mx. ＊後注 Interview with Alejandro Olmos Gaona, "Las deudas hay que pagarlas, las estafas no," *LaVaca*, January 10, 2006, www.lavaca.org.
(39) "Menem's Miracle," *Time International*, July 13, 1992.
(40) *Cavallo, Commanding Heights.*

第9章

(1) Leszek Balcerowicz, "Losing Milton Friedman, A Revolutionary Muse of Liberty," *Daily Star* (Beirut), November 22, 2006.
(2) Michael Freedman, "The Radical," *Forbes*, February 13, 2006.

(3) Joseph Fewsmith, *China Since Tiananmen: The Politics of Transition* (Cambridge: Cambridge University Press, 2001), 35.
(4) 「連帯」の前身は1978年に結成された準自主管理労組「湾岸地区自由労働組合」で，このグループがストを組織し，最終的に「連帯」結成へと導いた．
(5) Thomas A. Sancton, "He Dared to Hope," *Time*, January 4, 1982.
(6) Ibid.
(7) "Solidarity's Programme Adopted by the First National Congress," in Peter Raina, *Poland 1981: Towards Social Renewal* (London: George Allen & Unwin, 1985), 326–80.
(8) Sancton, "He Dared to Hope."
(9) Egil Aarvik, "The Nobel Peace Prize 1983 Presentation Speech," Oslo, Norway, December 10, 1983, www.nobelprize.org.
(10) Lawrence Weschler, "A Grand Experiment," *The New Yorker*, November 13, 1989.
(11) Jeffrey D. Sachs, *The End of Poverty: Economic Possibilities for Our Time* (New York: Penguin, 2005), 120; Magdalena Wyganowska, "Transformation of the Polish Agricultural Sector and the Role of the Donor Community," *USAID Mission to Poland*, September 1998, www.usaid.gov.
(12) James Risen, "Cowboy of Poland's Economy," *Los Angeles Times*, February 9, 1990.
(13) Sachs, *The End of Poverty*, 111.
(14) Weschler, "A Grand Experiment."
(15) Sachs, *The End of Poverty*, 114.
(16) Ibid.; Weschler, "A Grand Experiment."
(17) Interview with Jeffrey Sachs conducted June 15, 2000, for *Commanding Heights: The Battle for the World Economy*, www.pbs.org.
(18) Przemyslaw Wielgosz, "25 Years of Solidarity," unpublished lecture, August 2005. Courtesy of the author.
(19) Sachs, *The End of Poverty*, 117. ＊後注 Randy Boyagoda, "Europe's Original Sin," *The Walrus*, February 2007, www.walrusmag

azine.com.
(20) Weschler, "A Grand Experiment"; Interview with Gonzalo Sánchez de Lozada conducted March 20, 2001, for *Commanding Heights: The Battle for the World Economy*, www.pbs.org.
(21) Weschler, "A Grand Experiment."
(22) Balcerowicz, "Losing Milton Friedman."
(23) "Walesa: U. S. Has Stake in Poland's Success," United Press International, August 25, 1989.
(24) The quotation is from Zofia Kuratowska, "Solidarity's foremost expert on health services and now a leading legislator." Weschler, "A Grand Experiment."
(25) John Tagliabue, "Poles Approve Solidarity-Led Cabinet," *New York Times*, September 13, 1989.
(26) Weschler, "A Grand Experiment"; "Mazowiecki Taken Ill in Parliament," *Guardian Weekly* (London), September 17, 1989.
(27) Anne Applebaum, "Exhausted Polish PM's Cabinet Is Acclaimed," *Independent* (London), September 13, 1989.
(28) Weschler, "A Grand Experiment."
(29) Ibid.
(30) Leszek Balcerowicz, "Poland," in *The Political Economy of Policy Reform*, ed. John Williamson (Washington, DC: Institute for International Economics, 1994), 177.
(31) Ibid., 176–77.
(32) Ibid., 163.
(33) Thomas Carothers, "The End of the Transition Paradigm," *Journal of Democracy* 13, no. 1 (January 2002): 6–7.
(34) George J. Church, "The Education of Mikhail Sergeyevich Gorbachev," *Time*, January 4, 1988.
(35) Francis Fukuyama, "The End of History?" *The National Interest*, Summer 1989. ＊後注 Francis Fukuyama, *The End of History and the Last Man* (New York: Free Press, 1992).
(36) Milton Friedman and Rose D. Friedman, *Two Lucky People: Memoirs* (Chicago: University of Chicago Press, 1998), 603.

(37) Fukuyama, "The End of History?"
(38) Ibid.
(39) Friedman and Friedman, *Two Lucky People*, 520–22.
(40) Ibid., 558; Milton Friedman, "If Only the United States Were as Free as Hong Kong," *Wall Street Journal*, July 8, 1997.
(41) Maurice Meisner, *The Deng Xiaoping Era: An Inquiry into the Fate of Chinese Socialism, 1978–1994* (New York: Hill and Wang, 1996), 455; "Deng's June 9 Speech: 'We Face a Rebellious Clique' and 'Dregs of Society,'" *New York Times*, June 30, 1989.
(42) フリードマンが中国に招かれたのは会議出席や大学の講師など立場はさまざまだったが，回顧録のなかではそれを公式訪問だったとして「大方は中国政府に招待された」と書いている．Friedman and Friedman, *Two Lucky People*, 601.
(43) Ibid., 517, 537, 609. 傍点は原文のまま．
(44) Ibid., 601–602.
(45) Wang Hui, *China's New Order: Society, Politics, and Economy in Transition* (Cambridge, MA: Harvard University Press, 2003), 45, 54.
(46) Ibid., 54.
(47) Ibid., 57.
(48) Meisner, *The Deng Xiaoping Era*, 463–65.
(49) "China's Harsh Actions Threaten to Set Back 10-Year Reform Drive," *Wall Street Journal*, June 5, 1989.
(50) "Deng's June 9 Speech: 'We Face a Rebellious Clique' and 'Dregs of Society.'" ＊後注 Henry Kissinger, "The Caricature of Deng as a Tyrant Is Unfair," *Washington Post*, August 1, 1989.
(51) Interview with Orville Schell conducted on December 13, 2005, for PBS's *Frontline* episode "The Tank Man"; full interview transcript available at www.pbs.org.
(52) Wang, *China's New Order*, 65–66.
(53) Meisner, *The Deng Xiaoping Era*, 482. ＊後注 David Harvey, *A Brief History of Neoliberalism* (Oxford: Oxford University Press, 2005), 135［デヴィッド・ハーヴェイ『新自由主義 —— その歴史的

展開と現在』渡辺治監訳(作品社, 2007)].

(54) Mo Ming, "90 Percent of China's Billionaires Are Children of Senior Officials," *China Digital Times*, November 2, 2006, www.chinadigitaltimes.net.

(55) Human Rights Watch, "Race to the Bottom: Corporate Complicity in Chinese Internet Censorship," *Human Rights Watch* 18, no. 8(c) (August 2006): 28, 43; Wang, *China's New Order*, 65.

(56) Friedman and Friedman, *Two Lucky People*, 516.

(57) Jaroslaw Urbanski, "Workers in Poland After 1989," Workers Initiative Poland, paspartoo.w.interia.pl; Weschler, "A Grand Experiment."

(58) Mark Kramer, "Polish Workers and the Post-Communist Transition, 1989–93," *Europe-Asia Studies*, June 1995; World Bank, World Development Indicators 2006, www.worldbank.org; Andrew Curry, "The Case against Poland's New President," *New Republic*, November 17, 2005; Wielgosz, "25 Years of Solidarity."

(59) Wielgosz, "25 Years of Solidarity."

(60) David Ost, *The Defeat of Solidarity: Anger and Politics in Postcommunist Europe* (Ithaca, NY: Cornell University Press, 2005), 62.

(61) *Statistical Yearly* (Warsaw: Polish Main Statistical Office, 1997), 139.

(62) Kramer, "Polish Workers and the Post-Communist Transition, 1989–93."

第10章

(1) "South Africa; Tutu Says Poverty, Aids Could Destabilise Nation," AllAfrica.com, November 2001.

(2) Martin J. Murray, *The Revolution Deferred* (London: Verso, 1994), 12.

(3) "ANC Leader Affirms Support for State Control of Industry," *Times* (London), January 26, 1990.

(4) Ismail Vadi, *The Congress of the People and Freedom Charter*

Campaign, foreword by Walter Sisulu (New Delhi: Sterling Publishers, 1995), www.sahistory.org.za.

(5) Nelson Mandela, *A Long Walk to Freedom: The Autobiography of Nelson Mandela* (New York: Little, Brown and Company, 1994), 150［ネルソン・マンデラ『自由への長い道 —— ネルソン・マンデラ自伝』東江一紀訳(日本放送出版協会, 1996)］.

(6) "The Freedom Charter," adopted at the Congress of the People, Kliptown, on June 26, 1955, www.anc.org.za.

(7) William Mervin Gumede, *Thabo Mbeki and the Battle for the Soul of the ANC* (Cape Town: Zebra Press, 2005), 219–20.

(8) Mandela, *A Long Walk to Freedom*, 490–91.

(9) 実際に多数党支配が導入されたのは1999年だった. それまでは国民投票で5% 以上の得票率を獲得したすべての政党が政権に参加した. Unpublished interview with Nelson Mandela by the filmmaker Ben Cashdan, 2001; Hein Marais, *South Africa: Limits to Change: The Political Economy of Transition* (Cape Town: University of Cape Town Press, 2001), 91–92.

(10) ＊後注 Milton Friedman, "Milton Friedman-Banquet Speech," given at the Nobel Banquet, December 10, 1976, www.nobelprize.org.

(11) Bill Keller, "Can Both Wealth and Justice Flourish in a New South Africa?" *New York Times*, May 9, 1994.

(12) Mark Horton, "Role of Fiscal Policy in Stabilization and Poverty Alleviation," in *Post-Apartheid South Africa: The First Ten Years*, ed. Michael Nowak and Luca Antonio Ricci (Washington DC: International Monetary Fund, 2005), 84.

(13) ＊後注 Juan Gabriel Valdés, *Pinochet's Economists: The Chicago School in Chile* (Cambridge: Cambridge University Press, 1995), 31, 33. ピノチェト政権のパブロ・バラオナ経済相の「ニューエコノミー」定義からの引用. Robert Harvey, "Chile's Counter-Revolution: The Fight Goes On," *The Economist*, February 2, 1980 (ハーヴェイはセルジオ・フェルナンデス内務相の発言を引用). José Piñera, "Wealth Through Ownership: Creating Proper-

ty Rights in Chilean Mining," *Cato Journal* 24, no. 3 (Fall 2004): 298.

(14) James Brew, "South Africa—Habitat: A Good Home Is Still Hard to Own," Inter Press Service, March 11, 1997.

(15) David McDonald, "Water: Attack the Problem Not the Data," *Sunday Independent* (London), June 19, 2003.

(16) Bill Keller, "Cracks in South Africa's White Monopolies," *New York Times*, June 17, 1993.

(17) グミードは「ビジネスマップ」の統計を引用し，「ヨハネスブルグ証券取引所上場企業の役員の約98% は白人であり，彼らが取引総額の97% 以上を取り仕切っている」と主張する．Simon Robinson, "The New Rand Lords," *Time*, April 25, 2005; Gumede, *Thabo Mbeki and the Battle for the Soul of the ANC*, 220.

(18) Gumede, *Thabo Mbeki and the Battle for the Soul of the ANC*, 112.

(19) Moyiga Nduru, "S. Africa: Politician Washed Anti-AIDS Efforts Down the Drain," Inter Press Service, April 11, 2006.

(20) "Study: AIDS Slashes SA's Life Expectancy," *Mail & Guardian* (Johannesburg), December 11, 2006.

(21) その日の終わりまでにランドは若干回復し，結果として7% の下落になった．Jim Jones, "Foreign Investors Take Fright at Hardline Stance," *Financial Times* (London), February 13, 1990.

(22) Steven Mufson, "South Africa 1990," *Foreign Affairs* [Special Edition: America and the World], 1990/1991.

(23) Thomas L. Friedman, *The Lexus and the Olive Branch* (New York: Random House, 2000), 113［トーマス・フリードマン『レクサスとオリーブの木――グローバリゼーションの正体』東江一紀他訳(草思社，2000)］.

(24) Gumede, *Thabo Mbeki and the Battle for the Soul of the ANC*, 69.

(25) Ibid., 85; "South Africa: Issues of Rugby and Race," *The Economist*, August 24, 1996.

(26) Nelson Mandela, "Report by the President of the ANC to the

50th National Conference of the African National Congress," December 16, 1997.
(27) Gumede, *Thabo Mbeki and the Battle for the Soul of the ANC*, 33–39, 69.
(28) Ibid., 79.
(29) Marais, South Africa, 122. ＊後注 ANC, *Ready to Govern: ANC Policy Guidelines for a Democratic South Africa Adopted at the National Conference*, May 28–31, 1992, www.anc.org.za.
(30) Ken Wells, "U. S. Investment in South Africa Quickens," *Wall Street Journal*, October 6, 1994.
(31) Gumede, *Thabo Mbeki and the Battle for the Soul of the ANC*, 88.
(32) Ibid., 87.
(33) Marais, *South Africa*, 162.
(34) Ibid., 170.
(35) Gumede, *Thabo Mbeki and the Battle for the Soul of the ANC*, 89.
(36) Ginger Thompson, "South African Commission Ends Its Work," *New York Times*, March 22, 2003.
(37) ANC, "The State and Social Transformation," discussion document, November 1996, www.anc.org.za; Ginger Thompson, "South Africa to Pay $3,900 to Each Family of Apartheid Victims," *New York Times*, April 16, 2003; Mandela unpublished interview with Cashdan, 2001.
(38) Gumede, *Thabo Mbeki and the Battle for the Soul of the ANC*, 108.
(39) Ibid., 119.
(40) South African Communist Party, "The Debt Debate: Confusion Heaped on Confusion" November–December 1998, www.sacp.org.za; Jeff Rudin, "Apartheid Debt: Questions and Answers," Alternative Information and Development Centre, March 16, 1999, www.aidc.org.za. ＊後注 Congress of South Africa Trade Unions, "Submission on the Public Investment Corporation Draft Bill,"

June 25, 2004, www.cosatu.org.za; Rudin, "Apartheid Debt"; South African Communist Party, "The Debt Debate."

(41) "The Freedom Charter."

(42) Nomvula Mokonyane, "Bud get Speech for 2005/06 Financial Year by MEC for Housing in Gauteng," Speech made in the Guateng Legislature on June 13, 2005, www.info.gov.za.

(43) Lucille Davie and Mary Alexander, "Kliptown and the Freedom Charter," June 27, 2005, www.southafrica.info; Blue IQ, *The Plan for a Smart Province—Guateng.*

(44) Gumede, *Thabo Mbeki and the Battle for the Soul of the ANC*, 215.

(45) Scott Baldauf, "Class Struggle: South Africa's New, and Few, Black Rich," *Christian Science Monitor*, October 31, 2006; "Human Development Report 2006," United Nations Development Programme, www.undp.org.

(46) "South Africa: The Statistics," *Le Monde Diplomatique*, September 2006; Michael Wines and Sharon LaFraniere, "Decade of Democracy Fills Gaps in South Africa," *New York Times*, April 26, 2004.

(47) Simon Robinson, "The New Rand Lords."

(48) Michael Wines, "Shantytown Dwellers in South Africa Protest the Sluggish Pace of Change," *New York Times*, December 25, 2005.

(49) Mark Wegerif, Bev Russell and Irma Grundling, *Summary of Key Findings from the National Evictions Survey* (Polokwane, South Africa: Nkuzi Development Association, 2005), 7, www.nkuzi.org.za.

(50) Wines, "Shantytown Dwellers in South Africa Protest ..."

(51) Gumede, *Thabo Mbeki and the Battle for the Soul of the ANC*, 72. Internal quotation: Asghar Adelzadeh, "From the RDP to GEAR: The Gradual Embracing of Neoliberalism in Economic Policy," *Transformation* 31, 1996.

(52) Ibid., 70.

(53) Stephen F. Cohen, *Failed Crusade: America and the Tragedy of Post-Communist Russia* (New York: W. W. Norton & Company, 2001), 30.

第11章

(1) Boris Kagarlitsky, *Square Wheels: How Russian Democracy Got Derailed*, trans. Leslie A. Auerbach et al. (New York: Monthly Review Press, 1994), 191.

(2) William Keegan, *The Spectre of Capitalism: The Future of the World Economy After the Fall of Communism* (London: Radius, 1992), 109.

(3) George J. Church, "The Education of Mikhail Sergeyevich Gorbachev," *Time*, January 4, 1988; Gidske Anderson, "The Nobel Peace Prize 1990 Presentation Speech," www.nobelprize.org.

(4) Marshall Pomer, Introduction, in *The New Russia: Transition Gone Awry*, eds. Lawrence R. Klein and Marshall Pomer (Stanford: Stanford University Press: 2001), 1.

(5) Anderson, "The Nobel Peace Prize 1990 Presentation Speech"; Church, "The Education of Mikhail Sergeyevich Gorbachev."

(6) Mikhail Gorbachev, Foreword, in Klein and Pomer, eds., *The New Russia*, xiv.

(7) 前例のないこの共同報告書では「急進的改革」を要求し，貿易のための国境開放となんらかの安定化計画導入を同時に行なうよう(本書第8章でダニ・ロドリックが論じているワンセット方式)主張している．International Monetary Fund, The World Bank, Organization for Economic Cooperation and Development, European Bank for Reconstruction and Development, *The Economy of the USSR: Summary and Recommendations* (Washington, DC: World Bank, 1990) [国際通貨基金他『IMF等によるソ連経済調査報告：概要と勧告 1990年12月』大蔵省内国際金融情勢研究会訳(外国為替貿易研究会，1991)]; author's interview with Jeffrey Sachs, October 2006, New York City.

(8) "Order, Order," *The Economist*, December 22, 1990.

(9) Ibid.; Michael Schrage, "Pinochet's Chile a Pragmatic Model for Soviet Economy," *Washington Post*, August 23, 1991.
(10) *Return of the Czar, an episode of Frontline* [television series for PBS], producer Sherry Jones, telecast May 9, 2000.
(11) Vadim Nikitin, "'91 Foes Linked by Anger and Regret," *Moscow Times*, August 21, 2006.
(12) Stephen F. Cohen, "America's Failed Crusade in Russia," *The Nation*, February 28, 1994.
(13) Author's interview with Jeffrey Sachs.
(14) Peter Passell, "Dr. Jeffrey Sachs, Shock Therapist," *New York Times*, June 27, 1993.
(15) Peter Reddaway and Dmitri Glinski, *The Tragedy of Russia's Reforms: Market Bolshevism against Democracy* (Washington, DC: United States Institute for Peace Press, 2001), 291.
(16) Jeffrey D. Sachs, *The End of Poverty: Economic Possibilities for Our Time* (New York: Penguin Books, 2005), 137.
(17) Reddaway and Glinski, *The Tragedy of Russia's Reforms*, 253.
(18) *The Agony of Reform, an episode of Commanding Heights: The Battle for the World Economy* [television series for PBS], executive producers Daniel Yergin and Sue Lena Thompson, series producer William Cran (Boston: Heights Productions, 2002); Reddaway and Glinski, *The Tragedy of Russia's Reforms*, 237, 298.
(19) Mikhail Leontyev, "Two Economists Will Head Russian Reform; Current Digest of the Soviet Press," *Nezavisimaya Gazeta*, November 9, 1991, digest available on December 11, 1991.
(20) Chrystia Freeland, *Sale of the Century: Russia's Wild Ride from Communism to Capitalism* (New York: Crown, 2000), 56 [クライスティア・フリーランド『世紀の売却 ── 第二のロシア革命の内幕』角田安正他訳(新評論, 2005)].
(21) Boris Yeltsin, "Speech to the RSFSR Congress of People's Deputies," October 28, 1991.
(22) David McClintick, "How Harvard Lost Russia," *Institutional Investor*, January 1, 2006.

(23) Georgi Arbatov, "Origins and Consequences of 'Shock Therapy,'" in Klein and Pomer, eds., *The New Russia*, 171.
(24) Vladimir Mau, "Russia," in *The Political Economy of Policy Reform*, ed. John Williamson (Washington, DC: Institute for International Economics, 1994), 435.
(25) Ibid., 434–35.
(26) Joseph E. Stiglitz, Preface, in Klein and Pomer, eds., *The New Russia*, xxii.
(27) Joseph E. Stiglitz, *Globalization and Its Discontents* (New York: W. W. Norton & Company, 2002), 136.
(28) Yeltsin, "Speech to the RSFSR Congress of People's Deputies."
(29) Stephen F. Cohen, "Can We 'Convert' Russia?" *Washington Post*, March 28, 1993; Helen Womack, "Russians Shell Out as Cashless Society Looms," *Independent* (London), August 27, 1992.
(30) *Russian Economic Trends*, 1997, page 46, cited in Thane Gustafson, *Capitalism Russian-Style* (Cambridge: Cambridge University Press, 1999), 171.
(31) *The Agony of Reform*.
(32) Gwen Ifill, "Clinton Meets Russian on Assistance Proposal," *New York Times*, March 25, 1993.
(33) Malcolm Gray, "After Bloody Monday," *Maclean's*, October 18, 1993; Leyla Boulton, "Powers of Persuasion," *Financial Times* (London), November 5, 1993.
(34) Serge Schmemann, "The Fight to Lead Russia," *New York Times*, March 13, 1993.
(35) Margaret Shapiro and Fred Hiatt, "Troops Move in to Put Down Uprising After Yeltsin Foes Rampage in Moscow," *Washington Post*, October 4, 1993.
(36) John Kenneth White and Philip John Davies, *Political Parties and the Collapse of the Old Orders* (Albany: State University of New York Press, 1998), 209.
(37) "Testimony Statement by the Honorable Lawrence H. Summers Under Secretary for International Affairs U. S. Treasury

Department Before the Committee on Foreign Relations of the U. S. Senate, September 7, 1993."

(38) Reddaway and Glinski, *The Tragedy of Russia's Reforms*, 294.

(39) Ibid., 299.

(40) Celestine Bohlen, "Rancor Grows in Russian Parliament," *New York Times*, March 28, 1993.

(41) "The Threat That Was," *The Economist*, April 28, 1993; Shapiro and Hiatt,"Troops Move in to Put Down Uprising After Yeltsin Foes Rampage in Moscow."

(42) Serge Schmemann, "Riot in Moscow Amid New Calls for Compromise," *New York Times*, October 3, 1993.

(43) Leslie H. Gelb, "How to Help Russia," *New York Times*, March 14, 1993. *後注 Shapiro and Hiatt, "Troops Move in to Put Down Uprising After Yeltsin Foes Rampage in Moscow."

(44) Fred Kaplan, "Yeltsin in Command as Hard-Liners Give Up," *Boston Globe*, October 5, 1993.

(45)「政府当局はモスクワでの 2 日間の死者は 142 人と公表したが，この数字はまやかしであり，実際の死者数はこの何倍にも上ったはずだ．負傷者や暴行を受けた者の正確な数は誰も突き止めようとすらしなかった．逮捕者も数千人に及んだ」Kagarlitsky, *Square Wheels*, 218.

(46) Reddaway and Glinski, *The Tragedy of Russia's Reforms*, 427.

(47) Kagarlitsky, *Square Wheels*, 212.

(48) John M. Goshko, "Victory Seen for Democracy," *Washington Post*, October 5, 1993; David Nyhan, "Russia Escapes a Return to the Dungeon of Its Past," *Boston Globe*, October 5, 1993; Reddaway and Glinski, *The Tragedy of Russia's Reforms*, 431.

(49) *Return of the Czar*.

(50) Nikitin, "'91 Foes Linked by Anger and Regret."

(51) Cacilie Rohwedder, "Sachs Defends His Capitalist Shock Therapy," *Wall Street Journal Europe*, October 25, 1993.

(52) Sachs, *The End of Poverty*.

(53) Arthur Spiegelman, "Western Experts Call for Russian Shock

Therapy," Reuters, October 6, 1993.

(54) Dorinda Elliott and Betsy McKay, "Yeltsin's Free-Market Offensive," *Newsweek*, October 18, 1993; Adi Ignatius and Claudia Rosett, "Yeltsin Now Faces Divided Nation," *Asian Wall Street Journal*, October 5, 1993.

(55) Stanley Fischer, "Russia and the Soviet Union Then and Now," in *The Transition in Eastern Europe*, ed. Olivier Jean Blanchard, Kenneth A. Froot and Jeffrey D. Sachs, *Country Studies*, vol. 1 (Chicago: University of Chicago Press: 1994), 237.

(56) Lawrence H. Summers, "Comment," in *The Transition in Eastern Europe, Country Studies*, vol. 1, 253.

(57) Jeffrey Tayler, "Russia Is Finished," *Atlantic Monthly*, May 2001; "The World's Billionaires, According to Forbes Magazine, Listed by Country," Associated Press, February 27, 2003.

(58) E. S. Browning, "Bond Investors Gamble on Russian Stocks," *Wall Street Journal*, March 24, 1995.

(59) オレグ・ロボフの言葉はセルゲイ・ユシェンコフ議員による引用. Carlotta Gall and Thomas De Waal, *Chechnya: Calamity in the Caucasus* (New York: New York University Press, 1998), 161.

(60) Vsevolod Vilchek, "Ultimatum on Bended Knees," *Moscow News*, May 2, 1996.

(61) Passell, "Dr. Jeffrey Sachs, Shock Therapist."

(62) David Hoffman, "Yeltsin's 'Ruthless' Bureaucrat," *Washington Post*, November 22, 1996.

(63) Svetlana P. Glinkina et al., "Crime and Corruption," in Klein and Pomer, eds., *The New Russia*, 241; Matt Bivens and Jonas Bernstein, "The Russia You Never Met," *Demokratizatsiya: The Journal of Post-Soviet Democracy* 6, no. 4 (Fall 1998): 630, www.demokratizatsiya.org.

(64) Bivens and Bernstein, "The Russia You Never Met," 627–28; Total, Factbook 1998–2006, April 2006, page 2, www.total.com; The profit figure is for 2000: Marshall I. Goldman, *The Piratization of Russia: Russian Reform Goes Awry* (New York: Routledge,

2003), 120［マーシャル・I・ゴールドマン『強奪されたロシア経済』鈴木博信訳(日本放送出版協会, 2003)］; "Yukos Offers 12.5 Percent Stake against Debts to State-Owned Former Unit," Associated Press, June 5, 2006; 28億ドルという数字は, 1997年にブリティッシュ・ペトロリアム社が5億7100万ドルでシダンコ社の10%の株を取得したことに基づいて, 51%が28億ドル強に相当すると計算したもの. Freeland, *Sale of the Century*, 183; Stanislav Lunev, "Russian Organized Crime Spreads Beyond Russia's Borders," *Prism* 3, no. 8 (May 30, 1997).

(65) Bivens and Bernstein, "The Russia You Never Met," 629.

(66) Reddaway and Glinski, *The Tragedy of Russia's Reforms*, 254.

(67) Freeland, *Sale of the Century*, 299.

(68) *Return of the Czar*.

(69) ビヴェンズとバーンスタインは共著のなかで,「チュバイスと彼の4人の改革補佐役 ── その全員がチュバイスの米国際開発庁(USAID)資金の後ろ盾を得ていた ── に対し, アンイグジムバンク(著者注・チュバイスらから大きな利益をもたらす民営化契約を勝ち取ったオリガルヒ主要企業のひとつ)から著作印税の前払いという名目で各自9万ドルの賄賂を受け取ったという疑惑が浮上した」と書く. これと似たものに, エリツィン政権で民営化担当ナンバー2だったアリフレド・コフが, 彼が民営化契約を発注した主要オリガルヒの一社の関連企業から10万ドルを受け取ったという疑惑もある. この金もまた民営化企業の効率性に関する本に対する前払いという名目だった. だが, これらの著作契約に関連して起訴された者は誰もいない. Bivens and Bernstein, "The Russia You Never Met," 636; Vladimir Isachenkov, "Prosecutors Investigate Russia's Ex-Privatization Czar," Associated Press, October 1, 1997.

(70) McClintick, "How Harvard Lost Russia."

(71) U. S. District Court, District of Massachusetts, "United States of America, Plaintiff, v. President and Fellows of Harvard College, Andrei Shleifer and Jonathan Hay, Defendants: Civil Action No. 00-11977-DPW," *Memorandum and Order*, June 28, 2004; McClintick, "How Harvard Lost Russia."

(72) McClintick, "How Harvard Lost Russia."

(73) Dan Josefsson, "The Art of Ruining a Country with a Little Professional Help from Sweden," *ETC* (Stockholm) English edition, 1999.

(74) Ernest Beck, "Soros Begins Investing in Eastern Europe," *Wall Street Journal*, June 1, 1994; Andrew Jack, Arkady Ostrovsky and Charles Pretzlik, "Soros to Sell 'The Worst Investment of My Life,'" *Financial Times* (London), March 17, 2004.

(75) Brian Whitmore, "Latest Polls Showing Communists Ahead," *Moscow Times*, September 8, 1999.

(76) *Return of the Czar.*

(77) Helen Womack, "Terror Alert in Moscow as Third Bombing Kills 73," *Independent* (London), September 14, 1999.

(78) Aslan Nurbiyev, "Last Bodies Cleared from Rebels' Secret Grozny Cemetery," Agence France-Presse, April 6, 2006.

(79) Sabrina Tavernise, "Farms as Business in Russia," *New York Times*, November 6, 2001; Josefsson, "The Art of Ruining a Country with a Little Professional Help from Sweden"; "News Conference by James Wolfensohn, President of the World Bank Re: IMF Spring Meeting," Washington, DC, April 22, 1999, www.imf.org; Branko Milanovic, *Income, Inequality and Poverty during the Transition from Planned to Market Economy* (Washington, DC: World Bank, 1998), 68; Working Center for Economic Reform, Government of the Russian Federation, *Russian Economic Trends* 5, no. 1 (1996): 56–57, cited in Bertram Silverman and Murray Yanowitch, *New Rich, New Poor, New Russia: Winners and Losers on the Russian Road to Capitalism* (Armonk, NY: M. E. Sharpe, 2000), 47.

(80) 71万5000人という統計はロシア政府保健・社会開発相の説明によるもの．"Russia Has More Than 715,000 Homeless Children—Health Minister," RIA Novosti news agency, February 23, 2006; Carel De Rooy, UNICEF, *Children in the Russian Federation*, November 16, 2004, page 5, www.unicef.org.

(81) ロシア人の一人当たりアルコール消費量は 1987 年には 3.9 リットルだったが，2003 年には 8.87 リットルに増加した．World Health Organization Regional Office for Europe, "3050 Pure Alcohol Consumption, Litres Per Capita, 1987, 2003," European Health for All Database (HFA-DB), data.euro.who.int/hfadb; "In Sad Tally, Russia Counts More Than 4 Million Addicts," *Pravda* (Moscow), February 20, 2004; UNAIDS, "Annex 1: Russian Federation," *2006 Global Report on the AIDS Epidemic*, May 2006, page 437, www.unaids.org; Interview with Natalya Katsap, Manager, Media Partnerships, Transatlantic Partners Against AIDS, June 2006.

(82) World Health Organization Regional Office for Europe, "1780 SDR, Suicide and Self-Inflicted Injury, All Ages Per 100,000, 1986–1994," European Health for All Database (HFA-DB), data.euro.who.int/hfadb; 殺人および故意による傷害の件数は 1986 年には 10 万人当たり 7.3 人だったが，1994 年には 32.9 人に達し，2004 年には 25.2 人とやや減少した．World Health Organization Regional Office for Europe, "1793 SDR, Homicide and Intentional Injury, All Ages Per 100,000, 1986–2004," European Health for All Database.

(83) Nikitin, "'91 Foes Linked by Anger and Regret"; Stephen F. Cohen, "The New American Cold War," *The Nation*, July 10, 2006; Central Intelligence Agency, "Russia," *World Factbook 1992* (Washington, DC: CIA, 1992), 287; Central Intelligence Agency, "Russia," *World Factbook 2007*, www.cia.gov.

(84) Colin McMahon, "Shortages Leave Russia's East Out in the Cold," *Chicago Tribune*, November 19, 1998.

(85) Arbatov, "Origins and Consequences of 'Shock Therapy,'" 177.

(86) Richard Pipes, "Russia's Chance," *Commentary* 93, no. 3 (March 1992): 30.

(87) Richard E. Ericson, "The Classical Soviet-Type Economy: Nature of the System and Implications for Reform," *Journal of Economic Perspectives* 5, no. 4 (Autumn 1991): 25.

(88) Tayler, "Russia Is Finished"; Richard Lourie, "Shock of Calamity," *Los Angeles Times*, March 21, 1999.

(89) Josefsson, "The Art of Ruining a Country with a Little Professional Help from Sweden."

(90) Tatyana Koshkareva and Rustam Narzikulov, *Nezavisimaya Gazeta* (Moscow), October 31, 1997; Paul Klebnikov and Carrie Shook, "Russia and Central Europe: The New Frontier," *Forbes*, July 28, 1997.

(91) Adam Smith, *The Wealth of Nations*, ed. Edwin Cannan (New York: Modern Library, 1937), 532［アダム・スミス『国富論』水田洋監訳，杉山忠平訳(岩波文庫，2000-01)／山岡洋一訳(日本経済新聞社出版局，2007)／大河内一男監訳(中公クラシックス，中央公論新社，2010)］.

(92) この分析はデイヴィッド・ハーヴェイの著書に負うところが多い．David Harvey, *A Brief History of Neoliberalism* (New York: Oxford University Press, 2005).

(93) Michael Schuman, "Billionaires in the Making," *Forbes*, July 18, 1994; Harvey, *A Brief History of Neoliberalism*, 103.

(94) "YPFB: Selling a National Symbol," *Institutional Investor*, March 1, 1997; Jonathan Friedland, "Money Transfer," *Wall Street Journal*, August 15, 1995.

(95) Friedland, "Money Transfer."

(96) Paul Blustein, *And the Money Kept Rolling In (and Out): Wall Street, the IMF, and the Bankrupting of Argentina* (New York: PublicAffairs, 2005), 24, 29; Nathaniel C. Nash, "Argentina's President, Praised Abroad, Finds Himself in Trouble at Home," *New York Times*, June 8, 1991; Tod Robberson, "Argentine President's Exit Inspires Mixed Emotions," *Dallas Morning News*, October 18, 1999.

(97) Paul Brinkley-Rogers, "Chaos Reigns as President Flees Uprising," *Daily Telegraph* (London), December 22, 2001.

(98) Jean Friedman-Rudovsky, "Bolivia Calls Ex-President to Court," *Time*, February 6, 2007.

ショック・ドクトリン（上）
——惨事便乗型資本主義の正体を暴く　ナオミ・クライン

2024年3月15日　第1刷発行

訳　者　幾島幸子《いくしまさちこ》　村上由見子《むらかみゆみこ》

発行者　坂本政謙

発行所　株式会社　岩波書店
〒101-8002 東京都千代田区一ツ橋2-5-5
案内 03-5210-4000　営業部 03-5210-4111
https://www.iwanami.co.jp/

印刷・精興社　製本・中永製本

ISBN 978-4-00-603344-6　　Printed in Japan

岩波現代文庫創刊二〇年に際して

二一世紀が始まってからすでに二〇年が経とうとしています。この間のグローバル化の急激な進行は世界のあり方を大きく変えました。世界規模で経済や情報の結びつきが強まるとともに、国境を越えた人の移動は日常の光景となり、今やどこに住んでいても、私たちの暮らしは世界中の様々な出来事と無関係ではいられません。しかし、グローバル化の中で否応なくもたらされる「他者」との出会いや交流は、新たな文化や価値観だけではなく、摩擦や衝突、そしてしばしば憎悪までをも生み出しています。グローバル化にともなう副作用は、その恩恵を遥かにこえていると言わざるを得ません。

今私たちに求められているのは、国内、国外にかかわらず、異なる歴史や経験、文化を持つ「他者」と向き合い、よりよい関係を結び直してゆくための想像力、構想力ではないでしょうか。

新世紀の到来を目前にした二〇〇〇年一月に創刊された岩波現代文庫は、この二〇年を通して、哲学や歴史、経済、自然科学から、小説やエッセイ、ルポルタージュにいたるまで幅広いジャンルの書目を刊行してきました。一〇〇〇点を超える書目には、人類が直面してきた様々な課題と、試行錯誤の営みが刻まれています。読書を通した過去の「他者」との出会いから得られる知識や経験は、私たちがよりよい社会を作り上げてゆくために大きな示唆を与えてくれるはずです。

一冊の本が世界を変える大きな力を持つことを信じ、岩波現代文庫はこれからもさらなるラインナップの充実をめざしてゆきます。

(二〇二〇年一月)